Jean-Bernard Bamps · Joachim Lennert

Gourmet-Sprachführer

Französisch

Ein kulinarischer

Max Hueber Verlag

Die Autoren möchten insbesondere Frau Helga Graham für ihre Mitarbeit bei der Erstellung und Durchsicht des Manuskriptes und Herrn Jürgen Frank vom Max Hueber Verlag herzlich danken sowie allen, die uns bei der Gestaltung dieses Buches in vielfältiger Weise unterstützt haben:

Herrn Emil Jung, Restaurant Crocodile und Maison Kammerzell in Straßburg
Hôtel Continental in Reims
Herrn Pérardel, Aux Armes de Champagne, L'Epine
SOPEXA, Düsseldorf
Maison de la France, Frankfurt/Main

Dieses Werk folgt der seit dem 1. August 1998 gültigen Rechtschreibreform.

4. 3. 2.
2003 2002 2001 2000 1999

Die letzten Ziffern bezeichnen Zahl und Jahr des Druckes.

1. Auflage

Redaktion: Jürgen Frank, München
Umschlaggestaltung: Parzhuber & Partner, München
Layout: Holger Latzel, München; Bettina Kammerer, München
Herstellung: [HLM] Holger Latzel, München
Reproduktion: rms-offsetreproduktionen GmbH, München
Druck und Bindung: Pustet, Regensburg
Printed in Germany
ISBN 3-19-003272-6

Vorwort

FRANKREICH GANZ NACH Ihrem Geschmack! – Wenn Ihre nächste Frankreichreise eine *voyage gastronomique* werden soll und Sie nicht nur essen um sich zu ernähren, dann haben Sie mit dem *Gourmet-Sprachführer Französisch* eine gute Wahl getroffen.

Im ersten Kapitel **(Kapitel A)** informieren wir Sie über die französischen Mahlzeiten, Tischsitten und Essgewohnheiten. Wir geben Ihnen einen Überblick über die verschiedenen Restaurant-Typen, wir erklären Ihnen, wie man *comme il faut* bestimmte Gerichte verzehrt und wie die „große" französische Speisekarte aufgebaut ist.

Auf den kulinarischen Streifzügen durch die französischen Provinzen, die wir in **Kapitel B** unternehmen, stellen wir Ihnen die französischen Landschaften mit ihren Spezialitäten vor.

Endlich hat das Rätselraten vor der Speisekarte ein Ende. Ein ausführliches französisch-deutsches „Wörterbuch" aller geläufigen Ausdrücke, die Ihnen im Labyrinth der gastronomischen Fachsprache begegnen können, finden Sie in **Kapitel C**. Der deutsch-französische Teil mit den wichtigsten Begriffen aus Küche und Keller soll Ihnen helfen, genau das zu bestellen, was Sie wünschen.

Zu einem guten Essen gehört ein guter Tropfen. In **Kapitel D** finden Sie ein ausführliches Verzeichnis alkoholischer und nichtalkoholischer Getränke unter besonderer Berücksichtigung der Weine. Eine Jahrgangstabelle, Angaben zur besten Trinktemperatur sowie eine Übersicht harmonischer Kombinationen von Speisen und Weinen helfen Ihnen bei der Auswahl.

Die praktischen deutsch-französischen Mustersätze und Redewendungen in **Kapitel E** leisten Ihnen gute Dienste im Restaurant, im Hotel, in Geschäften sowie beim Telefonieren und schaffen die Grundlage für eine bessere Verständigung.

Allen Lesern wünschen wir *bon appétit et un séjour agréable en France!*

Jean-Bernard Bamps *Joachim Lennert*

Inhalt

Kapitel A
Frankreich bittet zu Tisch

Kapitel B
Kulinarische Streifzüge durch Frankreich

Kapitel C
Essen wie Gott in Frankreich

Kapitel D
Trinken wie Gott in Frankreich

Kapitel E
Nie sprachlos in Frankreich

Kapitel A

Frankreich bittet zu Tisch

A1. Die französischen Mahlzeiten

Mit dem Frühstück, dem *petit déjeuner,* fängt es an. Den Beinamen *petit* (klein) hat es in den meisten Fällen wohl verdient, denn die Franzosen machen in der Regel von dieser Mahlzeit nicht viel Aufhebens. Es gibt *café au lait* (Milchkaffee) in Tassen oder größeren *bols* (Trinkschalen), seltener Tee oder Schokolade. Dazu werden Weißbrot, Butter und Konfitüre gereicht, auch *brioches* (Hefegebäck) oder *croissants* – vorzugsweise frisch aus dem Backofen. In Hotels nennt man so etwas einfach *café complet* bzw. *thé complet.* Man kann natürlich auch üppiger frühstücken, aber nur auf besondere Bestellung. Dazu gibt es in manchen Hotels – vor allem der oberen Klasse – besondere kleine Speisekarten, auf denen man das Gewünschte ankreuzen kann.

Le déjeuner (das Mittagessen) ist eine wesentlich wichtigere Angelegenheit, was man schon daran erkennt, dass es durch einen *apéritif* eingeleitet wird. An Fest- und Feiertagen kann sich diese Mahlzeit bis zu drei Stunden hinziehen, doch gibt es auch in Frankreich Schnellgaststätten, wo man die Mahlzeit in maximal dreißig Minuten hinter sich bringt, ganz abgesehen von den Betriebskantinen. Ein Tipp für Autofahrer: Zwischen zwölf und zwei kommt man auf französischen Straßen am schnellsten voran, weil zu dieser Zeit die Franzosen zu Tisch sind.

Die französische Mittagsmahlzeit umfasst in der Regel mindestens drei Gänge. Der Ruhm der französischen Küche gründet sich auf ihren Abwechslungsreichtum, nicht auf den gebotenen Mengen. Seien Sie also vorsichtig – auch wenn die Vorspeisen noch so lecker sind, es kommt noch mehr; und Sie könnten es dann bereuen, nicht genügend Platz gelassen zu haben!

Zu einer richtigen Mahlzeit wird selbstverständlich Wein getrunken, und zwar der richtige. Die Frage, welchen Wein man zu welchem Gericht trinkt, beantwortet Kapitel D dieses Buches. Kaffee wird in Frankreich unmittelbar im Anschluss an die Mittagsmahlzeit getrunken, zuweilen gefolgt von

einem *pousse-café*, einem *cognac* oder einem *digestif*, der die Verdauung fördern soll.

Le dîner (das Abendessen) – zwischen sieben und acht Uhr eingenommen – beginnt wiederum mit der Zeremonie des *apéritif*. Häufig gibt es abends statt einer Vorspeise eine leichte Suppe, wie überhaupt die Abendmahlzeit im Allgemeinen weniger üppig ausfällt als das Mittagessen. In manchen Gegenden Frankreichs wird die Abendmahlzeit auch als *souper* bezeichnet. Ursprünglich war das *souper* jedoch die Mahlzeit, die man – zu recht fortgeschrittener Stunde – nach dem Theaterbesuch einnahm.

Das zweite Frühstück ist in Frankreich kaum üblich. Für Kinder gibt es zuweilen eine kleine Zwischenmahlzeit (z.B. ein Stück Brot und ein Stück Schokolade, dazu eine Tasse Milch), die *dix-heures* (zehn Uhr) genannt wird.

Das Äquivalent zum deutschen Nachmittagskaffee oder zum englischen „five o'clock tea" fehlt in Frankreich ebenfalls. Hier gibt es – wie beim zweiten Frühstück – mitunter einen kurzen Imbiss, *goûter* oder auch *quatre-heures* (vier Uhr) genannt.

Casse-croûte sind kleine Mahlzeiten oder Imbisse, die eigentlich nur dazu dienen, den ärgsten Hunger zu stillen (z.B. von Reisenden), und an Bahnhöfen, Autobahnraststätten und dergleichen angeboten werden.

Wenn sie es sich zeitlich erlauben können, ziehen Franzosen gern ihre Mahlzeiten in die Länge. Aber bitte: Wenn zu Beginn gesagt wurde, dass ein *déjeuner* bis zu drei Stunden dauern kann, so bedeutet das nicht, dass man drei Stunden isst, sondern dass man drei Stunden bei Tisch sitzt. Die Geselligkeit, das Tischgespräch, ist nämlich wesentlicher Bestandteil der Mahlzeit. Dass die Gespräche gegen Ende lebhafter werden, ist nicht unbedingt auf das Essen zurückzuführen ...

Es ist im Rahmen dieses Buches nicht möglich, einen vollständigen „Knigge“ zu schreiben. Unser Ziel ist es, Sie auf die wichtigsten Unterschiede zu deutschen Tischgewohnheiten hinzuweisen. Insbesondere wollen wir Ihnen einige Tipps für das Verspeisen von Gerichten geben, die in Deutschland seltener als in Frankreich sind.

Das Gedeck

Sind mehrere Bestecke aufgelegt, so entspricht das äußere Paar dem ersten Gang, das mittlere dem zweiten, das innere dem dritten. Das Dessertbesteck ist – wie in Deutschland – oberhalb des Tellers aufgelegt. Sind mehrere Gläser für jeden Gast vorhanden, so ist das größte – in der Regel ganz links – für Wasser bestimmt, das mittlere ist das *verre à bourgogne,* d.h. das Rotweinglas, das kleinste das *verre à bordeaux,* d.h. das Weißweinglas. Beim Champagnerkelch besteht wohl keine Verwechslungsgefahr.

Speisenfolge

Hier ist zu beachten, dass Suppe, Süßspeisen und Obst nur einmal angeboten werden, meistens auch Salat und Käse; von diesen Speisen nimmt man also nur einmal. Rauchen sollte man frühestens nach dem Käse, es sei denn die ganze Tischgesellschaft besteht aus Rauchern und man einigt sich.

Das Brot

Das Brot dient beim *déjeuner* und beim *dîner* eigentlich nur dazu, den Gaumen nach einem Gericht wieder geschmacksneutral und damit aufnahmebereit für das nächste Gericht zu machen. Daraus ergibt sich, dass man vor der Mahlzeit kein Brot isst, auch wenn es bereits auf dem Tisch liegt. Man vermeide es auch, mit dem Messer regelrechte Butterbrote zu schmieren, wie man das von Deutschland her gewohnt ist. Das Brot wird weder abgebissen noch abgeschnitten, sondern in kleinen Stücken abgebrochen. Im Familienkreis wird Brot manchmal dazu benutzt, eine besonders schmackhafte Bratensauce vom Teller aufzunehmen. Im Restaurant sollte man dies besser nicht tun. Zu Suppe, Süßspeisen und Obst wird kein Brot gegessen. Im Restaurant wird Brot ohne Berechnung *à discrétion,* d.h. soviel man will, serviert.

Der Wein

Zu Suppe, Salat und Obst wird im Allgemeinen kein Wein getrunken. Da der Wein Bestandteil der Mahlzeit ist, machen die Franzosen normalerweise keine große Zeremonie aus dem ersten Schluck. Und gar das Anstoßen mit den Gläsern *(trinquer)* ist nur in ganz besonderen Fällen üblich und wird vielfach als typisch deutsche Angewohnheit betrachtet. Für das Essen im Restaurant ist es wichtig zu wissen, dass die Rechnung im Allgemeinen demjenigen präsentiert wird, der den Wein bestellt hat; er gilt als der Einladende. Möchte man sich als Eingeladener unbedingt an den Kosten beteiligen, so hat man die Möglichkeit, nach dem Essen der Tischrunde einen *digestif* zu spendieren, falls man nicht schon zu Beginn die Idee hatte, den *apéritif* zu übernehmen.

Bezahlen

Getrennte Rechnungen werden in Frankreich ungern gesehen. In der Regel erhält man eine gemeinsame Rechnung *(addition)*, von der Bedienung wird der gesamte Betrag erwartet. Die Kostenaufteilung bleibt den Gästen überlassen. Wenn man mit der Bedienung zufrieden ist, hinterlässt man ein Trinkgeld von 10 bis 15%. In keinem Fall sollten Sie den Ober mit *garçon* rufen. Es wird als herablassend angesehen. Besser man gibt ihm oder ihr ein Zeichen oder ruft ihn oder sie einfach mit *monsieur* bzw. *madame.*

Wie isst man ...?

Artischocken

Jedes Blatt wird einzeln mit der Hand abgerissen. Man tunkt den fleischigen Teil des Blattes in die Sauce *(sauce vinaigrette, sauce mayonnaise* oder andere) und streift ihn dann mit den Zähnen ab. Den Rest des Blattes legt man beiseite. Wenn alle Blätter entfernt sind, kommt der Flaum am Artischockenboden zum Vorschein, den man leicht mit der Hand oder mit der Gabel entfernen kann; er ist ungenießbar. Der fleischige Artischockenboden ist der schmackhafteste Teil. Man teilt ihn mit der Gabel in kleine Stücke, die dann in die Sauce getunkt und gegessen werden.

Austern

Am besten sind frische Winteraustern in den Monaten mit „R", d.h. von September bis April. In den Monaten ohne „R" sollte man besser keine Austern essen. Austern werden im halben Dutzend oder im Dutzend auf Eis serviert. Erst kurz davor werden sie vorsichtig geöffnet. Wenn die geöffneten Schalen sich bei leichtem Klopfen nicht von selbst schließen, lebt die Auster nicht mehr; sie ist dann ungenießbar. Man nimmt die Austernschale in die linke Hand, entfernt mit der scharfen Seite der Austerngabel den sogenannten Bart (Kiemen und Eingeweide), löst die Auster ringsum aus der Schale, beträufelt sie mit etwas Zitronensaft (dabei bewegt sich die Auster), führt die Schale zum Munde und schlürft oder trinkt die Auster. Dazu wird das bekannte Grahambrot oder Vollkornbrot mit Butter serviert. Austern werden sowohl roh als auch gratiniert gegessen.

Froschschenkel

Zu diesem Gericht gehört in der Regel ein Mittelbesteck. Es können jedoch durchaus die Finger zu Hilfe genommen werden, auch im Restaurant (Fingerschale).

Hummer

Üblicherweise wird der Hummer bereits in der Küche zerteilt. Der Gast lockert mit der Hummergabel das Fleisch im Schwanzteil und isst es mit dem Fischbesteck. Auch aus den Scheren wird das Fleisch herausgelöst. Man kann die Scheren in die Hand nehmen und sie aussaugen. Die Beine werden an mehreren Stellen mit der Hummerzange aufgebrochen, damit man leichter an das sehr schmackhafte Fleisch herankommt.

Käse

Die verschiedenen Käse werden zur Auswahl auf einem Käsebrett gereicht. Entweder man deutet auf die Stücke, von denen man kosten möchte (Bedienung durch den Kellner), oder man bedient sich selbst. Hierbei ist zu beachten, dass man dem Brie-Käse nicht die Spitze abschneidet, sondern ihn seitlich anschneidet. Zum Käse wird ein Mittelbesteck gedeckt, manchmal nur ein Mittelmesser. In diesem Fall schneidet man mit dem Messer kleine Stücke ab, legt sie auf ein Stück Brot und führt sie so zum Mund. Auf keinen Fall den Käse auf der Messerspitze zum Mund balancieren!

Krabben, Krevetten und Garnelen

Diese werden üblicherweise mit den Fingern geputzt und gegessen. Frische Krabben werden meistens auf Eis serviert.

Krebse

Krebse werden nicht in der Küche zerlegt; der Gast muss dies selbst besorgen. Man fasst den Brustpanzer mit der linken Hand, dann zieht man mit der rechten Hand ruckartig den Schwanz vom Körper. Auf dieselbe Weise werden auch die Scheren abgetrennt. Die Schwanzringe werden entweder mit dem Krebsmesser geöffnet oder mit der Krebszange aufgebrochen. Der Darmkanal muss entfernt werden; ebenso, nach Aufbrechen des Brustpanzers, der Magen. Das Krebsmark wird dann mit Gabel oder Löffel herausgeschabt und gegessen. Das Loch in der Klinge des Krebsmessers dient dazu, die Spitzen der Scheren abzubrechen, um an das Fleisch her-

FRANKREICH BITTET ZU TISCH

anzukommen, das mit Toast und Butter gegessen wird. Die Krebsbrühe aus der Terrine, in der die Krebse serviert werden, wird aus Tassen getrunken oder aus dem Suppenteller gegessen.

Langusten

Hier gilt sinngemäß das für Hummer Gesagte. Von der Languste wird nur das Schwanzfleisch gegessen. Im Unterschied zum Hummer hat die Languste keine Scheren.

Maiskolben

Weil die Kolben sehr heiß serviert werden, spießt man Kolbenhalter in die beiden Enden. Man bestreicht den Kolben dann mit Butter oder auch *sauce hollandaise* und knabbert darauf die süßlichen, saftigen Körner heraus.

Meerschnecken *(Bigorneaux)*

Die verhältnismäßig kleinen Meerschnecken werden mit Hilfe einer Nadel aus dem in der Hand gehaltenen Gehäuse herausgestochen und zum Mund geführt. Dies ist für den noch ungeübten Esser ein wahres Geduldsspiel.

Miesmuscheln

Allgemein wird empfohlen, auch Muscheln nur in den Monaten mit „R" zu essen (September bis April).

Muscheln werden nicht stückweise (wie etwa Austern), sondern in Portionen serviert. Es wird kein Besteck dazugegeben, weil man die Muschelschalen selbst als Esswerkzeug benutzt: In der einen Hand hält man die möglichst weit geöffnete Muschel (gegebenenfalls etwas nachhelfen), die andere Hand benutzt die beiden gegeneinander federnden Hälften einer (bereits leeren) Muschel wie eine Zange, um das Muschelfleisch herauszulösen und zum Mund zu führen. Sollte sich in der Portion eine noch fest geschlossene Muschel befinden, so lege man sie beiseite: sie ist ungenießbar.

Seeigel

Das korallenfarbene Fleisch wird mit einem Teelöffel herausgekratzt, mit Zitronensaft gewürzt und roh verzehrt.

Spaghetti

Als Einzelgericht serviert, werden Spaghetti mit einer Fleischgabel und dem Suppenlöffel gegessen. Die Spitze der rechts gehaltenen Gabel zeigt in die Höhlung des links gehaltenen Löffels. Durch Drehbewegung werden die Spaghetti auf die Gabel aufgewickelt und dann zum Mund geführt. Diese Art des Essens wird in Italien allerdings nur von Kindern praktiziert ... oder von Ausländern.

Spargel

In Frankreich werden Spargel meistens mit den Fingern gegessen. Man fasst den Spargel mit der linken Hand, taucht ihn in die Sauce und führt ihn – eventuell mit Unterstützung der in der rechten Hand gehaltenen Gabel – zum Mund. Wird Spargel mit Schinken serviert, so wird ein Messer zu Hilfe genommen.

Weinbergschnecken

Schnecken werden gewöhnlich im halben Dutzend oder im Dutzend auf einem Spezialteller serviert. Man fasst das Gehäuse mit der Schneckenzange, und zwar so, dass die Öffnung nach oben zeigt. Mit der zweizinkigen Schneckengabel, die man in der rechten Hand hält, zieht man die Schnecke aus dem Gehäuse und führt sie zum Mund. Die dann noch im Gehäuse verbleibende Kräuterbutter gießt man auf den Löffel. Dazu wird frisches Weißbrot (kein Toast) gegessen.

Wer absolut keinen Knoblauch mag, sollte niemals Weinbergschnecken bestellen.

Zum Schluss noch ein Wort über Blumen

Wenn Sie zum Essen eingeladen sind und der Dame des Hauses Blumen mitbringen möchten, denken Sie daran, dass man in Frankreich üblicherweise eine ungerade Anzahl Blumen schenkt, außer bei einem Dutzend, und dass man die Blumen in der kunstvoll hergerichteten durchsichtigen Verpackung überreicht.

A3. Gaststätten in Frankreich

Auberge	Meistens ein ländliches Gasthaus, in dem man essen und oft auch übernachten kann; mitunter recht teuer.
Auberge de (la) jeunesse	Jugendherberge, abgekürzt *A. J.*
Bar 	Hat nicht dieselbe Bedeutung wie im Deutschen. Man versteht darunter ein Lokal, in dem man Aperitifs und andere Getränke, auch Kaffee, bekommen kann, eventuell auch Tabakwaren *(bar-tabac).* Außerdem kann man von hier aus telefonieren. Was der Deutsche sich üblicherweise unter „Bar" vorstellt, nennt man in Frankreich *bar américain.*
Bar-comptoir	Hier wird in der Regel an der Theke im Stehen getrunken.
Bistro(t)	Normalerweise ein einfaches, kleines Lokal als Getränkeausschank, oft mit Tagesgerichten, belegten Broten o. ä.; es kann auch etwas schicker sein, besonders in Großstädten.
Boîte de nuit	Nachtlokal, kurz auch *boîte* genannt.
Brasserie	Ein Bierlokal (wörtlich: „Brauerei"), in dem man auch andere Getränke bekommen kann, mit Restaurant.
Buffet	Gaststätte in Bahnhöfen und auf Flughäfen, wo es vorwiegend Schnellgerichte gibt. Bei einem *buffet gastronomique* kann man höhere Ansprüche an die Küche stellen.
Buvette	Trinkhalle, oft auch auf Bahnhöfen. Hier werden keine Speisen serviert.
Cabaret	Eine Art *boîte de nuit,* also Nachtlokal, mit Speisen, Getränken, Musik, Vorstellungen usw.

Café	Hier bekommt man Bier, Wein, Aperitifs, auch Kaffee, aber keine Kuchen und Torten; oft aber belegte Brötchen. Wer auf deutsche Art nachmittags „Kaffee und Kuchen" möchte, muss einen *salon de thé* aufsuchen.
Café-Restaurant (Café-Brasserie)	Hier gibt es auch warmes Essen; das *café-concert* entspricht unserem Konzertcafé.
Crêperie	Hier gibt es dünne, gerollte Pfannkuchen, mit oder ohne Füllung, meistens auch zum Mitnehmen.
Dancing	Tanzlokal
Discothèque	Diskothek
Débit de boissons	Getränkeausschank
Estaminet	Eine besonders in Nordfrankreich übliche Bezeichnung für eine Kneipe.
Glacier (Salon de glaces)	Eisdiele
Grill-room	Grillrestaurant
Guinguette	Volkstümliches Tanzcafé, meistens im Grünen, mit Gartenbetrieb.
Hostellerie	Altes Wort für Hotel, bezeichnet Hotels in gediegenem historischen oder auch folkloristischen Rahmen, oft mit recht guter Küche; gehört im Regelfall der mittleren oder oberen Preisklasse an.
Hôtel	Mit oder ohne Restaurant, aber fast immer mit Frühstück, das ohne Kostenaufschlag auf dem Zimmer serviert wird. Bei Hotels mit Restaurant wird normalerweise erwartet, dass man die Abendmahlzeit dort ein-

FRANKREICH BITTET ZU TISCH

nimmt. Der Klassifizierung der Hotels nach Sternen ist ein gesondertes Kapitel gewidmet. Wenn bei den Sternen die Bezeichnung *N. N.* steht, so bedeutet das „Neue Normen“ *(nouvelles normes),* und da diese etwas strenger sind, hat man als Gast bei *N. N.* Aussicht auf größeren Komfort. Sicher kein Zimmer bekommen Sie im *Hôtel-de-Ville,* denn dies ist das Rathaus. Ein Zimmer im *Hôtel-Dieu* wünschen Sie sich besser nicht, denn dies ist das städtische Krankenhaus.

Logis de France	Hierbei handelt es sich um eine Kette kleinerer Hotels (Kaminfeuer als Wahrzeichen), deren Küche meistens lokale Spezialitäten anbietet.
Relais	Dieses Wort bedeutete ursprünglich „Poststation“, heute meistens ein Landgasthaus, in dem man auch gut essen kann (*Relais de Campagne, Relais routier* usw.). Das *Relais gastronomique* verspricht gehobene Preise. Überhaupt sollte man bei dem Adjektiv *gastronomique* vorsichtig sein, denn oft ist bei dem *menu gastronomique* die Rechnung *‚astronomique‘.*
Restaurant	Getränke werden hier in der Regel nur in Verbindung mit Speisen serviert.
Restaurant libre-service	Selbstbedienungs-Restaurant, schnell und meistens preiswert.
Restoroute	Entspricht unserer Autobahn-Raststätte.
Rôtisserie	Grillrestaurant
Routiers (Les Routiers)	Diese Inschrift auf einem rechteckigen Schild zeigt ein Fernfahrer-Restaurant an. Dort kann man gut und nicht zu teuer essen und wird meistens auch relativ schnell bedient.

Salon de thé	 Hier gibt es Kaffee, Tee, Kakao, Kuchen und Torten, aber üblicherweise keine alkoholischen Getränke.
Self-service	Selbstbedienungs-Restaurant
Snack-(bar)	Schnellgaststätte, Imbiss-Bar
Taverne	Eine Kneipe, in der hauptsächlich Wein getrunken wird. Oft gibt es dort aber auch einige warme Gerichte. Die Bezeichnung ist besonders in Belgien häufig zu finden.
Tea Room	→ *salon de thé*

Hinweis: Wenn Sie ein Lokal suchen, fragen Sie bitte nicht nach *un local;* dieses Wort existiert zwar in der französischen Sprache, aber es bedeutet nur so viel wie „Räumlichkeit" (z.B. Geschäftsräume einer Firma). Sie haben also alle Aussichten, missverstanden zu werden. Fragen Sie also – je nachdem, was Sie suchen – nach einem *bistro,* einer *bar,* einem *café* usw.

WENN IHRE NÄCHSTE Frankreichreise eine *voyage gastronomique* (gastronomische Reise) werden soll, benötigen Sie einen guten Restaurant-Führer, in dem Noten verteilt und Urteile gefällt werden.

Die drei berühmtesten und aussagekräftigsten sind der
- ♦ *Michelin* (seit 1900)
- ♦ *Gault-Millau* (23. Ausgabe)
- ♦ *Bottin Gourmand* (seit 1979).

Die Symbole, mit deren Hilfe diese die Qualität eines Restaurants bewerten, sind verschieden: Der *Michelin,* der älteste unter ihnen, drückt die „Leistung" der Küche durch Sterne und den Komfort eines Restaurants durch gekreuzte Gabeln aus; der *Gault-Millau* hält es mit den Kochmützen.

In den Preisen und in allgemeinen Angaben weichen sie nur geringfügig voneinander ab, im Stil unterscheiden sie sich jedoch.

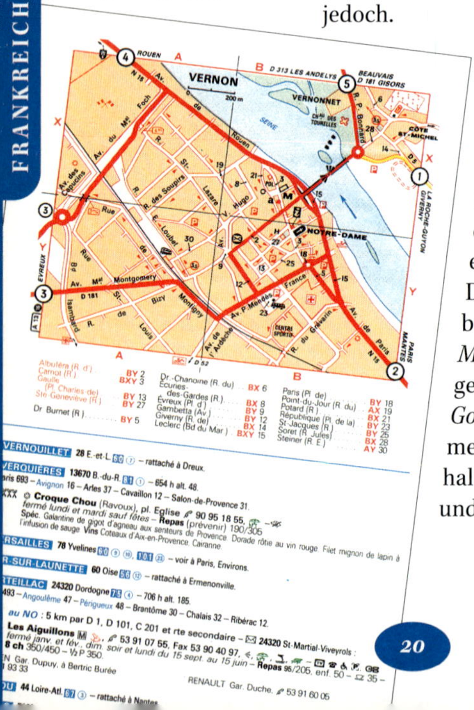

Beim *Michelin* sind die Texte sehr nüchtern, beim *Gault-Millau* die Erklärungen sehr bildhaft und humorvoll; er ist der Führer, der entdeckt, auswählt und erzählt.

Die Klassifizierung wird bei *Michelin* und *Gault-Millau* durch Städte vorgenommen, bei *Bottin Gourmand* durch Departements. Alle drei Führer enthalten detaillierte Karten und Pläne.

A5. Speisekarten mit Beispielen

Die Menüs zu einem festen Preis umfassen drei oder mehr Gänge, wobei oft innerhalb der einzelnen Gänge eine Wahlmöglichkeit besteht, meistens durch *ou* (= oder) gekennzeichnet.

1. Ein Beispiel für ein Menü ohne Wahlmöglichkeit

Consommé au Xérès	Kraftbrühe mit Sherry
Filets de sole au vin blanc *Pommes vapeur*	Seezungenfilets in Weißwein Dampfkartoffeln
Gigot d'agneau rôti *Flageolets*	Gebratene Lammkeule mit grünen Bohnenkernen
Plateau de fromages	Käse vom Brett
Pêche Melba	Pfirsich Melba

Hinweis: Die Menüs der Tageskarten sind preiswerter als eine Kombination von gleichen Gerichten aus der „großen“ Speisekarte. Sie werden in der Regel rasch und ohne Wartezeit serviert. Wer es eilig hat, sollte also nicht *à la carte* essen.

2. Menü mit mehreren Wahlmöglichkeiten

Menu à ...	Menü zu ...
Hors-d'œuvre variés	Verschiedene Vorspeisen
Melon de Cavaillon au porto	Cavaillon-Melone in Portwein
Pamplemousse au kirsch	Grapefruit in Kirschwasser
Œufs à la russe	Russische Eier
Terrine du chef	Fleischpastete nach Art des Hauses
Moules à la provençale	Muscheln auf provenzalische Art
Tripes à la mode de Caen	Kutteln mit Suppengemüse
Six escargots à la bourguignonne	Sechs Schnecken in Kräuterbutter
Rouget grillé	Gegrillte Rotbarbe
Limande meunière	Rotzunge Müllerin-Art
Rognons de veau à la crème	Kalbsnieren in Rahmsauce
Navarin de mouton aux primeurs	Hammelragout mit jungem Gemüse
Gigot d'agneau rôti	Gebratene Lammkeule
Noix de veau aux pruneaux	Kalbsnüsschen mit Backpflaumen
Entrecôte marchand de vin	Zwischenrippenstück in Rotweinsauce
Steak au poivre flambé	Pfeffersteak flambiert
Pommes frites	Pommes frites
Pommes boulangère	Bäckerinkartoffeln
Haricots verts à l'anglaise	Grüne Bohnen in Butter
Epinards au jus	Spinat mit Fleischsaft
Salade de saison	Salat der Saison
Plateau de fromages au choix	Käseauswahl vom Brett
Crème caramel	Karamellpudding
Mousse au chocolat	Schokoladenschaumcreme
Ananas chantilly	Ananas mit Schlagsahne
Tarte au citron	Zitronentorte
Salade de fruits au marasquin	Obstsalat mit Maraschino
Sabayon glacé au marsala	Gefrorener Weinschaum mit Marsala

A6. Gliederung der „großen“ Speisekarte

DIE „GROSSE“ SPEISEKARTE muss im Wesentlichen der Speisenfolge entsprechen. Aus dem Speisenangebot kann der Gast eine Speisenfolge selbst zusammenstellen oder eine einzelne Speise auswählen.

Hors-d'œuvre froids	Kalte Vorspeisen
Potages	Suppen
Entrées (Hors-d'œuvre chauds)	Warme Vorspeisen (Zwischengerichte)
Œufs et farinages	Eier und Teigwaren
Poissons et crustacés	Fische und Krustentiere
Rôtis et grillades	Braten und Grillgerichte
Volaille et gibier	Wild und Geflügel*
Légumes et salades	Gemüse und Salate
Fromages	Käse
Desserts (Entremets)	Nachspeisen (Süßspeisen)
Fruits	Obst

* Umgekehrte Reihenfolge im Deutschen

Kapitel B

Kulinarische Streifzüge durch Frankreich

B1. Regionen und Departements

Alsace (Elsass)
67 Bas-Rhin/Strasbourg
68 Haut-Rhin/Colmar

Aquitaine (Aquitanien)
24 Dordogne/Périgueux
33 Gironde/Bordeaux
40 Landes/Mont-de-Marsan
47 Lot-et-Garonne/Agen
64 Pyrénées-Atlantiques/Pau

Auvergne (Zentralmassiv)
03 Allier/Moulins
15 Cantal/Aurillac
43 Haute-Loire/Le Puy-en-Velay
63 Puy-de-Dôme/Clermont-Ferrand

Bourgogne (Burgund)
21 Côte-d'Or/Dijon
58 Nièvre/Nevers
71 Saône-et-Loire/Mâcon
89 Yonne/Auxerre

Bretagne
22 Côtes-d'Armor/Saint-Brieuc
29 Finistère/Quimper
35 Ille-et-Vilaine/Rennes
56 Morbihan/Vannes

Centre
18 Cher/Bourges
28 Eure-et-Loir/Chartres
36 Indre/Châteauroux
37 Indre-et-Loire/Tours
41 Loir-et-Cher/Blois
45 Loiret/Orléans

Champagne-Ardenne
08 Ardennes/Charleville-Mézières
10 Aube/Troyes
51 Marne/Châlons-en-Champagne
52 Haute-Marne/Chaumont

Corse (Korsika)
2A Corse du Sud/Ajaccio
2B Haute-Corse/Bastia

Franche-Comté
25 Doubs/Besançon
39 Jura/Lons-le-Saunier
70 Haute-Saône/Vesoul
90 Territoire de Belfort/Belfort

Ile-de-France
75 Ville de Paris
77 Seine-et-Marne/Melun
78 Yvelines/Versailles
91 Essonne/Evry
92 Hauts-de-Seine/Nanterre
93 Seine-Saint-Denis/Bobigny
94 Val-de-Marne/Créteil
95 Val-d'Oise/Pontoise

Languedoc-Roussillon
11 Aude/Carcassonne
30 Gard/Nîmes
34 Hérault/Montpellier
48 Lozère/Mende
66 Pyrénées-Orientales/Perpignan

Limousin
19 Corrèze/Tulle
23 Creuse/Guéret
87 Haute-Vienne/Limoges

Pays de la Loire
44 Loire-Atlantique/Nantes
49 Maine-et-Loire/Angers
53 Mayenne/Laval
72 Sarthe/Le Mans
85 Vendée/La Roche-sur-Yon

Lorraine (Lothringen)
54 Meurthe-et-Moselle/Nancy
55 Meuse/Bar-le-Duc
57 Moselle/Metz
88 Vosges/Epinal

Midi-Pyrénées
09 Ariège/Foix
12 Aveyron/Rodez
31 Haute-Garonne/Toulouse
32 Gers/Auch
46 Lot/Cahors
65 Hautes-Pyrénées/Tarbes
81 Tarn/Albi
82 Tarn-et-Garonne/Montauban

Nord Pas-de-Calais
59 Nord/Lille
62 Pas-de-Calais/Arras

Basse-Normandie
14 Calvados/Caen
50 Manche/Saint-Lô
61 Orne/Alençon

Haute-Normandie
27 Eure/Evreux
76 Seine-Maritime/Rouen

Picardie
02 Aisne/Laon
60 Oise/Beauvais
80 Somme/Amiens

B1. Regionen und Departements

Poitou-Charentes
16 Charente/Angoulême
17 Charente-Maritime/La Rochelle
79 Deux-Sèvres/Niort
86 Vienne/Poitiers

Provence-Alpes-Côte-d'Azur
04 Alpes-de-Haute-Provence/
Digne-les-Bains
05 Hautes-Alpes/Gap
06 Alpes-Maritimes/Nice
13 Bouches-du-Rhône/Marseille
83 Var/Toulon
84 Vaucluse/Avignon

Rhône -Alpes
01 Ain/Bourg-en-Bresse
07 Ardèche/Privas
26 Drôme/Valence
38 Isère/Grenoble
42 Loire/Saint-Etienne
69 Rhône/Lyon
73 Savoie/Chambéry
74 Haute-Savoie/Annecy

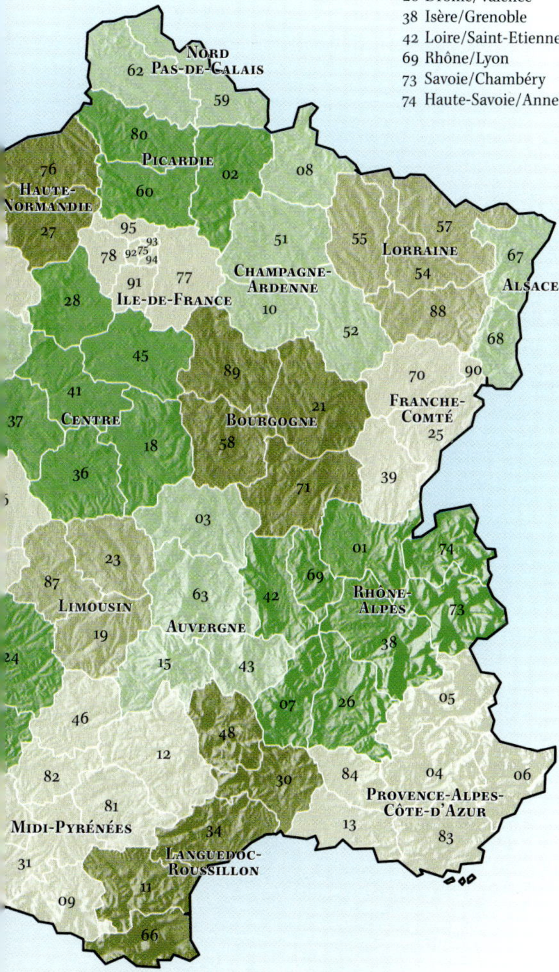

Die französischen Provinzen wurden nach der Revolution von 1789 durch Departements (Verwaltungsbezirke) ersetzt, deren Einteilung sich nur in wenigen Fällen mit den alten Provinzen deckte. Seither haben die Departements eine Eigenständigkeit entwickelt, mit der sich die Einwohner identifizieren; die Departements spielen daher in Frankreich eine weit größere Rolle im Leben der Menschen als z.B. bei uns die Regierungsbezirke.

Anfang der 70er Jahre ist der Gedanke wieder aufgekommen, Regionen mit eigenem Regionalparlament zu bilden, in denen mehrere Departements zusammengefasst sind und die an die alten Provinzen erinnern. Bei aller Modernität hängen die Franzosen doch sehr an ihrer Geschichte und ihren Traditionen, was sich gerade im gastronomischen Vokabular widerspiegelt. Wir halten uns nachstehend an die neue Regionen-Einteilung und geben zusätzlich die Namen der Departements mit ihrem Hauptort und ihrer Kennzahl an, denn diese verrät die Herkunft eines Autos (mit den letzten beiden Ziffern des Kennzeichens) und hilft, die Postleitzahl *(Code postal)* zu behalten (5 Ziffern, mit der zweistelligen Kennzahl beginnend).

B2. Alsace (Elsass)

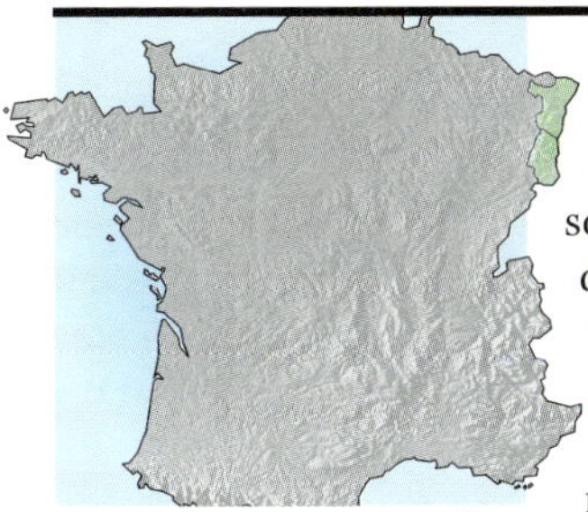

67 **Bas-Rhin** („Unterelsass")/ Strasbourg, **68 Haut-Rhin** („Oberelsass")/Colmar

Diese Provinz im Nordosten Frankreichs, die so oft in ihrer Geschichte die Herrschaft wechseln musste und in der zahlreiche Denkmäler und Inschriften – mal auf Deutsch, mal auf Französisch – an das Leid vergangener Zeiten erinnern, ist längst zu einer europäischen Region geworden, in der mehr Menschen im Dienstleistungssektor arbeiten als in Industrie und Landwirtschaft.

Die Hälfte der Bevölkerung des Elsass lebt in den Städten Strasbourg, Colmar und Mulhouse, die andere Hälfte in etwa 900 Orten, deren verwinkelte Gassen, blumengeschmückte Fachwerkhäuser, Tortürme, Storchennester und plätschernde Brunnen den Charme dieses Landstrichs ausmachen. Dies gilt insbesondere für die elsässische Weinstraße, die sich zwischen Marlenheim und Thann am Fuße der windgeschützten Vogesenhänge durch über hundert Weindörfer schlängelt.

In den *Winstuben* und Restaurants können Sie die Spezialitäten des Landes kosten, allen voran die Straßburger Gänseleberpastete und das elsässische Sauerkraut in seinen vielfältigen Varianten, oder die zahllosen Wurstsorten, den traditionellen Eintopf *Baeckeoffe*, den *Coq au riesling*, nicht zu vergessen die berühmten Backwaren (z.B. den Kugelhopf und die *Tarte à l'alsacienne*) sowie den Elsässer Käse par excellence, den *Munster*. Doch was wäre die ausgezeichnete Gastronomie des Landes ohne die fruchtigen Weine, die berühmten Biere (*Adelshoffen*, *Fischer*, *Kronenbourg*, *Maître Kanter*, *Mutzig* u.a.) und die zahllosen Obstbrände und Obstliköre?

Die Elsässer lieben es, Feste zu feiern. Anlässe dazu gibt es das ganze Jahr hindurch: Kirchweih, Messen, Erntedank- und Winzerfeste sowie die Weihnachtsmärkte.

Es ist ein Zeichen der Eigenständigkeit der Elsässer, dass sie im Alltag – aber auch in Geschichten, Gedichten und Liedern – ihren elsässischen, dem Alemannischen verwandten Dialekt sprechen, aus dem viele Ausdrücke in die Küchensprache gewandert sind.

VORSPEISEN

la salade alsacienne	Elsässer Salat: Kartoffeln, Sardellen, Gewürzgurke, Kapern, Silberzwiebeln, Pökelzunge, gekochter Schinken, gekochtes Suppenfleisch
la tarte à l'oignon (Zewelwäi, Zewelküacha)	Zwiebelkuchen mit Sahne, Eiern und Räucherspeck
la tarte flambée (Flammekueche)	„Flamm(en)kuchen": flacher Brotteigkuchen, der mit einer Schicht aus Zwiebeln, Sahne und Speckwürfeln überbacken ist
la tourte au vin blanc (Fleischtürt)	Blätterteigtorte mit Füllung aus in Weißwein mariniertem Kalb- und Schweinefleisch
le foie gras (truffé) de Strasbourg	Straßburger (getrüffelte) Gänseleberpastete

Kosten Sie auch *la brioche de foie gras, la salade d'épinards, la salade d'oignons blancs, la tourte de la vallée de Munster, le pâté de brochet* (Hechtpastete), *les escargots à l'alsacienne, les quenelles de foie* (Leberklößchen).

SUPPEN

la soupe à l'oignon (Zewelsupp)	Zwiebelsuppe
la soupe alsacienne	Elsässer Suppe: Sauerkrautsuppe mit Zwiebeln, Gänseschmalz, Kartoffeln und gerösteten Weißbrotscheiben
la soupe aux riwele	Spätzle-Suppe

le potage au cerfeuil (Kerwalakrütsupp)	Kerbelsuppe

Und: *la soupe aux pommes de terres, le potage aux abattis d'oie* (Gänsekleinsuppe), *le potage aux poireaux* (Lauchsuppe).

FISCHSPEZIALITÄTEN

la carpe à l'alsacienne	gefüllter Karpfen, in Weißwein geschmort, mit Sauerkraut
la matelote alsacienne	Fischragout mit Aal, Hecht, Karpfen, Barsch, Schalotten, Weißwein, Butter und Petersilie
la truite aux amandes	Forelle mit Mandeln gebraten
le brochet au riesling	Hecht, in Riesling geschmort
les filets de sole au Riquewihr	Seezungenfilets in Riquewihr-Wein

FLEISCHSPEZIALITÄTEN

la choucroute alsacienne (choucroute garnie)	Sauerkraut mit Schmalz, Weißwein und Äpfeln zubereitet, mit Pökel- oder Rauchfleisch vom Schwein und verschiedenen Würstchen
la côte de porc au raifort	Schweinskotelett mit Meerrettich
la palette au vin blanc (Schiffale en Wisswi)	Schulterstück (Bug) vom Schwein in Weißwein
la palette de porc fumée	Schulterstück vom Schwein, geräuchert
la poitrine de bœuf salée	gepökelte Rinderbrust

le baeckeoffe (potée alsacienne, potée strasbourgeoise)	Straßburger Eintopf mit Rind-, Hammel- und Schweinefleisch, in Riesling mariniert, mit Kartoffeln und Zwiebeln
le bœuf alsacien	Rinderbraten elsässische Art: Rindfleisch mit Schweineschmalz angebraten, Karotten, Zwiebeln, Weißwein, Wacholderschnaps, Kalbsfuß, Speckschwarte u. a.
les saucisses blanches (rôties) en sauce (Brotwerschtler en Soss)	Bratwürste in einer Sauce aus Fleischbrühe, Tomaten und Zwiebeln

WILDSPEZIALITÄTEN

le faisan à l'alsacienne	Fasan auf Sauerkraut, mit Bratwurst
le râble de lièvre aux nouilles à l'alsacienne	Hasenrücken und hausgemachte Nudeln mit Semmelbröseln und Butter

GEFLÜGELSPEZIALITÄTEN

le coq (coquelet) au riesling	(junges) Hähnchen in Riesling geschmort
l'oie à l'alsacienne	mit Wurst gefüllte, gebratene Gans, mit Sauerkraut serviert

KÄSE

le Munster	Weichkäse aus Kuhmilch, oft mit Kümmel gegessen, kräftig im Geschmack

DESSERTS

la tarte à l'alsacienne	flacher Tortenboden, mit Äpfeln und Birnen, mit Eiern, Milch, Sahne, Zucker, Zimt übergossen und überbacken
la tarte aux pommes à l'alsacienne	Elsässer Apfelkuchen mit Zimt und frischer Sahne
le kugelhopf	„Gugelhopf" oder „Gugelhupf": Napfkuchen in Kranzform mit Rosinen und Mandeln

Probieren Sie auch: *la tarte au fromage blanc, la tarte aux raisins, le soufflé au kirsch.*

WEINE UND SPIRITUOSEN

Alle Elsässer Weine müssen im Elsass in der Schlegelflasche *Flûte d'Alsace* abgefüllt sein und die Bezeichnung *Alsace* oder *Vin d'Alsace* tragen. Sie werden nach ihrer Rebsorte benannt, mit Ausnahme des *Edelzwicker*, der sich aus mehreren Rebsorten zusammensetzt.

Crémant d'Alsace	Sekt (weiß oder rosé) aus dem Elsass, der nach der Flaschengärmethode gewonnen wird und den es von *brut* bis *doux* gibt
Edelzwicker	süffiger Wein für den Alltag aus verschiedenen Rebsorten
Gewürztraminer	vollmundiger, fruchtiger Weißwein
Muscat	weicher, aromatischer Weißwein aus der Muskatellertraube
Pinot blanc (Klevner)	süffiger Weißwein (Weißburgunder)
Pinot d'Alsace (Pinot Auxerrois, Pinot Blanc Auxerrois)	angenehmer, feinfruchtiger Weißwein aus den Rebsorten Weißburgunder und Auxerrois
Pinot noir	einzige Elsässer Rotweintraube, wird zu Rosé- und Rotweinen verarbeitet
Riesling	charaktervoller Weißwein mit dezenter Säure, König der Elsässer Weine
Sélection de grains nobles	Auslese, außergewöhnliche Weine aus überreifen Trauben
Sylvaner	frischer, süffiger Zechwein

Tokay Pinot gris	fruchtiger Weißwein aus der Grauburgundertraube
Vendanges tardives	Spätlese: kräftige, aromatische Weine

Im Elsass werden außer Tresterbranntwein *(Marc)* zahlreiche Obstliköre und Obstbrände *(eaux de vie)* hergestellt; Bezeichnungen wie *Kirsch, Poire Williams, Mirabelle* und *Quetsch* bedürfen keiner Erklärung, weswegen wir hier nur einige besondere Sorten aufzählen:

Airelle	Preiselbeere
Coing	Quitte
Eglantine	Hagebutte
Framboise	Himbeere
Mûre	Brombeere
Myrtille	Blaubeere
Prune	Pflaume
Prunelle	Schlehe
Sorbier	Eberesche
Sureau	Holunder

B3. Aquitaine (Aquitanien)

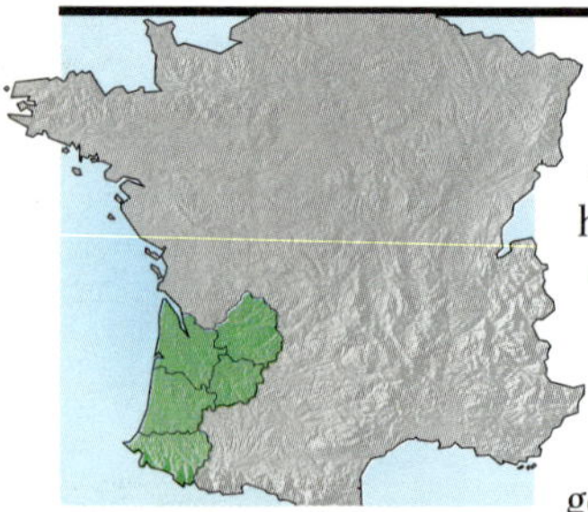

24 **Dordogne** / Périgueux,
33 **Gironde** / Bordeaux,
40 **Landes** / Mont-de-Marsan,
47 **Lot-et-Garonne** / Agen,
64 **Pyrénées-Atlantiques** / Pau

„Ich möchte, dass in meinem Königreich jeder Bauer sonntags ein Huhn im Topfe hat“, sagte der aus Navarra (Béarn) stammende Henri IV von Frankreich, dessen Lippen schon als Säugling den Wein der Gegend, den Jurançon, gekostet haben sollen.

An Geflügel und Wein mangelt es heute keineswegs in dieser Region im Südwesten Frankreichs, die die alten Provinzen Périgord, Guyenne, Gascogne, Pays Basque (Baskenland) und Béarn zusammenfasst. Diese waren jahrhundertelang Zankapfel zwischen England und Frankreich, wovon noch heute die vielen Burgen und *Bastides* (befestigte Ansiedlungen) zeugen.

Aquitanien erstreckt sich von den flussreichen Westhängen des Zentralmassivs bis zum Atlantik und von der Gironde entlang der 200 Kilometer langen feinsandigen Côte d'Argent bis zu den Steilküsten des Baskenlandes und hinauf zu den Dreitausendern der Pyrenäen.

Die Bevölkerung konzentriert sich auf Bordeaux und Umgebung, während in der restlichen Region die Dichte der vorwiegend ländlichen Bevölkerung weit unter dem Landesdurchschnitt liegt.

Superlative sind im Südwesten selbstverständlich: Hier finden sich das weltweit größte Anbaugebiet edler Weine (Bordelais), die waldreichste Gegend Frankreichs (Landes), die höchsten Dünen Europas (bei Arcachon), Reste uralter Besiedlung (Pays Basque und Périgord), prähistorische Kunststätten (z.B. die Grotten von Les Eyzies-de-Tayac und Lascaux) sowie in Europa einzigartige Erdgas- und Erdölvorkommen (Parentis, Lacq).

Kein Wunder, dass die Touristen in Scharen kommen: ans Meer vor allem, aber auch, um „Urlaub auf dem Lande“ zu machen oder zum Kuren in die zahlreichen Kurorte, insbesondere im Pyrenäen-Vorland.

Das Weinbaugebiet um Bordeaux bestimmt nicht alleine die Landschaft: Man trifft auf Mais- und Sonnenblumenfelder, Obstgärten *(pruneaux d'Agen)* und Wälder (Trüffeln, Kastanien, Nüsse). Die Aufzucht von Ziegen, Enten und Gänsen ist hier dominant. Die Fülle der hochwertigen landwirtschaftlichen Erzeugnisse sowie die Süßwasser- und Seefische und die berühmten Austernkulturen haben zum ausgezeichneten Ruf der Gastronomie des Südwestens beigetragen.

VORBEMERKUNG:

In der Regel heißt *à la bordelaise,* dass das betreffende Gericht mit einer *sauce bordelaise* gereicht wird; *à la basquaise,* dass Paprika- bzw. Pfefferschoten verwendet wurden; *à la bayonnaise,* dass das Gericht mit Steinpilzen gereicht wird, während *à la périgourdine* besagt, dass das Gericht mit Trüffeln zubereitet ist oder Gänseleber enthält.

VORSPEISEN

la tripotcha	baskische gewürzte Kaldaunenwurst vom Hammel, in einigen Gegenden auch Blutwurst mit Kalbfleisch
le caviar de la Gironde	feinkörniger Kaviar der Gironde
le confit de canard	eingemachtes Entenklein
le jambon de Bayonne	Schinken aus der Gegend von Bayonne, meistens roh, fein geräuchert, wird in hauchdünnen Scheiben serviert
les huîtres d'Arcachon	graufleischige Austern aus Arcachon
les rillettes	Fleischpastete, hier im Südwesten aus Geflügel und Wild

Versuchen Sie *la truffe en croûte, le confit d'oie, le confit de canard à la périgourdine, le foie de canard aux raisins (aux pommes), les écrevisses à la bordelaise, les fonds d'artichauts (à la) landaise gratinés, les gravettes* (flache Austern), *les moules à la bordelaise.*

SUPPEN

l'elzekaira	baskische Suppe aus Kohl, Bohnen, Zwiebeln und Knoblauch
la cousinette	Spezialität des Béarn: Gemüsesuppe aus Spinat, Mangold, Malven, Sauerampfer, Salatblättern, in denen eine Kalbshaxe mitgekocht wird
la soupe à l'alose	Spezialität der Gascogne: Maifischsuppe

le garbure	gehaltvoller Kohleintopf, vor allem aus Grünkohl, meistens mit Wachsbohnen, weißen Bohnen, Kartoffeln, Suppenkraut und eingemachtem Gänse-, Enten- oder Schweinefleisch oder Wurst (einige Béarner gießen sie über Schwarzbrotscheiben und fügen Rotwein hinzu)

Kosten Sie *la soupe aux truffes, la soupe de poissons à la biarrotte* (Biarritzer Fischsuppe), *le tourin blanchi, le tourin bordelais* (Zwiebelsuppe).

EIERSPEZIALITÄTEN

l'omelette aux cèpes (~ aux truffes)	Omelett mit Steinpilzen (~ mit Trüffeln)
la pipérade basquaise	Spezialität im Baskenland: Eiergericht mit Bayonner Schinken, Paprikagemüse, Tomaten, Zwiebeln, Knoblauch, Thymian und Lorbeer
les œufs brouillés à la périgourdine	Rühreier mit angedünsteten Trüffelscheibchen und Sahne

FISCHE UND SCHALENTIERE

la friture de la Dordogne	kleine Bratfische aus der Dordogne
la matelote (pochouse) de la Bidassoa	Ragout von Bidassoa-Aalen in Rotwein und mit Champignons
le merlu à la koskera	baskisches Fischgericht aus Seehecht, frischen Erbsen, Spargelspitzen und mit kleinen neuen Kartoffeln
le tioro (ttoro) basque	baskische Fischsuppe (die Fischstücke werden vorher in Öl gebraten)

Empfehlenswert sind auch: *l'alose à l'oseille* (Maifisch mit Sauerampfer), *la lamproie à la bordelaise* (Neunauge), *la morue biscayenne* (Stockfisch), *le colin à la basquaise* (Seehecht), *le thon à la basquaise, les anguilles grillées avec persillade, les bonites, les calmars (= encornets), les chipirons (chiprones, chipirones) à l'encre* (Tintenfische), *les pibales à la basquaise* (Aalbrut).

FLEISCHSPEZIALITÄTEN

l'agneau de Pauillac	Lamm von Pauillac, wegen seines würzigen Geschmacks berühmt
l'entrecôte à la bordelaise	Zwischenrippenstück vom Rind, ohne *sauce bordelaise* gereicht, nur mit Schalotten
l'entrecôte marchand de vin	Zwischenrippenstück in Rotweinsauce
l'estouffat de bœuf à la béarnaise	Ragout aus Rindfleisch, Gemüse und Rotwein, manchmal auch mit Maismehlbrei gereicht
la carbonnade gasconne	Kalbsschmorbraten nach Gascogner Art, mit einer Masse aus Wurstfleisch, Schalotten, Knoblauch und Petersilie
la gasconnade	Spezialität der Gascogne: Hammelkeule mit Knoblauch und Sardellen zubereitet
le cassoulet	schmackhaftes Gericht aus weißen Bohnen, Schweinehaxen, eingemachtem Gänsefleisch, Magerspeck und Wurst
le gigot à la ficelle	Hammelkeule an der Schnur, ein Winzergericht im Bordelais, wobei die Winzer die Hammelkeule am Knochen an einer Schnur befestigen und über einem Feuer aus alten Weinfassdauben anbraten, was ihr eine besonders pikante Würze verleiht

le riz à la gaducha	baskisches Reisgericht mit Zwiebeln, Tomaten, Oliven und Wurst sowie nach spanischer Art zubereiteten, stark gewürzten Chorizo-Würstchen und/oder Räucherspeck

Köstlich außerdem: *l'entrecôte bordelaise, l'hachua basque* (Lendenbraten), *la grillade aux truffes* (Steak), *la mique* (Pökelfleisch), *le carré d'agneau béarnaise, le cou de porc farci* (gefüllter Schweinehals), *le filet de bœuf à la périgourdine, le filet de bœuf à la sarladaise, le gigot à la bordelaise, le gras-double bordelais, le tournedos à la périgourdine, les rognons de veau à la bordelaise, les tripes à la paloise, les loukinkas* (*louquenkas,* Knoblauchwürstchen).

WILDSPEZIALITÄTEN

l'isard rôti	Pyrenäengemse, meistens gebraten
le civet de lièvre aux pruneaux	Hasenpfeffer mit Backpflaumen
le civet de marcassin	mariniertes Frischlingragout in Rotwein
les ortolans à la landaise	gebratene Fettammern, mit Gänseleber gefüllt und mit abgezogenen Trauben serviert

GEFLÜGELSPEZIALITÄTEN

la poule au pot (~ à la farce noire)	Eintopf aus den Pyrenäen, mit zartem gekochtem Huhn, gefüllt mit Geflügelleber, magerem Bayonner Schinken, mit Kräutern, Muskatnuss und Armagnac, mit Gemüsen serviert
le coq en pâte périgourdine	Hähnchen, mit einer Farce aus Trüffeln und Gänseleber, im Teigmantel
les steaks de canard	Spezialität der Gascogne: Entensteaks aus Entenbrustfilet, in heißem Gänsefett kurz gebraten und mit Armagnac flambiert

Weitere Spezialitäten: *les abattis d'oie périgourdine* (Gänseklein), *l'alicuit d'oie* (Gänsefleischeintopf), *l'oie farcie aux pruneaux, la dinde truffée, le cou d'oie farci* (gefüllter Gänsehals), *le foie gras (foie d'oie) rôti, le magret (l'aiguillette) de canard* (Entenbrustfilet), *le poulet à la basquaise, le salmis de palombes* (Ringeltaubenragout).

GEMÜSE UND ANDERE BEILAGEN

la tourte de truffes	überdeckte Torte mit Trüffel- und Gänseleberfüllung
le chou blanc à la périgourdine	gedünsteter Weißkohl, mit Butter und Käse überbacken
le yerbilhou	baskischer Name für Maismehlbrei
les cèpes à la bordelaise	berühmtes Nationalgericht: Steinpilze, zubereitet in heißem Öl, mit Petersilie bestreut, mit Schalotten gereicht, mit Knoblauch gewürzt und mit Traubensaft abgeschmeckt

Nicht zu vergessen: *les cèpes à la périgourdine* (Steinpilze), *les pommes sautées à la sarladaise (pommes sarladaise), les truffes sous la cendre.*

KÄSE

le Brebis des Pyrénées	Pyrenäenkäse aus Schafsmilch mit erdigem Geschmack, mit heller Rinde und halbfestem, bräunlich-gelbem Teig
le fromage des Chaumes	würziger Weichkäse aus Kuhmilch, mit gelborangefarbener Rinde und intensivem Duft

le fromage des Pyrénées	Pyrenäenkäse, ursprünglich aus dem Baskenland, ein milder Schnittkäse aus Kuhmilch, mit schwarzer Rinde
le Laruns	runder Schafskäse aus dem Baskenland, aus der Gegend von Gabas, mit harter, orangefarbener Rinde und halbfestem Teig
le Saint-Albray	Weichkäse aus Kuhmilch aus dem Béarn, mit orangefarbener Rinde aus Edelschimmel

DESSERTS

la fouace	Hefezopf mit Butter, Eiern, Zucker, Öl, Engelwurz, kandierten Früchten und mit Orangenblüte aromatisiert
le gâteau basque (pastiza)	baskischer Kuchen aus Mehl, Eiern, Zucker, Butter, Milch und etwas geriebener Zitronenschale, manchmal auch mit Rum, mit verschiedenen Füllungen: Aprikosenpüree, Kirschmarmelade, schwarzen Kirschen oder Creme
le pastis gascon (~ à la gasconne)	Kuchen aus Blätterteig, mit Butter und Vanillezucker bestrichen und mit in Armagnac getränkten Apfelscheiben belegt
le pastis landais	lockeres Gebäck aus geschlagenen Eiern, Zucker, Butter, Armagnac, Orangenblüten und Backpflaumen (lauwarm oder kalt gegessen)
les macarons de Saint-Émilion	Mandelmakronen, bei deren Zubereitung auch süßer Weißwein verwendet wird
les pavés du Gave	baskische Spezialität: Mandelkuchen

Versäumen Sie nicht *la dacquoise* (Mandelbiskuittorte), *la duchesse de Sarlat* (Charlotte), *la flognarde* (Obstkuchen), *le millas des Landes* (Maismehlkuchen), *le Saint-Émilion au chocolat* (Schokoladentorte), *les beignets béarnais, les miques du Périgord* (Maisbreikuchen), *les rissoles aux pruneaux* (Kuchen mit Backpflaumen).

WEINE UND SPIRITUOSEN

Die Weine aus dem Bordelais werden in der typischen Bordeauxflasche angeboten: dunkelgrün für Rotweine, hellgrün für trockene Weißweine, glasklar für Rosé und süße Weine. Aufgrund des Bekanntheitsgrades dieser Weine findet diese Flaschenform heute weltweit Verwendung.

Bordelais

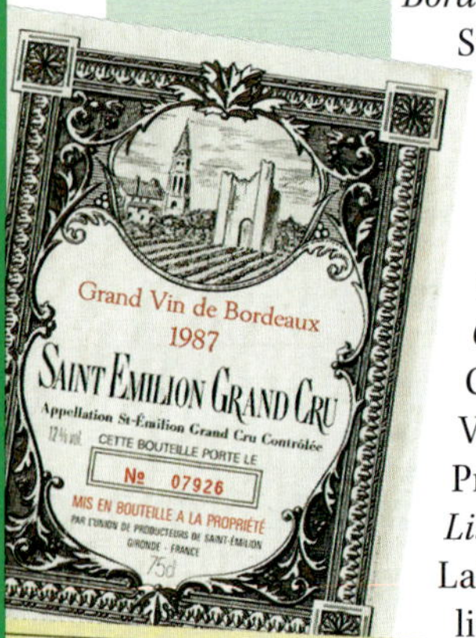

Rot- und Roséweine

Bordeaux: Bordeaux et Bordeaux Supérieur, Bordeaux Clairet et Bordeaux Rosé

Médoc et Graves: Graves, Haut-Médoc, Listrac, Margaux, Médoc, Moulis, Pauillac, Pessac-Léognan, Saint-Estèphe, Saint-Julien

Côtes: Côtes de Bourg, Côtes de Castillon, Côtes de Francs, Graves de Vayres, Premières Côtes de Blaye, Premières Côtes de Bordeaux

Libournais: Canon-Fronsac, Fronsac, Lalande-de-Pomerol, Lussac-Saint-Emilion, Montagne-Saint-Emilion, Pomerol, Puisseguin-Saint-Emilion, Saint-Emilion Grand Cru, Saint-Emilion, Saint-Georges-Saint-Emilion

Weissweine (trocken)

Bordeaux, Côtes de Blaye, Côtes de Bourg, Entre-Deux-Mers, Graves, Graves de Vayres, Pessac-Léognan

Weissweine (lieblich-edelsüss)

Barsac, Bordeaux Supérieur, Cadillac, Cérons, Côtes de Bordeaux-Saint-Macaire, Graves Supérieures, Loupiac, Premières Côtes de Bordeaux, Sainte-Croix-du-Mont, Sainte-Foy-Bordeaux, Sauternes

Dordogne	**Rot- und Roséweine** Bergerac, Côtes de Bergerac, Pécharmant **Weissweine (trocken)** Bergerac, Montravel **Weissweine (lieblich-edelsüss)** Bergerac, Côtes de Bergerac, Monbazillac, Côtes de Montravel + Haut-Montravel, Rosette, Saussignac Vins de Pays de la Dordogne: Weiß-, Rosé- und Rotweine
Landes	Tursan (Weiß-, Rosé- und Rotweine)
Lot-et-Garonne	Buzet, Côtes de Duras, Côtes du Marmandais, Côtes du Brulhois: trockene Weiß- und Rotweine, Roséweine sind seltener
Pyrénées-Atlantiques	Béarn (besonders Rosé), Irouléguy, Jurançon (liebliche, aber auch trockene Weißweine), Madiran (Rotwein), Pacherenc-du-Vic-Bilh (liebliche Weißweine).

AUSSERDEM

Crémant de Bordeaux	Schaumwein aus dem Bordelais nach der traditionellen Flaschengärung
Eau-de-vie de coing	Quittenschnaps
Izarra	Kräuterlikör (gelb: mild, grün: stark) aus dem Baskenland
Liqueur de noix (Brou)	Nusslikör aus dem Périgord

B4. Auvergne (Zentralmassiv)

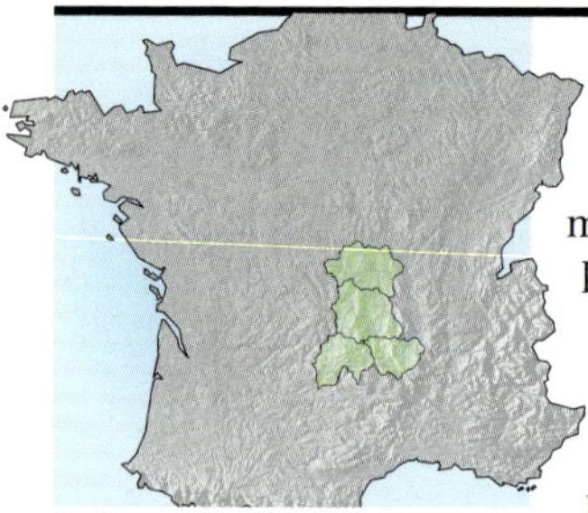

03 **Allier** / Moulins, 15 **Cantal** / Aurillac, 43 **Haute-Loire** / Le Puy-en-Velay, 63 **Puy-de-Dôme** / Clermont-Ferrand

Im Land der Weiden und Wälder sollten Sie am besten nicht in die Verlegenheit kommen, nach dem Weg zu fragen: Es könnte sein, dass Ihnen meilenweit nur die braunen Rinder von Salers begegnen, deren Fleisch sehr geschätzt wird und deren Milch den Rohstoff der berühmten Auvergner Käse bildet. Schweine, Schafe und Geflügel aller Art gibt es natürlich auch. Ein Schweinekotelett *à l'auvergnate,* knusprig durchgebraten und doch saftig, ist in ganz Frankreich wohl nur hier zu finden, wie die kräftigen Gemüsesuppen und Eintöpfe, mit denen ganz unfranzösisch Mahlzeiten am Mittag und am Abend beginnen (können).

Alles ist noch so richtig ländlich in der Auvergne, deren Bevölkerungsdichte weit unter dem Landesdurchschnitt liegt. Größte Stadt ist Clermont-Ferrand, die „Reifen-Hauptstadt“ (Michelin), vorherrschend sind jedoch reizvolle kleine Städte und idyllische Orte, die sich um eine romanische Kirche scharen.

Dieses Land der erloschenen Vulkane ist reich an Thermalbädern,

worunter Vichy das renommierteste ist. Zu den bekannten Mineralwässern zählen aber auch Volvic, Chateldon und Saint-Yorre.

Eine Auvergner Mahlzeit kann man natürlich auch mit Spirituosen und Weinen bestreiten. Man beginnt mit einem *Salers,* der aus den Wurzeln des bis anderthalb Meter hohen gelben Enzians gewonnen wird, wählt zur Vorspeise einen weißen *Saint-Pourçain* oder *Côtes d'Auvergne,* wechselt zu Rosé- oder Rotweinen der gleichen Appellation oder greift zu einem *Côte Roannaise* oder *Côtes du Forez:* seltene, fast nur hier erhältliche Weine, die an *Beaujolais* erinnern. Den Abschluss bildet ein Tresterbranntwein, der *Marc d'Auvergne,* ein Obstlikör oder natürlich der überaus geschätzte Digestif aus dem wilden Eisenkraut, die *Verveine du Velay.*

VORSPEISEN

les friands de Saint-Flour	eine Spezialität aus Saint-Flour: Pasteten mit einer Füllung aus Bratwurst, Kalbsnuss, Schinken, mit Cognac und Gewürzen mariniert, im Pastetenteig
la galantine de cochon de lait	gesülzte Spanferkelpastete
le gâteau (la terrine) de foie de porc	Schweineleberpastete in der Schüssel

Probieren Sie auch: *le jambon du pays, la tourte de saumon, l'andouille de Charlieu, les rissoles* (Pastetchen).

SUPPEN

la (crème) vichyssoise	Vichyer Rahmsuppe: kalte Kartoffel-Lauch-Suppe, mit gehacktem Schnittlauch bestreut
la potée auvergnate *(oder* **soupe aux choux auvergnate***)*	Kohl, Karotten, weiße Rüben, Zwiebel, Lauch, Sellerie, weiße Bohnen, Kartoffeln, Knoblauch, Kräuter, Schweinskopf, magerer Speck, Suppenfleisch, Cervelatwurst und geröstete Brotscheiben
la soupe à l'auvergnate	Kartoffeln, Linsen, Zwiebel, Knoblauch, Thymian, Lorbeerblatt und geröstete Schwarzbrotwürfel
la soupe au Cantal	*Cantal*-Käse, Knoblauch, Fleischbrühe, Sahne und Schwarzbrotscheiben

EIERSPEZIALITÄTEN

les œufs pochés à l'auvergnate	pochierte Eier, auf Kohl zwischen Speckscheiben und Wurst angerichtet
l'omelette brayaude	Spezialität aus der Gegend von Riom: Omelette mit Magerspeck, Kartoffeln, Sahne und Käse

FISCHSPEZIALITÄTEN

la matelote au vin rouge	Fischragout von verschiedenen Fischen in Rotwein
le gratin de queues d'écrevisses	überbackene Krebsschwänze

FLEISCHSPEZIALITÄTEN

la côte de porc à l'auvergnate	gebratenes Schweinekotelett mit Kohl und Käse, im Rohr überbacken
la langue de bœuf au gratin	überbackene Ochsenzunge
la poitrine de veau farcie	Kalbsbrust mit einer Füllung aus Brotkrume, Zwiebeln, Kastanien und Kräutern in Weißwein geschmort, mit Kohl und Kastanien serviert
le gigot de mouton aux lentilles	Hammelkeule mit Linsenpüree
le petit salé de Murat (Cantal) aux choux	gepökeltes Schweinefleisch mit Kohl

Was halten Sie von *l'épaule de mouton au riz, l'estouffade de bœuf* (Rinderschmorbraten), *la rouelle de veau à la cocotte aux cèpes* (Kalbskeulenschnitte), *le gigot brayaude* (Hammelkeule), *les tripeaux* (Hammelfüße)?

GEFLÜGEL- UND WILDSPEZIALITÄTEN

l'estouffade de perdrix aux lentilles	Rebhühner geschmort mit Zwiebeln, Karotten, Speck, Weißwein und Brühe, mit Linsen gereicht

le coq au Chanturgue	Hähnchen mit Thymian, Lorbeerblatt, Petersilie in *Chanturgue*-Wein mariniert; die Stücke mit Speck, Zwiebeln und Champignons angebraten, mit Cognac flambiert und im Backofen geschmort
le poulet au verjus	Hähnchen mit Sauce aus dem Most grüner Trauben

KÄSE

le Bleu d'Auvergne	marmorierter Käse aus Kuhmilch
le Cantal	ältester französischer Käse: halbfester Schnittkäse aus Kuhmilch, mit kräftigem oder pikantem Geschmack
la Fourme d'Ambert	blaugrün geäderter, mild-aromatischer Käse aus Kuhmilch
le Gaperon	Käse aus entrahmter Kuhmilch oder Buttermilch, mit Knoblauch und gemahlenem Pfeffer aromatisiert
le Laguiole	dem *Cantal* ähnelnder Schnittkäse
le Saint-Nectaire	halbfester Schnittkäse aus Kuhmilch mit Haselnussgeschmack

DESSERTS

le clafoutis *(auch* **milliard** *genannt)*	runder Kuchen aus einem leichten Teig mit entkernten dunklen Kirschen
le gâteau aux marrons	Kastanienkuchen
le gâteau de potiron	Kürbiskuchen

les bourioles d'Aurillac	süße Buchweizenpfannkuchen
les crapiaux aux pommes	Eierpfannkuchen aus Äpfeln in Grießzucker und Cognac getränkt

WEINE UND SPIRITUOSEN

Avèze	Enzianlikör aus Riom-ès-Montagne (Cantal), wird als Aperitif oder als Digestif getrunken
Côte Roannaise	Rosé- und Rotweine aus der Gegend um Roanne
Côtes d'Auvergne	Weiß-, Rosé- und Rotweine aus der Umgebung von Clermont-Ferrand (z.T. mit dem lokalen Zusatz *Boudes, Chanturgue, Châteaugay, Corent* oder *Madargues*)
Côtes du Forez	Rot- und Roséweine aus der Gegend nördlich von Montbrison
Entraygues-et-du-Fel	Weiß-, Rosé- und Rotweine aus dem südlichen Teil der Auvergne und dem Aveyron
Gentiane	Enzianlikör, pur oder mit Wasser verdünnt als Aperitif getrunken
Marc d'Auvergne	Tresterbranntwein
Saint-Pourçain	Weiß-, Rosé- und Rotweine aus der Umgebung von Saint-Pourçain-sur-Sioule
Salers	Enzianlikör, pur oder mit Wasser verdünnt als Aperitif getrunken
Verveine du Velay	Kräuterlikör auf der Basis von Branntwein, Cognac, Zucker und Kräutern der Auvergne, der milde gelbe mit 43, der herbe grüne mit 55 Vol.-%

B5. Bourgogne (Burgund)

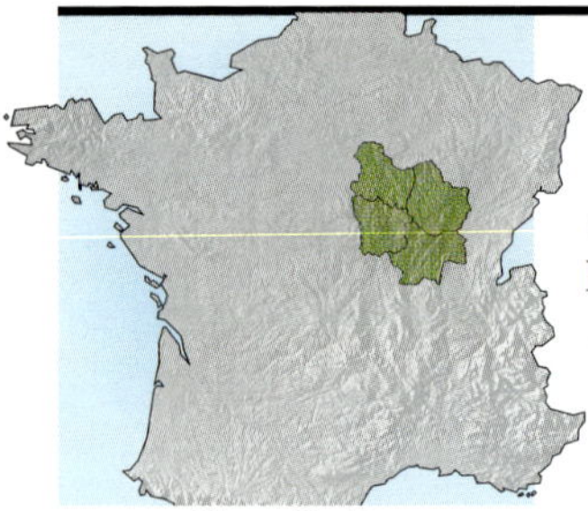

21 Côte-d'Or / Dijon,
58 Nièvre / Nevers,
71 Saône-et-Loire / Mâcon,
89 Yonne / Auxerre

Napoleon I. wird nachgesagt, er habe in den Weinbergen von Gevrey-Chambertin seine Truppen anhalten und zu Ehren seines Lieblingsweins salutieren lassen. Der Wein gehört zu Burgund wie die Seine zu Paris.

Die Rebflächen liegen im Norden Burgunds im Gebiet von Chablis und erstrecken sich in einem schmalen Band südlich von Dijon bis zu den Höhen um Mâcon und zu den Bergen des Beaujolais unweit von Lyon. Als die edelsten Burgunder werden die Lagen im nördlichen Teil angesehen. Die Namen mancher Weinorte sind Musik in den Ohren von Kennern: Chambolle-Musigny, Vougeot, Vosne-Romanée, Pommard, Meursault …

Doch Burgund ist mehr: Im Norden der Region liegt das bewaldete und wenig besiedelte Plateau de Langres, wo die Seine entspringt. Das Zentrum wird vom Morvan eingenommen, einem wald- und seenreichen Gebirgsmassiv, das bis etwa 900 m ansteigt. Hier ist das Klima kontinental-rauh, es regnet ergiebig und Schnee ist im Winter keine Seltenheit. Weiter nach Süden schließen sich die langgestreckten Hügel des Charolais an, wo die geschätzten weißen Rinder gezüchtet werden. Auch Ziegenzucht ist weit verbreitet. Burgund ist bekannt für seine Kirschen und schwarzen Johannesbeeren.

Auch in Burgund gibt es Spuren prähistorischer Besiedelung. Lange vor unserer Zeitrechnung ließen sich hier die Gallier nieder, die sich Cäsars Eroberungsplänen zu widersetzen versuchten. Sie hielten in Alésia (dem heutigen Alise-Sainte-Reine) sechs Wochen lang der Belagerung der römischen Truppen stand. Ihr Anführer Vercingétorix, der sich schließlich doch ergeben musste, gilt heute noch als nationaler Held (wie andere Helden mit Namen auf -ix!). Im Mittelalter war Burgund ein mächtiges Herzogtum, das sich bis zu den Niederlanden erstreckte und im 15. Jahrhundert an die französische Krone fiel.

Burgund war stets ein Durchgangsland zwischen Nordeuropa und dem Mittelmeerraum. Davon zeugen die Kanäle und die vielen Straßen- und Eisenbahnverbindungen, die trichterförmig in das Saône- und Rhône-Tal nach Süden drängen. Daran erinnern auch die Verzweigungen des Jakobswegs und die zahlreichen romanischen Klöster und Kirchen, die zumeist auf die Aufnahme von Pilgern eingerichtet waren und die heute noch den Reisenden beeindrucken, wie Flavigny, Fontenay, Vézelay, Cluny, Autun, Paray-le-Monial …

Die hohe Kultur im einstigen Reich der Herzöge von Burgund hat in jahrhundertelanger Verfeinerung der einheimischen Rohstoffe ein Paradies der Gastronomie geschaffen, das den verweilenden Gast verwöhnt. Dafür stehen klingende Namen wie *jambon persillé, œufs en meurette, escargots de Bourgogne, bœuf bourguignon, moutarde de Dijon …*

VORSPEISEN

le jambon du Morvan	luftgetrockneter Schinken aus dem Morvan, mit kräftigem Geschmack
le jambon persillé à la bourguignonne	Schinkenstücke in Weißweingelee mit Petersilie
les escargots de Bourgogne	Weinbergschnecken, in *Chablis*-Sud gekocht, mit Schinken und Kräuterbutter gefüllt

les œufs en meurette	verlorene Eier in Burgundersauce, mit Speckstückchen, kleinen Zwiebeln und Pilzen
les œufs pochés à la bourguignonne	verlorene Eier auf Toast mit Rotweinsauce und Kräutern

& Sowie: *la timbale d'escargots aux lardons et à l'estragon, les champignons à la dijonnaise, les écrevisses à la nage.*

SUPPEN

la crème de noix	Walnusscremesuppe
la soupe au vin	Rotweinsuppe, mit Karotten, weißen Rübchen, Lauch, Zwiebel und Rotwein
le potage de pommes de terre aux cèpes	Kartoffelsuppe mit Steinpilzen

FISCHSPEZIALITÄTEN

la morue à la bourguignonne	Stockfisch mit Zwiebeln, Petersilie und Schnittlauch
la pochouse (matelote) bourguignonne *(oder* **mâconnaise***)*	Fischragout in Weißwein mit Karpfen, Schleie, Hecht, Barsch und Aalraupe
le bar braisé au chablis	in *Chablis* gedünsteter Barsch
les quenelles de brochet au chablis	Hechtklößchen in *Chablis*

FLEISCHSPEZIALITÄTEN

la fondue bourguignonne	Fleischfondue mit pikanten Beilagen
le bœuf bourguignon *oder* **à la bourguignonne**	Rinderragout in Rotweinsauce, mit Gewürzen und Zwiebeln geschmort
le jambon chaud au chablis	heißer Schinken in *Chablis*

Kosten Sie: *la potée bourguignonne, la tourte bourguignonne, la tranche de gigot d'agneau au vin de Bourgogne, le bœuf en daube au beaujolais, le saupiquet, le steak morvandiau.*

WILD- UND GEFLÜGELSPEZIALITÄTEN

le coq au vin bourguignon	Hähnchen in rotem Burgunder, mit Tresterbranntwein, kleinen Zwiebeln, Speckwürfeln, Pilzen, Suppengrün und Knoblauch gedünstet und mit Weißbrotscheiben serviert

le magret de canard aux baies de cassis et aux poires	Entenbrust mit schwarzen Johannisbeeren und Birnen
le pigeonneau farci sauce Chambertin	mit einer Farce aus Schweinelende, Hühnerleber und Champignons gefüllte Taube mit einer *Chambertin*-Rotweinsauce
le poulet à la morvandelle	Hähnchen nach Art des Morvan, mit Schinken, Zwiebeln und Kartoffeln

KANINCHEN

le lapin à la dijonnaise	Kaninchen in Senfsauce
le tournedos de lapin aux morilles et aumonière de choux	*Tournedos* vom Kaninchen mit Morcheln und Kohlbeutelchen

KÄSE

l'Ami du Chambertin	kleiner, runder Kuhmilchkäse mit orangefarbener Rinde, die mit Wasser und *Marc de Bourgogne* gewaschen ist
l'Époisses	runder, cremiger Kuhmilchkäse in verschiedenen Größen, mit hellgelber Rinde und einem weichen, hellen Teig mit ausgeprägt kräftigem Geschmack
le Charolais (Charolles)	kleiner, runder Käse aus Kuh- oder Ziegenmilch aus dem Charolais, mit blauer Schimmelrinde und mit einem weichen, weißen Teig, der nach Milch schmeckt
le Mâconnais (Chevreton de Mâcon)	kleiner, runder Käse aus Ziegen- oder Kuhmilch, dessen Form sich nach oben verjüngt, mit natürlicher Schimmelrinde und weichem, hellem Teig

le Soumaintrain	runder Kuhmilchkäse mit hellorangefarbener Rinde und weichem, weißem Teig mit ausgeprägtem Erdgeschmack

DESSERTS

la poire belle dijonnaise	Birne in Rotwein mit *Crème de Cassis* und gebrannten Mandeln
la poire bourguignonne	in Rotwein gedämpfte Birne
la tarte au cassis	schwarze Johannisbeertorte
le pain d'épices de Dijon	Honiglebkuchen aus Dijon (kommt als Brotlaib in den Handel)
les crapiaux du Morvan	Crêpes aus dem Morvan
les macarons de Sens	Makronen aus Mandelteig aus der Stadt Sens

WEINE UND SPIRITUOSEN

In Burgund ist jede anerkannte Spitzenlage *(Grand Cru)* eine *Appellation d'origine contrôlée,* was die Zahl der offiziellen Herkunftsbezeichnungen auf über hundert bringt. Die Burgunderweine werden zumeist in der gedrungenen Burgunderflasche angeboten: braun für Rot- und einige Weißweine, grün oder farblos für Weißweine. Die Beliebtheit der Burgunderweine führte zu einer weltweiten Verbreitung dieser Flaschenform. Für das gesamte Gebiet von Burgund gelten folgende Bezeichnungen:

Bourgogne	mit dem Zusatz der Traubensorte: *Aligoté* = recht trockener, jung zu trinkender Weißwein; *Chardonnay* = Weißwein aus der Edelsorte von Burgund; *Pinot noir* = Rotwein aus der typischen Rotweintraube von Burgund, in Deutschland als „Blauer Spätburgunder" bekannt
Bourgogne Grand Ordinaire	Weiß-, Rosé- und Rotweine, für die die Anforderungen weniger streng sind als für *Bourgogne*
Bourgogne Passetoutgrains *(mit unterschiedlichen Schreibweisen)*	jung zu trinkende, frische Rotweine (seltener auch Roséweine) aus den Rebsorten *Gamay* und *Pinot noir*
Crémant de Bourgogne	Schaumwein nach dem Verfahren der traditionellen Flaschengärung

Die Bereiche sind, von Nord nach Süd:

Chablis	weltbekannte Weißweine, von *Petit Chablis* über *Chablis, Chablis Premier Cru* zu *Chablis Grand Cru* immer erlesener werdend
Côte de Nuits, Côte de Nuits-Villages	Bereich südlich von Dijon, erzeugt Rotweine von Weltruf
Côte de Beaune, Côte de Beaune-Villages	südlich der Côte de Nuits gelegener Bereich, erzeugt Rot- und Weißweine von Weltruf
Côte Chalonnaise	Rot- und Weißweine aus dem im Süden Burgunds gelegenen Bereich westlich von Chalon-sur-Saône

Mâconnais	Gebiet im Süden Burgunds, mit dem Hauptort Mâcon; Rot- und Weißweine mit der Bezeichnung *Mâcon, Mâcon supérieur* oder *Mâcon-Villages* (wobei statt *Villages* auch der Ortsname stehen kann)

Die 30 Spitzenlagen *(Grands Crus)* in Burgund zählen zu den besten, seltensten und teuersten Weinen der Welt, z. B. *Chambertin, Clos de Vougeot, Corton, Echézeaux, La Romanée, La Tâche, Richebourg, Romanée-Conti …*

Das im südlichen Burgund gelegene Weinbaugebiet *Beaujolais* produziert Weine eigener Art, die sich von den Burgunderweinen sowohl durch die Traubensorte *(Gamay)* als auch durch die Weinbereitung unterscheiden (vgl. Rhônetal).

SPIRITUOSEN

Crème de cassis (Cassis de Dijon)	Likör aus schwarzen Johannisbeeren
Fine de Bourgogne	Branntwein mit Herkunftsbezeichnung
Hypocras	Gewürzwein: Wein mit Honig, Zimt, Nelken, Sternanis und Vanilleschote
Kir	Aperitif aus einem Teil *Crème de Cassis* und 3 bis 5 Teilen *Bourgogne Aligoté*, benannt nach seinem Erfinder, dem Geistlichen Kir, der von 1945 bis 1968 Bürgermeister und Abgeordneter von Dijon war
Marc de Bourgogne	Tresterbranntwein aus Burgund, im Eichenfass gereift
Ratafia de cidre du Pays d'Othe	Aperitif, dessen Herstellung viele Varianten kennt, z. B. aus Apfelsaft, *Cidre* und Apfelbrand, aus dem Pays d'Othe im Norden Burgunds
Suc Charolais	Digestif

B6. Bretagne

22 Côtes-d'Armor / Saint-Brieuc,
29 Finistère / Quimper,
35 Ille-et-Vilaine / Rennes,
56 Morbihan / Vannes

Hier ist die Welt zu Ende: Finistère (wörtlich „Ende der Welt") heißt das westlichste Departement Frankreichs, das seine zerklüfteten, schroffen Felsenküsten weit in den Atlantik hinausschiebt und immer wieder Inseln und Inselgrüppchen vorausschickt. *Armor* („Land des Meeres") nannten die Gallier den Küstenstreifen, der das *Argoat* („Land des Waldes") im Landesinnern umschließt: Einzelne Wäldchen gibt es noch, vorherrschend sind jedoch flache, durch Hecken und Mäuerchen eingefasste Felder, Heideland und Felsbrocken, die zu kahlen Bergkämmen zusammenwachsen, auch wenn sie sich kaum mehr als 300 m über den Meeresspiegel erheben.

Einsam und ärmlich wirkt das Land, und wenn Nebel und schwarze Wolken den Himmel überziehen, auch melancholisch. Was soll hier schon gedeihen? Und doch ist die Bretagne der Gemüsegarten Frankreichs. Das ist dem Golfstrom zu verdanken, der für ein angenehmes, mildes Klima sorgt, in dem auch südliche Pflanzen wie Mimosen, Granatäpfel und Feigen gedeihen.

Hinzu kommt der Reichtum, den das Meer bereithält. Die Küsten- und Hochseefischerei ist ein Lebenselement der Bretonen. Das geschäftige Treiben in den zahlreichen kleineren und größeren Häfen hat für den Betrachter immer wieder seinen Reiz, der durch den Kauf der geschätzten, fangfrischen Delikatessen noch erhöht wird. Das Angebot ist vielfältig: Sardinen, Seezungen, Seebarben, Steinbutt, nicht zu vergessen Langusten, Hummer, Krabben, Austern (von Belon und Cancale), Meerschnecken …

Wer außer Fisch noch anderes mag, für den gibt es einen reich gedeckten Tisch: bretonisches Geflügel und die *pré-salés* (Schafe, die auf den Salzwiesen weiden und deren Fleisch besonders würzig ist) sind in ganz Frankreich bekannt.

Zu den gastronomischen Eigentümlichkeiten, die die Bretagne zu bieten hat, kommen die Begegnungen mit den Bretonen, ihrer Sprache, ihrer Musik und ihren Traditionen, den Festungen und wehrhaften alten Städten, den geheimnisvollen Dolmen und Menhiren und das Erlebnis des Meeres und der Gezeiten.

VORSPEISEN

la salade bretonne	pochierte Austern, Hummerkrabben, Kartoffelwürfel, Kopfsalat, mit leichter Mayonnaise gebunden
la salade du pêcheur	Garnelen, Muscheln, Thunfisch, Paprikaschoten, schwarze Oliven in Essigkräutersauce
le jambon de Morlaix	Schinken aus Morlaix
le plateau de fruits de mer	große Platte mit verschiedenen Meeresfrüchten (Austern, Muscheln, Seekrebse u. a.)
les crêpes de sarrasin	Buchweizenpfannkuchen mit Auflagen oder Füllungen wie Tomaten, Schinken, Würstchen oder Käse
les crevettes bouquet de Bretagne	große und feine Garnelen aus der Bretagne

SUPPEN

la bisque de homard ou de langouste	Hummer- oder Langustencremesuppe
le consommé bretonne	Kraftbrühe mit Lauch, Sellerie, Zwiebeln und Champignons in feinen Streifen
le potage crème de crevettes	Krabbencremesuppe

FISCHE UND KRUSTENTIERE

la cotriade (de Bretagne)	Meeresfischragout mit Zwiebeln, Kartoffeln, Knoblauch
le bar étuvé à la vapeur de varech	Seebarsch, in Seegrasdampf gedünstet
le homard à l'armoricaine *(manchmal fälschlicherweise* **à l'américaine** *genannt)*	Hummerstücke mit Schalotten und Zwiebeln angebraten, mit Cognac flambiert, mit trockenem Weißwein abgelöscht, mit Tomatensauce, Madeira, roten Pfefferschoten gedünstet
les filets de Saint-Pierre à l'oseille	Filets von Petersfisch mit Sauerampfer

Genießen Sie *la langouste à la nage, le carrelet (la plie) à la bretonne* (Scholle), *le pot-au-feu de homard breton* (Hummereintopf), *les moules sautées au cidre.*

FLEISCHSPEZIALITÄTEN

la bardatte	Weißkohl mit Hasenfleisch gefüllt, Speck, in Weißwein gekocht
la potée bretonne	Eintopfgericht mit Kohl, Schweinefleisch, geräucherter Wurst, Karotten und Kartoffeln
le carré d'agneau au beurre de menthe fraîche	Lammrückenstück mit frischer Minzbutter
le gigot de pré-salé	Lamm- oder Hammelkeule von Tieren, die auf Salzwiesen weiden

Weitere Spezialitäten: *l'andouille d'Auray, l'andouillette de Quimperlé, l'andouillette fumée de Guéméné, la longe de porc rôtie au cidre* (Schweinerückenstück), *le gigot d'agneau à la bretonne.*

KÄSE

l'Abbaye de la Joie Notre-Dame	runder, mittelgroßer Kuhmilchkäse, mit bräunlicher Rinde und mit gelblich-braunem Teig, ähnelt dem *Port-Salut*
le Saint-Paulin	runder Kuhmilchkäse, mit orangefarbener Rinde und hellem, weichem Teig mit mildem, leicht würzigem Geschmack

DESSERTS

le quatre-quarts	runder, flacher Kuchen, dessen vier Zutaten (Mehl, Butter, Zucker, Eier) je 1/4 des Gewichts ausmachen
les crêpes bretonnes	Crêpes aus Weizenmehl, süß, gefüllt mit Honig oder Konfitüre
les crêpes-dentelles de Quimper	hauchdünne Pfannkuchen aus Quimper
les galettes bretonnes	kleine Butterbiskuits

&... sowie *le far breton* (Fladenkuchen), *le kouig amann* (Butterkuchen), *les brioches de Morlaix, les macarons de Saint-Brieuc, les sablés bretons.*

GETRÄNKE

Cidre	Apfelwein, der als *Cidre doux* (lieblich) oder *Cidre brut* (herb) hergestellt wird
Cidre bouché	milder, moussierender Apfelwein in Schaumweinflaschen mit Sektverschluss
Eau-de-vie de cidre de Bretagne	Apfelbrand aus der Bretagne
Hydromel	Honigwein (Met)
Poiré	Birnenwein, Birnenschnaps (Bretagne, Normandie und Maine)

B7. Champagne-Ardenne

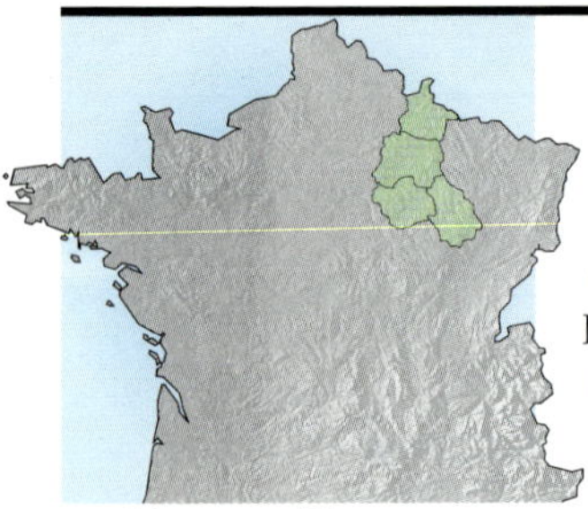

08 Ardennes / Charleville-Mézières, **10 Aube** / Troyes, **51 Marne** / Châlons-en-Champagne, **52 Haute-Marne** / Chaumont

Vive la différence! Der Slogan der Champagnerwerbung will das Besondere hervorheben, und in der Tat unterliegt der wichtigste Exportartikel der Region (im Departement Marne stellt er mehr als 35% des Wertes der Agrarproduktion dar) gesetzlichen Bestimmungen, die ihn ganz wesentlich von anderen schäumenden Weinen unterscheiden: Die Rebsorten, der Rebschnitt, das Anbaugebiet, die Auslese bei der Ernte, die Mostgewinnung beim Pressen der Trauben, die Weinbereitung, insbesondere die zweite Flaschengärung, die Lagerung auf der Hefe – das alles hebt ihn von vergleichbaren Produkten ab. Hinzu kommen die Beschaffenheit des Bodens und der riesigen Weinkeller, das Zusammenstellen der *Cuvée* aus dreißig und mehr Weinen zur Erlangung der gewünschten Geschmacksnote, das Prestige der zum Teil jahrhundertealten Champagnerhäuser ...

Es ist keine schlechte Idee, die Champagne über die vier großen Anbaubereiche kennen zu lernen. Um die Stadt Reims herum, vor allem aber im Süden, erstreckt sich die Montagne de Reims in einem Bogen in Richtung Épernay ins Marnetal (Vallée de la Marne) und von dort bis über Château-Thierry

hinaus; südlich von Épernay ziehen sich die Weinberge der Côte des Blancs bis in die Gegend von Sézanne. Noch weiter im Süden, zwischen Bar-sur-Seine und Bar-sur-Aube, dehnt sich der Vignoble de l'Aube aus.

Einige bekannte Weinorte aus etwa dreihundert sind: Avize, Bouzy, Cramant, Hautvillers, Le Mesnil-sur-Oger, Mailly-Champagne, Mareuil-sur-Ay, Rilly-la-Montagne, Tours-sur-Marne. In diesem ganzen Gebiet sind Sie bei Winzern und Handelshäusern zu *dégustations* (Weinproben) und zum Kauf immer willkommen.

Die Champagne besteht allerdings nicht nur aus Weinbergen, in einigen Gebieten, die zudem dünn besiedelt sind, dominiert Acker- und Weideland. Der Großteil der Bevölkerung arbeitet heute in den Industrie- und Dienstleistungsbetrieben von Reims, Châlons-en-Champagne, Chaumont, Langres und Troyes.

Das Land besitzt eine große Anzahl sehenswerter Bauwerke: Die Kathedrale von Reims, die Kirchen von Châlons mit der unweit gelegenen Basilika von L'Épine, die Fachwerkhäuser der Altstadt von Troyes, die Stadtmauern von Langres seien als Beispiele genannt. Nicht zu versäumen ist ein Besuch in Colombey-les-Deux-Églises (Ruhestätte von Charles de Gaulle).

Das der Champagne angegliederte Departement Ardennes ist ein sanft ansteigendes Hügelland, das in den Wald der Ardennes übergeht. Sehenswert ist die Place Ducale von Charleville-Mézières sowie die Türme und Festungsanlagen der Stadt. Rocroi, nahe der belgischen Grenze, bewahrt noch die Vaubansche Wehranlage, und Sedan seine enorme Festung aus dem 14. und 15. Jahrhundert.

Obwohl die Champagne schon im Mittelalter durch ihre bedeutenden Messen in Troyes, Châlons und Reims eine Mittlerrolle zwischen dem europäischen Norden und den Mittelmeerländern spielte und am Hofe der Grafen der Champagne das kulturelle Leben blühte, ist die Küche dieser Region ländlich-bescheiden geblieben. Die *Champenois* wissen dennoch wohl zu speisen, wie die große Auswahl ausgezeichneter Restaurants beweist.

VORSPEISEN

le jambon cru des Ardennes fumé	geräucherter roher Schinken aus den Ardennen
le jambonneau de Reims	Schinken nach der Art von Reims: paniert oder im Blätterteig *(en croûte)*

SUPPEN

la soupe à la Mézières	Biersuppe, die mit Zwiebeln, Knoblauch und hellem Bier bereitet wird
la soupe au lait ardennaise	Lauchsuppe, bei der das Weiße vom Lauch, Zwiebeln, krause Endivie und Kartoffeln mit Milch gegart werden

FISCHSPEZIALITÄTEN

la matelote champenoise	Ragout aus Aal, Hecht und Karpfen, in Rot- oder Weißwein aus der Champagne gekocht.
le brochet braisé au champagne	Hecht, in Champagner gegart

FLEISCHSPEZIALITÄTEN

l'andouillette de Troyes	Bratwurst aus Hammelkaldaunen
la potée champenoise	Kohleintopf mit gesalzenem Schweinefleisch, Schweinshaxe, Speck und Brühwürsten
le boudin blanc (boudin blanc de Rethel)	Weißwurst aus Geflügelbrust, Speck, Eigelb und Sahne
les pieds de porc à la Sainte-Ménehould	im Sud gekochte Schweinsfüße, paniert und in Fett goldgelb gebraten

les rognons de veau sautés au champagne	Kalbsnieren in Champagner, mit Tresterbranntwein flambiert, mit Crème fraîche angereichert

GEFLÜGELSPEZIALITÄTEN

le coq au vin de Bouzy	Hähnchen in Rotwein aus Bouzy
le poulet sauté (la poularde sautée) au champagne (à la champenoise)	Hähnchen oder Poularde, zerlegt und in Fett gebraten, mit Champignons, Weißwein (Champagne) und Crème fraîche zubereitet

KÄSE

le Brie	großer, runder, weicher Kuhmilchkäse aus der Ile-de-France, der auch in der Champagne hergestellt wird, mit weißer Schimmelrinde mit braunen oder roten Flecken, im Geschmack wie gute, fette Milch
le Caprice des Dieux	weicher Kuhmilchkäse, der aus mit Rahm angereicherter pasteurisierter Vollmilch hergestellt wird, von mildem Geschmack, der in verschiedenen Größen, meist in elliptischer Form, angeboten wird
le Cendré (d'Argonne, de Champagne, des Riceys)	runder, weicher Kuhmilchkäse in mehreren lokalen Varianten mit leicht modrigem Kellergeruch, dessen Rinde mit Holzasche bestäubt wird
le Chaource	weicher, runder, etwa 6 cm hoher Kuhmilchkäse mit weißer Schimmelrinde, mit mildem Geschmack nach Haselnuss

le Langres	zylinderförmiger Kuhmilchkäse in verschiedenen Größen mit leichter Vertiefung in der Mitte der Oberfläche, mit festem, zur Mitte hin weicher werdendem beigefarbenem Teig und ziegelroter Rinde, mit pikantem, leicht salzigem Geschmack

DESSERTS

le gâteau mollet des Ardennes	*Mollet*-Topfkuchen
les biscuits de Reims	Biskuits von Reims
les bouchons de champagne	Süßigkeit in Form von Champagnerkorken: mit *Ratafia* gefüllte Schokolade

WEINE UND SPIRITUOSEN

Bouzy Rouge	bekannter Rotwein aus dem Ort Bouzy im Bereich Montagne de Reims
Champagne brut	herber Champagner, mit nur geringem Zuckergehalt
Champagne doux	sehr milder, süßer Champagner

Champagne rosé	seltener Champagner, aus Rot- (15 bis 20 %) und Weißwein der Champagne
Champagne sec	ein schon eher halbtrockener Champagner
Coteaux Champenois	„stille" Rot-, Weiß- und Roséweine aus der Champagne
Fine de Champagne	Weinbrand aus Weinen des Gebiets Champagne
Marc de Champagne	Tresterbranntwein aus der Champagne
Ratafia	Aperitif, Likörwein aus Trester und Traubensaft von Champagnertrauben
Rosé des Riceys	einer der bekanntesten Roséweine Frankreichs, aus dem Ort Les Riceys im Departement Aube

B8. Corse (Korsika)

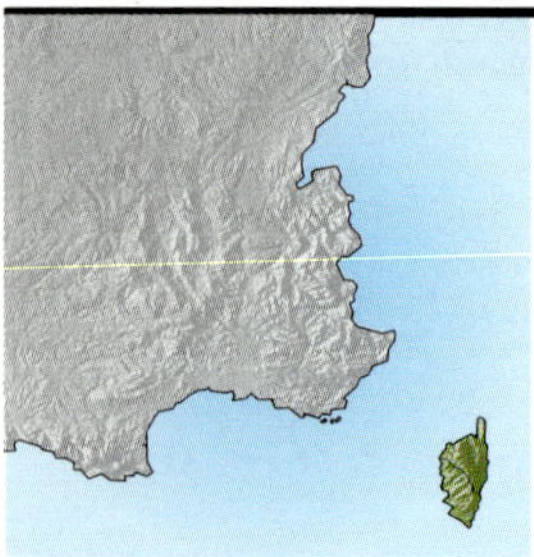

2A Corse du Sud / Ajaccio,
2B Haute-Corse / Bastia

„Selbst mit verbundenen Augen würde ich Korsika wiedererkennen, allein am Duft", soll Napoleon gesagt haben. Der Duft stammt vor allem von den mediterranen Kräutern, die zwar auch anderswo gedeihen, aber kaum diese Intensität des Aromas erreichen wie hier.

Die Insel ist 183 km lang und 50 bis 83 km breit, knapp 200 km von Frankreich und kaum 100 km von Italien entfernt; zur Nachbarinsel Sardinien sind es nur 14 km. Korsika hat ein angenehmes Mittelmeerklima, in dem die Winter noch milder sind als an der Riviera. Es wechseln schroff abfallende Felsenküsten und Sandstrände. Die touristische Infrastruktur auf der Insel ist gut entwickelt mit Ferienclubs, Feriendörfern und Campingplätzen.

Es gibt nur wenige Küstenstreifen, die sich für Obstplantagen und Olivenhaine eignen. Das Innere der Insel besteht überwiegend aus Weideland, Eichen- und Nadelwäldern sowie dem berüchtigten *Maquis,* immergrünem Buschland.

In der Höhenlage von 600 bis 900 m erstreckt sich im Nordosten die Castagniccia, wo auch heute noch ein Großteil der Esskastanien wächst, die für die korsische Küche so typisch sind (vor allem als *farina corsa* Kastanienmehl). Die

weiter aufsteigenden kahlen Gebirgsmassive überschreiten 2500 m, der Monte Cinto ist mit 2710 m der höchste Berg.

Die Bewohner der „Insel der Schönheit", die eine eigene, dem Italienischen verwandte Sprache sprechen, waren im Laufe der Jahrtausende immer wieder dem Ansturm von Eindringlingen ausgesetzt. Jahrhundertelang hatten die Genueser die Macht auf der Insel, bis sie sie 1768 an Frankreich verkauften. Die Vielzahl der Machthaber ließ immer wieder Unabhängigkeitsbewegungen aufkommen – auch heute noch und trotz aller Zugeständnisse, die den Korsen gemacht wurden (bis zur Reduzierung der Mehrwertsteuer).

In den großen Städten des Landes – Ajaccio, Bonifacio, Porto-Vecchio, Propriano, Sartène, Bastia, Aléria, Calvi – ist die Küche eher international oder französisch. Die eigentliche korsische Küche muss man im Landesinnern suchen: Hier gibt es Wildschwein, Forellen (aus den Gebirgsbächen!), auf offenem Feuer gebratenes Lamm, gepökeltes Schweinefleisch, mit korsischen Kräutern gewürztes Gemüse und natürlich Fisch. Die korsische Küche ist eine Küche, die entdeckt werden will!

VORSPEISEN

la coppa	geräucherte Schweineschulter
les tartes aux herbes	Blätterteig- und Mürbeteigtaschen, mit Füllung aus *Brocciu*, gemischt mit Spinat oder Mangold, mit Zwiebeln und Kräutern

SUPPEN

la minestra corse	dicke Gemüsesuppe mit Speck
la suppa corsa (la soupe corse)	Gemüsesuppe, ähnlich der *Minestrone*

FISCHE UND KRUSTENTIERE

l'aziminu	korsische *Bouillabaisse*
la langouste à la calvaise	Languste mit Tomaten und Paprikaschoten
les oursins	Seeigel mit besonders eigenartigem Geschmack

FLEISCHSPEZIALITÄTEN

la tripette	Kutteln mit Knoblauch und Kräutern, in scharf gewürzter Tomatensauce
le cabri au strettu	pikantes Ragout aus junger Ziege mit Speck, Knoblauch, Tomatenmark und Weißwein
le prisuttu (prizuttu)	roher geräucherter Schinken

le stufatu (stuffato)	Nudelauflauf mit verschiedenen Fleischsorten: Rind, Lamm oder Zicklein, Wildkaninchen oder Wildtaube, mit Zwiebeln, Knoblauch, Tomaten, Rotwein, Käse und Kräutern
les figatelli	Würstchen aus Schweineleber, Schweinezunge und verschiedenen Gewürzen

WILDSPEZIALITÄTEN

le rôti de sanglier	Wildschweinbraten, serviert in einer Wein- und Maronensauce
le tianu di cignale	Eintopf mit Wildschwein

GEMÜSE UND ANDERE BEILAGEN

la bastella	Lauch und Mangold mit Petersilie und Borretsch gedämpft und in Brotteig eingebacken
la pivarunata	Paprikaschoten mit einer Farce aus Reis. Eigelb und Butter
le tianu di pisi	Eintopf mit Erbsen

KÄSE

le Brocciu (Broccio)	Frischkäse aus Ziegen- und Schafsmilch, dient oft zur Herstellung anderer Gerichte
le Niolo	Weichkäse aus Schafs- oder Ziegenmilch vom Niolo-Plateau im Norden Korsikas

DESSERTS

la fallulella	kleiner Kuchen aus Gerstenmehl, Milch, Eiern und Zucker
la torta castagnina	aus Kastanienmehl hergestellter Kuchen mit Nüssen, Mandeln, Pinienkernen und Rosinen
le castagnaccio	Krapfen aus Kastanienmehl

le fiadone	eine Art Käseauflauf aus Kastanienmehl, Eiern, Zucker und *Brocciu*-Käse
les campanille	*Brioche* mit Eiern, Zucker und frischem *Brocciu*
les fritelli au Brocciu	Kastanienmehlkrapfen, in Olivenöl ausgebacken, mit *Brocciu*-Käse
les panzarotti	kleine *Beignets* aus Reis oder Kartoffeln

WEINE UND SPIRITUOSEN

Ajaccio	fruchtige, körperreiche Rotweine, kräftige Rosé- und feine Weißweine aus der Gegend um Ajaccio
Cédratine	Likör auf der Basis der Zedratfrucht (einer süßen, wohlschmeckenden Zitronenart)
Eau de myrte	Myrtenlikör, der durch Maischegärung der Beeren der korsischen Myrte bereitet wird
Muscat	süße Muskatellerweine, besonders aus der Gegend um Patrimonio
Muscat du Cap Corse	süßer Muskatellerwein von der Nordspitze Korsikas

Patrimonio	vollmundige rubinfarbene Rotweine, angenehme Rosé- und aromatische Weißweine aus der Gegend um Patrimonio
Rappu	Likörwein aus der roten Traubensorte Aléatico, besonders in der Gegend um Patrimonio anzutreffen
Vin de cerises corse	korsischer Kirschwein, aus Wein, Zucker und eingemaischten Kirschen bereitet
Vin de Corse	Bezeichnung der Rot-, Rosé- und Weißweine vom gesamten Anbaugebiet der Insel
Vin de Pays de l'Ile de Beauté	Landwein von der Insel der Schönheit: die einfachste Qualitätsbezeichnung korsischer Rot-, Rosé- und Weißweine

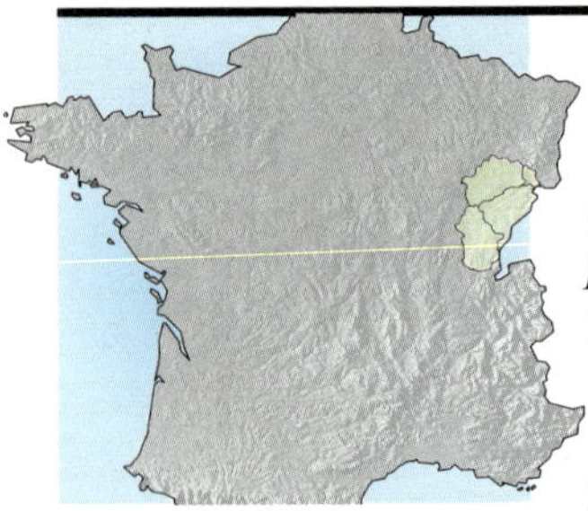

25 **Doubs** / Besançon,
39 **Jura** / Lons-le-Saunier,
70 **Haute-Saône** / Vesoul,
90 **Territoire de Belfort** / Belfort

„Die kleine Stadt Verrières darf als eine der hübschesten der Franche-Comté gelten." So beginnt Stendhals Roman *Le Rouge et le Noir,* und wer weiterliest, bekommt eine gute Einführung in diese Region im Osten Frankreichs: die Bergketten des Jura als gemeinsamer Grenze zur Schweiz, die Befestigungsanlagen, Sägewerke, die Kirchtürme mit ihren charakteristischen Glockendächern. Die *Franc-Comtois* haben im Laufe der Geschichte manche Obrigkeit hinnehmen müssen: deutsche, spanische, französische, bis sie 1678 endgültig zu Frankreich kamen.

Die Franche-Comté war seit jeher Durchgangsland zwischen Vogesen und Jura, zwischen Elsass und Burgund. Auch heute noch führen wichtige Verkehrsadern durch die „Burgundische Pforte" in den Süden. Der Großteil der Bevölkerung ist hier angesiedelt, wo die Industrie günstige Standorte findet, allen voran die Automobilindustrie (Peugeot). Das übrige Land ist so dünn besiedelt, dass die Bevölkerungsdichte nicht einmal die Hälfte des Landesdurchschnitts erreicht. Es gibt dennoch einige traditionsreiche Handwerkszentren: das Uhrenhandwerk in Besançon und Morez, die Diamantschleiferei und die Pfeifenherstellung in Saint-Claude, die Brillenfertigung in Lons-le-Saunier.

Vom Tal des Doubs steigt das Land in Stufen allmählich zum Jura an (höchster Gipfel ist der 1723 m hohe Crêt de la Neige). Die Getreide- und Sonnenblumenfelder weichen immergrünem Weideland und Laubwäldern. Hier findet man die *fruitières,* Genossenschaften, die sich auf die Käseproduktion spezialisiert haben. Mit zunehmender Höhe dominieren dichte Nadelwälder und auch heute noch spielt die Holzwirtschaft eine wichtige Rolle. Der Forêt de

la Joux gilt als einer der größten und schönsten Tannenwälder Frankreichs.

Die Franche-Comté ist ein Land voller Naturschönheiten mit zahlreichen Seen, Wasserfällen, tiefen Schluchten und den sog. „Weltenden" (*bouts du monde* oder *reculées*): Talkessel, wo die Welt abrupt zu Ende ist!

Die Gastronomie der Franche-Comté bietet luftgetrocknete oder geräucherte Fleisch- und Wurstwaren, Wild und Pilze aus den Wäldern, Fische aus den zahllosen Gewässern und vor allem eine Vielfalt von Käsesorten. Auch die Weine der Region haben einige Besonderheiten zu bieten, wie z.B. die *vins jaunes* (Gelbweine) und die *vins de paille* (Strohweine).

VORSPEISEN

la croûte aux morilles	Toast mit Morcheln und Béchamelsauce
la croûte comtoise	überbackenes Gericht aus Morcheln in Sahne, Schinkenspeck und Landbrot
le jésu(s) *oder* **saucisson de Morteau**	geräucherte Schweinswurst
les morilles à la crème	Morcheln mit Sahnesauce

SUPPEN

la soupe aux cerises	Suppe aus Mehlschwitze, lauwarmem Wasser, entsteinten Kirschen, Zucker und Kirschwasser, mit gerösteten Brotwürfeln serviert
la soupe franc-comtoise	mit Kartoffeln, weißen Rüben, Sauerampfer, Kopfsalat, Fadennudeln und Kerbel zubereitete Suppe
le potage aux oronges et noisettes	Suppe mit Kaiserschwämmen, Haselnüssen, Kopfsalatblättern, Zwiebeln, Kalbshaxe, Wasser, Milch, Eiern, Butter und frischer Sahne

les gaudes (la gaude)	Maismehlsuppe, mit Wasser, Milch oder Sahne und Butter zubereitet („Nationalgericht" der Franche-Comté)

EIERSPEZIALITÄTEN

l'omelette à la jurassienne	Omelette mit mageren Speckwürfeln, Schnittlauch und einer Füllung aus gekochtem Sauerampfer
l'omelette montagnarde	Omelette, bei dem den Eiern Milch, Weißbrotkrumen, geriebener Käse und Muskatnuss beigegeben werden

FISCHE UND KRUSTENTIERE

la truite de rivière à la crème	im Ofen gegarte Forelle, die vor dem Servieren mit einer Kräuter-Sahnesauce, mit Zitronensaft abgeschmeckt, übergossen wird
le gratin de queues d'écrevisses	überbackene Krebsschwänze mit Cognac in Béchamelsauce
les écrevisses à la crème	Krebse in Rahmsauce

FLEISCHSPEZIALITÄTEN

l'escalope de veau au Château-Chalon	Kalbsschnitzel mit Morcheln und geräuchertem Speck geschmort, vor dem Servieren etwas Weißwein von Château-Chalon hinzugefügt
la choucroute franc-comtoise	Sauerkraut mit Geräuchertem: Schaufelstück, *saucisse de Morteau, saucisse de Montbéliard* und Speck
la potée comtoise	Eintopfgericht aus verschiedenen Gemüsesorten, Speck, geräuchertem Bauchspeck, gepökeltem Schweinefleisch und einer *saucisse de Morteau*

Räucherkamin

la saucisse de Morteau aux choux	Kohl mit einer *saucisse de Morteau,* Speck und Weißwein

GEFLÜGELSPEZIALITÄTEN

le coq au vin	Hähnchen mit Zwiebeln und Schalotten in Weißwein aus dem Jura geschmort, zum Schluss werden Champignons zugefügt
le poulet à la comtoise	angebratene Hähnchenstücke werden in Bouillon und Weißwein mit Zwiebeln gedünstet, Sauce mit Eigelb und Sahne gebunden, mit Morcheln als Beilage

KÄSE

la Cancoillotte	ziemlich neutral schmeckender Schmelzkäse, der kalt oder warm verzehrt wird und mit Butter, Salz, Knoblauch oder Wein angereichert werden kann
le Bleu du Haut Jura *(auch bekannt als* **Bleu de Gex** *oder* **Bleu de Septmoncel***)*	runder, großer Blauschimmelkäse aus Kuhmilch, mit gelblichem, gleichmäßig mit grünem Schimmel marmoriertem Teig und einer dünnen gelblichen Rinde mit weißem, pudrigem Schimmel
le Comté	runder, großer Kuhmilchkäse mit festem, hellgelbem Teig, gräulich-gelber Rinde und leicht nussigem Geschmack
le Mamirolle	halbfester backsteinförmiger Kuhmilchkäse mit ziegelroter Rinde und mildem Geschmack
le Morbier	runder, großer Kuhmilchkäse mit beigefarbener Rinde, dessen fester, hellgelber Teig in der Mitte von einem Rußstreifen durchzogen wird, mit leicht erdigem Geschmack

le Vacherin du Haut-Doubs *oder* **Mont d'Or**	etwa 4 cm hoher runder Kuhmilchkäse mit hellbrauner Rinde und einem weichen, streichfähigen Teig, mit Tannenrinde umwickelt, die ihm Aroma verleiht und ihn zusammenhält; reift in Spanholzschachteln, in denen er auch in den Handel kommt

DESSERTS

la charlotte aux pommes comtoise	Apfel-Charlotte mit Zimt, kalt oder warm serviert
le gâteau comtois	Hefekuchen, der in verschiedenen Formen angeboten wird
les beignets soufflés *(auch* **soupirs de nonnes** *oder* **pets de nonnes***)*	kleine Brandteigkrapfen („Nonnenseufzer" oder „Nonnenfürzchen")

WEINE UND SPIRITUOSEN

Arbois	trockene, kräftige Weiß-, blumig-fruchtige Rot- und Roséweine *(vin gris d'Arbois)*, Schaumweine, Gelbweine *(vins jaunes)* und Strohweine *(vins de paille)* aus dem Gebiet um Arbois
Arbois-Pupillin	Arbois-Weine aus der Gemeinde Pupillin
Château-Chalon	seltene, goldfarbene Weine *(vins jaunes)* aus dem Gebiet um Château-Chalon
Côtes du Jura	trockene Weiß-, fruchtige Rot- und Roséweine, Schaumweine, Gelbweine *(vins jaunes)* und Strohweine *(vins de paille)* aus dem Jura
Crémant du Jura	weißer oder Roséschaumwein aus dem Jura (traditionelle Flaschengärung)

Eau-de-Vie de Marc (du Jura)	Tresterbranntwein aus dem Jura
Eau-de-Vie de Vin (du Jura)	Weinbrand aus dem Jura
Gentiane du Jura	Enzianlikör, der aus den Wurzeln des hohen gelben Enzians gewonnen wird
Kirsch	Kirschwasser (besonders bekannt das aus Fougerolles, Haute-Saône)
L'Etoile	Stadt im Jura, deren Weinbaugebiet Weißweine, Schaumweine, Gelbweine *(vins jaunes)* und Strohweine *(vins de paille)* hervorbringt
Liqueur de Sapin	Tannenlikör aus dem Jura, der mit Tannenknospen zubereitet wird und in einer Holzflasche in den Handel kommt
Macvin du Jura	milder, samtiger Likörwein, der aus der Komposition von Traubensaft und Tresterbranntwein aus dem Jura hergestellt wird
Pontarlier Anis	Aperitif auf der Basis von Ysop und Anis, dem man drei bis fünf Teile Wasser zugibt
Vin de paille	seltener, edelsüßer Wein (Strohwein) aus dem Jura, dessen Trauben vor dem Keltern getrocknet wurden
Vin de Pays de la Franche-Comté	Landwein (weiß, rot, rosé) aus den Departements Haute-Saône und Jura
Vin jaune	seltener, aromatischer und kräftiger Wein, hergestellt nach dem Sherryverfahren, der in der Clavelin-Flasche (62 cl) in den Handel kommt

B10. Ile-de-France mit Paris

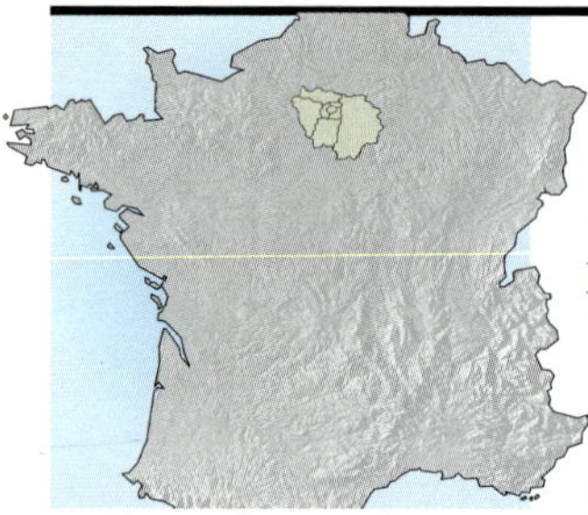

75 **Ville de Paris**, 77 **Seine-et-Marne** / Melun, 78 **Yvelines** / Versailles, 91 **Essonne** / Evry, 92 **Hauts-de-Seine** / Nanterre, 93 **Seine-Saint-Denis** / Bobigny, 94 **Val-de-Marne** / Créteil, 95 **Val-d'Oise** / Pontoise

Seit Chlodwig im Jahre 508 im Herzen des heutigen Paris seinen Königssitz erwählte, sind Paris und die Ile-de-France – wenn auch mit Unterbrechungen – Mittelpunkt des politischen, kulturellen und administrativen Lebens in Frankreich gewesen. Noch heute übt diese Region eine Anziehungskraft aus, die alle Bereiche des gesellschaftlichen Lebens erfasst und die dazu führte, dass sich nahezu ein Fünftel der Bevölkerung Frankreichs in diesem Raum zusammendrängt.

Heute umfasst die Ile-de-France die Hauptstadt und die direkt angrenzenden Departements Hauts-de-Seine, Seine-Saint-Denis und Val-de-Marne, bei denen es sich eigentlich um – stark industriell geprägte – Vorstädte handelt, mit einer Bevölkerungsdichte von bis zu 8.000 Einwohnern pro km^2.

Des weiteren zählen die Departements Val-d'Oise (im Norden), Yvelines (im Westen), Essonne (im Süden) und Seine-et-Marne (im Osten) zur Ile-de-France. Es handelt sich im Parisnahen Bereich hauptsächlich um Schlafstädte, während in den entfernteren Gebieten das Grün wieder Oberhand bekommt und sogar intensive Landwirtschaft betrieben wird. Eine Besonderheit der Ile-de-France sind die Blumen-, Gemüse- und Pflanzenkulturen der großen Gärtnereien und Baumschulen. Das Departement Seine-et-Marne ist trotz der neuen Städte Sénart und Marne-la-Vallée vor der Verstädterung be-

wahrt geblieben, die Dichte der Bevölkerung liegt nur wenig über dem Landesdurchschnitt.

Alle diese Menschenmassen wollen ernährt werden, desgleichen die 20 Millionen Besucher jedes Jahr. Essen (und trinken) kann man in Paris nach Herzenslust: von armenisch, brasilianisch, chinesisch bis russisch, skandinavisch und thailändisch, einschließlich der regionalen Küche des Landes: von elsässisch und bretonisch bis hin zu savoyardisch und provenzalisch ist wohl für jeden Geschmack etwas dabei. Allein an Obst und Gemüse werden jährlich über 1,5 Millionen Tonnen nach Paris transportiert. Es gibt in der Hauptstadt etwa 9.000 Lebensmittelgeschäfte, über 12.000 Getränkeausschänke, etwa 15.000 Restaurants, Cafés und Nachtlokale.

Aber eine typisch „Pariserische Küche" hat die Hauptstadt nicht entwickelt. Dennoch gibt es eine Reihe von Speisen, die – nachweislich oder nicht – in Paris das Licht der Welt erblickten: *la baguette, la brioche, les croissants, les choux à la crème* (Windbeutel), *la soupe à l'oignon* (Zwiebelsuppe), *le bœuf Miroton* (Rindfleischragout). Auch wenn bei anderen Zubereitungen der Name auf Paris hindeutet, ist ein Zusammenhang mit der Hauptstadt nicht immer gesichert. „Pariserisch" sind beispielsweise Gerichte mit den Zusätzen *(à la) Bercy,* benannt nach dem Stadtteil Bercy, der früher der große Umschlagplatz des Weinhandels der Ile-de-France war, oder *(à la) Saint-Germain,* nach dem Pariser Stadtviertel Saint-Germain-des-Prés. Von anderen Gerichten weiß man, dass sie in Paris von mehr oder weniger bekannten Küchenchefs kreiert wurden, wenngleich auch hier die Legendenbildung blüht, so etwa der *homard à l'américaine* (Hummer amerikanische Art), das Kalbfleisch *Marengo,* die *Crêpes Suzette* oder das Gebäck *Paris-Brest.*

Die Ile-de-France mit ihren zahlreichen romanischen und gotischen Kirchen, Schlössern und Museen lohnt einen Besuch, selbst wenn man Paris und Euro-Disneyland dabei nicht berücksichtigt, z. B. das Rodin-Museum in Meudon, van Goghs Kirche in Auvers-sur-Oise, die Schlösser von Versailles, Fontainebleau, Vaux-le-Vicomte und Guermantes, die Kirchen von Rampillon, Saint-Denis und Meaux, die moderne Kathedrale von Evry, der Wald von Fontainebleau, die postmodernen Bauten von Ricardo Bofill in Cergy-Pontoise …

VORSPEISEN

la salade de légumes à la parisienne	Pariser Salat, Pariser Gemüsesalat, aus verschiedenen Gemüsen in Essig-Öl-Marinade, mit gewürfeltem Hummerfleisch
la tête de veau ravigote	Kalbskopf mit Essigkräutersauce und hartgekochten Eiern
le pâté de gibier	Wildpastete

SUPPEN

la soupe à l'oignon *(auch* **la soupe à l'oignon gratinée** *oder* **la soupe à l'oignon parisienne)**	überbackene Zwiebelsuppe
le potage Saint-Germain	grüne Erbsensuppe mit gerösteten Weißbrotscheiben

FISCH UND KRUSTENTIERE

le homard à l'américaine	angebratene Hummerstücke, mit Cognac oder Armagnac flambiert, in trockenem Weißwein, mit Schalotten, Knoblauch, Tomaten und Estragon gedünstet (existiert in verschiedenen Versionen)

le merlan Bercy	Weißfisch in Weißwein mit Schalotten, Petersilie
les filets de sole Marguery	Seezungenfilets mit Weißweinsauce, Muscheln und Krabben

FLEISCHSPEZIALITÄTEN

l'entrecôte Bercy	Zwischenrippenstück mit einer Wein-Zwiebel-Sauce
le bœuf Miroton	Ragout aus gekochtem Rindfleisch und Zwiebeln
le foie de veau Bercy	gegrillte Kalbsleber mit *Bercy*-Butter (Butter mit Weißwein, Schalotten, Rindermark, gehackter Petersilie, Zitronensaft und Gewürzen)
le veau Marengo *(auch* **le sauté de veau Marengo***)*	Kalbsragout mit Tomaten, Zwiebeln, Champignons in Weißweinsauce auf gerösteter Weißbrotscheibe

WILD- UND GEFLÜGELSPEZIALITÄTEN

l'oie aux pommes	Gans mit Äpfeln
la côte de chevreuil	Rehkotelette
le caneton aux navets (aux petits pois)	Jungente mit weißen Rüben (mit Erbsen)
le pigeon à la crapaudine	panierte Taube, gegrillt
le poulet en barbouille	Hähnchen in Rotwein-Blut-Sauce

KANINCHEN

la gibelotte de lapin	Kaninchenfrikassee in Weißwein

GEMÜSE UND ANDERE BEILAGEN

la purée Saint-Germain	Püree aus getrockneten Erbsen mit gerösteten Brotwürfeln
les petits pois à la Saint-Cloud	grüne Erbsen auf französische Art mit gedünstetem Kopfsalat sowie Madeirasauce
les petits pois à la Saint-Mandé	grüne Erbsen, grüne Bohnen und Macairekartoffeln
les pommes parisienne	Pariser Kartoffeln: wie Nusskartoffeln in Butter gebraten, mit geschmolzenem Fleischextrakt überglänzt

KÄSE

le Brie de Meaux	großer, weicher, runder Kuhmilchkäse mit weißer, samtiger Schimmelrinde und hellgelbem Teig mit mildem Geschmack und leichtem Schimmelgeruch
le Brie de Melun	großer, weicher, runder Kuhmilchkäse mit weißer Schimmelrinde mit bräunlichen Flecken und rahmweißem Teig mit kräftig-sahnigem Geschmack

le Coulommiers	weicher, runder Kuhmilchkäse in verschiedenen Größen, mit weißer Schimmelrinde, mit rötlichen Flecken, mit frisch-sahnigem Geschmack

le Fontainebleau (le fromage de Fontainebleau à la crème)	gezuckerte Mischung aus Quark und Crème fraîche

DESSERTS

le (gâteau) Saint-Honoré	Boden aus Mürbe- oder Blätterteig, darauf ein Kranz mit Zucker glasierten Windbeutelchen, das Innere wird mit gekochter Eiercreme, die mit geschlagenem Eiweiß unterzogen ist, gefüllt
le Paris-Brest	Kranz aus Brandteig, darüber Mandelstifte, das Innere mit dickflüssiger Vanille- und Pralinécreme garniert

WEINE UND SPIRITUOSEN

Die Ile-de-France ist kein Weinbaugebiet, doch liegt sie in unmittelbarer Nachbarschaft zu den großen Weinbauregionen Champagne, Burgund und Loire. Die Weinberge der Champagne ragen sogar mit einem winzigen Zipfel in das Departement Seine-et-Marne hinein. Als Kuriosität ist zu vermelden, dass es auch in Paris auf dem Montmartre einen Weinberg gibt, dessen Wein jedoch nicht käuflich zu erwerben ist. Einige bekannte Aperitif-Firmen haben ihren Sitz in Paris, so z. B. Dubonnet, Picon, Saint-Raphaël.

B11. Languedoc-Roussillon

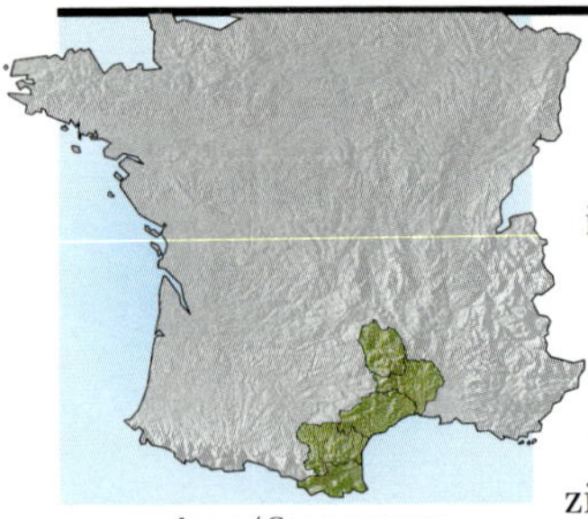

11 **Aude** / Carcassonne,
30 **Gard** / Nîmes,
34 **Hérault** / Montpellier,
48 **Lozère** / Mende, 66 **Pyrénées-Orientales** / Perpignan

Die Region Languedoc-Roussillon erstreckt sich vom Unterlauf der Rhône und ihrem Delta in der Camargue am Mittelmeer entlang bis zur spanischen Grenze bei Cerbère, wo die Pyrenäen steil zum Meer abfallen. In Küstennähe zieht sich die Ebene des Languedoc hin, die nach dem Landesinnern zu in steinige Hochflächen und schließlich in die Cevennen übergeht. Die Bergmassive sind von den Tälern und Schluchten etlicher Flüsse durchzogen. Das Tal der Aude bei Narbonne öffnet einen Zugang zum Aquitanischen Becken: Wer es eilig hat, nimmt hier die Autobahn in Richtung Toulouse, wer Zeit hat, mietet sich ein Wohnboot und genießt die beschauliche Fahrt auf dem Canal du Midi.

Das Gebiet war schon früh besiedelt und begehrt: Die Griechen gründeten Agde, die Römer machten es zur Kolonie, wo sie ihre Veteranen ansiedelten. Erst im 13. Jahrhundert kam es an Frankreich. Eindrucksvolle Spuren der Geschichte haben sich bis heute erhalten: in Nîmes Bauten aus der Römerzeit, z.B. das Amphitheater und die Maison Carrée, unweit davon der berühmte Pont du Gard (römischer Aquädukt, der in einer Höhe von 49 m das Flüsschen Gard überquert), in Carcassonne die befestigte Altstadt, in Narbonne Reste der römischen Stadtmauern und der mittelalterliche Stadtkern, in Béziers und Perpignan Bauten aus dem 13. und 14. Jahrhundert.

Das Gebiet Languedoc-Roussillon war lange Zeit ein armer Landstrich: Die Küste war nicht für den Tourismus erschlossen, der Fischfang kläglich, die einzigen Einnahmequellen waren der Weinbau, der nur Massenware produzierte, und bescheidener Getreideanbau, in höheren Lagen Ziegen- und Schafzucht. Kein Wunder, dass sich der Unmut der unzufriedenen Bauern und Winzer immer wieder in Gewaltaktionen gegen Billigimporte Ausdruck verschaffte.

Heute ist das Languedoc-Roussillon dank der Autobahnen auch aus den nördlichen Gebieten Frankreichs und aus den angrenzenden Ländern schnell erreichbar, die Küste wurde systematisch als Feriengebiet erschlossen, zu den alten Hafenstädten Sète, Agde und Port-Vendres kamen modernste Ferienzentren wie La Grande Motte, le Cap d'Agde, Valras-Plage, Gruissan-Plage und Leucate-Barcarès.

Der Weinbau ist nach wie vor eine wichtige Einnahmequelle. Sein Anteil an der landwirtschaftlichen Produktion liegt immer noch bei weit über 50%, jedoch hat ein Wandel in Bezug auf die Qualität stattgefunden. Die Devise „viel und billig", Voraussetzung für die Produktion anspruchsloser Markenweine, ist weitgehend passé. Immer mehr Winzer unterwerfen sich den strengen Bedingungen für die Erzeugung von Qualitätsweinen. Auch der Öko-Gedanke setzt sich durch. Im Tal des Orbieu, westlich von Narbonne, im Anbaugebiet der Corbières-Weine, befindet sich wohl die größte zusammenhängende Rebfläche, in der biologischer Weinbau betrieben wird.

Die Bemühungen zur Aufwertung der Region haben jedoch den demographischen Rückgang nicht bremsen können. Die Universitätsstadt Montpellier übt zwar eine gewisse Anziehung aus, dennoch weist das Departement Lozère die geringste Bevölkerungsdichte von ganz Frankreich auf. Wer also Einsamkeit und Ruhe sucht, wird sie im weniger frequentierten Hinterland bestimmt finden.

Die Küche der Region ist bescheiden. Vollreife Gemüse, Geflügel, Schafe und natürlich Fische und Meeresfrüchte aus dem Mittelmeer bieten die ausgezeichnete Grundlage für variantenreiche Gerichte. Und dazu passt immer ein Wein aus der Gegend, in der man gerade weilt.

VORSPEISEN

la salade de l'Aude	Salat aus Tomaten, roten und weißen Zwiebeln, grünen Paprikaschoten, gekochten Eiern, Sardellenfilets und grünen und schwarzen Oliven, mit einer Vinaigrette angemacht
la tarte au roquefort	Blätterteigtorte mit *Roquefort,* Eiern und Crème fraîche
les escargots à la languedocienne	Schnecken in einer Sauce aus Tomaten, Anchovis und gehackten Walnüssen
les escargots à la narbonnaise	Schnecken in Salzwasser, mit Lorbeerblatt gekocht, dann in Olivenöl und zermahlenen Walnüssen, Sardellen, Knoblauch angebraten
les petits pâtés de Béziers	kleine Teigtaschen, gefüllt mit Meeresfrüchten, süßsaurem Fleisch oder Kräutern
les petits pâtés de Pézenas	kleine Pasteten mit einer Füllung aus Hammelfleisch und Nierenfett, mit Zitronenschale und Farinzucker gewürzt

SUPPEN

la soupe albigeoise	eher ein Eintopf, bei dem Schälrippe, Speck, Kochwürste und eingemachtes Gänseklein mit Grünkohl, Karotten, weißen Rübchen, Lauch, Zwiebeln, Knoblauch und Kartoffeln gegart werden
la soupe de poissons à la sétoise	Fischsuppe aus Krustentieren, Tomaten, Zwiebeln, Knoblauch, roten Paprikaschoten, Weißwein, Eigelb und Fadennudeln
le tourin à la languedocienne	Suppe aus Zwiebeln, Milch und Eigelb, die über Brotscheiben angerichtet wird

EIERSPEZIALITÄTEN

l'omelette au saucisson	Omelette mit kleingeschnittenen, angebratenen Wurststücken
l'omelette aux truffes (~ aux asperges sauvages, ~ aux pignons)	Omelette mit Trüffeln (~ mit wildem Spargel, ~ mit Pinienkernen)

FISCHE, SCHALEN- UND KRUSTENTIERE

la bouillinade	verschiedene Fische werden mit Schweineschmalz, Kartoffeln, Zwiebeln, Knoblauch und Tomaten gekocht und als Eintopf serviert
la morue à la minervoise	Stockfisch mit Oliven und Sardellen
les crabes à la languedocienne	Taschenkrebse in *Courtbouillon* gegart, das Fleisch ausgelöst, in einer Schüssel mit einer Sauce aus dem Sud, Senf und Eigelb serviert
les moules à la catalane	Muscheln in einer Tomaten-Paprika-Sauce gedämpft
les rougets à la catalane	gebratene Rotbarben auf katalonische Art, mit gedünsteten Tomaten, Knoblauch, Petersilie, Reis, Paprikaschoten, Fenchel, mit Reibbrot bestreut und im Backofen überbacken

les supions à la sétoise	kleine Tintenfische nach der Art von Sète, mit Tomatencoulis zubereitet, mit Reis serviert

FLEISCHSPEZIALITÄTEN

la pistache de mouton	Hammelragout mit weißen Bohnen und Knoblauch
le bœuf à la camarguaise	gespickter Rinderbraten nach Art der Camargue, mit Zwiebeln, Knoblauch und Gewürzen zubereitet, mit Reis serviert
le fricandeau de veau aux olives	Kalbsfrikandeau in Schweineschmalz angebraten, mit Zwiebeln, Karotten und Tomaten in Weißwein und Fleischbrühe gegart, mit grünen Oliven serviert
le porc des vendanges	Schweinebraten mit Knoblauch, Trauben und Tresterbranntwein zubereitet

GEFLÜGELSPEZIALITÄTEN

la dinde à la languedocienne	gebratene Pute nach Art des Languedoc, mit Tomaten, Auberginen und Steinpilzen angerichtet
la pintade au pied de cochon	Perlhuhn mit einer Füllung aus Bratwurstfülle, Ei und Schweinsfuß in Gänsefett angebraten, mit Armagnac flambiert und anschließend im Backofen geschmort
la poule aux pois chiches	Suppenhuhn mit Kichererbsen sowie mit Reis, Lauch, Karotten und Safran zubereitet

GEMÜSE UND ANDERE BEILAGEN

l'estouffat de haricots	Ragout aus weißen Bohnen, Speck, Zwiebeln, Knoblauch und Tomaten
les courgettes farcies	Zucchinihälften mit einer Füllung aus Bratwurstfülle und Gewürzen im Backofen überbacken

KÄSE

le Bleu des Causses	runder Kuhmilchkäse mit natürlicher Schimmelrinde und gelblichem Teig, der von blauen Schimmeladern durchzogen ist
le Fromage de Brebis	kleiner, runder Schafskäse mit weißlichem Teig und kräftigem Geschmack
le Fromage frais de Nîmes	runder, weißer Frischkäse aus Kuhmilch mit leicht säuerlichem Geschmack, mit einem Lorbeerblatt versehen
le Pélardon des Cévennes *(und mit anderen Herkunftsangaben, z.B.* **des Corbières, du Roussillon***)*	kleiner, runder Ziegenkäse mit weichem, weißem Teig mit kräftigem, nussartigem Geschmack
Le Sourire Lozérien	runder, Kuhmilchkäse mit weißem, halbweichem Teig mit leichtem Schimmelgeschmack

DESSERTS

la coca fougasse	Hefekuchen mit Zimt
la crème catalane	Eiercreme mit Zitrone und Vanille
les alleluias de Castelnaudary	Hefezöpfe mit kandierten Früchten
les croustades (à la) languedocienne	Blätterteig mit Mandeln
les gâteaux secs au poivre de Limoux	Plätzchen aus Mehl, Zucker, Olivenöl, Eiern und Pfeffer
les jésuites	mit Mandeln gefüllte Blätterteigdreiecke

WEINE UND SPIRITUOSEN

Banyuls	Likörwein aus dem Gebiet um Banyuls an der Grenze zu Spanien
Bartissol	Aperitifmarke, hergestellt auf der Basis von Likörweinen aus dem Languedoc-Roussillon
Blanquette de Limoux	Schaumwein aus der Gegend von Limoux, Departement Aude
Cabardès (ou Côtes du Cabardès et de l'Orbiel)	hauptsächlich Rotweine, einige Rosé- und wenige Weißweine aus der Umgebung von Carcassonne, Departement Aude
Cartagène (du Languedoc)	Aperitif auf Weinbasis
Clairette du Languedoc	trockene, halbtrockene und liebliche Weißweine aus der Traubensorte *Clairette* aus dem Departement Hérault
Collioure	trockene, kräftige Rotweine aus der Umgebung von Collioure in der Nähe der Grenze zu Spanien
Corbières	vollmundige Rot- und einige Rosé- und Weißweine aus einem großen Anbaubereich zwischen Carcassonne und Mittelmeer
Costières de Nîmes	kräftige Rot-, fruchtige Rosé- und wenige Weißweine aus der Gegend um Nîmes (Gard)

Coteaux du Languedoc	Rot-, Rosé- und Weißweine aus einem Anbaugebiet zwischen Nîmes und Narbonne, in den drei Departements Gard, Hérault und Aude, wobei einige Ortslagen genannt werden dürfen (z. B. La Clape, Picpoul de Pinet, Quatourze)
Côtes de la Malepère	kräftige, fruchtige Rot- und Roséweine aus der Gegend von Carcassonne (Aude)
Côtes du Rhône	die Weine der Côtes du Rhône kommen aus dem Rhônetal, der Provence und zu mehr als einem Viertel aus dem Departement Gard, wobei Chusclan, Laudun und Saint-Gervais als Ortslagen genannt werden dürfen
Côtes du Roussillon	vorwiegend kräftige Rot- und wenige fruchtige Rosé- und leichte Weißweine aus dem Gebiet zwischen Perpignan und Collioure
Crémant de Limoux	Schaumwein aus dem Gebiet um Limoux (Aude)

Dauré	Aperitifmarke, hergestellt auf der Basis von Likörweinen aus dem Languedoc-Roussillon
Eau-de-vie du Languedoc	verschiedene Branntweine aus den drei Departements Gard, Hérault und Aude, z. B. Tresterbranntwein und Birnengeist
Faugères	vollmundige Rot- und angenehme Roséweine aus der Gegend von Béziers (Hérault)
Fine du Languedoc	Branntwein aus dem Languedoc
Fitou	gehaltvolle Rotweine aus der Gegend von Narbonne (Aude)
Grand Roussillon	Likörwein aus dem Roussillon
Lirac	kräftige Rot-, bukettreiche Rosé- und aromatische Weißweine aus der Umgebung von Lirac, im südlichen Bereich der Côtes du Rhône
Maury	gehaltvoller Likörwein aus der Gegend von Maury (Roussillon)
Minervois	Rot-, Rosé und Weißweine aus einem großen Anbaugebiet zwischen Béziers und Carcassonne in den Departements Hérault und Aude
Muscat de Frontignan	samtiger goldfarbener Likörwein aus Frontignan in der Nähe von Montpellier
Muscat de Lunel	fruchtiger, goldfarbener Likörwein aus der Gegend von Lunel
Muscat de Mireval	feine, honigartige Likörweine aus einem Bereich zwischen Frontignan und Montpellier
Muscat de Rivesaltes	Likörwein aus den Departements Pyrénées-Orientales und Aude

Muscat de Saint-Jean-de-Minervois	feiner Likörwein mit betonter Muskatellernote aus dem Ort gleichen Namens im Departement Hérault
Noilly Prat	Vermouth aus Marseillan, zwischen Béziers und Sète (Hérault), der in Eichenfässern reift, die in der Sonne lagern
Rivesaltes	helle, bernsteinfarbene und dunkle, kräftige Likörweine aus einem großen Anbaugebiet in den Departements Pyrénées-Orientales und Aude
Saint-Chinian	vollmundige Rot- und frische Roséweine aus einem Bereich westlich von Béziers (Hérault)
Tavel	einer der berühmtesten französischen Roséweine aus der Gegend von Tavel, im südlichen Bereich der Côtes du Rhône 
Vabé	Aperitifmarke, hergestellt auf der Basis von Likörweinen aus dem Languedoc-Roussillon

Weitere Appellationen: *Cabrières, Caramany, La Clape, Latour-de-France, Picpoul de Pinet, Quatourze* und eine überaus große Zahl von Landweinen.

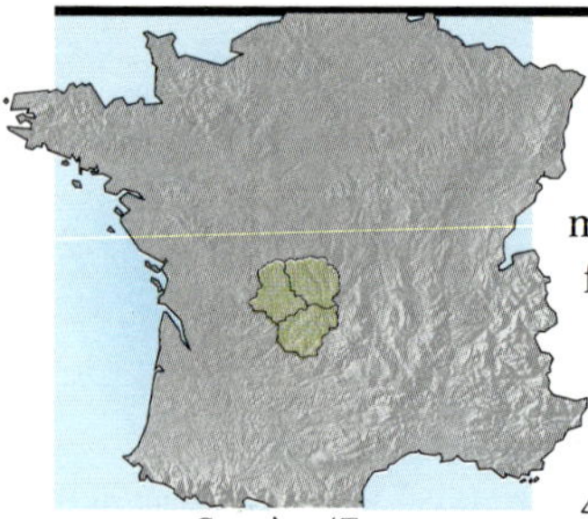

19 Corrèze / Tulle, 23 Creuse / Guéret, 87 Haute-Vienne / Limoges

Das Limousin, das „grüne Herz Frankreichs“ am Nordwest-Rand des Zentralmassivs, ist ein Tafelland, das stufenweise nach Westen von einer Höhenlage von etwa 1.000 m (Plateau de Millevaches, Monts du Limousin) auf etwa 400 m abfällt. Es wird von vielen Flussläufen durchzogen, die mit ihren malerischen Tälern und Schluchten die Freude der Wanderer und Kajakfreunde sind: Gartempe, Creuse, Vienne, Corrèze, Vézère, Dordogne, um nur einige zu nennen. In den Hochmooren und Heidegebieten der höheren Lagen werden Schafe gezüchtet, in den milden mittleren Lagen, wo auch Esskastanien- und Nussbäume gedeihen, dominiert die Rinderzucht *(race limousine).*

Industrie ist in nennenswertem Ausmaß nur in Limoges von Bedeutung, vor allem die berühmten Porzellanmanufakturen. Schon im Mittelalter war Limoges durch die hier gefertigen Emailarbeiten bekannt, eine Kunst, die auch heute noch gepflegt wird.

Das Limousin ist bestens geeignet für geruhsame Ferien auf dem Lande. Doch auch die schön gelegenen Orte Uzerche, Saint-Léonard-de-Noblat und Mortemart sind einen Besuch wert. In Pompadour steht eines der vielen kleinen Schlösser der Region; dort können Sie das bekannte Gestüt besichtigen, das 1761 gegründet wurde. Gobelin-Manufakturen gibt es in Aubusson, wo das Gobelin-Museum Bildteppiche aus verschiedenen Jahrhunderten zeigt.

Auch die Küche des Limousin hält – bei aller Schlichtheit – Überraschungen bereit: Herrliche Pilzgerichte, Wild und Geflügel, schmackhafte Kastanien und vor allem die berühmten Kirschenmichel *(clafoutis)* werden Sie mehr als verwöhnen!

VORSPEISEN

la tarte aux girolles (~ aux chanterelles)	Pfifferlingtorte
la tourte de truffes	überdeckte Torte mit Trüffel- und Gänseleberfüllung
le pâté de cèpes à la limousine	Steinpilz-Schinken-Pastete in Blätterteig
les champignons de Paris en brochettes limousine	Spießchen mit Lamm- oder Hammelnieren, Champignons und Speck, mit Olivenöl und Knoblauch bestrichen
les champignons de Paris en mousse corrézienne	Champignonpastete aus der Corrèze
les tourtous farcis	gerollte Buchweizencrêpes mit einer Füllung aus Steinpilzen, rohem Schinken, Hühnerfleisch, Walnüssen und Knoblauch, mit geriebenem Cantal-Käse bestreut und gratiniert

SUPPEN

la bréjaude	Suppe mit Speck, Kohl, Lauch, Kartoffeln und weißen Rüben, auf getrockneten Brotscheiben serviert

la soupe de châtaignes	Kastaniensuppe, mit Sellerie, Milch, Thymian und Rosmarin gekocht

FISCHSPEZIALITÄTEN

la friture de goujons	Gründlinge, in der Frittüre gebacken, mit frittierter Petersilie

FLEISCHSPEZIALITÄTEN

la poitrine de mouton farcie	gekochte Hammelbrust, gefüllt mit einer Farce aus gehackten Nieren und Landschinken, Knoblauch, Petersilie, Mangoldblättern, Mehl, Eiern und Milch
le porc limousin	Schweinegulasch aus dem Limousin, mit Kastanien zubereitet
le tourin (tourain)	Eintopf aus gespicktem Rindfleisch, fettem Huhn und Hackfleisch, in ein Kohlblatt gewickelt, oft als Suppe gereicht

WILD- UND GEFLÜGELSPEZIALITÄTEN

la perdrix aux choux	geschmortes Rebhuhn mit magerem Speck auf Weißkraut

la tourtière	Brathuhn und Schwarzwurzeln, in einer Teighülle auf Holzkohlenfeuer gebacken
le lièvre en chabessal	Hase mit Rotwein und Gewürzen mariniert; mit Schweine- und Kalbfleisch, Schalotten, Brotkrumen, Ei u.a. gefüllt, mit Speckstreifen bardiert und geschmort

GEMÜSE UND ANDERE BEILAGEN

les cèpes à la limousine	Steinpilze, in frischer Sahne und Knoblauch geschmort
le chou rouge à la limousine	Rotkohl in Streifen geschnitten, in einem gedeckten Tontopf mit Gänsefett und rohen Kastanien geschmort

KÄSE

le fromage fermier pur brebis	kleiner, runder Schafskäse aus dem Departement Corrèze, mit hellbrauner Schimmelrinde und weichem, hellem Teig mit säuerlichem Geschmack

DESSERTS

le clafoutis	runder Kuchen aus einem leichten Teig mit entkernten dunklen Kirschen
les meringues d'Uzerches	eine Baiser-Art

SPIRITUOSEN

Brou (Brou de noix), Liqueur de noix	Nusslikör
Eau de noix	Nussschnaps
Framboise de Bort	Himbeergeist von Bort-les-Orgues (Corrèze)

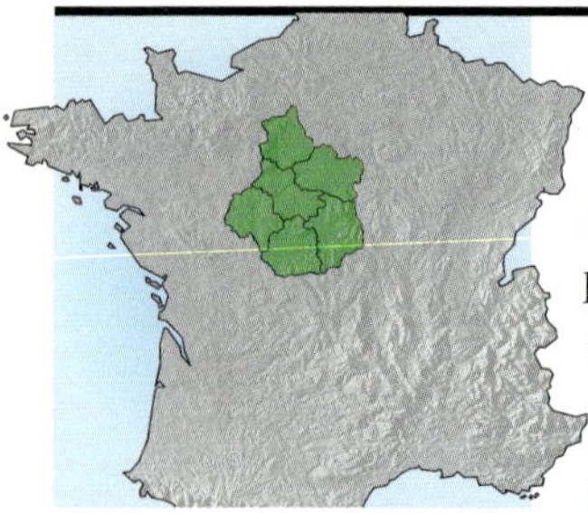

18 **Cher** / Bourges, 28 **Eure-et-Loir** / Chartres, 36 **Indre** / Châteauroux, 37 **Indre-et-Loire** / Tours, 41 **Loir-et-Cher** / Blois, 45 **Loiret** / Orléans

„Die Schlösser der Loire“: Kaum ist das Stichwort gefallen, schon sprudeln bekannte Namen über die Lippen. Weit über dreihundert Burgen und Schlösser gibt es hier im Herzen Frankreichs, die sich pompös ausbreiten oder kokett in den lieblichen Tälern der Nebenflüsse verstecken, die dem großen Fluss zustreben. Das Tal der Loire, mit den Städten Gien, Orléans, Blois, Amboise, Tours, der Wiege des Christentums in Gallien, lohnt immer einen Besuch und hält Sehenswertes bereit: die Felsbehausungen von Montrichard und Rochecorbon, die älteste Kirche Frankreichs in Germigny-des-Prés, die romanische Abtei von Saint-Benoît-sur-Loire, die Kanalbrücke von Briare, das Arboretum in Nogent-sur-Vernisson mit über 3.500 Baumarten … Für den Touristen, der sich Zeit lässt – und vielleicht mit dem Fahrrad unterwegs ist –, haben die Täler von Cher, Indre, Creuse und Vienne einen besonderen Charme. Es muss am milden Klima liegen, das dieses Land zum Garten Frankreichs machte und immer wieder Menschen anzog, hier Geruhsamkeit und Entspannung zu suchen – in der Renaissance ebenso wie heute, wo das Schlösschen *résidence secondaire* (Zweitwohnsitz) und das Freizeitvergnügen *chasse gardée* (bewachtes Jagdrevier) heißt.

Auf Schritt und Tritt begegnet man der Geschichte Frankreichs, insbesondere der Jungfrau von Orléans. Man begegnet Rabelais, Ronsard, Alfred de Vigny, Honoré de Balzac, George Sand, Alain-Fournier und dem Grand Meaulnes ... Im Manoir de Clos-Lucé unweit des Schlosses von Amboise verbrachte Leonordo da Vinci seine letzten Jahre († 1519); eine Ausstellung gibt Einblicke in sein immenses Schaffen.

Das Tal der Loire hat vielfältige Gesichter. Weinbau sowie Obst- und Gemüsekulturen sind in der Nähe des Flusses angesiedelt, vor allem in der Touraine, weite Ebenen mit Getreide- und Sonnenblumenfelder kennzeichnen die Beauce und das Berry, Wälder, Heideland und Teiche sind typisch für die Sologne und immer wieder trifft man auf Baumschulen, Blumenfelder, Rosenkulturen, idyllisch gelegene Landsitze und bemerkenswerte Dorfkirchen, ganz zu schweigen von den Kathedralen von Bourges, Chartres, Orléans und Tours, die jede eine Reise lohnen.

Die Gastronomie des Gebiets bietet ein reichhaltiges Angebot an Fleisch- und Geflügelspezialitäten und ist insbesondere für ausgezeichnetes Gemüse bekannt, z.B. Spargel und Champignons (Hauptlieferant Frankreichs). Lassen Sie sich überraschen von den unzähligen Fleisch-, Fisch-, Geflügel- und Wildpasteten.

Viele der nachstehend aufgeführten Spezialitäten sind im ganzen Loiretal anzutreffen, also auch in den Provinzen des Unterlaufs der Loire, denen wir nachfolgend ein besonderes Kapitel gewidmet haben.

VORSPEISEN

la tourte tourangelle	überdeckte Torte mit einer Füllung aus *Rillettes* und einem Eier-Sahne-Guss
le pâté d'anguilles	Aalpastete
le pâté de gibier	Wildpastete
les rillettes de Tours	Pastete aus magerem und fettem Schweinefleisch im Töpfchen

SUPPEN

la soupe tourangelle	Fleischbrühe mit weißen Rüben, Lauchstangen, Weißkohl, in Würfel geschnittenem Schweinebauch, zum Schluss mit frischen grünen Erbsen serviert
le potage de poule à la solognote	Hühnersuppe, mit Champignons, Kräutern, Butter, Crème fraîche und Eigelb

FISCHSPEZIALITÄTEN

la carpe farcie à l'orléanaise	gefüllter Karpfen nach Art von Orléans (mit Spinat, Sauerampfer, Champignons)
la friture de la Loire	Bratfische aus der Loire
le saumon de la Loire braisé au Pouilly-Fumé	in *Pouilly-Fumé* gedünsteter Lachs aus der Loire

Oder auch: *l'alose aux herbes, la matelote d'anguilles et de carpe, le barbeau aux champignons, le brochet au beurre blanc.*

FLEISCHSPEZIALITÄTEN

le pâté de biquion	Tourainer Blätterteig (mit Butter und frischem *Valençay*-Käse) mit einer Füllung aus Schweine-, Kalbs- und Hammelhackfleisch sowie Zwiebeln und Petersilie
les noisettes de porc aux pruneaux	Schweinefilets vom Nussstück mit Backpflaumen
les oreilles de porc à la berrichonne	Eintopf aus Feuerbohnen aus dem Berry, in dem Schweinsohren und Schwarte mitgekocht werden
les rillons de Touraine	Schweinegrieben

WILDSPEZIALITÄTEN

la perdrix en chartreuse *(oder* **aux choux***)*	geschmortes Rebhuhn mit magerem Speck auf Weißkraut
le civet de lapin de garenne à la solognote	Hasenpfeffer vom Wildkaninchen aus der Sologne
le faisan en barbouille	Fasan in Stücken, mit Karotten, Zwiebeln und Gewürzen geschmort, mit Armagnac flambiert, weiter in Rotwein und Fleischbrühe geschmort, mit Champignons, kleinen Zwiebeln, Speckwürfeln und Trüffelscheiben serviert

GEFLÜGELSPEZIALITÄTEN

la géline au sang	Suppenhuhn mit Speckwürfeln und Zwiebeln, mit einer Sauce, an die man vor dem Anrichten das aufgefangene Blut gibt
le caneton Saint-Martin	in Wein marinierte junge Ente mit einer Füllung aus Schweinehack, Schweinegrieben *(rillons)* und Ei, kalt aufgeschnitten wie Pastete

le poulet du Berry en barbouille	Hähnchen aus dem Berry, flambiert und in Stücken, mit einer Sauce aus Rotwein, dem aufgefangenen Blut, der Leber, Sahne und Eigelb

KANINCHEN

les filets de lapereau au Vouvray	Filets von jungen Kaninchen in *Vouvray*-Weinsauce

KÄSE

l'Olivet	runder weicher Kuhmilchkäse mit aschgrauer Rinde aus der Umgebung von Orléans
le Crottin de Chavignol	kleiner runder weicher Ziegenmilchkäse mit einer dünnen weißen oder blauen Schimmelrinde aus dem Berry und dem Orléanais
le Sainte-Maure de Touraine	weicher Ziegenmilchkäse in länglicher Form mit natürlicher Schimmelrinde, oft mit Asche bestäubt
le Selles-sur-Cher	runder weicher Ziegenmilchkäse mit einer aus Holzasche bedeckten Rinde aus dem Berry
le Valençay	weicher Ziegenmilchkäse in Form einer abgehackten Pyramide und mit Asche bestäubter Schimmelrinde aus der Touraine

DESSERTS

la fouace tourangelle aux noix	Kuchen aus der Touraine mit Nüssen und Trauben

la tarte Tatin, la tarte des demoiselles Tatin/des sœurs Tatin	ein mit karamelisierten, verzuckerten Bratäpfeln gestürzter flacher Kuchen
le pithiviers	Blätterteigtorte aus Pithiviers mit Mandelcreme gefüllt
les nonnettes	Honigkuchen aus dem Gâtinais

DIE WEINE DES BERRY (NEVERS-ORLÉANS-BOURGES)

Châteaumeillant	Rot- und Roséweine aus der Umgebung der Stadt gleichen Namens im Cher
Coteaux du Giennois	Weiß-, Rot- und Roséweine aus der Gegend um Gien
Ménetou-Salon	trockene Weiß-, harmonische Rot- und fruchtige Roséweine aus der Gegend von Sancerre
Pouilly-Fumé	feiner Weißwein aus der *Sauvignon*-Traube aus dem Ort gleichen Namens an der Loire, unweit Sancerre
Pouilly-sur-Loire	trockener, leichter Weißwein aus der *Chasselas*-Traube aus der Stadt gleichen Namens
Quincy	aromatische Weißweine aus dem Tal des Cher
Reuilly	fruchtige Weiß-, kräftige Rot- und halbtrockene Roséweine aus der Gegend von Bourges
Sancerre	bekannte Weißweine aus der *Sauvignon*-Traube sowie Rot- und Roséweine aus der Umgebung von Sancerre am linken Ufer der Loire

DIE WEINE AUS DEM TAL DER LOIRE (ORLÉANS-TOURS-CHINON)

Bourgueil	fruchtige Rotweine aus der westlichen Touraine
Chinon	frische fruchtige Rotweine aus der Gegend um Chinon
Montlouis-sur-Loire	liebliche, fruchtige Weißweine und Schaumweine aus der Stadt gleichen Namens etwas flussaufwärts von Tours
Saint-Nicolas-de-Bourgueil	frische, fruchtige Rot- und Roséweine aus der westlichen Touraine

Touraine

fruchtige Rot- und Rosé- sowie trockene Weißweine, alle drei auch als Schaumweine, aus der Gegend um Tours (Unterbereiche sind Touraine-Amboise, Touraine-Azay-le-Rideau, Touraine-Mesland)

Vouvray

liebliche, aromatische Weißweine und Schaumweine aus der Stadt östlich von Tours

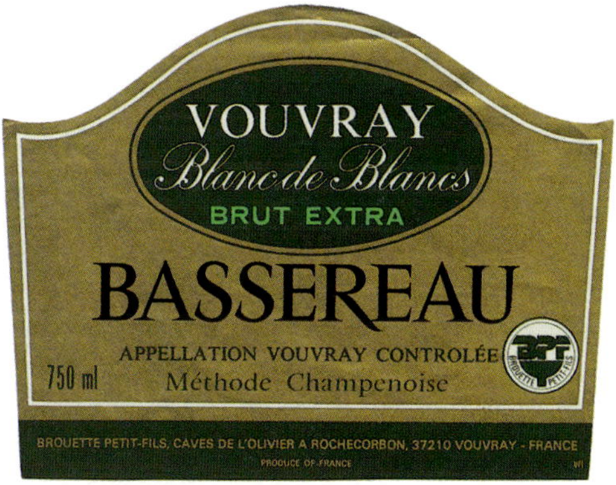

Weitere Appellationen: *Cheverny, Coteaux du Loir, Coteaux du Vendômois, Cour-Cheverny, Jasnières, Valençay* sowie Landweine, z.B. *Vin de Pays du Jardin de la France.*

B14. Loiretal II (Pays de la Loire)

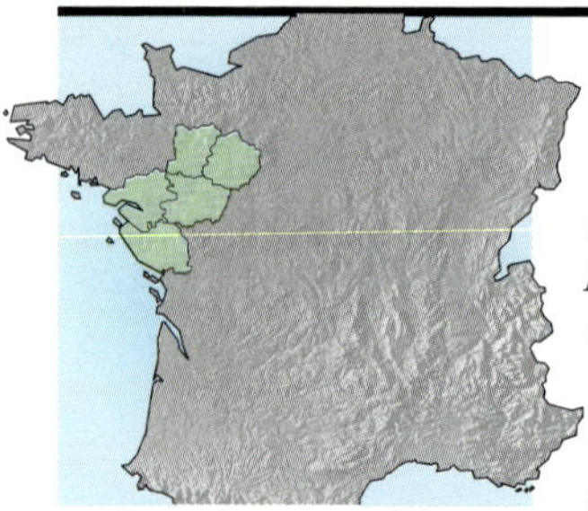

44 **Loire-Atlantique** / Nantes, 49 **Maine-et-Loire** / Angers, 53 **Mayenne** / Laval, 72 **Sarthe** / Le Mans, 85 **Vendée** / La Roche-sur-Yon

In dieser Region, die die alten Provinzen Anjou, Maine, Vendée und die früher zur Bretagne gehörende Loire-Atlantique umfasst, zieht sich eine dicht besiedelte Achse von Le Mans über Angers nach Nantes und Saint-Nazaire an der Mündung der Loire in den Atlantik, während die Vendée und Maine eher ländlichen Charakter haben: liebliche Flusstäler, wie die von Oudun, Sarthe oder Loir, schlängeln sich durch kleine Wälder, Heidelandschaften und von Hecken gesäumte Getreidefelder, Obst- und Gemüsegärten und Weinberge. Eine Besonderheit der Region ist die Pferdezucht: Hier sind verschiedene Landesgestüte angesiedelt und in Saumur gibt es sogar eine berühmte Kavallerieschule, *le Cadre Noir.*

In den mittelalterlichen Städtchen und malerischen Dörfern, die den schon vor über 400 Jahren von Joachim du Bellay besungenen „Liebreiz des Anjou" *(la douceur angevine)* bewahren, trifft man auf Burgen und Schlösser, Wehrtüme, alte Mühlen und romanische oder gotische Kirchen.

Es fällt auf, dass viele Dächer mit Schiefer gedeckt sind. Die Gegend um Angers und Saumur ist auch heute noch der größte Schieferlieferant Frankreichs.

Im Schloss von Angers sind die Tapisserien sehenswert, die vom Mittelalter bis zur Moderne reichen, sowie die Sammlungen der Werke von Pierre Jean David d'Angers. In der Abtei Fontevrault bei Saumur gibt es eine originelle riesige Klosterküche aus dem 12. Jahrhundert, mit vieltür-

migen, schieferbedeckten Rauchabzügen. In der Kirche der Abtei befinden sich die Grabmäler Heinrichs II. von England, seiner Gemahlin Eleonore von Aquitanien und deren Sohn Richard Löwenherz, eine Erinnerung an den Hundertjährigen Krieg und an die Zeit, als die Provinzen Anjou, Maine und Touraine englisch waren.

Im Westen der Region kommen die Liebhaber von Fisch und Meeresfrüchten auf ihre Kosten. An der Atlantikküste erstrecken sich kilometerlange Sandstrände, die mit einer beachtlichen Sonneneinstrahlung aufwarten. Zwischen den Mündungen von Loire und Vilaine liegen Le Croisic und das mondäne La Baule, südlich der Loiremündung – in die Vendée übergehend – reihen sich gut zwei Dutzend Seebäder aneinander, von denen hier nur Pornic, Saint-Jean-de-Monts, Saint-Gilles-Croix-de-Vie und Les Sables-d'Olonne genannt seien.

Eine ganz besondere Attraktion sind die Inseln Ile d'Yeu, die sich 20 km vor dem Festland befindet, und Ile de Noirmoutier, die man zwar auf einer langen Brücke bequem erreichen kann, kitzliger ist es jedoch, die 4 km lange *Passage du Gois* zu benutzen, was nur bei Ebbe möglich ist.

VORSPEISEN

les rillettes du Mans	Pastete aus feingehacktem, eingemachtem Gänse- und Schweinefleisch im Töpfchen
le pâté de lapin de garenne vendéen	Wildkaninchenpastete

FISCHSPEZIALITÄTEN

l'alose farcie angevine *(auch:* **à l'oseille***)*	Maifisch mit Sauerampfer gefüllt
la carpe de la Sèvre	in Stücke geschnittener Karpfen, wird auf einer Schicht Schalotten und Champignons mit Weißwein im Rohr geschmort
la matelote angevine	Aalragout nach Art des Anjou, in Rotwein, mit Zwiebeln, Kräutern und Champignons
le brochet au beurre blanc	Hecht mit weißer Buttersauce, feingehackten Schalotten, Essig und einem Schuss Weißwein

FLEISCHSPEZIALITÄTEN

la farce angevine	helle Fleischsauce nach Art des Anjou, mit Fleisch, Speck und Kräutern
la fressure d'Anjou	Gericht aus Lamminnereien mit Zwiebeln, in trockenem Weißwein aus dem Anjou geschmort
le quasi de veau à la Montsoreau	Kalbsschwanzstück mit Speckstreifen, Karotten, Zwiebeln, in Weißwein geschmort und mit Zwiebelpüree serviert

GEFLÜGELSPEZIALITÄTEN

les abattis de volaille à la vendéenne	Geflügelklein nach Art der Vendée, mit weißen Bohnen, Knoblauch, Kräutern
la fricassée de poulet à l'angevine	Masthuhn mit Knoblauch, Zwiebeln, Thymian, Champignons, Tomaten, in Weißwein und Sahne gedünstet; dazu Erbsen, grüne Bohnen, Karotten und weiße Rüben
le canard de Challans aux navets	gebratene Ente mit weißen Rüben, Zwiebeln und Schmalz

GEMÜSE UND ANDERE BEILAGEN

les brocoli au lard à la vendéenne	Brokkoli, mit Knoblauch, Kartoffeln und Speck zubereitet
les mojettes à la crème	kleine weiße Bohnen *(Mojettes, Mougettes)*, mit Kräutern gedünstet

KÄSE

le Port-Salut	runder halbfester Kuhmilchkäse mit orangefarbener Rinde aus dem Gebiet Mayenne
le Trappe (le Véritable Trappe)	„Echter Trappistenkäse", runder halbfester Kuhmilchkäse mit gewaschener Rinde aus dem Gebiet Mayenne
le Nantais (le Fromage du Curé)	quadratischer Kuhmilchkäse, mit orangefarbener Rinde und weichem, gelblichem Teig mit kräftigem Geschmack

DESSERTS

la tarte aux poires Belle Angevine	Kuchen mit *Belle-Angevine*-Birnen (Rotweinbirnen)

la tarte saumuroise	Mandelkuchen mit *Grand Marnier*
les crémets d'Angers	Schlagsahne mit geschlagenem Eiweiß vermischt, gekühlt, mit frischer Sahne und Vanille-Zucker
les fouaces de Nantes	Aschenkuchen aus Nantes
les melons d'Anjou aux fruits rouges	Melonen mit roten Beeren

WEINE UND SPIRITUOSEN AUS DEM UNTEREN TAL DER LOIRE (SAUMUR-ANGERS-ANCENIS-NANTES)

Anjou	frische Weißweine (auch Schaumweine) und fruchtige Rotweine aus der Gegend um Angers
Bonnezeaux	edelsüßer Weißwein aus dem Gebiet der Coteaux du Layon
Cabernet d'Anjou	fruchtige, halbtrockene bis liebliche Roséweine aus der Gegend um Angers
Cabernet de Saumur	Roséweine aus dem Gebiet um Saumur
Cointreau	Likör auf der Basis süßer Orangen und Bitterorangen, der in Saint-Barthélémy d'Anjou, nahe Angers, hergestellt wird
Coteaux du Layon	geschätzte halbtrockene bis likörartige Weißweine aus dem Tal des Layon südlich von Angers
Eau-de-vie de cidre du Maine	Apfelbrand aus den Departements Mayenne und Sarthe
Fiefs Vendéens	Rot-, Rosé- und Weißweine aus der Vendée (Brem-sur-Mer, Mareuil-sur-Lay, Pissotte und Vix)

Gros Plant (du Pays Nantais)	lebhafter, betont trockener Weißwein aus der Rebsorte *Gros Plant* aus dem Pays Nantais
Muscadet	trockener Weißwein aus einer lokal *Muscadet* genannten Rebsorte aus dem Pays Nantais, der zumeist ohne Filtern „von der Hefe" *(sur lie)* auf Flaschen gefüllt wird, was ihm Frische, Feinheit und ein leichtes Perlen verleiht; der bekannteste ist der *Muscadet de Sèvre-et-Maine*
Pommeau	Aperitif aus Apfelsaft und *Calvados,* dessen Herstellungsgebiet sich über die Normandie, die Bretagne und die Departements Mayenne und Sarthe erstreckt
Prunelle d'Anjou	Schlehenlikör, Schlehenschnaps
Quarts-de-Chaume	edelsüßer Weißwein aus dem Weiler Chaume in der Gemeinde Rochefort-sur-Loire
Rosé d'Anjou	leichte Roséweine, halbtrocken bis lieblich (auch als Perlweine), aus der Gegend um Angers
Rosé de Loire	trockener Roséwein aus dem Gebiet Anjou-Saumur
Saumur	aromatische Rot- und fruchtige Weißweine sowie Weiß- und Roséschaumweine aus dem Gebiet um Saumur
Saumur-Champigny	fruchtige Rotweine aus dem Saumurois

Weitere Appellationen: *Coteaux d'Ancenis, Coteaux de l'Aubance, Coteaux de Saumur, Savennières* sowie die Landweine *Vins de Pays de la Loire-Atlantique, de Retz, des Marches de Bretagne, du Maine-et-Loire.*

B15. Lorraine (Lothringen)

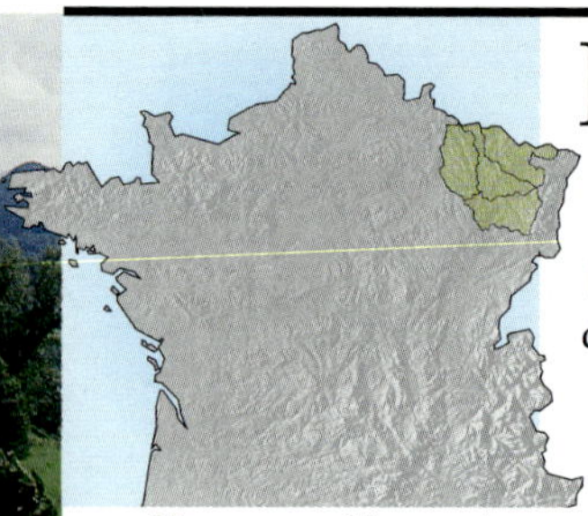

54 MEURTHE-ET-MOSELLE / NANCY, 55 MEUSE / BAR-LE-DUC, 57 MOSELLE / METZ, 88 VOSGES / EPINAL

HIER WÄCHST EUROPA zusammen: Lothringen, Luxemburg und das Saarland bilden inzwischen eine europäische Region, die vergessen lässt, dass das Land jahrhundertelang Zankapfel zwischen den Nationen war, seitdem Lothar I. das Reich unter seine drei Söhne aufteilte (wobei sein Sohn Lothar II. das nach ihm benannte Mittelreich erhielt). Am heftigsten umkämpft war das Land während des I. Weltkriegs, in dem auf beiden Seiten Millionen Menschen ihr Leben lassen mussten. Der Name *Verdun* ist hierfür zum Symbol geworden.

Lothringen hat keine natürlichen Grenzen. Es liegt zwischen der Champagne im Westen und dem Elsass im Osten; im Norden grenzt es an Belgien und Luxemburg, im Süden schließt sich die Franche-Comté an. Der westliche Teil, die Lothringische Hochebene, besteht vor allem aus Acker- und Weideland, der Süden und Südosten wird von den waldreichen Vogesen und deren Ausläufern gebildet.

Der Reichtum Lothringens waren die Steinkohle- und Eisenerzvorkommen im Nordosten des Landes, wo sich auch heute noch die Bevölkerung konzentriert. Doch die Krise der Eisen- und Stahlindustrie der letzten Jahrzehnte hat zum Verlust Tausender von Arbeitsplätzen und zu schweren sozialen Problemen geführt. Die Umstrukturierung des Landes brauchte Zeit. Die Kanalisierung der Mosel, die jetzt Frankreich mit Luxemburg, Deutschland und der Nordsee verbindet, hat sicherlich zur Stärkung der Wirtschaftskraft der Region beigetragen. Kleinere Spezialbetriebe konnten sich behaupten (z.B. Glas- und Steingutmanufakturen in Baccarat und Niderviller) und die verarbeitende Industrie hat neue Arbeitsplätze schaffen können, doch nahezu zwei Drittel der Beschäftigten arbeiten heute im Dienstleistungssektor in den Ballungszentren Metz und Nancy.

Am dünnsten besiedelt ist das vom Tal der Maas (Meuse) durchzogene Gebiet im Westen, das vom Argonner Wald

begrenzt wird. Tourismus ist im südlichen Teil von Bedeutung, wo sich die seenreichen und bewaldeten Ausläufer der Vogesen bis nahezu 1.000 m erheben. Hier kann man sogar kuren: Die gesundheitsfördernden Quellen von Bains-les-Bains, Contrexéville, Plombières-les-Bains und Vittel sind bekannt. Kenner schätzen Lothringer Bier *(Champigneulles)* und die seltenen Lothringer Weine von den Ufern der Mosel.

Die lothringische Küche ist ländlich-kräftig, doch abwechslungsreich, und langt gern bei Speck, Butter und Sahne zu. Die zahlreichen Obstbranntweine runden eine Mahlzeit harmonisch ab.

VORSPEISEN

la quiche lorraine *(lokal* **féouse** *genannt)*	heiß oder lauwarm servierter Speckkuchen mit Eiern, Crème fraîche und geriebenem Käse
la tourte lorraine	überdeckte Torte mit Schweine- und Kalbfleisch, Zwiebeln oder Schalotten, Eiern, Sahne und Kräutern
le pâté lorrain	rechteckige Blätterteigpastete mit gleicher Füllung wie *quiche*, jedoch ohne Eigelb

FISCHSPEZIALITÄTEN

la carpe à la gelée de vin	Karpfen, in Rotwein gekocht
la truite aux champignons	Forelle mit Champignons
le brochet en matelote de Metz	Hechtragout in Rotwein mit Zwiebeln und Speck

FLEISCHSPEZIALITÄTEN

la choucroute garnie (choucroute lorraine)	Sauerkraut mit Wacholderbeeren oder einem Schuss Wacholderschnaps, schwarzem Pfeffer, gepökeltem Schweinefleisch, geräuchertem Schweinebauch, Schweineschulter, Eisbein, Lothringer Würstchen und Weißwein
la côtelette panée aux mirabelles	paniertes Kotelett mit Mirabellen
la potée lorraine	Fleischtopf (Lothringer Suppentopf) mit Speck und verschiedenen Gemüsen, wobei die Brühe als Suppe getrennt serviert wird
le carré de porc fumé à la lorraine	Kasseler Rippenspeer mit Rotkraut
le cochon de lait en gelée	Spanferkel in Aspik, mit Gemüsen, Kräutern und Weißwein
le gras-double lorrain	Kaldaunen mit Gemüse, Kräutern, geriebenem Käse und Zitronensaft
le porcelet farci	gefülltes Spanferkel
les pieds de porcs	Schweinsfüße

WILD- UND GEFLÜGELSPEZIALITÄTEN

la poule au pot farcie à la lorraine	mit einer Fleischfüllung gekochtes Huhn, dem verschiedene Gemüse beigegeben werden
les cailles à la Stanislas	Wachteln in Blätterteig

KÄSE

le Carré de l'Est	quadratischer, milder und weicher Käse aus pasteurisierter Kuhmilch mit rötlicher Rinde

le Géromé (Munster-Géromé)	runder Weichkäse aus Kuhmilch, mit hellorangefarbener Rinde, oft mit Kümmel gegessen, kräftig im Geschmack

DESSERTS

la tarte aux mirabelles *oder* **aux quetsches**	Mirabellen- oder Zwetschgenkuchen
le baba au rhum	mit Rum getränkter Napfkuchen, den König Stanislas Leszczynski von Lothringen populär gemacht haben soll
le gâteau au chocolat de Nancy	Schokoladenkuchen, -kranz mit Mandeln
les chanoinesses	bekannter Honigkuchen aus der Gegend von Remiremont

Versuchen Sie auch: *le feuilleté aus mirabelles, le tôt-fait à la mirabelle, les madeleines de Commercy, les nonnettes de pain d'épices, les visitandines de Lorraine.*

WEINE UND SPIRITUOSEN

Côtes de Toul	Roséweine *(vins gris)*, Rot- und Weißweine aus der Gegend von Toul
Framboise	Himbeergeist
Kirsch des Vosges	Kirschwasser aus den Vogesen
Mirabelle de Lorraine	Lothringer Mirabellenbranntwein, die Spezialität des Landes
Moselle (Vin de la Moselle)	frische, helle Roséweine *(vins gris)*, Rot- und Weißweine aus der Gegend von Contz-les-Bains, nahe der Grenze zu Luxemburg, und aus der Gegend von Metz
Quetsche	Zwetschgenwasser
Vin de Pays de la Meuse	Landwein aus der Gegend von Vigneulles

B16. Midi-Pyrénées

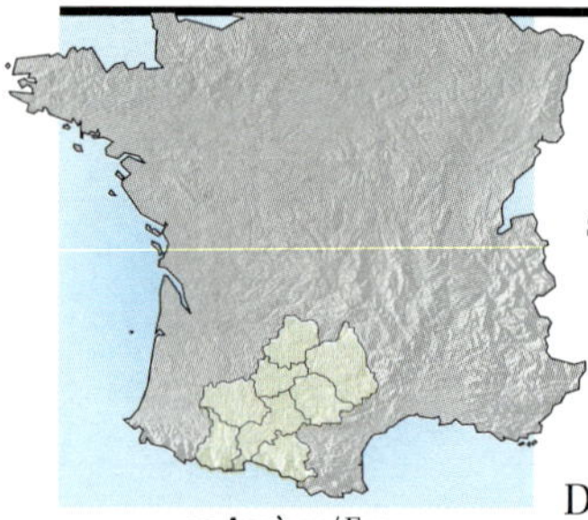

09 Ariège / Foix, **12 Aveyron** / Rodez, **31 Haute-Garonne** / Toulouse, **32 Gers** / Auch, **46 Lot** / Cahors, **65 Hautes-Pyrénées** / Tarbes, **81 Tarn** / Albi, **82 Tarn-et-Garonne** / Montauban

Die riesige Region Midi-Pyrénées umfasst acht Departements und reicht vom südlichen Zentralmassiv bis zu den Pyrenäen; im Westen wird sie von Aquitanien, im Osten vom Languedoc-Roussillon begrenzt.

Der nördliche Teil gliedert sich in die alten Provinzen Quercy und Rouergue, mit Cahors und Rodez als den wichtigsten Städten. Dieser dünn besiedelte Landstrich, der abseits aller großen Verkehrsverbindungen liegt, besteht aus kargen Hochflächen, die nur bescheidene Landwirtschaft und Viehzucht ermöglichen. Wer „Natur pur" liebt, kann hier die schönsten Urlaube verbringen. Die Landschaft ist überaus reizvoll, man kann sehr schön wandern, zu Fuß oder mit dem Rad, und Ferienunterkünfte stehen ausreichend zur Verfügung. Besonders malerisch sind das gewundene Tal des Lot sowie die Stadt Cahors. Hier werden auch die berühmten dunkelroten *vins noirs de Cahors* erzeugt, die selbst am Hofe der Zaren sehr geschätzt waren.

Kreativ-Urlaube, bei denen man sich z.B. im Töpfern, Weben, Teppichknüpfen oder Holzschnitzen üben kann, sind in diesem Gebiet besonders beliebt.

Die Region Midi-Pyrénées überrascht durch malerisch gelegene Orte (Castelnau-Pégayrols, Cordes, Saint-Cirq-Lapopie, Villefranche-de-Rouergue), romanische Kirchen, deren Skulpturenreichtum den Kunstliebhaber begeistern (Bessuéjouls, Conques, Moissac, Souillac), und

Naturschönheiten (der Talkessel von Gavarnie, die Felsen von Montpellier-le-Vieux sowie die Tropfsteinhöhlen und prähistorischen Grotten).

In den Pyrenäen spielt der Tourismus eine wichtige Rolle (Superbagnères, Cauterets, Saint-Lary-Soulan). Der am Fuße der Pyrenäen gelegene Wallfahrtsort Lourdes ist jedes Jahr das Ziel von mehreren Millionen Pilgern.

Das Zentrum der gesamten Region ist Toulouse mit zahlreichen Bauwerken aus dem Mittelalter und der Renaissance. Die Stadt ist heute für den gesamten Süden Frankreichs von großer Bedeutung, was ihrer Universität und ihren Hochschulen zu verdanken ist – vor allem aber der Hochtechnologie-Industrie, die sich hier angesiedelt hat: Toulouse ist eines der großen Zentren der Luft- und Raumfahrt in Europa.

Die Küche der Region basiert auf den Produkten des Landes: hochwertigem Fleisch, Gemüse, Wild, Pilzen und Kastanien aus den Wäldern. Eines ist sicher: Sie werden nicht hungrig vom Tisch aufstehen!

VORSPEISEN

l'aillade	Walnüsse mit Knoblauch zerstoßen und mit Olivenöl gebunden, zu kaltem Fisch serviert
la tourte au roquefort	überdeckte Torte aus Blätterteig, mit einer Füllung aus Roquefort, Quark, Eiern und Crème fraîche
le foie gras du Quercy au madère	gebratene Gänseleber nach der Art von Quercy mit einer Madeirasauce

Versuchen Sie auch: *la galantine de dinde truffée, le feuilleté à la saucisse, le foie gras de canard aux raisins, le pâté en croûte, le pâté truffé.*

SUPPEN

la bréjaude	Suppe aus Speck, Lauch, Kartoffeln und weiße Rüben, auf getrockneten Brotscheiben serviert
la soupe au fromage	Käsesuppe
le caboussat	Weinsuppe aus dem Quercy

FLEISCHSPEZIALITÄTEN

la poitrine de mouton farcie à l'ariégeoise	Hammelbrust mit Schinken, Eiern, Knoblauch und anderen Gewürzen gefüllt und zusammen mit Gemüse gekocht, mit gefülltem Kohl und Kartoffeln serviert
le cassoulet	Eintopf aus weißen Bohnen, Schweine- und Hammelfleisch, auch mit Gänse-, Enten- und anderem Fleisch, Würstchen und Kräutern (mit lokalen Varianten!)
le gigot au genièvre	Hammelkeule, die vor dem Anbraten mit Wacholderbeeren gespickt wird und der beim Braten weitere Wacholderbeeren beigegeben werden

le péteran	Ragout aus Hammel- und Kalbfleisch mit Kartoffeln, Knoblauch, Speck und Zwiebeln

Kosten Sie: *le cabassol* (Lammragout), *le coufidou* (Rindergulasch), *les pieds de veau sauce poulette, les trénels* (Hammelinnereien).

WILD- UND GEFLÜGELSPEZIALITÄTEN

la perdrix aux choux	Rebhuhn mit Kraut
le caneton à la toulousaine	junge Ente auf Toulouser Art in Weinsauce, mit grünen Oliven, Toulouser Würstchen, Knoblauch, Karotten, Zwiebeln und gerösteten Brotscheiben
le faisan au genièvre	Fasan, mit Wacholderbeeren gefüllt
le lièvre en chabessal	Hase mit Rotwein und Gewürzen mariniert; mit Schweine- und Kalbfleisch, Schalotten, Brotkrumen, Ei u. a. gefüllt, mit Speckstreifen bardiert und geschmort

GEMÜSE UND ANDERE BEILAGEN

les cèpes à la toulousaine	gebratene Steinpilze Toulouser Art, mit Zwiebeln, Schalotten, Knoblauch, Schinken und Tomaten

KÄSE

le Bleu des Causses	runder Kuhmilchkäse mit natürlicher Schimmelrinde und gelblichem Teig, der von blauen Schimmeladern durchzogen ist und milder schmeckt als der *Roquefort*
le Bouton d'Oc	kleiner, birnenförmiger Käse aus dem Departement Tarn, mit natürlicher Schimmelrinde und weichem Teig mit angenehmem Geschmack

le Cabécou de Rocamadour	kleiner, runder Ziegenkäse, mit und ohne Schimmelrinde und hellem Teig unterschiedlicher Konsistenz mit nussigem Geschmack
le Fromage de Montagne *(+ eventuell nähere Herkunftsangaben)*	großer, runder Kuhmilchkäse mit hellbrauner bis rötlichbrauner Rinde und halbfestem, gelblich-braunem Teig mit Löchern und schimmelig-würzigem Geschmack
le Roquefort	Schafskäse mit weichem, elfenbeinfarbenem Teig, mit blaugrünem Schimmel durchsetzt, mit strengem, charakteristischem Geschmack, wobei der echte nur aus den Höhlen von Roquefort-sur-Soulzon (Aveyron) kommt

Weitere Ziegenkäse: *l'Anneau du Vic-Bilh, la Faisselle de Chèvre, le Fromage de Chèvre Larzac, le Galet de Bigorre;* Kuhmilchkäse: *la Tomme de l'Aveyron, la Tomme de Lomagne, le Bethmale, le Bleu du Quercy, le Lou Magré, le Ségalou;* Schafskäse: *la Fromagée du Larzac, le Fromageon, le Lacandou, le Pérail.*

DESSERTS

la tarte aux pruneaux	Torte mit Backpflaumen
la coque de Moissac	Brioche mit kandierten Früchten
le gougeas du Quercy	gebackener Kürbispudding aus dem Quercy
le gratin ariégeois	Apfeldessert mit Meringuehaube
les gimblettes	kleine ringförmige Aniskuchen

WEINE UND SPIRITUOSEN

Armagnac	Weinbrand aus der gleichnamigen Provinz (Departement Gers), der in Eichenfässern aus der Gascogne reift
Cahors	kräftiger, farbintensiver Rotwein aus der Umgebung von Cahors, aus dem Tal des Lot
Côtes du Frontonnais	leichte, fruchtige Rot- und frische Roséweine aus der Gegend von Fronton, in den Departements Haute-Garonne und Tarn-et-Garonne
Floc de Gascogne	heller und roséfarbener Likörwein, aus Traubensaft und *Armagnac* hergestellt
Gaillac	kräftige Rot-, fruchtige Rosé- und angenehme Weißweine aus dem Umkreis von Gaillac am Tarn
Gaillac doux	seltene, liebliche, bukettreiche Weißweine, vor allem aus dem Gebiet Gaillac
Gaillac mousseux	Schaumwein (Weiß- oder Roséwein) aus dem Gebiet Gaillac, nach dem Verfahren der klassischen Flaschengärung oder einer hier überlieferten ländlichen Methode
Gaillac perlé	leichter, fruchtiger Weißwein aus dem Gebiet Gaillac, der auf der Hefe gelagert wird, so dass im Wein eine kleine Menge Kohlensäure vorhanden ist, die sein leichtes Perlen bewirkt
Madiran	gerbstoffreiche, farbintensive Rotweine aus der Umgebung der gleichnamigen Stadt zwischen Pau und Tarbes, in den Departements Pyrénées-Atlantiques, Gers und Hautes-Pyrénées
Pacherenc-du-Vic-Bilh	milde bis edelsüße, goldfarbene Weißweine aus dem gleichen Bereich wie die Madiran-Rotweine

B17. Nördliche Provinzen

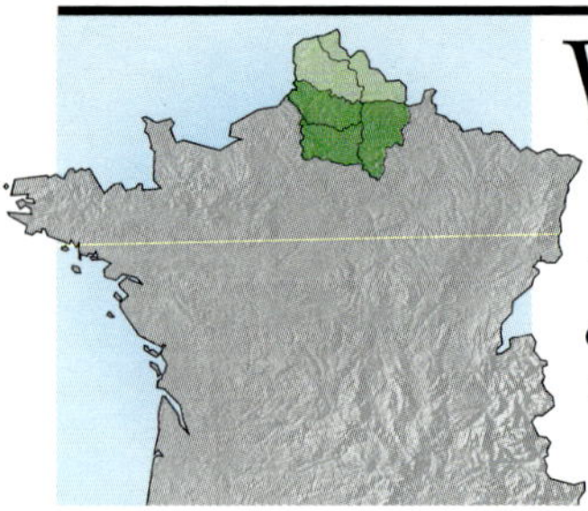

PICARDIE: **02 AISNE** / LAON, **60 OISE** / BEAUVAIS, **80 SOMME** / AMIENS; NORD PAS-DE-CALAIS: **59 NORD** / LILLE, **62 PAS-DE-CALAIS** / ARRAS

WER AN DEN Norden Frankreichs denkt, der hat das riesige Kohlenrevier zwischen Béthune, Lens, Douai und Valenciennes vor Augen oder die dicht besiedelten Ballungsräume Lille, Valenciennes und Maubeuge mit Schwer-, Chemie- und Textilindustrie, die seit Beginn der Industrialisierung das Leben von Millionen Menschen geprägt hat. (Erinnern Sie sich an *Germinal* von Emile Zola?)

Auch wenn die letzte Kohlengrube längst geschlossen ist und manche Industriezweige nur noch im Museum in Erinnerung gerufen werden können, ist die Region Nord Pas-de-Calais noch immer eines der dichtbesiedeltsten Gebiete Frankreichs. Die metallverarbeitende Industrie sowie die Chemie- und Textilindustrie sind nach wie vor von Bedeutung, doch hat ein Strukturwandel stattgefunden: Zwei Drittel der Arbeitnehmer sind mittlerweile im Dienstleistungssektor beschäftigt.

Jahrhundertelang war Nordfrankreich ein von vielen begehrtes Land, zumal es gegenüber Eindringlingen aus dem Norden ohne natürlichen Schutz war und sich auch der Invasoren von jenseits des Ärmelkanals nicht immer erwehren konnte. Calais (man denke an Rodins „Bürger von Calais") war von 1347 bis 1558 englisch. Die Schlachten von Crécy 1346 und Azincourt 1415 sind Geschichtsdaten, die die französischen Schüler früher auswendig lernen mussten. Und die Schlachten an der Marne, an der Somme und in der Picardie im I. und II. Weltkrieg haben bis in die jüngste Vergangenheit weitere unselige Daten hinzugefügt.

Die alten Provinzen im Norden Frankreichs – Picardie, Artois, Flandern und Hennegau (Hainaut) – erstrecken sich vom nördlichen Rand des Pariser Beckens bis zur belgischen Grenze, werden

im Westen vom Ärmelkanal und von der Nordsee begrenzt, im Osten von den Ardennen und der Champagne. Es ist ein sanft gewelltes, zum Meer hin abfallendes Hügelland, das im Norden in ein *plat pays* übergeht. Großflächige Felder, auf denen Getreide, Flachs, Hopfen und Gemüse angebaut werden, wechseln mit Wäldern und von Hecken umsäumten Weiden und Obstgärten, und doch wirkt die Landschaft oft monoton.

Auf den Wiesen heben sich die rot-weiß und schwarz-weiß gefleckten Kühe der flämischen und friesischen Rasse ab, die hier im Norden in der Viehzucht die Hauptrolle spielen. Der Gemüseanbau hat eine lange Tradition, besonders im Tal der Somme zwischen Péronne, Amiens und Abbeville, wo man schon früh begonnen hatte, Sumpfgebiete durch ein Kanalsystem in fruchtbare Gemüse- und Obstgärten *(hortillonnages)* umzuwandeln.

Die Liebhaber von Fisch und Krustentieren können sich hier verwöhnen lassen. Die Küste ist zwar nicht sehr ausgedehnt (60 km in der Picardie, 120 km im Nord-Pas-de-Calais), doch vielgestaltig: Steilküsten wechseln mit Dünen und flachen Sand- oder Kieselstränden ab.

Boulogne-sur-Mer ist der wichtigste Fischereihafen Frankreichs, Calais der bedeutendste Passagierhafen und Endpunkt des Eurotunnels, Dunkerque der größte Hafen Frankreichs für den Güterumschlag.

Auch touristisch hat der Norden einiges zu bieten: die Seebäder Malo-les-Bains (Dunkerque), Le Touquet-Paris-Plage,

Berck-sur-Mer, Le Crotoy, Saint-Valery-sur-Somme, Cayeux-sur-Mer und Mers-les-Bains oder die berühmten gotischen Kathedralen von Amiens, Beauvais, Laon, Noyon, Saint-Omer, Saint-Quentin, Senlis oder Soissons. Die alten Stadtkerne mit ihren Plätzen und Häusern im flämischen Stil, ihren Rathaustürmen *(beffrois)* und Glockenspielen sind voller Charme, und mit Glück erlebt man eines der lokalen Feste wie *kermesses* und *ducasses* oder einen der berühmten Umzüge mit traditionellen Riesenfiguren.

Gastronomische Spezialitäten aus der Picardie:

VORSPEISEN

la ficelle picarde	Crêpe, mit Schinken, Béchamelsauce und Champignons gefüllt
la flamiche (tarte aux poireaux)	Lauchkuchen (nur das Weiße wird verwendet), in zahlreichen Varianten (mit Zwiebeln: *aux oignons;* mit verschiedenen Gemüsen: *aux hortillons;* mit Kürbis: *à la citrouille;* mit Chicorée: *aux endives;* mit und ohne Fleischfüllung)
la goyère de rollot	Käsetorte aus Blätterteig und einer Füllung aus *Rollot*-Käse
la salade amiénoise	Chicoréesalat mit Äpfeln, Kopfsalat und Walnüssen
les harengs marinés à l'abbevilloise	eingelegte Heringe, mit verschiedenen Gewürzen und Weißwein

SUPPEN

la soupe des hortillons	Gemüsesuppe

le potage Crécy à la picarde	passierte Karotten- und Kartoffelsuppe mit Croûtons

FISCHE UND SCHALENTIERE

l'anguille au vert	Aal in Kräutern
les moules à la picarde	Muscheln mit einer Sauce aus Zwiebeln, Schalotten, Petersilie, Weißwein und Crème fraîche

FLEISCHSPEZIALITÄTEN

la potée picarde	Kohlgericht mit Schweinefleisch
les rouelles de veau braisées au cidre	Kalbsbeinscheiben in Cidre geschmort, mit Schalotten, Champignons, Zwiebeln und Äpfeln

GEFLÜGELSPEZIALITÄTEN

le coq à la bière	Hahn oder Hähnchen in Stücken angebraten und mit Genever flambiert, in Bier mit Brühe geschmort und mit Champignons, Zwiebeln und Speck serviert

KANINCHEN

le lapin aux pruneaux	Kaninchenragout in Rotwein mit getrockneten Backpflaumen

GEMÜSE UND ANDERE BEILAGEN

les endives au jambon	Chicorée im Schinkenmantel mit einer Béchamelsauce
les haricots blancs sauce picarde	weiße Bohnen mit einer *Sauce Soubise*
les poireaux en asperges	das Weiße vom Lauch wie Spargel mit Vinaigrette zubereitet

KÄSE

le Dauphin	im ganzen Norden anzutreffender *Maroilles*-Käse mit ziegelroter Rinde, angereichert mit Petersilie, Estragon, Pfeffer und Nelken, der in Fisch-, Herz- oder Stangenform erhältlich ist
le Rollot	runder weicher Kuhmilchkäse mit gelber Rinde oder in Herzform mit ziegelroter Rinde, von pikantem Geschmack

DESSERTS

la rabote (rabotte) picarde	Apfel in Blätterteig
le galopin	eine Art „Armer Ritter", als Crêpe zubereitet
les macarons d'Amiens	Mandelmakronen

Gastronomische Spezialitäten aus Flandern und Artois:

VORSPEISEN

la flamiche (tarte aux poireaux)	Lauchkuchen, mit zahlreichen Varianten *(vgl. Picardie)*
la goyère au maroilles	Käsetorte aus Blätterteig und einer Füllung aus *Maroilles*-Käse
la salade de harengs saurs	Matjesfiletsalat mit Senf, Öl, kleinen Essiggürkchen, mit warmen Kartoffeln und roter Beete serviert
le potjevleisch	Pastete (ohne Teig) aus Kalb-, Kaninenchen- und Hühnerfleisch und Speck

SUPPEN

la soupe à la bière	Biersuppe
la soupe flamande	Gemüsesuppe mit gepökelter Rinderbrust

le potage de betteraves	Suppe mit roten Rüben, Sellerie, Zwiebeln und Kräutern

EIERSPEZIALITÄTEN

l'omelette au potiron	Kürbisomelette, mit Genever flambiert
les œufs pochés des brasseurs	pochierte Eier in einem Sud aus Bier und verschiedenen Gemüsen

FISCHE UND SCHALENTIERE

le cabillaud à la flamande	Kabeljau, mit Schalotten und Kräutern in Weißwein gekocht, Fischsud mit Zwieback und Butter gebunden
les moules pommes frites	Miesmuscheln mit Pommes frites

FLEISCHSPEZIALITÄTEN

l'andouillette de Cambrai	Wurst aus Hammelkaldaunen
la carbonnade (de bœuf) à la flamande	geschmorte Hufstückscheiben, mit dunklem Bier abgelöscht, Zwiebeln und Gewürzen
le hochepot	Gemüseeintopf mit Flachrippenstück, Hammel-, Kalbs- und Schweinefleisch sowie verschiedenen Gemüsen

GEFLÜGELSPEZIALITÄTEN

le poulet aux jets de houblon	mit Genever flambiertes Hähnchen mit Hopfensprossen
le waterzoi (waterzooi)	Gemüseeintopf, der sowohl mit Hähnchen wie auch mit Fisch zubereitet wird

KANINCHEN

la gibelotte de lapin à la bière	in Bier geschmortes Kaninchenfleisch
le lapin aux pruneaux *oder* **aux raisins (= lapin à la flamande)**	Kaninchenragout in Rotwein mit getrockneten Backpflaumen oder Rosinen

KÄSE

la Boule de Lille *oder* **Mimolette française**	halbfester gelborangefarbener Kuhmilchkäse in Form einer abgeflachten Kugel mit wenigen kleinen Löchern, mit harter, trockener hellbrauner Rinde
la Boulette d'Avesnes	mild-aromatischer Kuhmilchkäse mit unregelmäßiger Kegelform und dunkelroter Rinde und kräftigem Geruch, der mit *Maroilles* und Petersilie, Estragon und Pfeffer bereitet wird
le Bergues	runder weicher Kuhmilchkäse von gelblicher Farbe
le Gris de Lille *(auch* **Vieux Lille***)*	quadratischer weicher Kuhmilchkäse mit grauer Oberfläche, mit salzigem Geschmack und von kräftigem Geruch
le Maroilles	weicher quadratischer goldgelber Kuhmilchkäse mit orangefarbener bis rötlicher Rinde

DESSERTS

le cramique	flämisches Hefebrot mit Korinthen
le pain perdu	in Milch mit Vanillezucker eingeweichte Scheiben Rosinenbrot, mit geschlagenen Eiern gebacken und mit Farinzucker bestreut

ALKOHOLISCHE GETRÄNKE

Der Norden ist das Land des Bieres. Auch das Bier kleiner Brauereien ist heute wieder gefragt. Aus der Vielzahl der Namen geben wir eine kleine Übersicht: *Abbaye de Saint-Amand, Angélus, Chti', Grain d'Orge, Jenlain, Les Brasseurs, Pelforth, Pélican, Saint-Poloise, Stella Artois.*
Bei den Spirituosen wird der *genièvre* (Genever, ein mit Wacholderbeeren gewürzter Kornbranntwein) bevorzugt.

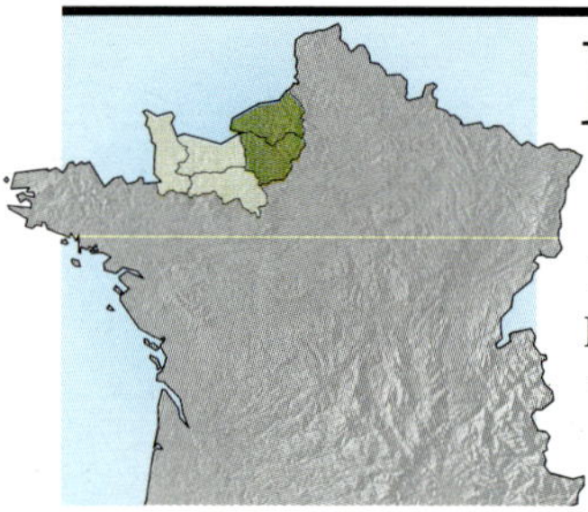

BASSE-NORMANDIE („UNTERE NORMANDIE“): **14 CALVADOS** / CAEN, **50 MANCHE** / SAINT-LÔ, **61 ORNE** / ALENÇON; HAUTE-NORMANDIE („OBERE NORMANDIE“): **27 EURE** / EVREUX, **76 SEINE-MARITIME** / ROUEN

DIE NORMANDIE IST landschaftlich überaus vielfältig. Ihre natürliche Begrenzung bildet der Ärmelkanal mit einer Küstenlänge von knapp 600 km. Im Westen stößt sie in der Bucht von Mont-Saint-Michel an die Bretagne, führt um die Felsenküsten der Halbinsel Cotentin zu den flachen Küsten der Landung der Alliierten und zur Côte fleurie und überquert die Seinemündung bei Le Havre. Von dort erstreckt sich bis Le Tréport die über 100 km lange Kreidefelsenküste der Côte d'Albâtre, mit den vielbesuchten Badeorten Etretat, Yport, Fécamp, Saint-Valery-en-Caux und Dieppe.

Das Innere der Provinz ist überwiegend ländlich. Die am stärksten urbanisierten Gebiete sind Rouen, das untere Seinetal mit Le Havre sowie der Ballungsraum Caen. Den stärksten Zuwachs hat das Departement Eure aufgrund seiner guten Verkehrsverbindungen zum nahen Paris, was einerseits die Dezentralisierung der Hauptstadtregion ermöglichte, andererseits den Parisern die Chance zum – in Frankreich überaus beliebten – Zweitwohnsitz bot. Das westlich davon gelegene Departement Orne umfasst die alte Provinz Perche, die für ihre Pferdezucht bekannt ist, bis hin zum besuchenswerten *Haras du Pin* in der Nähe von Argentan, dem von Mansart in Hufeisenform erbauten „Versailles der Pferde“.

Die Normandie ist keineswegs nur Flachland: Hochplateaus wechseln mit *Bocage*-Landschaften (Heckenlandschaften) und saftig-grünem Hügelland. Die typischste aller normannischen Landschaften ist das *Pays d'Auge* zwischen den Flüsschen Touques und Dives mit der Stadt Lisieux als Mittelpunkt. Überall werden Sie die normannischen Kühe antreffen, deren Fleisch und Milch wegen ihrer ausgezeichneten Qualität *(le beurre d'Isigny)* besonders geschätzt sind. Die Fruchtbarkeit und Frische verdankt das Land

dem mild-feuchten Klima, das keine Extreme kennt.

Die Normandie strahlt Ausgeglichenheit und Ruhe aus. Und dennoch trifft man immer wieder auf Narben, die die Geschichte dem Land geschlagen hat. Da sind die Zerstörungen des Hundertjährigen Kriegs und der Französischen Revolution, die Spuren des Zweiten Weltkriegs, vor allem der Landung der Alliierten vom Juni 1944, die zahlreichen Militärfriedhöfe verschiedener Nationen, die vielen Gemeinden und Städte, die bis zu 90% zerstört waren (Le Havre allein hat im II. Weltkrieg 132 Bombardements erlebt).

Genießen Sie die Stille der Normandie, entdecken Sie die jahrhundertealten Schlösser und Herrenhäuser *(manoirs)*, besichtigen Sie die Abteien und Kathedralen (z.B. den bekannten Mont-Saint-Michel oder Bayeux mit dem berühmten Wandteppich), die alten Stadtkerne mit ihren typisch normannischen Fachwerkhäusern, Markthallen und Stadtbefestigungen, die lebendigen Häfen und nicht zu vergessen die Wunderwerke moderner Technik: die größte Schleuse Europas in Le Havre und unweit davon die Brücken Pont de Tancarville und Pont de Normandie. Ausflüge zu den Chausey-Inseln oder den britischen Kanalinseln sind ein Erlebnis für sich.

In der normannischen Küche spielen natürlich Fisch und Meeresfrüchte eine herausragende Rolle, aber auch die landwirtschaftlichen Erzeugnisse: Milch, Sahne, Butter und Käse, Äpfel, Cidre und Calvados. Es ist eine bodenständige Küche, die Sie nicht hungrig lässt – im Gegenteil, schließlich hat man hier das „normannische Loch“ erfunden!

EIERSPEZIALITÄTEN

l'omelette à la Poulard (*auch* **[de la] Mère Poulard**)	Spezialität vom Mont-Saint-Michel: mit Butter zubereitetes Omelette, wobei zuerst das Eigelb in die Pfanne kommt, dann Salz, Pfeffer, geschlagene Sahne und zum Schluss das Eiweiß
l'omelette normande	**1.** Omelette mit einer Füllung von pochierten Austern in normannischer Sauce (Varianten möglich) **2.** Omelette mit einer Füllung von in *Calvados* getränkten Apfelscheiben und mit *Calvados* flambiert

FISCHE, SCHALEN- UND KRUSTENTIERE

la matelote normande	Fischragout von verschiedenen Meeresfischen mit *Calvados, Cidre* und Sahne
la sole normande	Seezunge in Sahnesauce mit Krabben und Champignons (Varianten möglich)
les demoiselles de Cherbourg (**à la nage** *oder* **au gratin**)	Spezialität in Cherbourg: in ihrem Kochsaft servierte oder gratinierte Kaisergranaten oder große Garnelen
les moules à la crème (moules dieppoise)	Muscheln in Rahmsauce, in Dieppe besonders beliebt

Probieren Sie auch: *la sole au cidre, le colin à la Granville, les filets de sole à la dieppoise.*

FLEISCHSPEZIALITÄTEN

l'andouille de Vire (grillée)	(gegrillte) Kuttelwurst vom Schwein, mit schwarzer Haut und leicht geräuchert
la côtelette de porc au calvados	Schweinekotelett in *Calvados*-Rahmsauce und mit Apfelspalten
le boudin noir à la normande	gebratene Blutwurst mit Apfelspalten

le gigot de pré-salé	Spezialität vom Mont-Saint-Michel, wo die Lämmer und Schafe auf Salzwiesen weiden: Lamm- oder Hammelkeule, mit Knoblauch gebraten und mit weißen Bohnen serviert
les escalopes cauchoises	Kalbsschnitzel aus dem Pays de Caux, mit Pilzen, *Cidre, Calvados* und Sahnesauce
les tripes à la mode de Caen	Kutteln mit Suppengemüse in *Cidre* und *Calvados* gekocht

GEFLÜGELSPEZIALITÄTEN

le canard (caneton) à la rouennaise au sang	gebratene (junge) Ente nach Art von Rouen, in Rotweinsauce, der das Blut der Ente beigegeben wird
le poulet vallée d'Auge	in Butter geschmortes zerlegtes Hähnchen, mit *Calvados* flambiert, mit Sahnesauce

KANINCHEN

le lapin à la normande	Kaninchen mit Äpfeln, Sahne und *Calvados*

GEMÜSE UND ANDERE BEILAGEN

la salade cauchoise (salade du Pays de Caux)	Kartoffel-Sellerie-Salat (aus dem Pays de Caux)
les salsifis à la normande	Schwarzwurzeln mit Sahnesauce

KÄSE

le Brillat-Savarin	runder weicher Kuhmilchkäse mit weißer Schimmelrinde mit hohem Fettgehalt

le Camembert	runder weicher Kuhmilchkäse mit weißer Schimmelrinde mit leicht schimmelig-salzigem Geschmack
le Livarot	runder weicher Kuhmilchkäse mit orangefarbener Rinde, die mit Halmen oder Papierstreifen verziert ist, mit würzig-kräftigem Geschmack
le Neufchâtel (Cœur de Bray)	in verschiedenen Formen angebotener weicher Kuhmilchkäse mit Weißschimmelrinde und Schimmelgeschmack
le Pont-l'Evêque	quadratischer cremiger Kuhmilchkäse mit weißlich-orangefarbener Schimmelrinde, dessen Geschmack je nach Reife von mild bis kräftig-würzig geht

DESSERTS

l'omelette vallée d'Auge	süßes Omelette mit einer Füllung aus Apfelstücken, mit *Calvados* flambiert 
la tarte normande	normannischer Apfelkuchen, mit zerlassenem Apfelgelee bestrichen
la teurgoule	süße Vanille-Reisterrine, mit Zimt aromatisiert, mit Vanillesauce
les bourdelots	Äpfel in Blätterteig
les crêpes normande	mit in *Calvados* mazerierten Apfelscheiben und Rosinen gefüllte Crêpes

les douillons	Birnen in Blätterteig
les mirlitons de Rouen	Mandelcremetörtchen

ALKOHOLISCHE SPEZIALITÄTEN

Bénédictine	Kräuterlikör aus Fécamp (Seine-Maritime)
Calvados	ausgezeichneter Apfelbranntwein, familiär *calva* genannt
Cidre	Apfelwein, der als *Cidre doux* (lieblich) oder *Cidre brut* (herb) hergestellt wird
Cidre bouché	milder, moussierender Apfelwein in Schaumweinflaschen mit Sektverschluss
Eau-de-vie de cidre de Normandie	Apfelbranntwein (ohne Anspruch auf die Bezeichnung *Calvados*)
Eau-de-vie de Poire	Birnenschnaps
Poiré	Birnenwein, Birnenschnaps (Bretagne, Normandie und Maine)
Pommeau (de Normandie)	Aperitif, der zu $^2/_3$ aus Apfelsaft und zu $^1/_3$ aus *Calvados* besteht
Trou normand	ein inmitten einer reichhaltigen Mahlzeit genossener *Calvados*, der die Verdauung fördern und Platz für die Fortsetzung schaffen soll

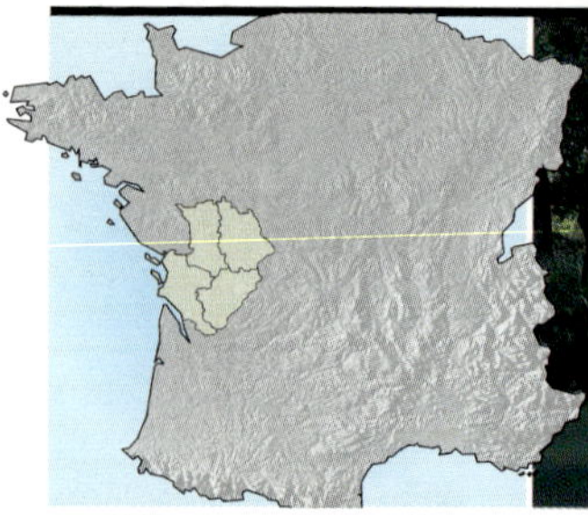

16 Charente / Angoulême, **17 Charente-Maritime** / La Rochelle, **79 Deux-Sèvres** / Niort, **86 Vienne** / Poitiers

Ein friedliches, beschauliches Land ist diese Region und doch werden Ihnen immer wieder Kobolde, Geister und Fabelwesen begegnen, z. B. in den Skulpturen der Kapitelle und Wasserspeier der vielen hundert romanischen Kapellen und Kirchen, die den Jakobspilgern den Weg quer durch Frankreich nach Santiago de Compostela markierten. Und immer wieder werden Sie auf die schöne Melusine treffen, dieses geheimnisvolle Meerweib mit dem Fischschwanz, die zum Stoff der Weltliteratur wurde.

Geheimnisvoll ist auch das *Marais Poitevin,* ein Sumpfgebiet, das entstand, als vor Hunderten von Jahren sich das Meer langsam zurückzog. Ein Labyrinth von stillen Wasserstraßen führt durch dieses Feuchtgebiet, über dem das Laubwerk der Pappeln und Weiden einen lichtdurchtränkten grünen Himmel bildet.

Mysteriös erscheinen die vielen Wehrkirchen, Festungsanlagen und Leuchttürme, die einst in Küstennähe standen, von denen sich jedoch das Meer abwandte. Oder auch die merowingische Totenstadt Civeaux, wo Hunderte von Sarkophagen gefunden wurden.

Nahezu 600 Kleinode der Romanik hat man in Poitou-Charentes gezählt: von kleinen Dorfkirchen bis hin zu den majestätischen Kathedralen von Angoulême und Poitiers und einem Höhepunkt romanischer Kunst, der Abteikirche von Saint-Savin-sur-Gartempe, deren Fresken und Skulpturen den großartigen architektonischen Eindruck noch steigern.

La Rochelle und Rochefort, die alten Hafenstädte, haben ihren mittelalterlichen Charme bewahrt. Saintes, dessen Gründung auf die Römerzeit zurückgeht, war eine wichtige Station für die Pilger nach Santiago de Compostela; die Krypta der Kirche Saint-Eutrope aus dem 11. Jahrhundert ist eines der ältesten kirchlichen Bauwerke der Region.

Seitdem Karl Martell in der Schlacht von Poitiers 732 die Invasion der Araber abgewehrt hatte, wurde die Stadt zu einem Lieblingsaufenthalt der Karolinger. Sie gilt als Kunst- und Kulturstadt, die zur Zeit der Eleonore von Aquitanien zum Mittelpunkt des höfischen Lebens wurde. Im Norden von Poitiers befindet sich das Futuroscope, ein futuristisch anmutender Freizeit- und Vergnügungspark „der modernen Kommunikation".

Der Küste vorgelagert sind mehrere Inseln, die größten davon sind die Ile de Ré und die Ile d'Oléron, die durch eine über drei Kilometer lange, geschwungene Brücke mit dem Festland verbunden ist. Der bekannteste Badeort der Charente ist Royan. Hierher kommen im Sommer die Touristen, während das Landesinnere kaum Fremdenverkehr kennt. Ein Name ist jedoch weltbekannt: *Cognac.* Auf einer Rebfläche von nahezu 90.000 ha werden die Weine erzeugt, die zur Destillation dieses edlen Weinbrandes dienen. Die Winzer destillieren selten selbst, sondern liefern ihr Produkt meist an eine der über 300 Cognac-Firmen, die in einem jahrelangen Reifeprozess ihr Markenprodukt erarbeiten. Viele große Cognac-Häuser können besichtigt werden.

Landwirtschaft und Fischerei, insbesondere Austernzucht (z.B. von Marennes), sind wichtige Einnahmequellen der Region. Milchprodukte, Geflügel und Meeresfrüchte genießen einen ausgezeichneten Ruf und sind ein geschätzter Bestandteil der regionalen Gastronomie.

VORSPEISEN

la salade poitevine	Poitou-Salat, aus Reis, Champignons und Tomaten, mit Estragon und feingehackten Zwiebeln
le foie gras aux truffes	getrüffelte Gänseleberpastete
les cagouilles ou escargots	Weinbergschnecken aus dem Gebiet Charentes
les coquilles d'asperges	gratinierte Spargel mit Champignons und Béchamelsauce in den Schalen von Jakobsmuscheln

SUPPEN

la chaudrée	Fischgericht mit trockenem Weißwein, Knoblauch, Schalotten, Kräutern und Kartoffeln zubereitet
la soupe aux haricots à la poitevine	Bohnensuppe nach Art des Poitou
la soupe aux moules	Muschelsuppe

EIERSPEZIALITÄTEN

l'omelette aux «appétits»	Omelette mit crème fraîche und Schnittlauch
l'omelette flambée aux truffes	Omelette mit Trüffeln, flambiert
les œufs à la tripe	hartgekochte Eier in Scheiben mit Béchamelsauce und Zwiebeln

FISCHE UND KRUSTENTIERE

la migourée de Matata	Fischgericht aus möglichst vielen Fischsorten und mit einer Weinsauce, die mit Weißwein, Knoblauch, Schalotten und Kräutern zubereitet wird
la mouclade (charentaise) *(oder* **l'éclade de moules***)*	Zuchtmuscheln *(bouchots),* in Weißweinsud, mit Schalotten, Zwiebeln, Petersilie und Sahnesauce und *Pineau des Charentes* gekocht, mit Dotter, Eigelb und Sahne gebunden
les casserons sautés saintongeaise	kleine Tintenfische, in Olivenöl und Butter gebraten, mit Petersilie und Knoblauch

Versuchen Sie auch: *l'anguille à l'eau de vie, la carpe de la Sèvre, le brochet grillé, le gratin de langoustines.*

FLEISCHSPEZIALITÄTEN

le far du Poitou	Kohlblätter, mit gekochtem, grünem Gemüse, Speck, Schweinefleisch, in Gemüsebrühe gegart
le rôti poitevin	Schweinebraten, der mit Knoblauch, Kartoffeln und Zwiebeln im Backofen zubereitet wird
les rouelles de veau aux pruneaux	Scheiben aus der Kalbskeule, mit Karotten, Zwiebeln, Dörrpflaumen, Wein und einem Schuss Cognac zubereitet

WILD- UND GEFLÜGELSPEZIALITÄTEN

le chapon de Barbezieux aux truffes	Kapaun aus Barbezieux (Charente) mit Trüffeln
le lièvre à l'angoumoise	Wildhase, mit Schalotten, Rotwein und Cognac zubereitet

le poulet sauté à la poitevine	zerlegtes Hähnchen, mit Champignons geschmort
les cailles à la charentaise	Wachteln auf Charenter Art, mit geschmorten Salatherzen

GEMÜSE UND ANDERE BEILAGEN

l'embeurrée de chou-vache	mit Knoblauch gekochtes Weißkraut, das mit Butter vermengt wird
le farci poitevin	mit verschiedenen Fleisch- und Gemüsesorten gefülltes Kraut
les mojettes	weiße, flache und zarte Bohnen (aus der Vendée und den Charentes)

KÄSE

le Bougon	runder, flacher Käse aus Ziegen- und Kuhmilch, mit weißer Schimmelrinde und weichem, elfenbeinfarbenem Teig
le Chabichou du Poitou	runder, hoher Ziegenkäse mit unterschiedlichen Formen und Schimmelrinde, weichem Teig mit mild-süßlichem Geschmack
le Chef-Boutonne	Ziegenkäse in abgeflachter Pyramidenform, mit natürlicher Schimmelrinde und weichem, weißem Teig
le Tricorne de Marans	dreieckiger Schafskäse aus Marans in der Charente-Maritime, der ersatzweise auch aus Ziegen- und / oder Kuhmilch hergestellt wird

Weitere Ziegenkäse: *la Bonde de Gâtine, la Clochette, la Taupinière, le Capri Lezéen, le Civray, le Couhé-Vérac, le Mothais à la Feuille.*

DESSERTS

l'angélique de Niort	Engelwurz aus Niort

la crème au cognac	Cognac-Creme
le flan aux poires charentais	Birnenkuchen aus Mürbeteig
le tourteau poitevin *(oder* **le tourteau fromagé***)*	Mürbeteigkuchen, der in einer gewölbten Form mit Frischkäse gebacken wird, bis die Oberfläche eine dunkle Kruste hat
les macarons du Poitou	kleines, rundes Gebäck aus dem Poitou
les marguerites + les duchesses d'Angoulême	Schokoladenbonbons aus Angoulême
les nougatines de Poitiers	Mandel-Haselnuss-Gebäck aus Poitiers

WEINE UND SPIRITUOSEN

Cognac	weltberühmter Weinbrand aus einem großen Weinbaugebiet rund um die Stadt Cognac
Fine Champagne	Cognac aus den besten Lagen, nämlich *Grande Champagne* und *Petite Champagne*
Haut-Poitou	Rot-, Rosé- und Weißweine aus einem Rebgebiet südlich des Anjou, in den Departements Deux-Sèvres und Vienne
Liqueur d'angélique	Engelwurzlikör
Pineau des Charentes (blanc *oder* **rosé)**	Likörwein, der aus Saft von Trauben der Charentes und Cognac hergestellt wird, als Aperitif oder als Dessertwein zu trinken
Vin de Pays Charentais	Landwein aus den beiden Charentes
Vins du Thouarsais	Rot-, Rosé- und Weißweine aus dem Gebiet um Thouars (Deux-Sèvres)

B20. Provence-Alpes-Côte-d'Azur

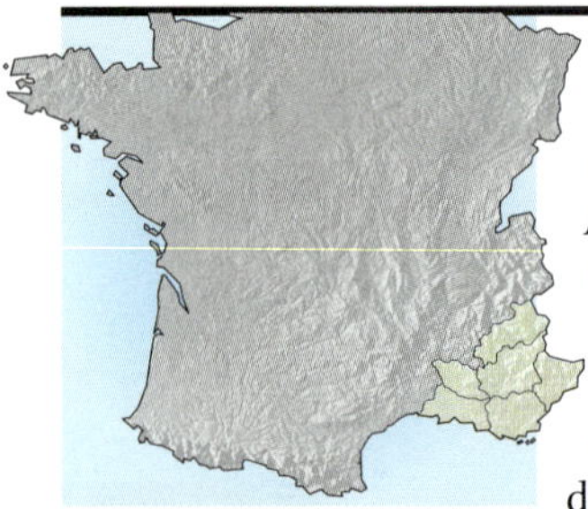

04 Alpes-de-Haute-Provence / Digne-les-Bains, **05 Hautes-Alpes** / Gap, **06 Alpes-Maritimes** / Nice, **13 Bouches-du-Rhône** / Marseille, **83 Var** / Toulon, **84 Vaucluse** / Avignon

Sonne, Mittelmeer, Lavendelduft, Zikadenzirpen ... das sind die gängigen Assoziationen, die wir mit der Provence verbinden. Die meisten Urlauber suchen die Kombination von Sonne und Meer, was zur Folge hat, dass man in der Ferienzeit auf viele Gleichgesinnte trifft in einem Gebiet, in dem sich ohnehin die Bevölkerung konzentriert.

Dennoch hat die Küste ihren Charme: die Camargue mit den Naturschutzgebieten und dem Rhônedelta, die steilen Felsen der Calanques zwischen Marseille und Cassis und die Massifs des Maures und de l'Esterel zwischen Hyères und Saint-Raphaël, die vorgelagerten Inseln und die azurfarbenen Buchten mit malerischen Häfen und weltbekannten Badeorten.

Wem Leben und Treiben am Strand zu bunt werden, der wird im Hinterland noch manchen stillen Winkel finden. Die Voralpen (Alpilles, Montagne du Lubéron, Mont Ventoux, Dentelles de Montmirail) mit ihren Schluchten, Olivenhainen, Mandelbäumen und Korkeichen sorgen für eine abwechslungsreiche Landschaft, wo idyllische Dörfer und alte Städte fröhliches provenzalisches Leben vermitteln, wo die Platanen der Dorfplätze willkommenen Schatten spenden. Und überall kann man den Männern beim Boulespiel *Pétanque* zuschauen

und zuhören, wenn sie mit ihrem singenden Akzent über Strategie, Erfolg und Misserfolg streiten.

Im Osten der Region, wo die Voralpen in die Alpen übergehen, ist das Land nur dünn besiedelt. Der Tourismus ist hier im Sommer wie im Winter zu einer lukrativen Einnahmequelle geworden, z.B. in der Umgebung von Gap, Briançon, Barcelonnette und Colmars mit bekannten Skiorten wie Serre-Chevalier, Pra-Loup oder Isola 2000.

Viele Städte bewahren noch Bauwerke aus der Römerzeit, mittelalterliche Stadtmauern und Befestigungsanlagen, Klöster, romanische Kirchen und Kapellen, deren Besuch sich lohnt (u.a. der Papstpalast in Avignon, das Amphitheater in Orange, Ausgrabungen aus der Römerzeit in Vaison-la-Romaine, die Abtei von Sénanque).

Es ist ein Erlebnis, auf provenzalischen Märkten einkaufen zu gehen. Lavendelhonig aus der Hochprovence, Ziegenkäse aus Banon, Trüffeln aus Riez, Lamm- und Hammelfleisch aus Sisteron, Fenchel, Auberginen, Melonen und Feigen aus der Camargue, der Ebene des Comtat Venaissin und dem Tal der Durance, Fische aus dem Mittelmeer ... alles wird in üppiger Fülle und voller aromatischer Reife angeboten, neben einer unvorstellbaren Blumenpracht. Die ganze Küste von Toulon bis Menton ist auf die Zucht von Schnittblumen spezialisiert, die zum größten Teil exportiert oder in der Umgebung von Grasse zu Parfums verarbeitet werden. Auch der Weinbau ist ein wesentlicher Wirtschaftsfaktor der Region.

Bei diesem Reichtum der Produkte hat es die provenzalische Küche nicht schwer, ausgezeichnete Gerichte aufzutischen. Bei der Zubereitung dürfen Knoblauch und Olivenöl nicht fehlen, erst recht nicht die saftigen Kräuter: Basilikum, Thymian, Rosmarin, Salbei, Ysop …

VORSPEISEN

l'aïoli *(auch* **ailloli***)*	eine mit Knoblauch zubereitete Mayonnaise
la pissaladière	Brot- oder Mürbeteig, mit Zwiebeln, schwarzen Oliven, Sardellenfilets und eventuell Tomaten bedeckt
la salade niçoise	der echte Nizzaer Salat verlangt: frische Saubohnen, geviertelte Tomaten, kleine Artischocken, Salatgurke, grüne und rote Paprikaschoten, kleine Zwiebeln, Basilikum, hartgekochte Eier, Sardellenfilets, Kopfsalatblätter, schwarze Oliven und Olivenöl, eventuell auch Thunfisch
la tapenade *(auch* **tapanade***)*	Püree aus Kapern, Sardellenfilets, schwarzen Oliven, Olivenöl, Pfeffer, Senf und Zitronensaft

Außerdem: *l'anchoïade (à la) provençale, la brandade de morue, les artichauts à l'aïoli, les moules (à la) provençale.*

SUPPEN

l'aïgo boulido (la soupe à l'ail [à la] provençale)	Knoblauchsuppe, die über getoastete Brotscheiben gegossen serviert wird
la soupe au pistou	dicke Gemüsesuppe mit Basilikum, Knoblauch, Speck, Olivenöl und Parmesankäse
la soupe de poissons	passierte Fischsuppe, die mit *rouille* serviert wird

EIERSPEZIALITÄTEN

l'omelette aux artichauts	mit Artischocken zubereitetes Omelette
l'omelette provençale	mit Knoblauch, Kapern und schwarzen Oliven bereitetes Omelette
la brouillade de tomates (~ de truffes)	Rührei mit Tomaten (~ mit Trüffeln)

FISCHGERICHTE

la bouillabaisse (à la) marseillaise	suppenartiges Fischgericht, eine Spezialität der Küste zwischen Marseille und Menton
la bourride	Fischgericht aus weißen Fischen, das mit *aïoli* serviert wird und wobei der mit *aïoli* gebundene Fischsud als Suppe gegessen wird
la stocaficada (stoccaficada)	Stockfischragout, mit Tomaten, Knoblauch, Gewürzen, Zwiebeln, Anchovis und schwarzen Oliven geschmort
le carrelet à la varoise	gegrillte Scholle auf Tomatenpüree mit Sardellenfilets, schwarzen Oliven und gehackter Petersilie

Und: *le catigot d'anguilles* (Aalragout), *le colin (à la) niçoise* (Seehecht), *le loup au fenouil* (Wolfsbarsch), *les sardines farcies au vert.*

FLEISCHSPEZIALITÄTEN

l'épaule d'agneau au four	Lammschulter, die mit Kartoffeln, Tomaten, Olivenöl und Gewürzen in einer Gratinform im Backofen gegart wird
la daube (de bœuf) provençale	in Rotwein, Zwiebeln, Karotten und Knoblauch geschmortes Rindfleisch
la gardiane d'agneau	Lammkotelett, mit Kartoffeln, Knoblauch, Petersilie und Olivenöl gegart
les pieds paquets	Hammel- oder Lammrouladen, mit gepökeltem, mit Zwiebeln, Knoblauch und Petersilie gewürztem Schweinefleisch gefüllt, mit Hammel- oder Lammfüßen in einer Wein-Tomaten-Sauce gekocht

Probieren Sie: *la poitrine de veau farcie aux blettes, le ragoût de veau aux anchois, le rôti de porc à la sauge, les aubergines (les courgettes, les tomates) farcies, les tripes à la niçoise.*

GEFLÜGEL- UND WILDSPEZIALITÄTEN

le poulet sauté Côte d'Azur	in Weißwein geschmortes Hähnchen, mit grünen Bohnen, grünen Erbsen, gewürfelten Artischockenböden, grünen Spargelspitzen und Olivenkartoffeln als Beilage
le poulet sauté niçoise	in Weißwein geschmortes Hähnchen, mit Tomaten, Oliven, Artischockenböden und Petersilie
les caillettes de sanglier	Wildschweinfleisch und Wildschweinleber, Schinkenspeck und zerkleinertes Gemüse, zusammen in einem Netz gebacken und kalt serviert

GEMÜSE UND ANDERE BEILAGEN

la ratatouille	Gemüsegericht aus Auberginen, Zucchini, Tomaten, Paprikaschoten und Kräutern, mit Knoblauch und Olivenöl zubereitet
la socca	Pfannkuchen aus Kichererbsenmehl und Olivenöl
le gratin de courge	Gemüsegericht, in dem kurz gekochter Kürbis mit einer Béchamelsauce und Brotstückchen bedeckt und gebacken wird
le tian de courgettes (~ d'épinards, ~ de tomates)	in einer Gratinform überbackene Zucchini (bzw. Spinat, Tomaten)
les artichauts à la barigoule	mit einer Farce aus Schinken, Champignons, Schalotten und Kräutern gefüllte Artischocken, die in Weißwein gedünstet werden
les fenouils à la tomate	Fenchel, mit Zwiebeln, gepökeltem Fleisch, Knoblauch und Tomaten, in Olivenöl und Weißwein gegart

KÄSE

le Banon	ein in Kastanien-, Eichen- oder Bohnenkrautblättern eingewickelter, mit *Marc* befeuchteter, hübsch verpackter, runder, kleiner Laib, der aus Kuh-, Ziegen- oder Schafsmilch hergestellt wird
le Cachat	streichfähiger Käse aus Schafs- oder Ziegenmilch, mit Tresterbranntwein durchtränkt

le Gardian	kleine Törtchen aus Frischkäse aus Kuh- oder Schafsmilch, mit Pfeffer und Kräutern der Provence bestreut und mit Lorbeerblättern garniert

Weitere Käse: *la Brousse du Rove* (Schafskäse), *la Bûchette de Banon, la Tomme de Banon* (Ziegenkäse), *le Petit Bayard* (Blauschimmelkäse aus Kuhmilch), *le Poivre d'Âne* (Ziegen- oder Kuhmilch).

DESSERTS

la tarte aux pignons	Pinienkernkuchen, mit Dörrobst, Aprikosenkonfitüre und Orangen
les calissons d'Aix	Mandelgebäck in Schiffchenform
les fougassettes	kleine Weizenkuchen, mit Safran und Orangenblüte aromatisiert

WEINE UND SPIRITUOSEN

Bandol	kräftige Rot- und Roséweine aus der Umgebung von Bandol
Cantagas	Tresterbranntwein aus der Provence
Cassis	Weiß-, Rot- und Roséweine aus der Gemeinde Cassis, östlich von Marseille
Châteuneuf-du-Pape	der bekannteste Wein aus dem Gebiet der südlichen Côtes du Rhône, aus der Umgebung des gleichnamigen Ortes; vorwiegend kräftige, vollmundige Rotweine, einige wenige delikate Weißweine
Coteaux d'Aix-en-Provence	kräftige Rosé-, gehaltvolle Rot- und einige wenige frische Weißweine
Côtes de Provence	bekannteste Weinbezeichnung der Provence, zumeist Rosé-, aber auch Rot- und Weißweine

Côtes du Lubéron	Rot-, Rosé- und Weißweine aus dem Tal der Durance im Departement Vaucluse
Côtes du Rhône	kraftvolle Rotweine sowie relativ seltene frische Rosé- und Weißweine aus dem Rhônetal, zwischen Vienne und Avignon
Côtes du Ventoux	fruchtige Rot-, Rosé und Weißweine aus der Gegend des Mont Ventoux
Muscat de Beaumes-de-Venise	gilt als einer der besten süßen Muskatellerweine Frankreichs, aus Beaumes-de-Venise unweit von Avignon, kann als Aperitif und zum Dessert getrunken werden
Pastis	Aperitif auf Anisbasis, wird mit Wasser verdünnt getrunken, meist nur unter dem Namen des Herstellers bekannt, z.B. *Berger, Pernod, Ricard,* wovon einige ihren Sitz in der Provence haben

Weitere Appellationen: *Bellet, Coteaux de Pierrevert, Coteaux Varois, Les Baux-de-Provence, Palette, Vacqueyras* sowie zahlreiche *Vins de Pays.*

B21. Rhône-Alpes (Rhônetal und Dauphiné)

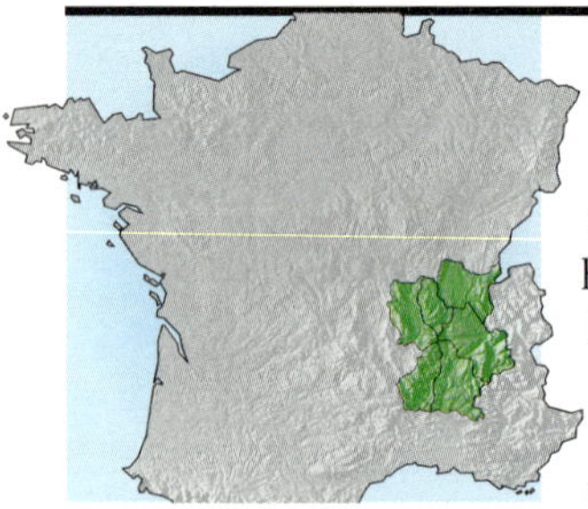

01 Ain / Bourg-en-Bresse, **07 Ardèche** / Privas, **26 Drôme** / Valence, **38 Isère** / Grenoble, **42 Loire** / Saint-Etienne, **69 Rhône** / Lyon

ICI ON MANGE, ailleurs on se nourrit» („Hier isst man, anderswo ernährt man sich") sagen die Lyoner und fügen hinzu: „Drei Flüsse fließen nach Lyon: die Rhône, die Saône und der Beaujolais". Die Region Rhône-Alpes, deren Verwaltungssitz die zweitausendjährige Millionenstadt Lyon ist, wird wie durch einen Bindestrich von der Rhône zusammengehalten. Kaum hat sie die Schweiz verlassen, verläuft sie als Grenzfluss der Departements Ain und Haute-Savoie in Richtung Süden und umrundet das wald- und wiesenreiche Gebiet Bugey, den südlichen Ausläufer der Juraberge. Schließlich wendet sie sich nach Westen Lyon zu, wobei sie die Grenze zwischen den Departements Ain und Isère bildet. Zu ihrer Linken erheben sich die Hügel der unteren Dauphiné, zu ihrer Rechten wird das Land flacher: Das Gebiet der Dombes ist reich an Teichen, die sich zur Fischzucht eignen, während sich weiter nördlich, zwischen Saône und Jura, die Bresse erstreckt, die vor allem für die Aufzucht von Geflügel bekannt ist.

In Lyon nimmt die Rhône die von Norden kommende Saône auf. Hier stößt sie an die östlichen Ausläufer des Zentralmassivs, die behutsam in die Ebene des Saône-Tals übergehen, wo sich die berühmten Weinorte des Anbaugebiets Beaujolais befinden.

Die Stadt Lyon gilt als Mekka der Feinschmecker. Man führt dies auf die Lage der Stadt zurück, auf ihre Rolle als nationale und internationale Drehscheibe, wo die vielfältigsten Kulturen zusammentrafen und den Austausch förderten. Inmitten fruchtbarer Landschaften gelegen, findet die Lyoner Küche an Ort und Stelle alle Produkte vor, die ihre Vielfalt und Raffinesse ausmachen. Zum guten Ruf tragen nicht nur die Gourmet-Tempel mit ihren vielen Sternen und Gabeln bei, sondern auch die einfachen Lokale, die hier *bouchons* genannt werden.

Von Lyon an fließt die Rhône stetig in südlicher Richtung. Zu ihrer Rechten berührt sie kurz das Departement Loire, um [illegible] einem breiten, fruchtbaren Tal längs des Departements Ardèche zu verlaufen, während sich nach [illegible] Ausläufer des Zentralmassivs erheben (Monts [illegible] Monts du Vivarais). Zu ihrer Linken bildet das Rhône-Tal die westliche Begrenzung der Departements Isère und Drôme, wo nach Osten hin die Hügel und Hochebenen bald in Voralpen und Alpen übergehen.

In den Alpen ist der Fremdenverkehr eine wichtige Erwerbsquelle, vor allem der Wintersport (z. B. in l'Alpe-d'Huez, Chamrousse, Villard-de-Lans). In den geschützten Tälern werden Getreide, Gemüse und Obst angebaut – und Grenobler Nüsse!

Von Vienne bis Valence erstreckt sich das Weinbaugebiet der nördlichen Côtes du Rhône mit einer beachtlichen Zahl bekannter Weinorte und Lagen. Das Tal der Drôme bringt die Weine der Coteaux de Die hervor, im südlichen Teil des Departements Drôme gedeihen die Coteaux du Tricastin, in der Ardèche die Côtes du Vivarais. Hier gehen wir in mediterrane Regionen über: Die Sonneneinstrahlung wird intensiver, im Sommer kommt es zu Trockenperioden, die Bewässerungsmaßnahmen erfordern, Mandel- und Olivenbäume tauchen auf, es duftet nach Lavendel und Kräutern der Provence.

Hinweis: Die beiden Departements Savoyens, die verwaltungsmäßig zur Region Rhône-Alpes gehören, sind im eigenen Kapitel „*B22. Savoie*“ zu finden.

KULINARISCHE STREIFZÜGE DURCH FRANKREICH

VORSPEISEN

la salade dauphinoise	Salat aus krauser Endivie, Feldsalat und Chicorée, mit Nussöl und Walnusskernen
la salade lyonnaise	Lyoner Salat: aus Hammelfuß, Geflügelleber, marinierten Heringen, hartgekochten Eiern und Kartoffeln
le gratin de queues d'écrevisses Nantua	überbackene Krebsschwänze mit Krebsbutter, Cognac, Trüffeln, Champignons, Béchamelsauce und frischer Sahne
le saucisson en croûte *(oder* **en brioche***)*	Schweinswurst im Teigmantel (oder in *Brioche*-Teig)
les crêtes de coq	„Hahnenkämme“, Mürbeteigtaschen mit Hackfleischfüllung

SUPPEN

la garbure dauphinoise	Gemüsesuppe aus Zwiebeln, Kartoffeln, Kürbis, Mangold, Milch, geriebenem Käse und Croûtons
la soupe dauphinoise (le potage à la dauphinoise)	Gemüsesuppe aus Zwiebeln, Lauch, Karotten, weiße Bohnen und Tomaten, der man vor dem Servieren Sauerampfer, frische Sahne und geröstete Weißbrotscheiben hinzufügt

EIERSPEZIALITÄTEN

les œufs brouillés aux mousserons	Mürbeteigpasteten, mit Rührei und Maipilzen gefüllt
les œufs farcis aux fines herbes	mit Kräutermayonnaise gefüllte Eier, mit Oliven, Tomaten und Salat angerichtet

FISCHSPEZIALITÄTEN

la truite grenobloise	Forelle Grenobler Art, mit Kapern, Zitronenstückchen und Croûtons, mit brauner Butter übergossen
la féra aux amandes	Felchen mit Mandeln
les quenelles de brochet à la lyonnaise	Lyoner Hechtklößchen

FLEISCHSPEZIALITÄTEN

la côte de veau aux morilles	Kalbskotelett mit Morcheln
la daube dauphinoise	Fleischtopf mit Rindfleisch, Kalbsfüßen, gepökeltem Schweinefleisch, Karotten, Tomaten und Zwiebeln, in Rotwein und Cognac geschmort
le gras-double lyonnais	gekochter Pansen in Streifen, mit Zwiebeln gedünstet, mit heißem Essig beträufelt und Petersilie
le saucisson (chaud) lyonnais	pochierte, luftgetrocknete Schweinswurst, mit Dampfkartoffeln, Kräutern und frischer Butter gereicht

WILDSPEZIALITÄTEN

le civet de lièvre	Hasenpfeffer
les cailles de Valence rôties	gebratene Wachteln

GEFLÜGELSPEZIALITÄTEN

la poularde demi-deuil	Poularde ‚in Halbtrauer': mit schwarzen Trüffeln gespickt und Trüffelscheiben in der dazu gereichten Sauce
le pintadeau aux raisins	junges Perlhuhn mit weißen Trauben
le poulet aux écrevisses	gebratenes zerlegtes Hähnchen mit Flusskrebsen
le poulet de Bresse en vessie	Hähnchen aus der Bresse, in einer Schweinsblase, die vorher in einem Sud aus Madeirawein und Gemüsen pochiert wird, mit einer Füllung aus Hackfleisch gekocht
le poulet grillé à la lyonnaise	gegrillte Hähnchen Lyoner Art mit einer Zwiebel-Senf-Sauce

GEMÜSE UND ANDERE BEILAGEN

le gratin dauphinois	Kartoffelauflauf mit Milch, Knoblauch, Sahne und Butter, wahlweise auch mit Muskatnuss, im Allgemeinen mit Käse zubereitet, im Ofen überbacken
les cardons à la lyonnaise *(oder* **à la moëlle***)*	Karden auf Lyoner Art (mit Rindermark)
les farcis du Mont de Lans *(auch mit anderen lokalen Zusätzen)*	Knödel aus altbackenem Brot, Butter, Zwiebeln und Lauch, zu denen gepökeltes Schweinefleisch, Kochwurst und Kartoffeln serviert werden

& Sowie: *les caillettes à la dauphinoise* (Krautwickel), *les épinards à la crème avec fleurons, les haricots verts à la lyonnaise, les papillotes* (Krautrouladen).

KÄSE	
la Fourme de Montbrison	runder, hoher Blauschimmelkäse aus Kuhmilch aus der Gegend um Montbrison im Departement Loire, mit orangefarbener Rinde und cremig-festem Teig
la Pâtefine	streichfähige Käsezubereitung aus dem Departement Isère, aus Kuhmilch, Weißwein und Gewürzen
le Berger Plat	runder Schafskäse aus den Dombes, mit beigefarbener Schimmelrinde und weichem Teig von mildem Geschmack
le Bleu de Bresse	kleiner, runder Kuhmilchkäse aus der Bresse, mit Weißschimmelrinde und weichem Teig, der mit kleinen, blauen Schimmelflecken durchsetzt ist, im Geschmack milder als *Roquefort*
le Saint-Marcellin	kleiner, runder Käse aus der Dauphiné, aus Ziegen- oder heute meist aus Kuhmilch, mit einer gräulichblauen und rötlichen Schimmelrinde, mit weichem, gelblichem Teig, der nach Milch riecht und leicht säuerlich-würzig schmeckt
le Trappiste de Chambaran	runder Kuhmilchkäse aus der Dauphiné, mit rötlich-orangefarbener Rinde und halbfestem, gelblichem Teig mit mildem Geschmack

Weitere Ziegenkäse: *la Brique Ardéchoise, la Fourme de Chèvre Ardèche, la Rigotte de Condrieu, le Pavé;* Käse aus Ziegen- und Kuhmilch: *la Brique du Forez, le Bressan, le Fromage Fort du Lyonnais, le Mont d'Or du Lyonnais, le Pitchou, le Rogeret de Lamastre;* Kuhmilchkäse: *la Cervelle de Canut (le Claqueret Lyonnais), la Rigotte d'Echalas, la Rigotte des Alpes, la Tomme de Romans, le Bleu de Sassenage.*

DESSERTS

la galette de Pérouges (la galette pérougienne)	flacher Butterkuchen aus Hefeteig
la pogne de Valence *(und andere Lokalangaben)*	Hefekuchen; wird oft lauwarm mit einer *Crème anglaise* gegessen
le caraque	Schokoladen-Mandel-Torte mit Buttercremefüllung
le gâteau aux noix de Grenoble	Grenobler Walnusskuchen
le gâteau lyonnais	Hefekuchen mit Birnen und Aprikosen
les bugnes lyonnaises	Lyoner Krapfen

WEINE UND SPIRITUOSEN

Beaujolais	süffiger Rotwein aus dem gleichnamigen Gebiet nördlich von Lyon
Beaujolais Primeur	besonders süffiger Jungwein aus dem Beaujolais
Beaujolais Supérieur, Beaujolais-Villages	Beaujolais-Weine mit höheren Qualitätsanforderungen

Brouilly	frischer, jung zu trinkender Spitzenwein aus dem Beaujolais
Chartreuse	Kräuterlikör auf Weinbrandbasis aus Voiron (Isère), der milde gelbe mit 40, der herbe grüne mit 55 Vol.-%

Château-Grillet	seltener, feiner, bukettreicher Weißwein aus dem Gebiet südlich von Condrieu im Departement Loire
Chénas	fruchtiger, körperreicher Spitzenwein aus dem Beaujolais

Chiroubles	fruchtiger, jung zu trinkender Spitzenwein aus dem Beaujolais
Clairette de Die	Schaumwein aus der Gegend um Die (Drôme)
Condrieu	fruchtiger, seltener Weißwein aus der Gegend von Vienne (Rhône)
Cornas	kräftiger Rotwein aus dem gleichnamigen Ort in der Ardèche
Côte de Brouilly	fruchtiger, vollmundiger Spitzenwein aus dem Beaujolais

Côte Rôtie	feine Rotweine aus der Gegend von Vienne im Departement Rhône
Coteaux du Lyonnais	frische Rot- und fruchtige Weißweine aus dem Gebiet nördlich von Lyon
Coteaux du Tricastin	fruchtige Rotweine (kaum Rosé- oder Weißweine) aus dem Gebiet südlich von Montélimar (Drôme)
Côtes du Rhône	Herkunftsbezeichnung für die im Rhônetal zwischen Vienne und Avignon erzeugten Weine
Côtes du Vivarais	frische, fruchtige Rot-, Rosé- und Weißweine aus den Departements Ardèche und Gard
Crémant de Die	Schaumwein aus der Gegend um Die (Drôme)
Crozes-Hermitage	volle, elegante Rot- und trockene, frische Weißweine aus dem Gebiet um Tain-l'Hermitage (Drôme)
Fleurie	samtiger, harmonischer Spitzenwein aus dem Beaujolais
Génépi des Alpes	Kräuterlikör aus dem Alpenraum
Hermitage (Ermitage)	vollmundige, kräftige Rot- und feine, bukettreiche Weißweine aus dem Gebiet um Tain-l'Hermitage (Drôme)
Juliénas	solider Spitzenwein aus dem Beaujolais mit fruchtigem Bukett
Morgon	körperreicher, robuster Spitzenwein aus dem Beaujolais
Moulin-à-Vent	kräftiger, rassiger Spitzenwein aus dem Beaujolais
Régnié	harmonischer, angenehmer Spitzenwein aus dem Beaujolais

Saint-Amour	fruchtiger, leichter Spitzenwein aus dem Beaujolais 
Saint-Joseph	samtige, bukettreiche Rot- und wenige leichte, fruchtige Weißweine aus dem Gebiet Côtes du Rhône in der Nähe von Crozes-Hermitage
Saint-Péray	Weißweine mit angenehmem Bukett sowie Schaumweine aus der Gemeinde gleichen Namens aus dem Gebiet Côtes du Rhône, in der Nähe von Valence

Weitere Appellationen: *Châtillon-en-Diois, Coteaux de Die, Roussette du Bugey, Seyssel, Vin du Bugey* und eine Reihe von Landweinen.

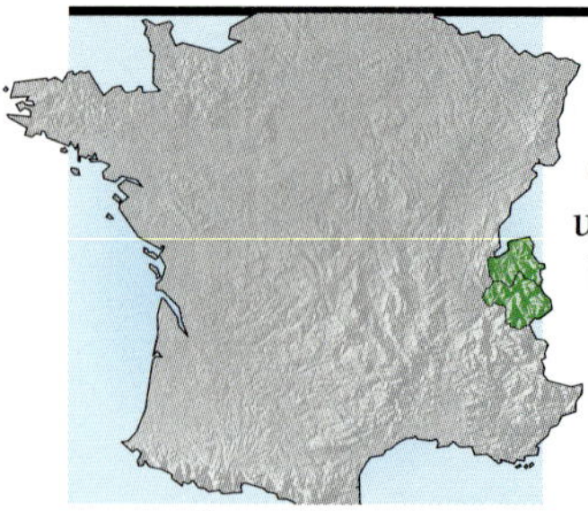

73 Savoie / Chambéry,
74 Haute-Savoie / Annecy

Die Provinz Savoie liegt in den Westalpen, zwischen dem Genfer See (Lac Léman) und dem Tal der Isère bei Chambéry. Sie ist somit Grenzregion zur Schweiz im Norden und zu Italien im Osten. Die Gebirgsmassive sind die höchsten Frankreichs: Mont Blanc, Aiguille du Midi, Mont Pourri …

Und doch ist Savoyen nicht isoliert, dank der Gebirgspässe und der gut ausgebauten Verkehrswege in den Tälern und Schluchten, die hier zumeist *combes* und *cluses* heißen. Hier sind auch die Städte angesiedelt, in denen sich die Bevölkerung zusammendrängt. Abgesehen von den Verwaltungszentren Annecy und Chambéry haben Städte wie Bonneville, Saint-Julien-en-Genevois, Albertville und Saint-Jean-de-Maurienne eine für französische „Provinz"-Verhältnisse beachtliche Größe.

Die Anlage von Staudämmen und Wasserkraftwerken (Tignes, Roselend, Mont-Cenis) ermöglichte die Ansiedlung energieintensiver Industrie wie Elektrochemie und Elektrometallurgie. Und dennoch pendeln viele *Savoyards* in die Schweiz, um dort ihren Lebensunterhalt zu verdienen.

Die Landwirtschaft ist nach wie vor von Bedeutung; sie konzentriert sich auf die Rinderzucht zur Milchproduktion,

insbesondere für die Herstellung einer Vielzahl von Käsesorten, die nicht nur industriell gefertigt werden, sondern auch immer noch in Bauernhöfen und Sennhütten sowie in Genossenschaften (*coopératives* oder *fruitières,* wie in der Franche-Comté) hergestellt werden.

Die Haupteinnahmequelle ist jedoch der Tourismus, sowohl im Sommer (vor allem in den höher gelegenen Tälern und an den vielen Seen) als auch im Winter. Die Region wurde mancherorts durch die Anlage von Pisten, Sesselliften und Hotelanlagen geradezu dem Wintersport geopfert: La Plagne, Les Arcs, Courchevel, Val d'Isère sind Namen, die jeder Skifreund kennt.

Die Grundlage der Savoyer Küche bilden die Produkte, die sich längere Zeit aufbewahren ließen, und die Gerichte, die die Bewohner der abgelegenen Täler mit spärlichen Mitteln zubereiten konnten, so z.B. Suppen, Kartoffelgerichte, Käsezubereitungen, luftgetrocknetes und geräuchertes Fleisch und Würste. Zu den bekanntesten Savoyer Käsegerichten zählen *Fondue* und *Raclette,* aber es gibt noch viele andere zu kosten!

VORSPEISEN

le pâté chaud	warme Fleischpastete im Teigmantel
le pâté de Savoie aux raisins	Pastete mit Rosinen
la croûte savoyarde	überbackene Käseschnitte aus Blätterteig mit Schinken und Mornaysauce

SUPPEN

la soupe à l'oseille	Sauerampfersuppe mit Crème fraîche
la soupe aux fèves	Suppe aus Saubohnen, Kartoffeln, Lauch und Speck
la soupe aux herbes	Suppe mit Kräutern, die hierfür auf dem Markt angeboten werden
la soupe grasse	Fleischbrühe mit Zwiebeln und *Beaufort*-Käse
la soupe savoyarde	Savoyer Gemüsesuppe (Lauch, Zwiebeln, Sellerie) mit Speck und gerösteten und überbackenen Weißbrotscheiben mit Käse

EIERSPEZIALITÄTEN

l'omelette savoyarde	Omelette Savoyer Art: mit in Butter geschwenktem Lauch, angebratenen Kartoffelwürfeln, gepökeltem Schweinefleisch in Würfeln, *Gruyère* in Streifen und Sahne
le matafan	Eierpfannkuchen mit Branntwein
les œufs au plat savoyarde	Spiegeleier Savoyer Art: mit Kartoffeln und geriebenem Käse, darüber Eier und Crème fraîche

& Kosten Sie auch: *l'omelette aux champignons des bois, l'omelette aux croûtons et au lard, l'omelette aux morilles.*

FISCHSPEZIALITÄTEN

la féra froide du Léman	Felchen aus dem Genfer See, kalt mit Senfsauce serviert
les filets de truite à la crème	in Weißwein gedünstete Seeforelle, mit Sahne und gestockten Eiern

FLEISCHSPEZIALITÄTEN

la potée savoyarde	Savoyer Eintopf aus Wirsing, Kartoffeln und verschiedenen Stücken gepökelten Schweinefleischs
les côtes de porc à la savoyarde	Schweinekoteletts in Vermouth-Sahnesauce
les diots au vin blanc	Savoyer Würste, die in einem Topf über Kartoffeln und Rebenholz mit Weißwein gedünstet werden
les longeoles au fenouil	Savoyer Fenchelwurst, mit Kartoffeln gekocht
les pormons	Savoyer Wurst aus Kohl und Schweinefleisch, als Beilage zu Kartoffeln oder Kohlgratin

WILD- UND GEFLÜGELSPEZIALITÄTEN

la gélinotte	Haselhuhn
la poule au riz	Huhn mit Reis und verschiedenen Gemüsen
le coq de bruyère aux myrtilles	Auerhahn mit Heidelbeeren
le cuissot de chamois	Gemskeule
le rôti de bouquetin	Steinbockbraten
les perdreaux aux fidès	Rebhühner mit Fadennudeln, magerem Speck und *Gruyère*

GEMÜSE UND ANDERE BEILAGEN

le farcement	Savoyer Gericht aus Kartoffeln, Rosinen, Dörrobst und in Stückchen geschnittenem gepökeltem Schweinefleisch, das in einer Napfkuchenform zubereitet wird
le farçon des Bauges	Kartoffelgericht, das mit Zucker, Butter, Mehl und Crème fraîche in einer Gratinform zubereitet wird
le gratin savoyard	Kartoffelgratin mit geriebenem Käse, mit Fleischbrühe aufgefüllt
les cardons à la crème	Karden in Rahmsauce

Außerdem: *le gratin aux champignons, les bolets farcis, les cardons au gratin, les cèpes à la savoyarde, les poireaux à la savoyarde.*

KÄSE

l'Abondance	runder, mittelgroßer Kuhmilchkäse mit einer festen, dunkelgelben bis braunen Rinde, rahmweißem bis hellgelbem Teig, mit kleinen Löchern und pikantem Geschmack
la Tomme de Savoie	runder Kuhmilchkäse mit harter, grauer Rinde, oft mit gelblich-rötlichem Schimmel, hellgelbem, weichem Teig mit mildem Nussgeschmack
le Beaufort	großer, runder Kuhmilchkäse mit harter, gelblicher Rinde, leicht fett aussehendem cremefarbenem bis blaßgelbem Teig, der nach Milch riecht und salzig schmeckt
le Reblochon	runder Kuhmilchkäse mit orangefarbener, samtiger Rinde und weichem, elfenbeinfarbenem Teig mit nussartigem Geschmack

le Rigotte de Sainte-Colombe	kleiner, weicher, weißer Kuhmilchkäse mit weißlicher Schimmelrinde und mit leicht säuerlichem Geschmack
le Tamié	runder, halbfester Kuhmilchkäse aus dem Trappistenkloster Tamié, mit rosafarbener Rinde und mildem Geschmack

Weitere Ziegenkäse: *le Cathelain, le Chevrotin d'Alpage, le Grataron d'Arèches, le Tarentais;* Käse aus Ziegen- und Kuhmilch: *le Grand Colombier des Aillons, le Persillé de la Tarentaise, le Sérac;* Kuhmilchkäse: *le Vacherin d'Abondance;* Schafskäse: *le Brebis du Bersend.*

KÄSEGERICHTE

la fondue savoyarde	Käsefondue: geschmolzener Käse (*Beaufort, Comté* oder *Gruyère*), mit herbem Weißwein und Kirschwasser zubereitet, in den man Brotwürfel taucht
la pela *oder* **tartiflette**	mit *Reblochon* gratinierte, geröstete Kartoffeln
la polenta	mit Fleischbrühe aufgekochter Maisgrieß, mit geriebenem *Beaufort*-Käse in abwechselnden Schichten gratiniert
la raclette	Käsegericht, bei dem geschmolzener *Raclette*-Käse mit Pellkartoffeln, Zwiebeln, Essiggürkchen und eventuell anderen Beilagen wie rohem Schinken, Speckstückchen und Champignons gegessen wird
les talmouses au beaufort	Blätterteigtaschen mit Eier-Käse-Füllung

DESSERTS

la brioche de Saint-Genix	mit Pralinen gefüllte *Brioche*

le biscuit de Savoie	Savoyer Biskuit, in *Brioche*- oder Springform gebacken, mit Vanillesauce, Konfitüre etc. serviert
le gâteau de Savoie	der berühmteste Savoyer Napfkuchen aus leichtem Biskuit
le pavé au chocolat	Süßspeise mit Schokolade und Löffelbiskuits oder Stücken vom Savoyer Napfkuchen
le vacherin glacé aux myrtilles	halbgefrorene Torte aus Meringue, Eiscreme und Heidelbeeren
les rissoles aux pruneaux	Blätterteigtaschen nach Savoyer Art, gefüllt mit Backpflaumen

WEINE UND SPIRITUOSEN

Apremont	*Vin de Savoie* aus der Gegend um Apremont
Ayse (Ayze)	weißer Perl- oder Schaumwein aus der Gegend um Bonneville
Brûlot Savoyard	traditioneller Savoyer Digestif
Chignin	leicht perlende Weißweine sowie Rotweine aus der Gegend von Chignin in der Nähe von Chambéry
Chignin-Bergeron	Weißwein aus der Gegend von Chignin
Crépy	trockener, frischer, fruchtiger, leicht perlender Weißwein mit ausgeprägtem Feuersteingeschmack vom Südufer des Genfer Sees
Eau-de-vie de gentiane	Enzianbranntwein
Gamay	rote Traubensorte, die durch die *Beaujolais*-Weine bekannt ist und auch in Savoyen angebaut wird
Marc de Savoie	Tresterbranntwein aus Savoyen

Mondeuse	rote Savoyer Traubensorte, die im Allgemeinen auf dem Etikett genannt wird
Mousseux de Savoie	Schaumweine aus Savoyen, wovon einige den Namen der Herkunftsregion angeben dürfen
Ripaille	Weißwein vom Schloss Ripaille in der Nähe von Thonon-les-Bains
Vin de Savoie	offizielle Bezeichnung für Weiß-, Rot- und Roséweine aus Savoyen, wovon einige den Namen der Herkunftsregion angeben dürfen

Weitere Appellationen: *Abymes, Marin, Roussette de Savoie, Seyssel.*

Kapitel C

Essen wie Gott in Frankreich

A

à discrétion nach Belieben

à la auf Art, nach Art **~ broche** am Spieß **~ carte** nach der Speisekarte **~ minute** rasch, auf Bestellung zubereitet **~ mode** nach Art **~ nage** in einem würzigen Sud gekochte Fische oder Meeresfrüchte **~ place de** anstatt, an Stelle von

à moitié prix zum halben Preis

à part extra serviert, einzeln (z. B. die Sauce zum Gemüse)

à partir de ab **~ 2 personnes** ab 2 Personen **~ cette grosseur** ab dieser Größe (z. B. Hummer)

à point fast durch, rosa im Kern (Garpunkt bei Fleisch)

à recommander zu empfehlen

à ta santé! auf dein Wohl!, Prost!

à volonté nach Belieben

à votre goût nach Ihrem Geschmack

à votre santé! auf Ihr Wohl!, Prost!

abats *m pl* Innereien von Schlachttieren

abattis (abatis) *m pl* Geflügelklein **~ d'oie périgourdine** Gänseklein nach Art des Périgord mit Gänseschmalz, Bauchspeck, Schalotten und verschiedenen Gemüsen **~ de canard** Entenklein **~ de dinde** Putenklein **~ de volaille à la vendéenne** Geflügelklein nach Art der Vendée mit weißen Bohnen, Knoblauch und Kräutern (● Pays de la Loire)

ablette *f* Ukelei (Laube; Süßwasserfisch)

Abondance Kuhmilchkäse mit kleinen Löchern und pikantem Geschmack (● Savoie)

abricot *m* Aprikose **~s à la mistral** halbierte Aprikosen mit Puderzucker, mit Püree von Walderdbeeren bedeckt, mit Mandeln bestreut und mit Schlagsahne überzogen **~s flambés au kirsch** pochierte Aprikosen mit warmer Aprikosensauce bedeckt und mit Kirschwasser flambiert

addition *f* Rechnung im Restaurant

agneau *m* Lamm **~ de lait** Milchlamm **~ de Pauillac** besonders gute Lammsorte **~ de pré-salé** Lamm, das auf Salzwiesen geweidet hat

aiglefin *m* **(églefin)** Schellfisch ~ **au beurre fondu** Schellfisch in Salzwasser und Milch pochiert und mit zerlassener Butter bedeckt ~ **aux fines herbes** Schellfisch mit Champignons, Weißwein, Kräutern und Reibebrot überbacken ~ **flamande** gedünsteter Schellfisch mit Zwiebel-Champignon-Sauce ~ **maître d'hôtel** gebratener Schellfisch, mit Kräuterbutter bedeckt ~ **Mornay** Schellfisch mit Milch- und Käse-Sauce überbacken

aïgo boulido *m* **1.** Suppe aus Kohl, Bohnen und Kartoffeln, mit Knoblauch gewürzt, gelegentlich mit Würstchen als Beilage (● Languedoc) **2.** Knoblauchsuppe mit Salbei, Thymian, Lorbeerblatt, Gewürznelken und in Olivenöl getränkten Brotscheiben (● Provence)

aigre sauer, säuerlich (Wein)

aigre-doux, aigre-douce süßsauer

aiguillette *f* Streifen oder Filets, insbesondere von Fleisch und Fisch ~ **baronne** Bürgermeisterstück (Pastorenstück)

ail *m* Knoblauch

aile *f* Flügel (Flügelstück) ~ **de poulet** Hähnchenflügel

ailerons *m pl* **de raie aux câpres** Rochenflossen mit Kapernsauce

aillade *f* **1.** Knoblauchsauce (● Provence); auch geröstete Scheibe Brot mit Knoblauch und Öl **2.** Walnüsse mit Knoblauch zerstoßen und mit Olivenöl gebunden, zu kaltem Fleisch serviert (● Midi-Pyrénées) ~ **de veau** Kalbfleischwürfel in Knoblauchsauce

aïoli *m* **(ailloli)** eine mit Knoblauch zubereitete Mayonnaise, traditionelle Beilage ist gekochter Dorsch, gekochtes Gemüse, vor allem Kartoffeln, Karotten, Blumenkohl, hartgekochte Eier (● Provence)

airelle *f* **noire** **(myrtille** *f***)** Heidelbeere (Blaubeere)

airelle *f* **rouge** Preiselbeere

Alexandra Trüffelscheiben mit Mornaysauce und grünen Spargelspitzen (Geflügelgarnitur)

alicot *m* **(alicuit** *m***)** Ragout aus Gänse- und Entenfleisch mit Steinpilzen und Kastanien (● Languedoc)

allumettes *f pl* Blätterteigstäbchen **~ au fromage** Käseblätterteigstäbchen **~ aux anchois** Sardellenblätterteigstäbchen

alose *f* Maifisch (Alse, Else, Mutterhering; Wanderfisch) **~ à la crème** Maifisch in Weißwein pochiert und mit Rahmsauce überzogen **~ farcie** Maifisch, gefüllt mit Hechtfarce und Kräutern, mit Bercysauce überzogen **~ grillée** Maifisch, mariniert und gegrillt, dazu Kräuterbutter **~ hollandaise** gekochter Maifisch mit Holländischer Sauce

alouette *f* **(mauviette** *f***)** Lerche **~s à la provençale** gebratene Lerchen mit Champignons, Oliven, Tomaten und Knoblauch **~s en brochette** Lerchen am Spießchen (● Limousin, Périgord, Quercy) **~s Mère Marianne** Lerchen auf Apfelscheiben, im Ofen gebacken

aloyau *m* Rückenstück zwischen Schulter und Schlegel, das Roastbeef *(contre-filet)* und Lende *(filet)* zusammenhängend umfasst **~ rôti** gebratenes Rindsrückenstück mit Lende

alsacienne Törtchen mit Sauerkraut garniert und mit Schinken belegt (Fleischgarnitur)

amande *f* Mandel **~s salées** Salzmandeln

amandine *f* Mandeltörtchen aus Biskuitteig, überzogen mit einer Glasur

amer, amère bitter, herb

amourettes *f pl* **frites (fritots** *m pl* **d'amourettes)** gebackenes Rückenmark **~ aux câpres** gebackene Ochsenmarkschnitten mit Kapern, Weißwein und Kräutern

amuse-bouche *m* **(amuse-gueule** *m***)** Appetithäppchen (vor der Vorspeise)

ananas *m* Ananas **~ (à la) chantilly** gezuckerte Ananasscheibe mit Schlagsahne bedeckt **~ au marasquin** frische Ananasscheibe in Maraschino getränkt **~ frais au kirsch** frische Ananasscheibe in Kirschwasser getränkt

anchoïade *f* **(anchoyade** *f***)** **1.** Sardellenpaste mit Knoblauch, Olivenöl, etwas Essig, auf Brot überbacken (● Provence) **2.** Sardellen in Milch eingelegt, mit Knoblauch und Lorbeerblatt gebacken, mit gehackten Zwiebeln gereicht (● Languedoc)

anchois *m* Sardelle (Anchovis)

ancienne (à l'ancienne) gedünstete, kleine Zwiebeln und Champignons, Röstschnitten (Geflügelgarnitur)

andouille *f* Wurst aus Kaldaunen vom Schwein **~ d'Auray** Wurst aus Kaldaunen vom Schwein aus Auray (● Bretagne) **~ de Charlieu** aus Schweineinnereien hergestellte Wurst (● Auvergne) **~ de Vire** Kuttelwurst vom Schwein, leicht geräuchert, mit schwarzer Haut (● Normandie)

andouillette *f* Kuttelnbratwurst **~ à la lyonnaise** Kuttelnbratwurst Lyoner Art mit Zwiebelringen, Petersilie und Zitronensaft **~ de Cambrai** Wurst aus Hammelkaldaunen (● Nordfrankreich) **~ de mouton** Wurst aus Hammelkaldaunen (dem Schwartenmagen ähnlich) **~ de Quimperlé** Kuttelnbratwurst aus Quimperlé (● Bretagne) **~ fumée de Guéméné** geräucherte Kuttelnbratwurst aus Guéméné (● Bretagne)

aneth *m* **(fenouil batard** *m***)** Dill (Gurkenkraut)

anglaise nach englischer Art zubereitet: **1.** Gemüse in Wasser gekocht, natur oder mit Butter serviert **2.** paniert, dazu Kräuterbutter (Fischgarnitur)

anguille *f* Aal (Wanderfisch) **~ à l'aneth** gekochter Aal in Dillsauce **~ à la broche** Aal am Spießchen gebraten **~ à la crème** Aal in Rahmsauce **~ au verjus** gegrillter Aal, beträufelt mit dem Saft unreifer Trauben **~ au vert** Aal grün, in Öl angebräunt, in Spinat, Sauerampfer, Estragon, Kerbel und Petersilie pochiert **~ de mer (congre)** großer Meeraal **~ en aspic (- en gelée)** Aal in Gelee **~ en matelote** Aal mit Zwiebeln und Champignons in Rotwein gedünstet **~ en pochouse** Aalragout **~ marinée au vin blanc** Aal in Weißwein mariniert **~ Orly** Aalfilets durch Backteig gezogen, in der Frittüre gebacken und mit Tomatensauce serviert

ESSEN WIE GOTT IN FRANKREICH

annulation *f* Abbestellung (Streichung, Storno)

araignée *f* **de mer** große Seespinne (feines Fleisch)

Argenteuil **1.** pochiert, Weißweinsauce, Spargelspitzen (Fischgarnitur) **2.** Spargelspitzen in holländischer Sauce (Geflügelgarnitur)

arlésienne gebratene Auberginenscheiben, Zwiebelringe und Tomatenscheiben (Geflügelgarnitur)

artichaut *m* Artischocke **~s à l'aïoli** gekochte Artischocken, mit Knoblauchmayonnaise serviert (● Provence) **~s à la barigoule** mit einer Farce aus Schinken, Champignons, Schalotten und Kräutern gefüllte Artischocken, die in Weißwein gedünstet werden (● Provence-Alpes-Côte-d'Azur) **~s à la grecque** Artischocken auf griechische Art in Olivenöl und Zitronensaft mariniert **~s Mireille** kleine, zarte Artischocken mit Zwiebelchen und Tomaten in Olivenöl gedünstet

asperge *f* **(blanche, verte, violette)** Spargel (weiß, grün, violett) **~s (à la) milanaise** Spargel mit geriebenem Käse überbacken **~s (à la) polonaise** Spargel mit gehacktem, hartgekochtem Ei und Petersilie bestreut, darüber geriebenes Weißbrot in Butter geröstet **~s (à la) vinaigrette** Spargel mit Essigkräutersauce **~s au gratin** Spargel mit Mornaysauce und geriebenem Käse überbacken **~s au jambon** Spargel mit Schinken **~s chantilly** Spargel mit Sahnemayonnaise **~s en branches, sauce hollandaise** Stangenspargel mit Holländischer Sauce

aspic *m* Aspik (Fleischgelee) **~ de bécasses** Waldschnepfenaspik **~ de foie gras** Gänseleberpastete in Aspik **~ de veau** Kalbfleisch in Aspik

assaisonnement *m* Salatsauce (Dressing); Gewürz

assez cuit gar, durchgebraten

assiette *f* Teller **~ anglaise** Teller mit Wurst und kaltem Fleisch, eventuell auch Schinken **~ de charcuterie** Teller mit verschiedenen Wurstsorten **~ de cochonnailles** Teller mit Landwürsten und Pasteten vom

Schwein **~ de crudités** Teller mit verschiedenen Rohkostsalaten **~ de fruits de mer** Platte mit verschiedenen Meeresfrüchten: Austern, Muscheln, Krebsen u.a.

assorti, assortie gemischt, ausgewählt

assortiment *m* Auswahl, Zusammenstellung **~ de charcuterie** kalte Platte mit verschiedenen Wurstsorten **~ de hors-d'œuvre** Vorspeisen nach Wahl

attereau *m* **(hâtereau** *m***)** Zierspießchen mit Innereien, Meeresfrüchten und Gemüsen, durch Sauce gezogen, paniert und frittiert **~x de foies de volaille** Geflügelleberspießchen mit Champignons, paniert und gebacken **~x de cervelle à l'italienne** Hirnspießchen mit Schinken und Champignons, paniert und gebacken

au beurre mit Butter, in Butter gedünstet

au bleu blau: (für Süßwasserfische) im Sud gekocht

au choix zur Auswahl, nach Wunsch

au feu de bois vom Holzfeuer

au four im Ofen gebacken

au gratin im Backofen, meistens mit Käse und Semmelbröseln überbacken

au jus mit dem Fleisch- oder Bratensaft

au lieu de anstelle von, anstatt

auberge *f* **de campagne** Landgasthof

aubergine *f* Aubergine **~s à la provençale** Auberginenscheiben in Öl gebraten, mit Tomaten, Knoblauch und Reibbrot serviert (● Provence) **~s à la sicilienne** Auberginenhälften in Öl gebraten, ausgehöhlt, mit dem Fruchtfleisch gefüllt, mit Eigelb und geriebenem Käse überbacken, dazu Tomatensauce **~s farcies** Auberginen mit Hackfleisch, Knoblauch und Petersilie gefüllt (● Provence) **~s frites** Auberginenscheiben in der Frittüre gebacken

aujourd'hui, le chef vous recommande der Küchenchef empfiehlt Ihnen heute

aux oignons mit Zwiebeln

avocat *m* Avocado **~ au crabe** Avocado mit Krebsfleisch gefüllt **~ aux crevettes** Avocado mit Krabbenfleisch gefüllt

B

baba *m* **au rhum** Baba (Napfkuchen) mit Rum getränkt

Baden-Baden halbe Birne, Johannisbeergelee (Wildgarnitur)

baeckaoffe *m* **(potée** *f* **strasbourgeoise)** Straßburger Eintopf mit Rind-, Hammel- und Schweinefleisch, in Riesling mariniert, mit Kartoffeln und Zwiebeln (● Elsass)

baguette *f* längliches Weißbrot, etwa 70 bis 80 cm lang, 250 g schwer

baie *f* Beere **~s de genièvre** Wacholderbeeren

ballotine *f* kleine gesülzte Roulade **~ de canard** Entenroulade **~ de dinde** Truthahnroulade **~ d'agneau** Lammfleischroulade **~ de volaille** gefüllte Geflügelkeule

banane *f* Banane **~ split** Bananeneis mit Schokoladensauce und Schlagsahne **~s flambées** halbierte Bananen, mit Kirschwasser oder Cognac flambiert

banquet *m* Bankett, Festessen

bar *m* **(loup** *m* **de mer)** Seebarsch (Seewolf, Wolfsbarsch; Seefisch) **~ étuvé à la vapeur de varech** Seebarsch in Seegrasdampf gedünstet (● Bretagne) **~ poché au beurre blanc** pochierter Seebarsch mit weißer Buttersauce

barbarie (canard *m* **de barbarie)** Barbarie-Ente (Halbwildente) mit festem, magerem Fleisch

barbe-de-capucin *f* bittere, zarte, gebleichte Endivie

barbeau *m* Barbe (feiner, grätenfreier Süßwasserfisch) **~ aux champignons** Flussbarbe mit Champignons (● Pays de la Loire) **~ Mirabeau** Barbe mit Sardellenfilets gespickt, im Backofen gebraten, mit Sardellenbutter serviert

barbecue *m* Holzkohlen-Grillgerichte

barbue *f* Meerbutte (Glattbutt, Butte, Buttfisch, Kleist; feiner Plattfisch) **~ à l'indienne** pochierte Meerbutte mit Currysauce und Reis **~ Dugléré** Meerbutte in Weißwein, mit Schalotten und gewürfelten Tomaten gedünstet

bardatte *f* Weißkohl mit Hasenfleisch gefüllt, Speck, in Weißwein gekocht (● Bretagne)

barigoule (à la barigoule) Farce aus Zwiebeln, Champignons, Schalotten, Schinken oder Speck (zum Füllen von Gemüse)

baron *m* **d'agneau rôti** gebratener Lammrücken mit beiden Keulen

barquettes *f pl* gefüllte Blätterteigpastetchen in Schiffchenform **~ Astrachan** Krebsschiffchen mit Hummer, Spargelspitzen und Kaviar **~ Joinville** Krebsragoutschiffchen mit Champignons, Trüffeln und Krebssauce **~ Nantua** Krebsschiffchen mit Nantuasauce (Béchamel mit Krebsbutter und Krebsschwänzen) und Trüffelscheiben

bartavelle *f* Rothuhn (Steinhuhn; Federwild)

basilic *m* Basilikum

basquaise (à la basquaise), basque auf baskische Art: mit Knoblauch, Tomatenpüree oder Paprikaschoten, Kräutern, Olivenöl und Bayonner Schinken (● Baskenland und Aquitanien)

batavia *f* Batavia: krause, grüne, herbe Kopfsalatart mit braunvioletten Spitzen

batelière pochiert, Perlzwiebeln, Champignons, gebackene Eier, Krebsschwänze (Fischgarnitur)

baudroie *f* **(lotte** *f* **de mer)** Seeteufel (Krötenfisch; sehr schmackhafter Seefisch) **~ en fritot** Seeteufel mit Zitrone und Petersilie mariniert, portioniert, in Bierteig getaucht und in der Frittüre gebacken

bavarois, bavaroise eine aus Eigelben, Milch, Zucker, Vanille, Gelatine und Schlagsahne hergestellte Creme, nach Belieben geformt und aromatisiert (kalte bayerische Creme)

bavette *f* Querrippe (vom Rind)

bayonnaise (à la bayonnaise) bedeutet vor allem bei einem gebratenen Gericht, dass dieses mit Steinpilzen gereicht wird

béarnaise → *sauce béarnaise*

Beaufort *m* Kuhmilchkäse, der nach Milch riecht und salzig schmeckt (● Savoie)

Beauharnais gefüllte Champignons, geviertelte Artischockenböden mit Schlosskartoffeln (Fleischgarnitur)

Beaujolais Pur Chèvre *m* Ziegenkäse mit säuerlichem Geschmack (● Rhônetal und Dauphiné)

Beaulieu gedünstete Artischockenviertel, Oliven und Tomaten (Geflügelgarnitur)

Beaumont *m* milder Käse aus Kuhmilch (● Haute-Savoie)

bécasse *f* Waldschnepfe (begehrtes Federwild) **~ rôtie** gebratene Waldschnepfe **~s à l'armagnac** gebratene Schnepfen, mit Armagnac flambiert (● Gascogne) **~s à la périgourdine** Waldschnepfen mit Trüffelwürfeln und einem Stück Gänseleber gefüllt, im Backofen mit Armagnac gebacken (● Périgord)

bécassine *f* Bekassine (Sumpfschnepfe; begehrtes Federwild)

beignets *m pl* gebackene Krapfen oder Krusteln in Backteig **~ béarnais** eine Art Krapfen bzw. Pfannkuchen (● Béarn) **~ (fritots** *m pl***) de cervelle** Hirnkrapfen: Kalbshirn mit Zitronensaft und Petersilie mariniert, in Backteig getaucht und gebacken **~ de courgettes** frittierte Zucchinischeiben in Bierteig **~ de fleurs de courge** Krapfen mit Kürbisblüten (● Provence) **~ de Lyon** gebackene Krapfen (● Lyonnais) **~ de poisson** Fischkrapfen: Fischstücke in Öl, Zitronensaft und Petersilie mariniert, in Backteig getaucht und gebacken **~ de pommes** Apfelkrapfen mit Vanillezucker bestäubt **~ soufflés (soupirs-de-nonne)** kleine, aromatisierte Brandteigkrapfen **~ soufflés au parmesan** Parmesanauflaufkrapfen mit Brandteig in der Frittüre gebacken

bellevue (en bellevue) Fleisch von Krustentieren, Fisch oder Geflügel, pochiert und kalt, mit Gelee überglänzt und dekorativ angerichtet (z.B. *langouste en bellevue*)

belon *f* flache Auster aus Belon (● Bretagne), weißfleischig, feinste und teuerste Sorte **~s au concombre** Ragout aus überbackenen Austern in Champagnerwein- und Rahm-Sauce mit Salatgurkenstückchen **~s chaudes au champagne** Belonaustern in Champagnerwein gedünstet

Bercy pochiert, Weißweinsauce, Schalotten (Fischgarnitur)

bergère Champignons und Strohkartoffeln (Geflügelgarnitur)

Bernard l'(h)ermite *m* **(pagure** *m***)** Einsiedlerkrebs, feines Fleisch

Berny Berny-Kartoffeln, Törtchen mit Linsenpüree und Trüffelscheiben, Pfeffersauce (Wildgarnitur)

berrichonne (à la berrichonne) glasierte Zwiebelchen, braisierte Kohlköpfchen, glasierte Maronen, gebratene Speckscheiben (Fleischgarnitur)

bette *f* **(blette** *f***)** Mangold (Runkelrübe) **~s (blettes) à la crème** Mangoldstiele, in Butter vorgekocht und mit dicker Sahne fertiggekocht **~s à la moelle de bœuf** gekochte Mangoldstiele, in Kraftsauce *demi-glace* gedünstet und mit Rindermarkscheiben belegt

betterave *f* **rouge** rote Beete (rote Rübe)

beurre *m* Butter **~ Bercy** Butter mit Weißwein, Schalotten, Rindermark, gehackter Petersilie, Zitronensaft und Gewürzen **~ blanc** Schalotten in Butter angeschwitzt, mit Weißwein und Essig eingekocht, nach Erkalten Butterzugabe **~ clarifié** geklärte Butter: zerlassene Butter, die abgeschäumt vom Bodensatz abgegossen wurde **~ Colbert** gerührte Butter mit gehackter Petersilie und gehacktem Estragon, vermischt mit aufgelöstem Fleischextrakt **~ d'ail** Knoblauchbutter **~ fondu** zerlassene Butter **~ maître d'hôtel** Kräuterbutter: gerührte Butter mit gehackter Petersilie, Zitronensaft, Salz, Pfeffer und Worcestersauce **~ moutarde** Senfbutter: hartgekochtes Eigelb zerdrückt, mit Senf und Butter verarbeitet **~ noir** braune Butter mit Essig abgelöscht, mit Petersilie und Kapern gewürzt **~ noisette** goldgelb erhitzte Butter, schäumend **~ pour escargots** Schneckenbutter: feingehackte Schalotten, Knoblauch, Petersilie, Salz, Pfeffer und Zitronensaft mit Butter vermischt **~ vert pré (~ de cresson)** Brunnenkressebutter

beurrecks *m pl* **à la turque** panierte Käsenudeln: Würfel von Emmentalerkäse mit Rahmsauce gebunden, in Nudelteig eingehüllt, paniert und gebacken

biche *f* Hirschkuh

bien cuit, bien cuite durchgebraten: bei Steaks und anderem Kurzgebratenen

bifteck *m* **(steak** *m***)** Beefsteak **~ à cheval** Steak mit Spiegelei **~ bordelaise** Hackfleisch mit Schalotten, Rotweinsauce und Pilzen **~ frites** Steak mit Pommes frites **~ haché (steak ~)** Hacksteak **~ niçois** auf Zwiebeln und Knoblauch gebratenes Hackfleisch **~ tartare** Tatarbeefsteak: rohes Rinderhacksteak mit Ei, Kapern, Kräutern und Zwiebeln (kalt)

bigarade *f* Bitterorange (Wildgarnitur) → *sauce bigarade*

bigarreau *m* Herzkirsche
bigorneau *m* kleine Meerschnecke
biscotte *f* Zwieback
biscuit *m* Keks, Plätzchen **~ de Reims** blassrosa Biskuit, passt gut zu Champagner **~ de Savoie** Savoyer Biskuit, in Brioche- oder Springform gebacken, mit Vanillesauce, Konfitüre usw. serviert **~ glacé** Eisbiskuit mit Schlagsahne, nach Belieben aromatisiert **~ roulé** Biskuitrolle mit Buttercreme oder Konfitüre gefüllt **~s à la cuiller** Löffelbiskuits (zu kalten Süßspeisen)
bisque *f* Sammelbezeichnung für Krustentier-Cremesuppen; das Fleisch wird püriert und mit Gewürzen, Weißwein, Cognac und Crème fraîche verfeinert **~ d'écrevisses** Krebssuppe mit Cognac, Weißwein, Sahne, Paprika **~ de homard** Hummercremesuppe **~ de langouste** Langustencremesuppe **~ de tourteau** Cremesuppe aus Taschenkrebsen (● Bretagne)
bistro *m* **(bistrot)** Kneipe (Ausschank, Wirtshaus)
bitokes *m pl* **(boulettes** *f pl***)** gebratene, kleine, runde Fleischklößchen
blanc *m* weißes Filet, Brüstchen vom Geflügel oder Kalb **~ de poulet** Hühnerbrust **~ de volaille, sauce crème au Xérès** Hühnerbrüstchen in Sherry-Sahne-Sauce
blanc-manger *m* gesülzte Mandelcreme, kalt serviert
blanchaille *f* Weißfisch (Sammelname für kleine Süßwasser- und Meeresfische)
blanquette *f* weißes Ragout **~ d'agneau de lait** weißes Milchlammragout **~ de veau à l'ancienne** weißes Kalbsragout mit Gemüsen und Würzkräutern gekocht, mit Eidotter und Sahne legiert, mit einer Beilage aus kleinen Zwiebeln und Champignons serviert
blé *m* Weizen **~ noir (sarrasin** *m***)** Buchweizen
blette *f* **(bette** *f***)** Mangold (Runkelrübe) → *bette*
bleu außen braun gebraten, innen noch roh und blutig (Garstufe von Fleisch)
Bleu *m* Blauschimmelkäse **~ d'Auvergne** marmorierter Kuhmilchkäse, milder als *Roquefort* (● Auvergne) **~ de Bresse** Kuhmilchkäse aus der Bresse mit kleinen blauen Schimmelflecken, milder als *Roquefort* (● Rhônetal und

Dauphiné) **~ de Septmoncel** Blauschimmelkäse aus Kuh- und Ziegenmilch (● Savoie) **~ des Causses** Kuhmilchkäse mit blauen Schimmeladern, milder als *Roquefort* (● Languedoc-Roussillon und Midi-Pyrénées) **~ du Quercy** Blauschimmelkäse aus Kuhmilch mit Grünschimmeladern und mildem Geschmack (● Midi-Pyrénées)

blinis *m pl* **(crêpes** *f pl* **de sarrasin)** Buchweizenpfannkuchen, die zu Kaviar serviert werden

bœuf *m* Ochse (Rind); Rindfleisch **~ à l'écarlate (~ salé)** gepökeltes Rindfleisch **~ à la camarguaise** gespickter Rinderbraten nach Art der Camargue mit Zwiebeln, Knoblauch und Gewürzen, mit Reis serviert **~ alsacien** Rindfleisch mit Schweineschmalz angebraten, Karotten, Zwiebeln, Weißwein, Wacholderschnaps, Kalbsfuß und Speckschwarte u. a. (● Elsass) **~ bourguignon (~ à la bourguignonne)** Rindfleisch in Rotwein, mit Gewürzen und Zwiebeln geschmort (● Burgund) **~ braisé** Rinderschmorbraten **~ en daube (daube de bœuf)** mariniertes Rinderschmorfleisch **~ gros sel** Rindfleisch mit Gemüsen und grobem Salz gekocht **~ haché cru (bifteck ta[r]tare)** Tatar: gehacktes, rohes Rinderfilet mit Zwiebeln, Eigelb, Kapern und Gewürzen **~ mariné** Sauerbraten **~ miroton (miroton de bœuf)** Ragout aus gekochtem Rindfleisch mit Zwiebeln **~ mode (à la mode)** Schmorbraten in Rotwein und Cognac, mariniert mit Karotten, Zwiebeln, Lauch und Kalbsfuß **~ salé (~ à l'écarlate)** gepökeltes Rindfleisch **~ Stroganoff (Stroganow)** Filetspitze in Streifen geschnitten und in Butter gebraten **~ vinaigrette** Rindfleischsalat in Essigkräutersauce

bohémienne (à la bohémienne) Pilawreis, kleingeschnittene Tomaten, Paprikaschoten, Knoblauch, Zwiebelringe (Fleischgarnitur)

boissons *f pl* Getränke **~ comprises** Getränke im Preis inbegriffen **~ en sus** Getränke werden zusätzlich berechnet **~ non alcoolisées** alkoholfreie Getränke **~ non comprises** Getränke im Preis nicht inbegriffen

boîte *f* Büchse (Dose, Schachtel) **~ d'origine** aus der Originaldose **~ de nuit** Nachtlokal

bolet *m* **(cèpe** *m***)** Steinpilz (Herrenpilz, Herrling) **~ de Bordeaux (cèpe de Bordeaux)** Sommersteinpilz: schmeckt nussartig und wird sehr geschätzt **~s farcis** gefüllte Steinpilze (● Savoie)

bolognaise dicke Sauce von gehackten Tomaten, Rindfleisch, Schweinefleisch, Schinken und Weißwein

bombe *f* Eisbombe **~ aiglon** Hülle aus Erdbeereis, als Füllung Eisbombenmasse, aromatisiert mit Kräuterlikör Chartreuse **~ glacée** Eisbombe, halbkugelförmig, nach Belieben aromatisiert **~ glacée Nesselrode** Hülle aus Vanilleeis, als Füllung Schlagsahne, vermischt mit zerbröckelten, glasierten Maronen

bonite *f* kleine Thunfischart aus dem Mittelmeer

bonne femme (à la bonne femme) **1.** pochiert, Weißweinsauce, Champignons und überbacken (Fischgarnitur) **2.** gedünstete Perlzwiebeln, Champignons, Speckstreifen und tournierte Kartoffeln (Geflügelgarnitur) **3.** Champignons, Zwiebelchen und tournierte Kartoffeln (Wildgarnitur)

bordelaise (à la bordelaise) **1.** pochiert, Rotweinsauce, Champignons (Fischgarnitur) **2.** Röstzwiebeln, Artischockenviertel, Steinpilze in Weißweinsauce (Geflügelgarnitur)

bouchée *f* Pastetchen **~ à la bouquetière** Blätterteigpastetchen, gefüllt mit Mischgemüse und Rahmsauce **~ à la reine** Königinpastetchen, gefüllt mit Geflügelfleisch, Champignons, Kalbsmilch, kleinwürfligem Hirn, mit Rahmsauce und Madeira **~ aux écrevisses** Krebspastetchen mit Nantuasauce: Béchamel mit Krebsbutter und Krebsschwänzen **~ Montglas** Blätterteigpastetchen mit Gänseleber, Champignons, Pökelzunge, Trüffeln und Madeirasauce

bouchon *m* **1.** Korken **2.** einfaches, preiswertes Lokal in Lyon **3.** kleinste, beste und verbreiteste Muschelsorte in Frankreich

boudin *m* Blutwurst **~ blanc** Weißwurst aus feingehacktem Fleisch vom Schwein, Kalb oder Geflügel mit Sahne, Eiern, Milch, im Darm gebraten oder pochiert **~ blanc du Mans** pochierte Weißwurst aus Schweinelende, Sahne, Speck, Eiern und Gewürzen (● Le Mans)

~ de Lyon Blutwurst mit Zwiebeln, Schalotten, Kräutern und Gewürzen (● Lyonnais) **~ (noir) à la normande** Blutwurst mit Apfelspalten dazu (● Normandie)

bouillabaisse *f* **à la marseillaise** suppenartiges Fischgericht, es sollte enthalten: Drachenkopf, Seeaal, Seekröte (unerlässlich), Goldbrassen und andere feste und weiche Fischarten des Küstengebietes, dazu Krabben und Meerspinnen, manchmal auch Languste; dieses Gericht kann kostspielig werden: als Zutaten braucht man Olivenöl, Tomaten, Ziebeln, Knoblauch, Petersilie, Fenchel, Safran, Lorbeerblatt (Spezialität, die ursprünglich zwischen Marseille und Menton zu finden ist)

bouilli, bouillie gekocht (gesotten)

bouillinade *f* Fischeintopf auf katalonische Art mit Kartoffeln, Zwiebeln, Knoblauch und mit Eigelb gebunden (● Languedoc-Roussillon)

bouillon *m* klare Fleisch-, Geflügel- oder Gemüsebrühe **~ à l'œuf** Bouillon mit Ei **~ de légumes** Gemüsebrühe **~ de viande** Fleischbrühe **~ de volaille** Hühnerbrühe

boule *f* **de Berlin** Berliner: Hefeteiggebäck mit Konfitüre gefüllt

Boulette *f* **d'Avesnes** mild-aromatischer Kuhmilchkäse mit kräftigem Geruch, der mit *Maroilles,* Petersilie, Estragon und Pfeffer bereitet wird (● Flandern und Artois)

boulettes *f pl* **(bitokes** *m pl***)** gebratene kleine, runde Fleischklößchen **~ de foie** Leberknödel **~ de moelle** Markklößchen

bouquet *m* Krusten- und Schalentiere, insbesondere Garnelen

bouquetière *f* **de légumes** kleine Sträußchen aus glasierten Karotten, weißen Rüben, grünen Erbsen, grünen Bohnen, gebratenen neuen Kartoffeln und Blumenkohl, bedeckt mit holländischer Sauce (Fleischgarnitur)

bourgeoise (à la bourgeoise) glasierte Zwiebelchen mit Karotten, gebratenen Speckwürfeln, Olivenkartoffeln (Fleischgarnitur)

bourguignonne (à la bourguignonne) Zwiebeln, Speckstreifen, Champignons in Rotweinsauce (Geflügelgarnitur)

bourrache *f* Borretsch (Gurkenkraut)

bourride *f* Fischgericht, ähnelt der Bouillabaisse mit Seeteufel, Petersfisch, Seekröte, Meeraal, Knurrhahn, Zwiebeln, Fenchel, Orangenschale, mit Eigelb und Knoblauchmayonnaise *(aïoli)* gebunden (● Provence)

Boursin *m* Frischkäse aus pasteurisierter Kuhmilch, oft gewürzt (● Normandie und Ile-de-France)

boutargue *f* ausgedrückte Eier von Meerbarben, Kabeljau u. a., eingesalzen oder geräuchert, als Vorspeise auf Toast

bouteille *f* Flasche **~ d'un quart** Viertelliterflasche

Bouton-de-Culotte *m* sehr strenger Ziegenkäse aus dem Mâconnais

bouzigues *f pl* Mittelmeermuscheln

braisé, braisée geschmort

brandade *f* **de morue** zerkleinerter Stockfisch mit Olivenöl, Knoblauch, Milch oder Sahne vermischt (● Provence-Alpes-Côte-d'Azur)

brandon *m* **normand** Apfeltorte, heiß serviert (● Normandie)

brasserie *f* Bierlokal mit Restaurant; Brauerei

Brebis des Pyrénées Pyrenäenkäse aus Schafsmilch mit erdigem Geschmack (● Aquitaine)

bréjaude *f* Suppe mit Speck, Kohl, Lauch, Kartoffeln und weißen Rüben, auf getrockneten Brotscheiben serviert (● Limousin und Midi-Pyrénées)

brème *f* Brasse (schmackhafter, aber grätenreicher Süßwasserfisch)

Bressan *m* Ziegen- oder Kuhmilchkäse aus der Bresse mit leicht säuerlichem Geschmack (● Rhônetal und Dauphiné)

Bresse *f* Gegend zwischen der Saône und dem Jura; das Geflügel aus der Bresse-Region gehört zu den begehrtesten Erzeugnissen auf diesem Gebiet; das beste Hühnergeflügel sind Poularden und Kapaune, deren Fleisch zart und wohlschmeckend ist

bretonne (à la bretonne) weiße Bohnen zu Lamm- oder Rindfleisch (Fleischgarnitur)

Brie *m* **de Meaux** milder Kuhmilchkäse mit leichtem Schimmelgeruch (● Ile-de-France)

Brie *m* **de Melun** Kuhmilchkäse mit kräftigem Geschmack (● Ile-de-France)

Brillat-Savarin *m* Kuhmilchkäse mit hohem Fettgehalt (● Normandie)

brioche *f* feiner Hefekuchen mit Eiern und Butter **~ au fromage et au jambon** Hefekuchen, der mit Käse, Schinken und Kräutern zubereitet wird (● Franche-Comté) **~ de foie gras** Hefegebäck mit Gänseleber (● Elsass) **~ garnie** gefüllte Hefepastetchen (Füllung wie bei *bouchée*)

Brocciu *m* **(Broccio** *m***)** korsischer Frischkäse aus Schafsmilch

brochet *m* Hecht (Süßwasserfisch von köstlichem Geschmack) **~ à l'anglaise** ausgelöste Hechtfilets, paniert, in Butter gebraten und mit Kräuterbutter belegt **~ au beurre blanc** Hecht mit weißer Buttersauce, feingehackten Schalotten, Essig und einem Schuss Weißwein (● Pays de la Loire) **~ au court-bouillon** Hecht im Fischsud gegart **~ au four** Hecht im Rohr gedünstet **~ braisé (farci) aux champignons** Hecht, geschmort oder gefüllt mit Champignons, Rahmsauce mit Cognac **~ en matelote de Metz** Hechtragout in Rotwein mit Zwiebeln und Speck (● Lothringen)

brocheton *m* Junghecht

brochette *f* **(en brochette)** **1.** kleiner Bratspieß **2.** am Spieß Gebratenes oder Gefülltes (am Spießchen) **~ de porc aux pommes** Schweinefleisch mit Apfelspalten am Spießchen **~ de rognons d'agneau** Lammnieren am Spießchen

brocoli *m* Brokkoli (Spargelkohl) **~ à la lilloise** vorgekochte Brokkolistengel mit gehackten Zwiebeln, in Butter gedünstet **~ au lard à la vendéenne** Brokkoli mit Knoblauch, Kartoffeln und Speck zubereitet (● Pays de la Loire)

brouillade *f* Rührei **~ aux morilles** Rührei mit Morcheln **~ de tomates** Rührei mit Tomaten (● Südfrankreich) **~ périgourdine** Rührei mit Trüffeln (● Périgord)

Brousse *m* Frischkäse aus Ziegen- oder Schafsmilch (● Provence, Korsika)

brugnon *m* **(nectarine** *f***)** Nektarine

bruxelloise (à la bruxelloise) Chicorée, Rosenkohl, Schlosskartoffeln (Fleischgarnitur)

bûche *f* **de Noël** länglicher Weihnachtskuchen aus Biskuitteig mit Mokka- oder Schokoladencreme gefüllt

buffet *m* **froid** kalte Speisen vom Büffet

bugnes *f pl* Krapfen mit Konfitüren aus ganzen Früchten gefüllt (● Provence)

buisson *m* **d'écrevisses** Krebse, buschig oder pyramidenförmig auf der Platte angerichtet

C

cabassol *m* Ragout aus Innereien und Kutteln vom Lamm

Cabécou *m* **de Rocamadour** Ziegenkäse mit nussigem Geschmack (● Midi-Pyrénées)

cabillaud *m* **(morue** *f* **fraîche)** Kabeljau **~ à la flamande** Kabeljau mit Schalotten und Kräutern in Weißwein gekocht, Fischsud mit Zwieback und Butter gebunden (● Flandern) **~ à la provençale** Kabeljau mit Tomaten, Knoblauch, Zwiebeln, Kartoffeln, im Rohr gebacken **~ portugaise** Kabeljau mit Öl, gewürfelten Tomaten, Knoblauch und Weißwein gedünstet

caboussat *m* Weinsuppe aus dem Quercy

Cachat *m* streichfähiger Käse aus Schafs- oder Ziegenmilch, durchtränkt mit Tresterbranntwein (● Provence-Alpes-Côte-d'Azur)

cachuse *m* kalte Schweinshaxe mit Zwiebeln (● Nordfrankreich)

cagouilles *f pl* Weinbergschnecken aus den Charentes

Caillebotte Quark, auch Frischkäse, aus Kuh- oder Ziegenmilch (● Poitou)

cailles *f pl* Wachteln **~ à la charentaise** Wachteln auf Charenter Art mit geschmorten Salatherzen **~ aux cerises** geschmorte Wachteln mit Kirschen **~ aux raisins** gebratene Wachteln mitWeintrauben als Füllung und Beilage **~ farcies au foie gras** Wachteln mit Gänseleber gefüllt und geschmort **~ rôties à la feuille de vigne** gebratene Wachteln in ein Rebenblatt und in eine Speckscheibe gewickelt

caillettes *f pl* Schweineleber und Schweineschulter mit Spinat oder Mangold und Knoblauch, in einem Netz zusammengerollt und gebraten (● französische Alpen) **~ à la dauphinoise** Krautwickel aus Mangold- oder Kohlblättern mit einer Füllung aus gepökeltem Schweinefleisch und Schweineleber (● Rhônetal und Dauphiné) **~ de sanglier** Wildschweinfleisch und Wildschweinleber, Schinkenspeck und zerkleinertes Gemüse, zusammen in einem Netz gebacken und kalt serviert (● Provence-Alpes-Côte-d'Azur)

cake *m* englischer Hefekuchen mit Rosinen und kandierten Fruchtstücken

cal(a)mars *m pl* **(encornets** *m pl***)** Kalmare **~ à la basquaise** Kalmare mit Paprikaschoten (● Baskenland) **~ à la marseillaise** Kalmare mit Weißwein, Kräutern, Knoblauch und Tomaten geschmort

Camembert *m* Kuhmilchkäse mit leicht schimmelig-salzigem Geschmack (● Normandie)

canapés *m pl* **à la mousse de volaille** Geflügelschaum auf kleinen Brotscheiben

canard *m* Ente **~ à l'orange** geschmorte Ente, vermischt mit Orangenschale in Streifen **~ à la bordelaise** gebratene Ente, gefüllt mit Weißbrot, Leber, Petersilie, Oliven, Steinpilzen und Knoblauch **~ à la bourguignonne** geschmorte Ente in Rotwein, garniert mit kleinen Zwiebeln, Champignons und Speckwürfeln **~ à la Duchambais** Ente in Stücken in einem Schmortopf mit Speck und Schalotten angebraten, mit Essig und Mehl gebräunt, mit Brühe im Backofen geschmort und vor dem Servieren mit Sahne gebunden (● Auvergne) **~ à la lyonnaise** geschmorte Ente mit glasierten Zwiebelchen und Maronen garniert **~ (caneton** *m***) à la rouennaise au sang** gebratene (junge) Ente nach Art von Rouen in Rotweinsauce, der das Blut der Ente beigegeben wird (● Normandie) **~ à la presse** die Zubereitung geschieht vor den Augen des Gastes; da die Ente beim Auftragen noch sehr blutig ist, werden die Schenkel nach dem Loslösen für einige Minuten in die Küche geschickt; die Brust wird in dünne Scheiben geschnitten, danach wird das Gerippe mit einer Spezialpresse ausgepresst; in einer Pfanne wird ein wenig Cognac flambiert, anschließend etwas frische Butter, das ausgepresste Blut sowie der Bratjus hinzugefügt, die Sauce, ohne zu kochen, leicht gebunden und auf die Fleischscheiben gegossen, heiß serviert ~ **bigarade** Ente blutend gebraten, Brust in dünne Streifen geschnitten, mit Pomeranzensauce bedeckt und mit Orangenstücken garniert ~ **de Barbarie** Barbarie-Ente (Halbwildente) mit festem, magerem Fleisch

canard *m* **sauvage** Wildente ~ **à la bigarade** Wildente mit Orangen und brauner Sauce ~ **au porto** Wildente in Portwein gekocht, mit Thymian, Orangen- und Zitronensaft gewürzt

Cancaillotte *f* **(Cancoillotte** *f***)** ziemlich neutral schmeckender Schmelzkäse, der kalt oder warm verzehrt wird und mit Butter, Salz, Knoblauch oder Wein angereichert werden kann (● Franche-Comté)

Cancale *f* helle Austernart aus Cancale (● Bretagne)

caneton *m* Jungente ~ **à la rouennaise** gebratene junge Ente nach einem Rezept aus Rouen, in Rotweinsauce (● Normandie) ~ **à la toulousaine** junge Ente auf Toulouser Art in Weinsauce mit grünen Oliven, Toulouser Würstchen, Knoblauch, Karotten, Zwiebeln und gerösteten Brotscheiben (● Languedoc) ~ **aux navets (aux petits pois)** Jungente mit weißen Rüben und Erbsen (● Paris und Ile-de-France) ~ **aux olives** geschmorte Jungente in Weißwein mit Oliven ~ **Saint-Martin** in Wein marinierte junge Ente mit einer Füllung aus Schweinehack, Schweinegrieben *(rillons)* und Ei, kalt aufgeschnitten wie Pastete (● Pays de la Loire)

cannelle *f* Zimt

cannelloni *m pl* gefüllte Nudelrollen mit Sauce bedeckt und geriebenem Käse überbacken ~ **à la napolitaine** Nudelrollen mit Kalbfleisch, Mortadella, Zwiebeln und Knoblauch gefüllt, mit Tomatensauce übergossen, mit geriebenem Parmesan bestreut und überbacken

Cantal *m* ältester französischer Käse; halbfester Schnittkäse aus Kuhmilch mit kräftigem Geschmack (● Auvergne)

cantaloup *m* süße Melonenart ~ **glacé** eisgekühlte Cantaloup-Melone

câpres *m pl* Kapern

capucine *f* Kapuzinerkresse

Carême **1.** pochiert, Weißweinsauce, Austern, Champignons, Trüffeln, Blätterteighalbmonde (Fischgarnitur) **2.** große spanische Oliven mit Schinkenpüree gefüllt, Kartoffelkroketten (Fleischgarnitur)

carbonnade *f* **de bœuf à la flamande** geschmorte Hufstückscheiben mit dunklem Bier abgelöscht, Zwiebeln und Gewürzen (● Flandern)

cardon *m* Karde (Distelkohl, spanische Artischocke) **~s à l'italienne** Karden mit Schinken-Kräuter-Sauce **~s au gratin** Karden mit Knochenmark und Fleischbrühe, mit *Gruyère* überbacken (● Savoie)

cari *m* **(cary** *m*, **curry** *m***)** Currypulver (indische Gewürzmischung)

Carmen pochiert, Weißweinsauce, Tomaten und Estragon (Fleischgarnitur)

carotte *f* Karotte (Möhre, Mohrrübe) **~s à la crème** gedünstete Karotten in Sahne fertiggegart **~s à la Vichy** gedünstete Karottenscheiben in Butter überglänzt **~s râpées** rohgeriebene Karotten

carpaccio *m* dünne Rindfleischscheiben in Kräutermarinade

carpe *f* Karpfen (begehrter Süßwasserfisch) **~ à l'alsacienne** gefüllter Karpfen in Weißwein geschmort, mit Sauerkraut gereicht (● Elsass) **~ à la Chambord (carpe farcie)** Karpfen, gefüllt mit Sellerie, Fenchel, Thymian, Estragon, Petersilie, Bohnenkraut, Champignons und in einer Fischbrühe mit Rotwein gedünstet (● Paris und Ile-de-France) **~ à la gelée de vin** Karpfen in Rotwein gekocht (● Lothringen) **~ de la Sèvre** in Stücke geschnittener Karpfen, wird auf einer Schicht Schalotten und Champignons mit Weißwein im Rohr geschmort (● Pays de la Loire) **~ farcie à la périgourdine** Karpfen mit getrüffelter Gänseleberpastete (● Périgord) **~ Volnay** Karpfen mit Champignon-Sud und Schalotten in Volnaywein

carré *m* **d'agneau** Lammkarree (Lammrippenstück) **~ au beurre de menthe fraîche** Lammrippenstück mit frischer Minzbutter (● Bretagne) **~ bonne femme** Lammrippenstück mit Speck, Olivenkartoffeln und Zwiebeln im Ofen gebraten **~ boulangère** Lammrippenstück mit Kartoffelscheiben und Zwiebeln im Ofen gebraten **~ grillé** Lammrippenstück auf dem Rost gebraten, wenn fast gar, mit Brotkrumen bestreut, gebräunt, mit Minzsauce serviert

Carré *m* **de l'Est** milder, weicher Käse aus pasteurisierter Kuhmilch (● Champagne und Lothringen)

carré *m* **de porc** Schweinekarree (Schweinerippenstück) **~ boulangère** Schweinerippenstück mit Kartoffelscheiben und Zwiebeln gebraten **~ fumé** Kasseler Rippenspeer **~ salé** gepökeltes Schweinerippenstück

carré *m* **de veau** Kalbskarree (Kalbsrippenstück) **~ rôti** gebratenes Kalbskarree

carrelet *m* **(plie** *f***)** Scholle (Maischolle; feiner, platter Meerfisch) **~ à la bretonne** Scholle in Butter gebraten, mit Krabbenfleisch, Zwiebeln, Kapern und Kräutern zubereitet (● Bretagne) **~ à la varoise** gegrillte Scholle auf Tomatenpüree mit Sardellenfilets, schwarzen Oliven und gehackter Petersilie

carte *f* Speisekarte, Karte **~ du jour** Tageskarte

carvi *m* **(cumin** *m***)** Kümmel

cary *m* **de mouton aux reinettes** Hammelcurry mit Reinettenäpfeln

cassata *f* **napolitaine** verschiedenfarbige Eisschnitten mit kandierten Früchten

casse-croûte *m* **à toute heure** Imbiss zu jeder Zeit (Bistros vor allem)

cassis *m* **(groseille** *f* **noire)** schwarze Johannisbeere

cassolette *f* **d'escargots champenoise** Schneckenragout in Porzellantöpfchen mit Champagner zubereitet

cassolette *f* **de ris de veau** Porzellantöpfchen mit Kalbsbries und Champignons in Sahnesauce, mit Käse und Bröseln bestreut und überbacken

cassoulet *m* gekochte bzw. langsam gedünstete weiße Bohnen, eventuell mit Tomaten, Schweine- und Hammelfleisch, aber auch mit Gänse-, Enten- und anderem Fleisch oder auch mit Würstchen und mehreren dieser Fleischsorten (● Languedoc) **~ de Carcassonne** wie *Cassoulet*, dazu kommen Hammelkeule und eventuell Rebhühner (● Languedoc) **~ de Castelnaudary** wie *Cassoulet*, enthält außerdem frisches Schweinefleisch, Schinken, Schweinshaxe und frische Schwarten (● Languedoc) **~ de Toulouse** wie der *Cassoulet* von Castelnaudary, außerdem Brustspeck, Toulouser Würstchen, Hammelhalsfleisch, eingemachtes Enten- oder Gänsefleisch (● Languedoc)

catigot *m* **d'anguilles** Aalragout in Rotwein mit Zwiebeln, Tomaten, Knoblauch und Thymian (● Provence)

caviar *m* Eier, Rogen von störähnlichen Fischen, echter Kaviar nur vom Stör **~ Beluga Malossol aux blinis** Kaviar Beluga Malossol mit Buchweizenpfannkuchen **~ de la Gironde** Kaviar der Gironde, feinkörnig und von ausgezeichnetem Geschmack **~ de Provence (Poutargue)** kaviarähnlicher Rogen von Meerbarben **~ russe d'origine** original russischer Kaviar **~ russe d'origine Beluga** original russischer Beluga-Kaviar

céleri *m* Sellerie **~ braisé** Staudensellerie mit Karotten, Zwiebeln und Speck gedünstet **~ en branches** Bleichsellerie (Stangen-, Staudensellerie) **~ milanaise** vorgekochte Stangensellerie mit Parmesankäse und Butter bestreut und im Rohr überbacken

céleri-rave *m* Knollensellerie (Wurzelsellerie) **~ en purée** Püree aus Knollensellerie **~ rémoulade** geraspelte Knollensellerie mit leichter Mayonnaise gebunden

Cendré *m* in Rebholzasche umhüllter Kuhmilchkäse

cèpe *m* **(bolet** *m***)** Steinpilz (Herrenpilz, Herrling) **~ de Bordeaux** Sommersteinpilz **~s à l'indienne** gedünstete Steinpilze mit Curry, Rahm oder Rahmsauce gebunden **~s à la bordelaise** Steinpilze, in heißem Öl zubereitet, mit Petersilie bestreut, mit Schalotten gereicht, mit Knoblauch gewürzt und mit Traubensaft abgeschmeckt (ein berühmtes „Nationalgericht") **~s à la grecque** Steinpilze griechisch, geschnittene Steinpilze, gekocht in einer Marinade aus Weißwein, Wasser, Olivenöl, Zitronensaft, Pfefferkörnern und Lorbeerblatt (mit wenig Fond, wird kalt serviert) **~s à la limousine** Steinpilze in frischer Sahne und Knoblauch geschmort (● Limousin) **~s à la périgourdine** Steinpilze mit gehacktem Speck, Petersilie, Knoblauch und einem Schuss Traubensaft gedämpft

(● Périgord) **~s à la savoyarde** Ragout aus Steinpilzen und rohem Schinken (● Savoie) **~s à la toulousaine** gebratene Steinpilze Toulouser Art mit Zwiebeln, Schalotten, Knoblauch, Schinken und Tomaten **~s bordelaise** Steinpilze mit Schalotten, Petersilie, Knoblauch, feingehackt und gedünstet, mit Zitronensaft beträufelt **~s farcis** Steinpilzköpfe mit einer Farce aus Schinken, Steinpilzstielen, Paniermehl und Eigelb gefüllt, mit Paniermehl bestreut, mit Butter beträufelt und überbacken

cerf *m* Hirsch

cerfeuil *m* Kerbel

cerise *f* Kirsche **~s Montmorency** Weichselkirschen mit Zucker und Vanille gegart und auf die Mitte eines *Savarin*-Kuchens gegeben

cervelas *m* Zervelatwurst

cervelle *f* Hirn von Schlachttieren **~ au beurre noir** Hirn in brauner Butter **~ de Canut (Claqueret lyonnais** *m***)** Frischkäse mit Schalotten und Kräutern (● Lyonnais) **~ de veau archiduc** in Butter gebratene Kalbshirnschnitten auf Spinat, überzogen mit Rahmsauce **~ de veau en fritots** Kalbshirn in Backteig in der Frittüre schwimmend gebacken, mit Tomaten- oder Remouladen-Sauce serviert **~ de veau maréchal** panierte Scheiben von pochiertem Kalbshirn, gebraten, mit Trüffelscheiben belegt und mit Spargelspitzen garniert

Chabichou *m* **du Poitou** Ziegenkäse mit mild-süßlichem Geschmack (● Poitou)

Chambarand *m* Käse aus Kuhmilch, der an *Reblochon* erinnert (● Dauphiné)

chamois *m* **(isard** *m***)** Gemse **~ à la grand veneur** Gemse mit Maronenpüree, Pfeffersauce mit Blut gebunden, Johannisbeergelee (● französische Alpen)

champignons *m pl* Pilze **~ de couche (~ de Paris)** Champignons (Tafelpilze) **~ à la crème** gedünstete Champignons mit Rahmsauce oder mit Süßrahm gebunden **~ à la grecque (marinés)** Champignons griechisch (mariniert) **~ à la piémontaise** gedünstete Champignonstreifen mit Kräutern, mit geriebenem Käse und Weißbrot bestreut, mit Butter beträufelt und überbacken

~ **de Paris** Zuchtchampignons ~ **de Paris en brochettes limousine** Spießchen mit Lamm- oder Hammelnieren, Champignons und Speck mit Olivenöl und Knoblauch bestrichen (● Limousin) ~ **en salade** rohe Champignonscheiben mit Essigkräutersauce oder gedünsteten Champignonscheiben und mit gehackter Petersilie und Chantillymayonnaise gebunden ~ **farcis** große Champignonköpfe mit Hack- oder Hühnerfarce gefüllt, mit Paniermehl bestreut, mit Butter beträufelt und im Rohr überbacken ~ **gratinés** Champignons in gebutterter Schüssel mit geriebenem Käse bestreut, mit Butter beträufelt und im Rohr überbacken ~ **grillés** Champignonköpfe mit Kräuterbutter gefüllt, auf dem Rost oder im Ofen gebraten ~ **hongroise** gedünstete Champignons in Paprikasauce ~ **lyonnaise** gedünstete Champignons mit Zwiebeln, Zitronensaft und gehackter Petersilie ~ **provençale** gedünstete Champignons mit Tomaten, Zwiebeln, Knoblauch und mit gehackter Petersilie bestreut

chanterelles *f* **(girolles** *f***)** Pfifferlinge (Eierschwämme): werden wie Champignons oder *cèpes* zubereitet

Chaource *m* zylindrischer Frischkäse aus Kuhmilch mit angenehmem, leicht säuerlichem Geschmack (● Champagne)

chapon *m* Kapaun (junger, kastrierter Masthahn) ~ **au gros sel** pochierter Kapaun mit grobem Salz

chaque jour frais jeden Tag frisch

charcuterie *f* **assortie** gemischter Aufschnitt vom Schwein

chariot *m* Wagen ~ **de desserts** verschiedene Nachspeisen vom Wagen ~ **de hors-d'œuvre** Vorspeisen nach Wahl vom Wagen

charlotte *f* **aux pommes** gestürzte Apfelscheiben mit Brotscheiben, flüssigem Zucker, Aprikosenmarmelade, warm serviert

charlotte *f* **russe** Charlottenform mit Löffelbiskuits auslegen, bayerische Creme mit Kirschwasser und Maraschino einfüllen, kühlen, stürzen, mit Schlagsahne garnieren

chartreuse *f* **de pigeonneaux** Ragout von jungen Tauben, serviert in Becherform

chasseur **1.** Champignons, Weißwein, Tomaten (Geflügelgarnitur) **2.** Champignons, Tomatenfleischwürfel (Wildgarnitur)

chateaubriand *m* **(châteaubriant)** Doppellendenstück: dicke Scheibe Fleisch, etwa 4 cm dick, aus dem Mittelstück des Filets, die 350 bis 500 g wiegt, reicht für 2 Personen, mit Béarnaise oder Kräuterbutter serviert (● Paris und Ile-de-France)

chaud, chaude warm, heiß

chaud-froid *m* **1.** Wild- oder Geflügelsülze **2.** Sauce aus gelatinehaltiger Brühe zum Überziehen und Glasieren kalter Gerichte

chaudrée *f* Fischeintopf mit trockenem Weißwein, Knoblauch, Schalotten, Kräutern und Kartoffeln (● Poitou-Charentes)

chevaine *m* **(chevenne, chevesne)** Aland (Nerfling; Süßwasserfisch aus der Karpfenfamilie)

chèvre *m* Abkürzung für Ziegenkäse *(fromage de chèvre)*, etwa 60 Sorten in Frankreich

Chèvre *m* **à l'huile d'olive et à la sarriette** Ziegenkäse in Olivenöl mit Wacholderbeeren und Bohnenkraut (● Provence-Alpes-Côte-d'Azur)

chevreuil *m* Reh (beliebtestes Haarwild)

chicon *m* Kopf des römischen Salats (Sommerendivie)

chicorée *f* Endivie **~ frisée (escarole, scarole)** krause Endivie: Salatpflanze mit gelbem bis weißem Herz

chipirons *m pl* **à l'encre (chiprones, chipirones)** kleine Tintenfische in Öl gebacken und in einer Sauce aus deren Tinte zubereitet (● Baskenland)

chipolatas *f pl* **1.** sehr kleine, dünne, lange Bratwürstchen **2.** mit Chipolata-Würstchen, Zwiebelchen, Karotten, Maronen, Räucherspeck (Wildgarnitur)

choisir auswählen (aussuchen)

chou *m* Kohl **~ à la crème** Windbeutel mit Sahne **~ blanc à la périgourdine** gedünsteter Weißkohl mit Butter und Käse überbacken (● Périgord) **~ de Bruxelles** Rosenkohl **~ de Chine** Chinakohl

chou-fleur *m* Blumenkohl **~ à l'anglaise** Blumenkohl in Salzwasser gekocht und mit zerlassener Butter serviert **~ au gratin** überbackener Blumenkohl **~ milanaise** vorgekochter Blumenkohl mit Parmesankäse bestreut, mit Butter beträufelt und im Ofen überbacken **~ polonaise** vorgekochter Blumenkohl mit gehacktem Ei und Petersilie bestreut, mit nussbrauner Butter begossen und mit Weißbrotbröseln bestreut

chou frisé *m* **(~ de Milan** *m***)** Wirsingkohl (Mailänder Kohl)

chou-navet *m* **(rutabaga** *m***)** Steckrübe (Kohlrübe)

chou pommé *m* **(~ blanc** *m***)** Weißkraut

chou-rave *m* Kohlrabi

chou *m* **rouge** Rotkohl (Rotkraut) **~ à la limousine** Rotkohl in Streifen geschnitten, in einem gedeckten Tontopf mit Gänsefett und rohen Kastanien geschmort (● Limousin)

chou *m* **vert** Winterkohl (Grünkohl)

choucroute *f* Sauerkraut **~ alsacienne** Sauerkraut mit Schmalz, Weißwein und Äpfeln, zubereitet mit Pökel- oder Rauchfleisch vom Schwein und verschiedenen Würstchen (● Elsass) **~ franc-comtoise** Sauerkraut mit Geräuchertem: Schaufelstück, *saucisse de Morteau, saucisse de Montbéliard* und Speck (● Franche-Comté) **~ lorraine (~ garnie)** Sauerkraut mit Wacholderbeeren oder einem Schuss Wacholderschnaps, schwarzem Pfeffer, gepökeltem Schweinefleisch, geräuchertem Schweinebauch, Schweineschulter, Eisbein, Lothringer Würstchen und Weißwein (● Lothringen)

choux *m pl* **à la crème** Windbeutel mit Sahne

ciboulette *f* **(cive, civette)** Schnittlauch

cimier *m* **de cerf rôti** gebratener Hirschziemer (Hirschsattel)

Cîteaux *m* gekochter, fermentierter Kuhmilchäse (● Burgund)

citron *m* Zitrone

civet *m* **de cerf au genièvre** Hirschpfeffer in Wacholdersauce

civet de lapin Kaninchenpfeffer **~ de garenne à la solognote** Hasenpfeffer vom Wildkaninchen aus der Sologne

civet de lièvre Hasenpfeffer (Hasenragout) **~ à la bordelaise** geschmorter Hasenpfeffer in weißem Bordeaux-Wein, mit gerösteten Weißbrotscheiben angerichtet **~ aux pruneaux** Hasenpfeffer mit Backpflaumen (● Südwestfrankreich)

clafoutis *m* **aux cerises (milliard** *m***)** runder Kuchen aus einem leichten Teig mit entkernten dunklen Kirschen (● Auvergne)

claire *f* einfache Zuchtauster aus dem Klärbecken, ein Monat alt, wenig Geschmack (● Charente-Maritime)

clam *f* Venusmuschel: große, essbare Muschel mit strahligen Rippen (● Mittelmeer- und Atlantikküste)

Clamart Törtchen mit grünen Erbsen auf französische Art gefüllt, Kartoffelkroketten (Fleischgarnitur)

clavaire *f* **jaune** krause Glucke (Pilz)

clémentine *f* Klementine (Mandarinenart)

Clermont gebackene Zwiebelringe, Maronenpüree und Zwiebelsauce (Fleischgarnitur)

clou *m* **de girofle** Gewürznelke

cochon *m* Schwein **~ de lait** Spanferkel **~ en gelée** Spanferkel in Aspik mit Gemüsen, Kräutern und Weißwein (● Lothringen) **~ farci** gefülltes Spanferkel (● Languedoc)

cochonnailles *f pl* Landwürste und Pasteten vom Schwein

cocktail *m* Cocktail **~ d'écrevisses** Krebscocktail **~ de crevettes** Krabbencocktail **~ de homard** Hummercocktail **~ de melon** Melonencocktail

Cœur de Bray (Cœur de Neuchâtel) meistens herzförmiger Weichkäse aus Kuhmilch (● Normandie)

cœur *m* Herz **~ de bœuf braisé au vin rouge** Rinderherz in Rotwein geschmort **~ de palmier à l'indienne** Palmenmark mit Curry **~ de veau bourgeoise** gedünstetes Kalbsherz mit Speck, Karotten und Erbsen **~ de filet de bœuf** Filetsteak aus dem mittleren Teil des Filets, das etwa 150 g bis 200 g wiegt

cœurs *m pl* **d'artichauts Clamart** Artischockenherzen mit Erbsen gefüllt

coing *m* Quitte
Colbert paniert, gebacken, Kräuterbutter (Fischgarnitur)
colin *m* **(merlu** *m***)** Seehecht (Meerhecht) **~ à la basquaise** Seehecht mit Zwiebeln und Tomaten in Weißwein gedünstet (● Baskenland) **~ à la Granville** Seehecht mariniert, gebraten und mit Krabben serviert (● Normandie) **~ à la niçoise** Seehecht in Scheiben mit Tomaten, Oliven und Kapern (● Provence) **~ à la toulousaine** pochierter Seehecht mit Champignons, Zwiebelchen, Oliven, Fischklößchen garniert, mit Weißweinsauce serviert **~ andalouse** Seehecht mit Zwiebeln und Tomaten in Weißwein gedünstet

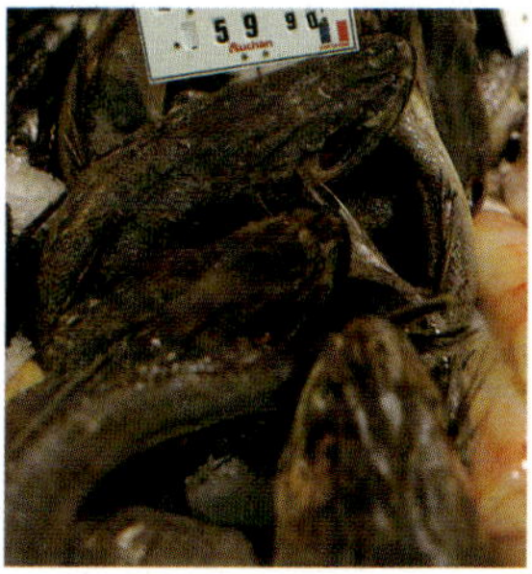

colinot *m* **(merluchon** *m***)** kleiner Seehecht
collet *m* **(collier)** Hals (Kamm von Schlachttieren) **~ de mouton aux flageolets** Ragout aus Hammelhalsfleisch mit grünen Bohnenkernen
commande *f* Bestellung
commander bestellen
compote *f* Kompott **~ de fruits** Obstkompott (Dünstobst) **~ de pruneaux** Backpflaumenkompott
Comté *m* **(Gruyère Comtois)** Kuhmilchkäse mit leicht nussigem Geschmack (● Franche-Comté)
concombre *m* Salatgurke **~s à la crème** in Butter geschwenkte Salatgurken mit Rahmsauce **~s en salade** Gurkensalat **~s farcis** halbierte, halbgar gedünstete Gurken mit einer Fleischfarce gefüllt
confit *m* **(d'oie, de canard etc.)** eingemachtes Gänseklein, Entenklein usw. aus dem mit Mais gefütterten Geflügel, dadurch hat das Fleisch eine gelbliche Farbe (● Limousin, Périgord, Quercy) **~ d'oie à la périgourdine** eingemachtes Gänsefleisch mit Trüffeln (● Périgord) **~ de canard à la périgourdine** eingemachtes Entenfleisch mit Trüffeln (● Périgord) **~ de porc** eingemachtes Schweinefleisch

congre *m* **(anguille** *f* **de mer)** großer Meeraal **~ à l'espagnole** Meeraal in Stücke geschnitten, in Öl, Rotwein, Zwiebeln, roten Paprikaschoten, Knoblauch, Thymian und Kräutern gedünstet **~ au cidre** Meeraal in Apfelwein gedünstet

consommé *m* Kraftbrühe aus eingekochter, geklärter Bouillon aus Rindfleisch, Geflügel, Wild oder Fisch mit Suppengemüse, entfettet und passiert **~ à l'américaine** Kraftbrühe mit Tomaten und Reis **~ à l'andalouse** Kraftbrühe mit Schinken, Eierstich und Tomatenpüree **~ à la moelle** Kraftbrühe mit Rindermark **~ à la queue de bœuf (oxtail clair)** klare Ochsenschwanzsuppe **~ à la reine** Kraftbrühe mit Hühnerfleisch in Streifen und Tapioka **~ à la royale** Kraftbrühe mit Eierstichwürfeln **~ à la semoule** Kraftbrühe mit Grieß **~ au Xérès** Kraftbrühe mit Sherry **~ aurore** Kraftbrühe mit Tapioka, Tomatenpüree und Hühnerfleisch **~ aux profiteroles** Kraftbrühe mit Brandteigklößchen **~ aux quenelles à la moelle** Kraftbrühe mit Rindermarkklößchen **~ aux quenelles de foie** Kraftbrühe mit Leberklößchen **~ bouquetière** Kraftbrühe mit verschiedenen Gemüsen der Saison **~ bretonne** Kraftbrühe mit Lauch, Sellerie, Zwiebeln und Champignons in feinen Streifen **~ brunoise** Kraftbrühe mit Karotten, weißen Rüben, Sellerie, Lauch und Kohl in feinen Würfeln **~ Célestine** Kraftbrühe mit Pfannkuchenstreifen **~ chasseur** Kraftbrühe mit Wildpüree, Champignonstreifen und gerösteten Brotwürfeln **~ de faisan** Fasanenkraftbrühe **~ de volaille froid napolitaine** starke, mit Tomatenpüree verfeinerte kalte Hühnerkraftbrühe **~ double (~ riche)** konzentrierte Kraftbrühe mit doppelter Menge des Klärfleisches oder des Geflügels **~ froid portugaise** kalte Kraftbrühe mit Püree von frischen Tomaten **~ Grimaldi** Kraftbrühe mit konzentrierter Tomatenbrühe und mit Sellerie in Streifen **~ Julienne** Kraftbrühe mit in Streifen geschnittenem Gemüse **~ Léopold** Kraftbrühe mit Grieß, Lattich und Sauerampfer **~ Madrilène** Geflügelkraftbrühe mit Tomaten und feinen Suppennudeln **~ Montmorency** Kraftbrühe mit Spargelspitzen und Reis **~ princesse**

Kraftbrühe mit Geflügelklößchen, Spargelspitzenwürfeln und Tapioka **~ printanier** Kraftbrühe mit grünen Erbsen, grünen Bohnen, ausgestochenen Karotten, weißen Rüben und Sellerie

Conti Linsenpüree mit Räucherspeck gekocht (Fleisch- und Wildgarnitur)

contre-filet *m* **(faux-filet** *m***, rosbif** *m***)** flaches Roastbeef **~ printanière** Roastbeef ohne Knochen mit frischen Frühlingsgemüsen und Haselnusskartoffeln

coppa *f* geräucherte Schweineschulter (● Korsika und Italien)

coq *m* Hahn (in der Küchensprache auch Hähnchen oder Hühnchen) **~ à la bière** Hahn oder Hähnchen in Stücke geschnitten, angebraten und mit Wacholderschnaps flambiert, in Bier mit Brühe geschmort und mit Champignons, Zwiebeln und Speck serviert (● Picardie) **~ au Chanturgue** Hahn oder Hähnchen mit Thymian, Lorbeerblatt, Petersilie in *Chanturgue*-Wein mariniert, die Stücke mit Speck, Zwiebeln und Champignons angebraten, mit Cognac flambiert und im Backofen geschmort **~ au vin** Hahn oder Hähnchen in Rotwein mit kleinen Zwiebeln, Speckwürfeln, Suppengrün, Knoblauch gedünstet und mit Weißbrotscheiben serviert (● Burgund und Auvergne) **~ au vin de Bouzy** Hähnchen in Rotwein aus Bouzy (● Champagne)

coq *m* **de bruyère (coq** *m* **des bois, grouse** *m***)** Auerhahn **~ aux myrtilles** Auerhahn mit Heidelbeeren (● Savoie) **~ braisé** Auerhahn mit Räucherspeck in Rotwein weich geschmort

coq *m* **des marais (gélinotte** *m***)** Haselhuhn

coq *m* **en pâte** **1.** Hahn oder Hähnchen im Teigmantel, gefüllt mit einer Farce aus Trüffeln und Gänseleber (● Limousin) **2.** Hahn oder Hähnchen mit Geflügelfleisch gefüllt, in *Brioche*-Teig gehüllt und im Rohr langsam gebacken (● Paris und Ile-de-France)

coque *f* Herzmuschel, kleine Kammuschel mit strahliger Rippung (sehr schmackhaftes Fleisch)

coquelet *m* Junghahn, auch Hähnchen **~ au riesling** Hähnchen in Riesling geschmort (● Elsass) **~ sauté aux**

herbes de Provence junges gebratenes Hähnchen mit Kräutern der Provence

coquillages *m pl* Schalentiere (Muscheln, Meerschnecken, Austern usw.)

coquille *f pl* Muschelschale; Schale **~ de poisson** große, fächerartige Schale einer Jakobsmuschel mit Fischragout garniert und überbacken **~ de saumon** Schale einer Jakobsmuschel mit Lachs gefüllt **~ Saint-Jacques** Jakobsmuschel (Pilgermuschel)

coquilles *f pl* Muscheln **~ à la parisienne** Jakobsmuscheln mit Champignons in Weißweinsauce **~ à la provençale** Jakobsmuscheln in Knoblauchbutter **~ aux écrevisses** Krebssalat in Muschelschalen **~ Saint-Jacques aux poireaux** Jakobsmuscheln mit Lauchgemüse **~ Saint-Jacques en brochette** Spießchen mit Jakobsmuscheln, geräuchertem Speck und Champignons mit Rahmsauce serviert

coriandre *f* Koriander (Würzkraut)

cornet *m* Blätterteigtüte mit gekochter Eiercreme gefüllt

cornets *m pl* **de jambon farcis** gefüllte Schinkentüten

cornichons *m pl* kleine Essiggürkchen

côte *f* **(côtelette** *f***) d'agneau** Lammkotelett **~ grillée, beurre maître d'hôtel** Lammkotelett, gegrillt mit Knoblauchbutter

côte *f* **de bœuf** Ochsenrippe, etwa zwei Rippen dick, Gewicht 500–600 g **~ à la moelle au Brouilly** Ochsenrippe in *Brouilly*-Wein mit Schalotten, Petersilie und Markscheiben (● Lyonnais) **~ aux cèpes** Ochsenrippe mit Steinpilzen

côte *f* **de chevreuil** Rehkotelett (● Paris und Ile-de-France)

côte *f* **(côtelette** *f***) de porc** Schweinekotelett **~ à l'auvergnate** gebratenes Schweinekotelett mit Kohl und Käse im Rohr überbacken (● Auvergne) **~ à la savoyarde** Schweinekotelett in Wermut-Sahne-Sauce (● Savoie) **~ charcutière** Schweinekotelett mit Robertsauce und gehackten Gürkchen **~ en gelée** Sülzkotelett **~ flamande** Schweinekotelett mit Äpfeln gedünstet **~ Soubise** Schweinekotelett mit Zwiebelsauce

côte *f* **(côtelette** *f***) de veau** Kalbskotelett (Kalbsrippe) **~ à l'anglaise** Kalbskotelett paniert und in Butter gebraten ~ **arlésienne** Kalbskotelett auf gerösteter Weißbrotscheibe angerichtet, mit Auberginen und Tomaten ~ **bonne femme** Kalbskotelett mit Zwiebeln, Speck und gebratenen Kartoffeln ~ **hongroise à la crème** Kalbskotelett mit Paprikarahmsauce ~ **milanaise** paniertes Kalbskotelett, garniert mit Spaghetti, Champignons und Trüffeln in Streifen, dazu Tomatensauce ~ **Pojarski** gebackenes Kalbskotelett mit Butter, Weißbrot und Rahm gemischt, zu einem Kotelett geformt, paniert und gebraten ~ **sautée Zingara** Kalbskotelett mit einer mitgebratenen Scheibe Schinken bedeckt und mit Champignon-Trüffel-Sauce

côtelettes *f pl* **de chevreuil** Rehkoteletts ~ **à la crème** Rehkoteletts auf gerösteten Weißbrotscheiben mit Rahmsauce und Maronen ~ **au genièvre** Rehkoteletts in Rahmsauce mit Wacholderschnaps und Wacholderbeeren ~ **Saint-Hubert** Rehkoteletts in Pfeffersauce, Champignonköpfe mit Wildfarce gefüllt

côtelettes *f pl* **de marcassin aux griottes** Frischlingskoteletts mit Sauerkirschen und Pfeffersauce

côtelettes *f pl* **de mouton** Hammelkoteletts ~ **à la purée d'oignons** Hammelkoteletts auf Zwiebelpüree ~ **bretonne** Hammelkoteletts in Butter gebraten, mit weißen Bohnen, grünen Bohnenkernen oder Bohnenpüree serviert ~ **Champvallon** gedünstete Hammelkoteletts mit Kartoffelscheiben und Zwiebeln ~ **Pompadour** gebratene Hammelkoteletts mit Artischockenböden, gefüllt mit Linsenpüree, Trüffelscheiben, mit Trüffelsauce und Kartoffelkroketten serviert ~ **Turbigo** gebratene Hammelkoteletts, garniert mit Nieren und Chipolata (kleine, lange Bratwürstchen)

cotriade *f* Meeresfischragout mit Zwiebeln, Kartoffeln, Knoblauch (● Bretagne)

cou *m* **d'oie farci** Gänsehals, gefüllt mit Hackfleisch und Trüffeln, im Gänsefett gebraten (● Limousin, Périgord, Quercy)

cou *m* **de porc farci** mit Schweinefleisch und Trüffelstücken gefüllter Schweinehals, wird gewöhnlich kalt gegessen (● Aquitaine)

coulibiac *m* **à l'anguille** russische Aalpastete
coulis *m* sehr feines, flüssiges Püree von Fleisch, Fisch, Gemüse, Obst (Sauce aus dem entsprechenden Püree)
Coulommiers *m* Kuhmilchkäse mit frisch-sahnigem Geschmack (● Ile-de-France)
coupe *f* Eisbecher, Gefäß oder Schale **~ Alexandra** Fruchtsalat mit Kirschwasser und Erdbeereis in einem Becher **~ glacée (3 boules)** Eisbecher mit drei Eissorten **~ tutti frutti** kandierte Früchte mit Ananas-, Erdbeer-, Kirsch- und Zitroneneis in einem Becher
courge *f* Flaschenkürbis
courgette *f* Zucchini (Kürbischen) **~s à la niçoise** Zucchini, Tomaten und Zwiebeln **~s farcies** Zucchinihälften mit einer Füllung aus Bratwurst und Gewürzen im Backofen überbacken
couscous *m* nordafrikanisches Gericht aus Grieß, Kichererbsen, Hammelfleisch, Huhn, Gemüse und Brühe (es gibt Varianten in der Zubereitung)
cousinette *f* Gemüsesuppe aus Spinat, Mangold, Malven, Sauerampfer, Salatblättern, in denen eine Kalbshaxe mitgekocht wird
couteau *m* **(solen** *m***)** Scheidemuschel
couvert *m* Gedeck **~ le midi .../~ le soir ...** Gedeck mittags .../abends ... **~ pour enfants** Gedeck für Kinder
crabe *m* **(tourteau** *m***)** Taschenkrebs
crabes *m* **à la languedocienne** Tachenkrebse in Fischsud gegart, das Fleisch ausgelöst, in einer Schüssel mit einer Sauce aus dem Sud, Senf und Eigelb serviert (● Languedoc-Roussillon)
cramique *f* flämisches Hefebrot mit Korinthen (● Flandern)
crapiaux *m pl* **aux pommes** Eierpfannkuchen aus Äpfeln in Grießzucker und Cognac getränkt (● Auvergne)
crème *f* **(à la crème)** Rahm (in Rahmsauce) **~ anglaise** Creme aus Eigelb, Zucker und Vanille, mit heißer Milch unterzogen, evtl. noch Crème fraîche **~ Argenteuil (~ d'asperges)** Spargelcremesuppe **~ au chocolat** Schokoladenpudding **~ bressane** Kürbiscremesuppe **~ brûlée** „gebrannte Creme" aus Eigelb, Zucker, Milch;

Schlagsahne unterzogen und karamellisiert (beliebtes Dessert) ~ **catalane** Eiercreme mit Zitrone und Vanille (● Languedoc-Roussillon) ~ **Chantilly (~ fouettée)** Schlagsahne ~ **Choiseul** Wildcremesuppe mit Linsen, Einlage: Reis und Sauerampfer ~ **d'artichauts (~ Georgette)** Artischockencremesuppe ~ **d'avocats** Avocadocremesuppe ~ **de chou-fleur (~ Dubarry)** Blumenkohlcremesuppe ~ **de concombre** kalte Gurkencremesuppe ~ **de cresson** Kressecremesuppe ~ **de marrons** Maronencremesuppe ~ **de morilles** Morchelcremesuppe ~ **de noix** Walnusscremesuppe ~ **de poireaux** Lauchcremesuppe (● Paris und Ile-de-France) ~ **de volaille** Hühnercremesuppe ~ **Dubarry (~ de chou-fleur)** Blumenkohlcremesuppe ~ **Faubonne (~ de haricots blancs)** weiße Bohnencremesuppe mit Gemüse in Streifen ~ **Georgette (~ d'artichauts)** Artischockencremesuppe ~ **Germiny (~ d'oseille)** Sauerampfersuppe (● Paris und Ile-de-France) ~ **indienne** Hühnercremesuppe mit Curry und Reis ~ **Jackson** Kartoffelcremesuppe mit Tapioka und Lauch in Streifen ~ **La Vallière** Hühnercremesuppe mit Sellerie ~ **Lison** Reiscremesuppe mit Selleriepüree ~ **Montespan** Spargelcremesuppe mit Tapioka, Einlage: grüne Erbsen ~ **Parmentier** Kartoffelcremesuppe mit gerösteten Weißbrotwürfeln ~ **sabayon** Weinschaumcreme ~ **Soubise** Zwiebelmuscremesuppe ~ **vichyssoise** Vichyer Rahmsuppe: kalte Kartoffel-Lauch-Suppe mit gehacktem Schnittlauch bestreut, wird im Winter warm gereicht (● Auvergne)

crémets *m pl* **d'Angers** Schlagsahne mit geschlagenem Eiweiß vermischt, gekühlt, mit frischer Sahne und Vanille-Zucker (● Pays de la Loire)

créole Bananen (Wildgarnitur)

crêpes *f pl* Pfannkuchen ~ **à la farine de sarrasin** Pfannkuchen aus Buchweizenmehl (● Bretagne) ~ **Alaska (crêpes Agnès Sorel)** gefüllte Pfannkuchen mit Vanilleeis, geraspelter Schokolade, Schlagsahne und geschälten Mandeln ~ **au calvados** gefüllte Pfannkuchen mit Apfelscheiben und Rosinen in Apfelbranntwein (Calvados) eingelegt, mit Sahne serviert ~ **aux champignons**

ESSEN WIE GOTT IN FRANKREICH

Pfannkuchen mit Champignonpüree und Bayonneschinken gefüllt, mit geriebenem Schweizerkäse bestreut und überbacken **~ aux épinards** Pfannkuchen mit Spinat gefüllt, mit geriebenem Schweizerkäse bestreut und überbacken **~ aux fruits de mer** Eierpfannkuchen mit Meeresfrüchten gefüllt **~ aux gaudes avec compote de prunes** Maispfannkuchen mit Pflaumenkompott (● Burgund) **~ bretonnes** Pfannkuchen aus Weizenmehl, süß, gefüllt mit Honig oder Konfitüre (● Bretagne) **~ de pommes de terre** Kartoffelpuffer **~ de sarrasin (blinis)** Buchweizenpfannkuchen mit Auflagen oder Füllungen wie Tomaten, Schinken, Würstchen oder Käse (● Bretagne) **~ flambées au Grand Marnier** mit Grand Marnier flambierte Pfannkuchen (● Lyonnais) **~ Georgette** Pfannkuchen mit Ananas gefüllt, mit Kirschwasser aromatisiert **~ normande** mit in Calvados mazerierten Apfelscheiben und Rosinen gefüllte Pfannkuchen (● Normandie) **~ Sir Holden** feine Pfannkuchen mit Vanilleeis und heißen Himbeeren **~ Suzette** Pfannkuchen mit Orangenbuttercreme bestrichen, mit Curaçao und *Fine Champagne* (beste Cognacsorte) oder *Grand Marnier* flambiert

crépinettes *f pl* kleine Klopse in Schweinsnetz eingehüllt und meistens auf dem Rost gebraten **~ au risotto** Netzwürstchen mit Risotto

cresson *m* Kresse **~ de fontaine (cresson aliénois)** Brunnenkresse (häufig in Frankreich) **~ de jardin** Gartenkresse (selten in Frankreich)

crêtes *f pl* **de coq** Hahnenkämme: Mürbeteigtaschen mit Hackfleischfüllung

creuse *f* **de Bretagne** tiefe Felsenauster aus der Bretagne mit hellem Fleisch

crevette *f* Garnele **~ grise** Zwerggarnele (graue Krabbe) **~ rose (bouquet)** große Garnele (Granat; bestes Fleisch)

cromesquis *m pl* dünne, mit einem feinen Ragout oder Fleischfarce gefüllte Eierkuchen, zusammengerollt, in Stücke geschnitten, paniert und gebacken

croquant *m* eine Art Mandelgebäck (● Languedoc)

croque-en-bouche *m* Krachgebäck aus Windbeuteln für feierliche Anlässe: Taufe, Kommunion, Hochzeit

croque-monsieur *m* überbackener Toast mit Schinken und Käse

croquettes *f pl* aus kleinwürflig geschnittenen Bestandteilen mit einer dicken Sauce gebunden, paniert und schwimmend im Fett gebacken **~ de poisson** Fischkroketten **~ de riz** Reiskroketten **~ de volaille** Geflügelkroketten in Rollenform

crosne *m* Stachy (Knollenziest, japanische Artischocke)

Crottin *m* **de Chavignol** kleiner, runder, weicher Ziegenkäse mit einer dünnen, weißen oder blauen Schimmelrinde (● Berry und Orléanais)

croustade *f* Mürbeteigpastete mit einer Füllung **~ bressane** Mürbeteigpastete nach Art der Bresse mit einer Füllung aus Hühnerbrustfleisch, Trüffeln, Champignons, Madeira und Sahne **~ de ris de veau** Mürbeteigpastete mit Kalbsbries gefüllt

croûte *f* Kruste, Rinde **~ à l'oie fumée** runde Weißbrotscheibe mit geräucherter Gänsebrust **~ aux morilles** Weißbrotscheiben mit Morcheln in Béchamelsauce überbacken (● Franche-Comté) **~ comtoise** überbackenes Gericht aus Morcheln in Sahne, Schinkenspeck und Landbrot (● Franche-Comté) **~ savoyarde** überbackene Käseschnitte aus Blätterteig mit Schinken und Mornaysauce (● Savoie)

crudités *f pl* **de saison** Rohkost je nach Jahreszeit

crustacés *m pl* Krustentiere (Krebse, Hummer, Langusten usw.)

cuisine *f* Küche **~ bourgeoise** bürgerliche Küche **~ diététique** Diätküche

cuisse *f* Keule (Schlegel, Stotzen), Schenkel von Geflügel

ESSEN WIE GOTT IN FRANKREICH

cuisseau *m* Keule (Schlegel, Stotzen des Kalbs) **~ de veau rôti** gebratene Kalbskeule

cuisses *fpl* **de grenouille** Froschschenkel

cuissot *m* **(gigue** *f***)** Keule (Schlegel) von großem Haarwild **~ de chamois** Gemskeule (● Savoie) **~ de chevreuil grand-veneur** Rehkeule in Pfeffersauce mit Blut gebunden, Johannisbeergelee und Maronenpüree

culotte *f* Schwanzstück (Hüfte) von Schlachttieren

cumin *m* **(carvi** *m***)** Kümmel

curcuma *m* Kurkuma (Gelbwürz)

curry *m* **(cari, cary)** Currypulver **~ de veau** Kalbscurry mit Reis

Cyrano Artischockenböden mit Champignonpüree gefüllt (Fleischgarnitur)

D

dacquoise *f* Mandelbiskuittorte aus der Gegend von Dax (● Aquitaine)

daim *m* Damhirsch, vorzugsweise vorher mariniert

dame *f* **blanche** Vanilleeis mit Mandelcreme

darne *f* Mittelstück oder dicke Scheiben von größeren Fischen **~ de saumon grillée** Lachsmittelstück am Rost

dartois *m* Blätterteigschnitten **~ à la frangipane** Blätterteigschnitten mit Mandelcreme gefüllt **~ aux filets de sole** Blätterteigschnitten mit Seezungenfilets gefüllt, mit Blätterteig bedeckt und gebacken **~ Lucullus** Blätterteigschnitten mit Gänseleberpüree und gehackten Trüffeln gefüllt

datte *f* Dattel

daube *f* Schmorfleisch **~ de bœuf (bœuf en daube)** mariniertes und geschmortes Rindfleisch in Rotwein mit Kräutern und Tomaten **~ à l'armagnac** Rindfleischstücke, angebraten, mit Armagnac flambiert, mit Schinken, Knoblauch, Zwiebeln, Karotten angedünstet und in Rotwein (vorzugsweise *Madiran* aus dem Béarn) geschmort, mit gerösteten Weiweißbrotscheiben gereicht **~ de mouton** geschmortes Hammelfleischgericht **~ provençale** geschmortes Rindfleisch in Rotwein mit Zwiebeln, Karotten und Knoblauch (● Provence)

Dauphin *m* im ganzen Norden anzutreffender *Maroilles*-Käse mit ziegelroter Rinde, angereichert mit Petersilie, Estragon, Pfeffer und Nelken in Fisch, Herz- oder Stangenform

dauphinoise (à la dauphinoise) gratinierte Kartoffeln, oft mit Eiern, Milch, Sahne und geriebenem Käse

daurade *f* **(dorade)** Goldbrasse (Goldbarsch; etwa 200 Sorten) **~ farcie à l'estragon** gegrillte Goldbrasse mit Estragonblättern gefüllt **~ grillée à la niçoise** gegrillte Goldbrasse mit Tomaten-Sardellen-Sauce **~ royale** echte Goldbrasse aus dem Mittelmeer (die beste und teuerste)

de choix von ausgesuchter Qualität

dégustation *f* **de vins** Weinprobe **~ gratuite** kostenlose Weinprobe

dégustez la bouteille du patron probieren Sie den Wein des Hauses

déjeuner *m* **1.** Mittagessen **2.** zu Mittag essen *(als Verb)* **petit ~** Frühstück **prendre le petit ~** frühstücken

délices *f pl* **de sole en pâte feuilletée** Seezungenfilets in Blätterteig

demande *f* **(sur demande)** auf Anfrage, auf Verlangen

demi-deuil (wörtlich: „in Halbtrauer") Trüffeln, helle Geflügelsauce mit Champignons in Rotweinsauce (schwarz-weiße Geflügelgarnitur)

demi-douzaine *f* **(½ d.)** ein halbes Dutzend

demi-glace *f* Kraftsauce: Grundsauce für viele braune Saucen mit Rotwein, Schalotten, Kräutern, Fleischextrakt, Tomaten und Tomatenmark

demi-homard *m* **mayonnaise** halber Hummer mit Mayonnaise

demi-portion *f* halbe Portion

demi-poulet *m* **rôti** halbes Brathähnchen

Demidof(f) (Demidow) Karotten, weiße Rüben, Trüffeln (Geflügelgarnitur)

demoiselles *f pl* **de Cherbourg (langoustines** *f pl***)** Kaisergranaten oder große Garnelen aus der Gegend von Cherbourg (● Normandie)

dent-de-lion *f* **(pissenlit** *m***)** Löwenzahn

desserts *m* Nachspeisen

diabétique diabetisch; Diabetiker(in)
diable Geflügel mit Senf eingerieben, paniert und gegrillt, mit Teufelsauce serviert
Diane (à la Diane) Maronenpüree, Wildrahmsauce (Wildgarnitur)
dieppoise (à la dieppoise) pochiert, Weißweinsauce, Muscheln, Champignons und Krabben (Fischgarnitur)
diététique diätetisch; Diätetik
dinde *f* Pute (Truthenne) ~ **à l'américaine** gebratene Pute mit Weißbrot, Kalbsnierenfett, Zwiebeln, Eiern, Petersilie und Salbei gefüllt, mit Preiselbeeren angerichtet ~ **à la languedocienne** gebratene Pute nach Art des Languedoc mit Tomaten, Auberginen und Steinpilzen ~ **farcie aux marrons** gebratene Pute mit Kastanien gefüllt
dindon *m* Puter (Truthahn)
dindonneau *m* junger Truthahn ~ **à la bourgeoise** junge Pute mit glasierten Zwiebelchen, Karotten und Speckwürfeln geschmort
dîner *m* Abendessen (selten vor 20.00 Uhr); zu Abend essen *(als Verb)* ~ **de gala** Festessen ~ **spectacle** Abendessen mit Show
diots *m pl* **au vin blanc** Savoyer Würste, die in einem Topf über Kartoffeln und Rebenholz mit Weißwein gedünstet werden
diplomate *m* **aux fruits confits** in einer Charlottenform, Löffelbiskuits, kandierte Früchte und Crememasse, gestürzt und kalt serviert
discrétion (à discrétion) soviel man will, nach Belieben
Doria gebraten, mit Salatgurke (Fischgarnitur)
Double-crème *m* Doppelrahmfrischkäse
doucette *f*, **mâche** *f* Feldsalat (Rapunzel)
douceurs *f pl* Süßigkeiten (Leckereien)
douillon *m* Birne in Blätterteig (● Normandie)
douzaine *f* **(12)** das Dutzend (pro Dutzend)
Dubarry (à la Dubarry) kleine Blumenkohlröschen mit Mornaysauce nappiert und glasiert, Schlosskartoffeln (Fleischgarnitur)
duchesse (à la duchesse) Kartoffelmasse → *pommes duchesse*

duchesse *f* **de Sarlat** Charlotte mit Walnusscreme (● Périgord)

Dugléré (à la Dugléré) pochiert, Weißweinsauce, fein gehackte Tomaten (Fischgarnitur)

Dumas (à la Dumas) glasierte Karotten, braisierte Kohlköpfchen, gebratener Speck in Würfeln (Fleischgarnitur)

duxelles *f* Füllung aus Champignons, Schalotten und Kräutern

E

écarlate (à l'écarlate) Rind- oder Schweinefleisch, durch Pökeln konserviert

échalote *f* Schalotte (feineres Aroma als Zwiebel)

échine *f* Nacken, Hals oder Kamm (meistens vom Schwein)

éclair *m* gefüllte Brandteigstengel **~ au café** Kaffee-Eclair **~ au chocolat** Schokoladen-Eclair

écrevisse *f* Flusskrebs **~s à la bordelaise** Krebse im Fischsud mit trockenem Bordeaux-Weißwein und Cognac gekocht, mit Béchamelsauce, frischer Sahne und Petersilie gereicht (● Bordelais) **~s à la crème** Krebse mit Karotten, Zwiebeln, Schalotten angedünstet, mit Cognac flambiert und mit Rahmsauce serviert **~s à la nage** Krebse im Fischsud mit dem Weißwein *Chablis* (● Burgund) **~s à la Nantua** Krebsschwänze mit Béchamel-Sahne-Sauce und Trüffelscheiben **~s à la provençale** Krebse mit einer Sauce aus Zwiebeln, Karotten, Weißwein, Tomaten und Kräutern **~s au gratin** Krebsschwänze mit Käse-Sahne-Sauce gratiniert **~s en buisson** Pyramide von Krebsen im Fischsud gekocht und mit krauser Petersilie pyramidenförmig aufgebaut

églantine *f* **(cynorodon** *m***)** Hagebutte

ESSEN WIE GOTT IN FRANKREICH

églefin *m* **(aiglefin, aigrefin)** Schellfisch (großer Nordseefisch)

élan *m* Elch (Haarwild)

elzekaria *f* baskische Suppe aus Kohl, weißen Bohnen, Zwiebeln, Speck und Knoblauch

émincé *m* Geschnetzeltes **~ de bœuf** geschnetzeltes Rindfleisch **~ de foie de veau aux échalotes** geschnetzelte Kalbsleber mit Schalotten **~ de porc aux olives** geschnetzeltes Schweinefleisch mit Oliven

Emmental *m* Hartkäse aus Kuhmilch, französischer Emmentaler, ist an seinen großen Löchern leicht erkennbar

en supplément (en sus) mit Aufpreis

encornet *m* **(calmar** *m***)** Kalmar **~s à l'américaine** Kalmare mit Cognac und Tomaten-Rahm-Sauce **~s à la portugaise** Kalmare in kalter, scharfer Tomatensauce

endive *f* **(endive belge, endive witloof)** Chicorée **~s à la béchamel** gedünsteter Chicorée mit Milchsauce **~s au beurre** gedünsteter Chicorée mit Butter und Zitronensaft **~s au gratin** Chicorée mit Käse überbacken **~s braisées** geschmorter Chicorée **~s meunière** gedünsteter Chicorée mit brauner Butter begossen **~s Mornay** Chicorée mit Käsesauce überbacken

entier, entière ganz, nicht zerteilt

entrecôte *f* Zwischenrippenstück (Mittelrippenstück), aus dem Rippenstück geschnitten, das dem Ende des Roastbeefs entspricht (160–180 g) **~ à la bordelaise** gegrilltes Zwischenrippenstück vom Rind, ohne Rotweinsauce gereicht, nur mit Schalotten **~ aux girolles (~ aux chanterelles)** gegrilltes Zwischenrippenstück mit Pfifferlingen **~ Bercy** Zwischenrippenstück mit Bercybutter: Weißwein, Schalotten, Rindermark, gehackte Petersilie, Zitronensaft und Gewürze mit Butter vermischt **~ bordelaise** gegrilltes Zwischenrippenstück vom Rind mit Rotweinsauce und Rindermarkscheiben (● Bordelais) **~ double** doppeltes Zwischenrippenstück für zwei Personen (350–400 g) **~ maître d'hôtel** gegrilltes Zwischenrippenstück mit Kräuterbutter **~ marchand de vin** gegrilltes Zwischenrippenstück in Rotweinsauce **~ minute** Zwischenrippenstück für eine Person; kurz und schnell gebraten oder gegrillt ~ **Mirabeau** gegrilltes Zwischenrippenstück, garniert mit Sardellenstreifen, Sardellenbutter, entsteinten Oliven, Estragonblättern, Strohkartoffeln und Brunnenkresse ~ **vert-pré** gegrilltes Zwischenrippenstück mit Kräuterbutter, garniert mit Strohkartoffeln und Brunnenkresse

entrées *f pl* **(hors-d'œuvre** *m pl* **chauds)** meistens warme Vorspeisen, Zwischengerichte (zwischen Vorspeise und Hauptgericht oder nach der Suppe)

entremets *m pl* Süßspeisen als Dessert (vor dem Obst serviert)

épaule *f* Schulter (Bug, Blatt) von Schlachttieren

épaule *f* **d'agneau braisée** geschmorte Lammschulter ~ **de pré-salé** gebratene Lammschulter → *pré-salé*

épaule *f* **de cerf rôtie** gebratene Hirschschulter

épaule *f* **de mouton** Hammelschulter (Hammelblatt) ~ **au riz** Hammelschulter auf Reis (● Auvergne) ~ **basquaise** Hammelschulter mit Paprikaschoten gefüllt (● Baskenland) ~ **farcie** gefüllte Hammelschulter

épaule *f* **de porc portugaise** Schweineschulter mit Tomaten und Reis

épaule *f* **de veau** Kalbschulter (Kalbsbug) ~ **boulangère** geschmorte Kalbsschulter mit Kartoffeln und Zwiebelscheiben

éperlan *m* Stint (Meeres- und Flussfisch) ~**s frits** panierte Stinte in der Frittüre gebacken, mit frittierter Petersilie gereicht

épi *m* **de maïs** Maiskolben

épicé, épicée pikant; scharf gewürzt

épices *f pl* Gewürze

épigramme *f* Bruststück mit Kotelett vom Hammel oder Lamm, paniert, gegrillt oder sautiert

épinards *m pl* Spinat ~ **en branches au jus** gekochter Blattspinat mit Fleischsaft ~ **en soufflé** Spinatauflauf

Époisses *m* cremiger Kuhmilchkäse mit ausgeprägt kräftigem Geschmack (● Burgund)

Ervy-le-Châtel *m* Kuhmilchkäse in Form einer stumpfen Pyramide, stark saftig, wie *Chaource* im Geschmack (● Champagne)

escabèche *f* **1.** Sauce aus eingekochtem Essig und Minze **2.** gebratener oder frittierter Fisch, mariniert und kalt serviert

escalope *f* Schnitzel **~ de chevreuil Baden-Baden** Rehschnitzel mit halben Birnen garniert, Johannisbeergelee und Wildrahmsauce **~ de mouton** Hammelschnitzel **~ de porc panée** paniertes Schweineschnitzel

escalope *f* **de veau** Kalbsschnitzel **~ à l'anglaise** paniertes Kalbsschnitzel, angerichtet auf gebratener Schinkenscheibe **~ à la crème** schnell gebratenes Kalbsschnitzel mit Rahmsauce überzogen **~ cordon bleu** paniertes Kalbsschnitzel mit Schinken und Käse überbacken **~ viennoise** paniertes Kalbsschnitzel mit Zitronenscheibe, Sardellenfilet und Kapern

escargots *m pl* Schnecken **~ à l'alsacienne** das Gehäuse mit der im Weißweinsud gekochten Schnecke wird mit Butter, Anis und Petersilie gefüllt (● Elsass) **~ à la bourguignonne** Schnecken in Kräuterbutter **~ à la cauderan** Schnecken in einer Sauce aus gehacktem, gekochtem Schinken, Schalotten, Knoblauch, Brotkrumen, Weißwein und Brühe gekocht **~ à la languedocienne** Schnecken in einer Sauce aus Tomaten, Anchovis und gehackten Walnüssen (● Languedoc-Roussillon) **~ à la narbonnaise** Schnecken in Salzwasser mit Lorbeerblatt gekocht, dann in Olivenöl und zermahlenen Walnüssen, Sardellen und Knoblauch angebraten (● Spezialität aus der Umgebung von Narbonne, Languedoc) **~ à la suçarelle** Weinbergschnecken in Weißwein mit Zwiebeln, Hackfleisch, Tomaten, Petersilie gekocht (● Provence)

escarole *f* **(scarole** *f*, **chicorée** *f* **frisée)** krause Endivie

espadon *m* Schwertfisch (sehr begehrter Hochseefisch des Atlantiks und Mittelmeers)

espagnole *f* sehr dicke Muschelart, meistens roh gegessen

estouffade *f* Schmorbraten **~ de bœuf** Rinderschmorbraten in Rotwein mit Karotten, Speck und Zwiebeln (● Auvergne) **~ de bœuf provençale** gedämpftes Rinderragout mit Tomaten und schwarzen Oliven **~ de perdrix aux lentilles** Rebhühner, geschmort mit Zwiebeln, Karotten, Speck, Weißwein und Brühe, mit Linsen gereicht

(● Auvergne) **~ de tripes** gedünstete Kutteln/Kaldaunen (● Montpellier)

estouffat *m* Ragout **~ de bœuf à la béarnaise** Ragout aus Rindfleisch, Gemüse und Rotwein, manchmal auch mit Maismehlbrei gereicht (● Béarn) **~ de haricots** Ragout aus weißen Bohnen, Speck, Zwiebeln, Knoblauch und Tomaten (● Languedoc-Roussillon)

estragon *m* Estragon

esturgeon *m* Stör (Wanderfisch; großer Meer- und Flussfisch, Rogen zu Kaviar verarbeitet) **~ à la normande** in Weißweinsud pochierter Stör, garniert mit Austern, Muscheln, Krabben und Champignons **~ à la provençale** Störscheiben mit Sardellenfilets gespickt und mariniert, mit Zwiebeln, gewürfelten Tomaten, Knoblauch, Weißwein und Kapern gebraten

étuver (cuire à l'étouffée) dünsten (in wenig Fett oder Flüssigkeit zugedeckt garen)

Excelsior gedünsteter Kopfsalat, Schmelzkartoffeln (Fleischgarnitur)

F

faisan *m* Fasan **~ à l'alsacienne** geschmorter Fasan mit Bratwurst, Speckscheiben, angerichtet auf Sauerkraut (● Elsass) **~ à la normande (faisan au calvados)** gedünsteter Fasan mit Apfelbranntwein, Apfelspalten und Rahmsauce flambiert **~ au genièvre** Fasan, gefüllt mit Wacholderbeeren **~ en barbouille** Fasan in Stücke zerlegt, mit Karotten, Zwiebeln und Gewürzen geschmort, mit Armagnac flambiert, in Rotwein und Fleischbrühe geschmort, mit Champignons, kleinen Zwiebeln, Speckwürfeln und Trüffelscheiben **~ en chartreuse (faisan aux choux)** geschmorter Fasan mit Speck, Würstchen, Kohl und Gemüse

faisandeau *m* **(faisanneau** *m***)** junger Fasan

falette *f* gefüllte Hammel-, Lammbrust mit Karotten, Zwiebeln und weißen Bohnen (● Auvergne und im Languedoc-Roussillon)

faon *m* Junges von Rot-, Dam- und Rehwild

far *m* **breton** Fladenkuchen mit Backpflaumen, Rosinen, Trockenobst und Zucker, mit Gelee, Konfitüre oder Honig gefüllt (● Bretagne)

far *m* **du Poitou** Kohlblätter mit gekochtem, grünem Gemüse, Speck und Schweinefleisch in Gemüsebrühe gegart (● Poitou)

farandole *f* Auswahl **~ de fromages** große Käseauswahl **~ de hors-d'œuvre** Vorspeisenauswahl

farce *f* **angevine** helle Fleischsauce nach Art des Anjou mit Fleisch, Speck und Kräutern

farci, farcie gefüllt mit Fleisch, Fisch, Gemüse, Geflügel usw.

farcis *m pl* **du Mont de Lans** (auch mit anderen lokalen Zusätzen) Knödel aus altbackenem Brot, Butter, Zwiebeln und Lauch, serviert mit gepökeltem Schweinefleisch, Kochwurst und Kartoffeln (● Rhônetal und Dauphiné)

farçon *m* Süßspeise aus Kartoffeln, Eiern, Zucker, Butter, eventuell Obst und Likör (● Dauphiné und Savoie) **~ des Bauges** Kartoffelgericht, das mit Zucker, Butter, Mehl und Crème fraîche in einer Gratinform zubereitet wird (● Savoie) **~ du Grésivaudan** gebackenes Hackfleisch (● Isère-Tal)

farinages *m pl* Teigwaren

farineux *m pl* Mehlspeisen

fausse tranche *f* Kugel (Nuss, Sternrose), Teil des hinteren Rinderoberschenkels

faux-filet *m* **(contre-filet, rosbif)** flaches Roastbeef (Hochrippe), Teil des Rückenstückes des Rindes **~ forestière** flaches Roastbeef mit gedünsteten Morcheln, gebratenen Speckwürfeln, Bratkartoffeln und *Duxelles*-Sauce

faverolle *f* Krapfen verschiedener Form

favorite **1.** gebratene Gänseleber, Trüffelscheiben, Spargelspitzen, Bratkartoffeln zu kleinen Fleischstücken (Fleischgarnitur) **2.** geviertelte Artischockenböden, gedünsteter Bleichsellerie, Schlosskartoffeln zu großen Fleischstücken (Fleischgarnitur)

fenouil *m* Fenchel **~ à la tomate** Fenchel mit Zwiebeln, gepökeltem Fleisch, Knoblauch und Tomaten in Olivenöl und Weißwein gegart **~ bâtard (aneth)** Dill

féra *f* Felchen (● Genfer See) **~ aux amandes** Felchen mit Mandeln (● Rhônetal und Dauphiné) **~ froide du Léman** Felchen aus dem Genfer See, kalt mit Senfsauce serviert (● Savoie)

fermé, fermée geschlossen

ferme-auberge *f* Bauerngasthof

fermeture *f* Schließung **~ annuelle** jährliche Betriebsferien **~ hebdomadaire** wöchentlicher Ruhetag

fermière gedünstete Scheiben von Karotten, weißen Rüben, Knollensellerie, Zwiebeln, gebratenen Speckwürfeln und Olivenkartoffeln (Geflügelgarnitur)

feuille *f* **de chêne** Eichblattsalat

Feuille *f* **de Dreux** Kuhmilchkäse, teilweise entrahmt, in Edelkastanienblätter gewickelt (● Ile-de-France)

feuilleté *m* gebackener Blätterteig; Blätterteigpastetchen **~ aux fruits** Blätterteigtörtchen mit Früchten **~ de ris de veau** Kalbsbries in Blätterteigpastete

fève *f* kleine Saubohne

fiadone *m* eine Art Käseauflauf aus Kastanienmehl, Eiern, Zucker und Brocciu-Käse (● Korsika)

ficelle *f* **picarde** dünner Pfannkuchen mit Schinken, Béchamelsauce und Champignons gefüllt (● Picardie)

figatelli *m pl* Würstchen aus Schweineleber, Schweinezunge und verschiedenen Gewürzen (● Korsika)

figue *f* Feige

filet *m* **1.** Schlachtvieh: Filet (Lende, Lummer, Lummel) **2.** Brust beim Geflügel **3.** Fischfilets, beiderseits der Rückengräte

filet *m* **de bœuf** Rinderfilet **~ à la périgourdine** ein mit kleinen, geschnittenen Trüffeln gespicktes Rinderfilet, geschmort in Bouillon und Madeira **~ berrichonne** gebratenes Rinderfilet mit Kohl, Maronen, Zwiebeln und gebratenem Speck **~ bouquetière** gebratenes Rinderfilet mit Gemüsegarnitur in kleinen Bouquets **~ languedocienne** gebratenes Rinderfilet mit Steinpilzen, Schalotten, Knoblauch, Auberginenscheiben und Tomaten **~ Wellington** Rinderfilet in Blätterteig gebacken, mit leichter Duxellessauce mit Madeira

filet *m* **de lapereau au Vouvray** Filets von jungen Kaninchen in Vouvrayweinsauce (● Pays de la Loire)

filet *m* **de porc braisé** geschmorte Schweinelende

filet *m* **de veau** Kalbsfilet (Kalbslende) ~ **ambassadeur** Kalbsfilet mit Gänseleber und Trüffeln gespickt, Morchelsauce ~ **napolitaine** Kalbsfilet auf geschmolzenen Tomaten mit Parmaschinken und Käse überbacken, dazu Spaghetti

filet *m* **mignon de bœuf** Rinderlendchen vom dünneren Ende des Filets

filet *m* **de porc aux cèpes** dünne Schweinefiletschnitten mit Steinpilzen

filets *m pl* **de hareng** Heringsfilets ~ **Parmentier** Heringsfilets mit Kartoffelsalat

filets *m pl* **de Saint-Pierre** Filets vom Petersfisch ~ **à l'oseille** Filets vom Petersfisch mit Sauerampfer ~ **au coulis de tomates** Filets vom Petersfisch mit geschmolzenen Tomaten

filets *m pl* **de sole** Seezungenfilets ~ **à la dieppoise** Seezungenfilets in Weißweinsauce mit Muscheln, Champignons und Krabben (● Normandie) ~ **au vin blanc** pochierte Seezungenfilets, bedeckt mit Weißweinsauce ~ **dieppoise** pochierte Seezungenfilets, garniert mit Muscheln, Champignons, Krabben und Weißweinsauce ~ **Dumas** pochierte Seezungenfilets, bedeckt mit Weißweinsauce, gehackten Kräutern und geschmolzenen Tomaten ~ **Joinville** pochierte und gefaltete Seezungenfilets im Kranz angerichtet, mit Krebssauce bedeckt, in der Mitte gefüllt mit Ragout von Champignons, Trüffeln und Krabben ~ **Louisiane** gebratene Seezungenfilets, bedeckt mit Bananenscheiben, roten Paprikaschotenwürfeln, Tomaten und brauner Butter ~ **Marguery** Seezungenfilets mit Weißweinsauce, Muscheln und Krabben (● Paris und Ile-de France)

filets *m pl* **de truite fumés** geräucherte Forellenfilets

filets mignons dünne Lendenschnitten aus der Filetspitze ~ **d'agneau** dünne Lammfiletschnitten ~ **de veau** dünne Lendenschnitten vom Kalb ~ **Stroganoff** dünne

Lendenschnitten mit Sauce aus saurer Sahne und Champignons übergossen

financière (à la financière) grüne Oliven, Champignonköpfe, Trüffelscheiben, Hahnenkämme und Geflügelklöße (Fleisch- und Geflügelgarnitur)

fines *f pl* Austern **~ de Belon** Belon-Austern (● Bretagne) **~ de claire** tiefe Austern aus der Charente-Maritime, drei Monate alt, grünfleischig und sehr schmackhaft

fines herbes *f pl* gehackte frische Kräuter (Basilikum, Estragon, Kerbel, Petersilie, Rosmarin, Schnittlauch, Thymian usw.)

flageolet *m* grüne Bohnenkerne

flamande (à la flamande) geschmorte oder pochierte kleine Kugeln von Weißkohl, glasierten Karotten und weißen Rüben (Fleischgarnitur)

flambé à votre table am Tisch flambiert

flamiche *f* Lauchkuchen, nur das Weiße wird verwendet, mit zahlreichen Varianten: Zwiebeln oder verschiedenen Gemüsen oder Chicorée usw., mit und ohne Fleischfüllung

flammekueche *m* **(tarte** *f* **flambée)** flacher Brotteigkuchen mit Quark, Rahm, Zwiebeln, Speckwürfeln (● Elsass)

flamri *m* **aux fraises** Grießpudding mit Erdbeerpüree

flan *m* flacher Kuchen mit Obstbelag, Pudding **~ aux poires charentais** Birnenkuchen aus Mürbeteig (● Charentes) **~ aux cerises** Kirschtorte mit Eierstich überzogen

flanchet *m* **(flanchet du prin)** dünner Lempen (Lappen), hinterer Teil des Bauches beim Rind oder Kalb

flet *m* Flunder (Elbbutt, Sandbutt; Plattfisch)

flétan *m* Heilbutt (Plattfisch) **~ à la lilloise** pochierte Heilbuttscheiben, bedeckt mit Weißweinsauce, vermischt mit Tomatenmark, gehacktem Estragon und gebratenen, geräucherten Speckstreifen **~ Mirabeau** Heilbutt in Weißwein gedünstet, mit Sardellenstreifen und gehacktem Estragon garniert, mit Weißweinsauce bedeckt

fleuron *m* kleine geformte und dekorierte Blätterteigdreiecke und Blätterteighalbmonde als Garnitur

florentine (à la florentine) pochiert, Blattspinat, mit Käsesauce überbacken (Fleisch- und Fischgarnitur)

foie *m* Leber **~ de bœuf** Rinderleber **~ de canard aux raisins (aux pommes)** Entenleber im Backofen gebacken, mit Weißwein, Tomatenpüree, etwas Brühe und pochierten, entkernten, abgezogenen Trauben (Bratäpfelscheiben) gereicht **~ de porc en papillote** Schweineleber in Alufolie gegart **~ de volaille** Geflügelleber

foie *m* **de veau** Kalbsleber **~ américaine** gegrillte Kalbsleber mit Magerspeckscheiben und Tomaten **~ Bercy** gegrillte Kalbsleber mit Bercybutter **~ meunière** Kalbsleber in Mehl gewendet, in Butter gebraten, mit Zitronensaft serviert **~ sauté à la lyonnaise** gebratene Kalbsleber mit Zwiebeln, einem Schuss Essig und Petersilie (● Lyonnais)

foie *m* **gras** Gänseleber **~ de canard aux raisins** in Portwein und Gewürzen eingelegte Entenleber, mit Trauben gekocht und auf getoasteten Brotscheiben serviert (● Midi-Pyrénées) **~ de Strasbourg** Straßburger Gänseleberpastete (● Elsass) **~ truffé** getrüffelte Gänseleberpastete

fondants *m pl* **de foies de volaille** Krusteln mit Hühnerleberpüree **~ de grives** birnenförmige Krammetsvögelkrusteln

fonds *m pl* **d'artichauts** Artischockenböden **~ aux fines herbes** Artischockenböden mit Kräutern **~ aux morilles** Artischockenböden mit Morcheln gefüllt (● Dauphiné und Savoie) **~ et pointes d'asperges en salade** Salat aus Artischockenböden und Spargelspitzen **~ farcis aux champignons** Artischockenböden mit Champignons gefüllt **~ Orly** Artischockenböden mariniert, in Backteig getaucht, in der Frittüre gebacken, mit Tomatensauce serviert

fondue *f* Fondue **~ bourguignonne** Fleischfondue mit pikanten Beilagen (● Burgund) **~ de Franche-Comté**

ESSEN WIE GOTT IN FRANKREICH

Fondue mit *Comté*-Käse, Weißwein, Knoblauch und Kirschwasser (● Franche-Comté) **~ savoyarde** Käsefondue: geschmolzener Käse (*Beaufort, Comté* oder *Gruyère*) mit herbem Weißwein und Kirschwasser zubereitet, in den man Brotwürfel taucht (● Savoie)

forestière **1.** gebratene Morcheln oder Steinpilze, Räucherspeckwürfel, Bratkartoffeln (Geflügelgarnitur) **2.** Champignons, Pfeffersauce (Wildgarnitur)

fouace *f pl* **(fouasse)** **1.** flacher, gebackener Kuchen aus Hefe oder Briocheteig **2.** Hefezopf mit Butter, Eiern, Zucker, Öl, Engelwurz, kandierten Früchten und mit Orangenblüten aromatisiert **~ tourangelle aux noix** Kuchen aus der Touraine mit Nüssen und Trauben

fougassettes *f pl* kleine Weizenkuchen mit Safran und Orangenblüten gewürzt (● Provence)

Fourme *f* **d'Ambert** blaugrüngeäderter Käse aus Kuhmilch (● Auvergne)

fourré, fourrée gefüllt

frais, fraîche frisch (kühl)

fraise *f* Erdbeere **~ des bois** Walderdbeere **~ de veau frite** Kalbsgekröse gebacken **~s cardinal** Erdbeeren mit Himbeerpüree und Mandelstiften **~s Melba** Erdbeeren auf Vanilleeis mit Himbeerpüree **~s Romanoff (Romanov)** Erdbeeren in Orangenlikör und Zucker eingelegt und mit Schlagsahne vermischt

fraisier *m* Erdbeertorte mit Buttercreme und Erdbeerkonfitüre gefüllt, mit Kirschwasser aromatisiert

framboise *f* Himbeere

frangipane *f* Mandelcreme

fressure *f* Gericht mit Innereien von Schlachttieren **~ d'agneau** Innereien vom Lamm als Ragout **~ d'Anjou** Gericht aus Lamminnereien mit Zwiebeln in trockenem Weißwein aus Anjou (● Pays de la Loire)

friandises *f pl* kleines, süßes Gebäck (Teegebäck)

fricadelles *f pl* Frikadellen

fricandeau *m* **de veau** Kalbsfrikandeau (aus der Kalbsnuss) mit Speck gespickt **~ aux olives** Kalbsfrikandeau in Schweineschmalz angebraten, mit Zwiebeln, Karotten und Tomaten in Weißwein und Fleischbrühe gegart, mit grünen Oliven serviert (● Languedoc-Roussillon) **~ provençale** gebratene Schnitte von gespickter Kalbskeule mit Knoblauch, Tomatenmark, schwarzen Oliven und Steinpilzen

fricassée *f* Frikassee **~ d'agneau à l'ancienne** Lammfrikassee mit einer Beilage aus kleinen Zwiebeln und Champignons **~ de poulet à l'angevine** Masthuhn mit Knoblauch, Zwiebeln, Thymian, Champignons, Tomaten in Weißwein und Sahne gedünstet, dazu Erbsen, grüne Bohnen, Karotten und weiße Rüben (● Pays de la Loire) **~ de veau** Kalbsfrikassee mit Eigelb und süßem Rahm legiert

frisée *f* krause Endivie (Winterendivie)

frit, frite schwimmend in heißem Fett oder Öl ausgebacken

frites *f pl* Abkürzung für Pommes frites

fritots *m pl* in Backteig Gebackenes **~ d'amourettes (amourettes frites)** gebackenes Rückenmark **~ de cervelle** pochiertes Hirn, mariniert, durch Backteig gezogen und in der Frittüre gebacken **~ de raie** pochierte Rochenstücke in Backteig getaucht und in der Frittüre gebacken **~ de ris de veau** Kalbsbries in Backteig in der Frittüre gebacken **~ de tête de veau** Kalbskopf in Backteig in der Frittüre gebacken

friture *f* **d'Ile-de-France** frittierte kleine Fische wie Ukeleie (● Paris und Ile-de-France) **~ de goujons** Gründlinge in der Frittüre gebacken mit frittierter Petersilie

froid, froide kalt

fromage *m* Käse **~ affiné** gereifter Käse **~ au poivre** französischer Pfefferkäse: aus *Comté* oder Emmentaler hergestellt, in grobem schwarzem Pfeffer gewälzt, bis sich eine dicke Pfefferkruste gebildet hat **~ aux herbes** Frischkäse mit Kräutern und Knoblauch **~ aux noix** französischer Nusskäse: Schmelzkäsezubereitung aus *Comté* oder Emmentaler, belegt mit Walnüssen, die manchmal auch im Teig sind **~ blanc** Speisequark, oft mit Kräutern und Gewürzen oder süß erhältlich **~ de brebis**

Schafskäse ~ **de chèvre** Ziegenkäse ~ **de tête (hure de porc)** Schweinskopfsülze ~ **des Chaumes** würziger Weichkäse aus Kuhmilch mit intensivem Duft (● Aquitaine) ~ **des Pyrénées** Pyrenäenkäse, ursprünglich aus dem Baskenland, ein milder Schnittkäse aus Kuhmilch mit schwarzer Rinde

fromages *m pl* Käsesorten ~ **au choix** Käse zur Auswahl ~ **à pâte dure** Hartkäse ~ **à pâte molle** Weichkäse

fruits *m pl* Obst (Früchte) ~ **frais** frisches Obst ~ **confits** kandierte Früchte ~ **de la passion** Passionsfrucht (Maracuja) ~ **rouges** rote Beeren ~ **séchés** Backobst (Dörrobst)

fruits *m pl* **de mer** Meeresfrüchte (Austern, Muscheln, Meereskrebse usw.) ~ **en brochette** Spießchen mit Meeresfrüchten ~ **en timbale** Blätterteigpastetchen mit Meeresfrüchten

fumé, fumée geräuchert

G

galantine *f* gesülzte Pastete ~ **de cochon de lait** gesülzte Spanferkelpastete (● Auvergne) ~ **de dinde truffée** gesülzte und getrüffelte Truthahnpastete (● Périgord)

galette *f* flacher Butterkuchen aus Blätterteig ~ **des rois** flacher Dreikönigskuchen aus Blätterteig, gefüllt mit Mandelcreme ~ **normande** Blätterteigtorte mit Sahne und Konfitüre oder Äpfeln garniert (● Normandie)

Gaperon *m* Käse aus entrahmter Kuhmilch oder Buttermilch mit Knoblauch (● Auvergne)

garbure *f* gehaltvoller Eintopf aus Grünkohl, meistens auch Wachsbohnen, weißen Bohnen, Kartoffeln, Suppenkraut und eingemachtem Gänse-, Enten- oder Schweinefleisch oder Wurst; einige Béarner gießen die *garbure* über Schwarzbrotscheiben in ihren Teller und fügen Rotwein hinzu (● Südwestfrankreich) ~ **dauphinoise** Gemüsesuppe aus Zwiebeln, Kartoffeln, Kürbis, Mangold, Milch, geriebenem Käse und Croûtons

garçon *m* Kellner (etwas herabwürdigend), besser: *monsieur*

gardiane *f* **d'agneau** Lammkotelett mit Kartoffeln, Knoblauch und Olivenöl gegart (● Provence-Alpes-Côte-d'Azur)

gardon *m* Plötze (Rotauge; kleiner Süßwasserfisch)

garniture *f* Beilage **~ au choix** Beilage nach Wunsch **~ de légumes de saison frais** mit Gemüsebeilage der Saison

gasconnade *f* Hammelkeule mit Knoblauch und Sardellen (● Gascogne)

gastronome **1.** gebratene Morcheln, Hahnenkämme, Trüffeln, glasierte Maronen (Geflügelgarnitur) **2.** Morcheln, Maronen, Lammbrieschen, Hahnenkämme und Hahninnereien (Wildgarnitur)

gâteau *m* Kuchen; Gebäck; Pastete **~ aux marrons** Kastanienkuchen (● Auvergne) **~ aux noix de Grenoble** Grenobler Walnusskuchen **~ breton** flacher, runder Mürbeteigkuchen mit eingelegten Früchten in Rum **~ (terrine) de foie de porc** Schweineleberpastete in der Schüssel (● Auvergne) **~ de la Forêt-Noire** Schwarzwäldertorte **~ de potiron** Kürbiskernkuchen (● Auvergne) **~ de riz** Reispudding (Reisauflauf) **~ de Savoie** der berühmteste Savoyarder Kuchen aus Biskuit **~ de semoule** Grießauflauf **~ glacé** Eistorte **~ Saint-Honoré** Boden aus Mürbe- oder Blätterteig, darauf ein Kranz mit in Zucker glasierten Windbeutelchen, das Innere wird mit gekochter Eiercreme, die mit geschlagenem Eiweiß unterzogen ist, gefüllt (● Paris und Ile-de-France)

gaude *f* Suppe aus Maismehl mit Wasser, etwas Milch oder Sahne, ein Flöckchen Butter, eventuell Speck („Nationalgericht" der ● Franche-Comté)

gaufre *f* Waffel, im Waffeleisen hergestellt

gaufrette *f* kleine Waffel zu Eis oder Süßspeisen

gelinotte *f* **(coq** *m* **des marais)** Haselhuhn (Federwild)

génoise *m* Kuchen aus Genueser Teig

germes *m pl* **de soja** Sojabohnenkeime (als Salat oder Gemüsebeilage)

germon *m* **(thon** *m* **blanc)** kleiner delikater, weißer Thunfisch

Géromé *m* **(Munster-Géromé)** Weichkäse aus Kuhmilch, oft mit Kümmel, kräftig im Geschmack (● Lothringen)

Gervais *m* Frischkäse aus Vollmilch mit Rahmzusatz

gésier *m* Kaumagen des Geflügels

Gex *m* Blauschimmelkäse aus der Bresse

gibelotte *f* **de lapereau** junges Hasenragout

gibelotte *f* **de lapin** Kaninchenfrikassee in Weißwein **~ à la bière** in Bier geschmortes Kaninchenfleisch

gibier *m* Wild (Wildgericht, Wildbret)

gigot *m* Keule (Schlegel) vom Lamm oder Hammel **~ à la bordelaise** gebratene Keule, die während der Bratzeit mit Knoblauchweinessig begossen wird (● Bordelais) **~ à la bretonne** Hammel- oder Lammkeule mit weißen Bohnen (● Bretagne) **~ à la ficelle** Hammelkeule an der Schnur, wobei die Winzer die Hammelkeule am Knochen an einer Schnur über einem Feuer aus alten Weinfassdauben anbraten, und die dadurch eine besondere Würze bekommt (● Bordelais) **~ brayaude** Hammelkeule mit Knoblauch gespickt und mit geschmortem Kohl und roten Bohnen gebraten (● Auvergne) **~ d'agneau (gigot de mouton)** Lammkeule (Hammelkeule) **~ d'agneau rôti** gebratene Lammkeule **~ de mouton à la menthe** Hammelkeule mit Pfefferminzsauce **~ de mouton aux lentilles** Hammelkeule mit Linsenpüree (● Auvergne) **~ de pré-salé** Hammel- oder Lammkeule von Tieren, die auf Salzwiesen weiden (● Bretagne, Normandie)

gigue *f* **(cuissot** *m***) de chevreuil** Rehkeule **~ à la crème** Rehkeule in Rahmsauce **~ aux chanterelles** Rehkeule mit Pfifferlingen in Pfeffersauce **~ sauce poivrade** Rehkeule in Pfeffersauce

gingembre *m* Ingwer

giraumont *m* süßliche Kürbisart

girelle *f* Meerjunker (Mittelmeerfisch)

girolle *f*, **chanterelle** *f* Pfifferling (Eierschwamm)

gîte *m* **à la noix** Hüftstück (Kugel, Blume) beim Rind

givrée *f* **d'orange** Orangeneis in der Fruchtschale

glace *f* 1. Speiseeis 2. Zuckerglasur **~ à la vanille** Vanilleeis **~ au café** Mokkaeis **~ au chocolat** Schokoladeneis **~ au citron** Zitroneneis **~ aux fraises** Erdbeereis **~ aux framboises** Himbeereis **~ panachée** gemischtes Eis **~ plombière** gefrorene Eismasse mit Schlagsahne und Früchten

glacier *m* Eisdiele; Eisverkäufer

gnocchi *m pl* kleine Klößchen, Nocken aus Brandteig; Grieß- oder Kartoffelmasse **~ à la piémontaise** Nocken aus Kartoffelmasse mit Tomatensauce und geriebenem Käse bestreut und überbacken **~ à la romaine** Grießplätzchen mit geriebenem Käse bestreut und überbacken **~ au gratin (gnocchi à la parisienne)** pochierte Brandteignocken mit Mornaysauce bedeckt, mit geriebenem Käse bestreut und überbacken

gobie *m* **(goujon** *m* **de mer)** Meergrundel (aus Meer- und Flussmündungen)

gougères *f pl* **au fromage** Kügelchen aus Brandteig und geriebenem Käse im Backofen gebacken und lauwarm gegessen

goujon *m* Gründling (Süßwasserfisch)

goulache *f* **(goulasch)** Goulasch **~ à la hongroise** ungarisches Goulasch **~ de veau** Kalbsgoulasch

gourmand *m* schlemmender Vielfraß, im Gegensatz zum *Gourmet*

gourmandises *f pl* kleine Leckerbissen aus der kalten Küche

gourmet *m* Feinschmecker, der sachkundig genießt und gern „fein" isst

goût *m* Geschmack **~ de faisandé** Hautgout (scharfer Wildgeschmack)

grand esturgeon *m* Hausen (Wanderfisch)

grand, grande groß

grand-duc (à la grand-duc) pochiert, Spargelspitzen und Trüffelscheiben, mit Milch-Käse-Sauce überbacken (Fischgarnitur)

grand-mère (à la grand-mère) mit Zwiebeln, Speck, Champignons und Röstkartoffeln (Fleisch- und Geflügelgarnitur)

grand-veneur *m* Pfeffersauce mit Blut gebunden, Johannisbeergelee, Maronenpüree (Wildgarnitur)
grande alose *f* großer Maifisch (Wanderfisch)
granité *m* eine Art Fruchtsorbet, körnig gefroren
grapefruit *m* **(pamplemousse** *m/f***)** Grapefruit
gras, grasse fett
gras-double *m* Ragout aus Pansen (Fettdarm) – meistens vom Rind –, Schinken, Kräutern und Knoblauch **~ à la lyonnaise** gekochter Pansen in Streifen mit Zwiebeln gedünstet, mit heißem Essig beträufelt und Petersilie (● Lyonnais) **~ bordelais** Pansen mit Schalotten, Knoblauch und Petersilie (● Bordelais) **~ dauphinois** ein aus Fettdarm zubereitetes Gericht (● Dauphiné) **~ lorrain** Pansen mit Gemüse, Kräutern, geriebenem Käse und Zitronensaft (● Lothringen)
gratin *m* Auflauf (Überbackenes) **~ dauphinois (pommes dauphinoise)** Kartoffelauflauf mit Milch und Sahne, geschlagenem Ei und Muskat, im Ofen überbacken, im Allgemeinen mit Käse zubereitet (● Dauphiné) **~ de courge** Gemüsegericht, in dem kurz gekochter Kürbis mit einer Béchamelsauce und Brotstückchen bedeckt und gebacken wird (● Provence-Alpes-Côte-d'Azur) **~ de queues d'écrevisses Nantua** überbackene Krebsschwänze mit Krebsbutter, Cognac, Trüffeln, Champignons, Béchamelsauce und frischer Sahne (● französische Alpen) **~ savoyard** Kartoffelgratin mit geriebenem Käse, mit Fleischbrühe aufgefüllt (● Savoie)
gravette *f* Austernart aus dem Becken von Arcachon (● Bordelais und französische Pyrenäen)
grecque (à la grecque) Gemüse in einer Marinade aus Olivenöl, Weißwein und Zitronensaft (kalte Vorspeise)
grenade *f* Granatapfel
grenadins *m pl* **de brochet** kleine Hechtschnitzel in Weißwein-Fischsud gegart
grenadins *m pl* **de veau au champagne** kleine, runde Kalbfleischschnitten mit Nieren in Champagnersauce mit Steinpilzen
grenobloise gebraten, Kapern, Zitronensaft, Sardellen (Fischgarnitur)

grenouilles *f pl* **frites à la mode de Riom** gebratene Froschschenkel nach Art von Riom (● Auvergne)
grillade *f* gegrilltes Fleisch, gleich welcher Art **~ aux truffes** ein etwa 2 cm dickes Steak, gegrillt, mit Trüffeln **~ de bœuf** gegrilltes Rinderstück **~ marinière** kleine Schnitzel aus Rinderfilet mit Zwiebeln und Mehlbutter schmoren, dann Sauce aus Olivenöl, Essig, Sardellen, Knoblauch und Petersilie hinzufügen und weiterschmoren
grillades *f pl* **et rôtis** *m pl* Gegrilltes und Gebratenes
grillé aux sarments de vigne auf Weinrebenfeuer gegrillt
griotte *f* Sauerkirsche (Weichselkirsche)
Grisons (viande *f* **séchée des Grisons)** Bündner Fleisch (luftgetrocknet)
grive *f* Drossel (Krammetsvogel)
grives *f pl* **à la cévenole** gebratene Drosseln auf geröstetem Brot (● Languedoc) **~ au foie gras** Drosseln mit Gänseleber (● Auvergne) **~ en brochette** Krammetsvögel am Spießchen gebraten
grondin *m* **(rouget-grondin** *m***)** Knurrhahn (Seehahn; Meeresfisch)
gros, grosse dick; groß (schwer)
groseille *f* Johannisbeere **~ rouge** rote Johannisbeere **~ verte (groseille à maquereau)** Stachelbeere **~ noire (cassis)** schwarze Johannisbeere
grosses crevettes *f pl* darunter Gambas und Scampis
grouse *m* **(coq** *m* **de bruyère, coq** *m* **des bois)** Auerhahn (Moorhuhn)
grumeau *m* mittlerer Teil der Rinderbrust (Brustkern)
Gruyère *m* **(Fromage** *m* **de Gruyère)** Hartkäse aus Kuhmilch (Schweiz, französischer Jura, Vogesen)

H

habitué *m*, **habituée** *f* Stammgast
haché, hachée gehackt
hachis *m* Hackfleisch, gehackter Fisch oder Gemüse in der Pfanne gebraten, mit einer Sauce warm serviert **~ de mouton** Hammelhaschee **~ de veau aux champignons** Kalbshaschee mit Champignons **~ grand-mère** Haschee auf Großmutterart: gehacktes, gebratenes oder

gekochtes Rindfleisch mit Kartoffelpüree und Käse überbacken

haddock *m* **(aiglefin** *m* **fumé)** geräucherter Schellfisch

Hamburger *m* **(steak** *m* **haché)** Hamburger (Hacksteak) mit gehackten Zwiebeln

hampe *f* Zwerchfell des Rindes

hareng *m* Hering **~ frais mariné** marinierter grüner Hering (Bismarckhering) **~ frit** gebratener Hering **~ fumé (hareng saur)** Hering leicht geräuchert (Bückling) **~ roulé** Rollmops **~ vierge** Matjeshering

haricot *m* Bohne **~ beurre (haricot mange-tout)** Butterbohne **~ blanc** weiße Bohne **~ d'Espagne** Feuerbohne **~ de mouton** Hammelragout mit weißen Rüben und Kartoffeln **~ mange-tout (haricot beurre)** Butterbohne **~ nain** Zwergbohne **~ princesse** Prinzessbohne **~ rouge (haricot de Soissons)** rote Bohne **~ vert** grüne Bohne (Schnittbohne) **~s à la française** grüne Bohnen mit Kopfsalatstreifen in Butter gedünstet, mit Zitronensaft abgeschmeckt **~s à la portugaise** gedünstete grüne Bohnen mit Speck und Tomaten **~s au lard** grüne Bohnen mit Speck gedünstet **~s bonne femme** grüne Bohnen mit Zwiebeln und Speck gedünstet **~s verts à l'anglaise** grüne Bohnen, in Salzwasser gekocht und mit zerlassener Butter serviert

Henri IV Beilage zu Tournedos mit Artischockenböden, Nusskartoffeln und Béarner Sauce

herbes *f pl* **de Provence** Kräutermischung aus der Provence

heure *f* **des repas** Essenszeit

hochepot *m* Gemüseeintopf mit Flachrippenstück, Hammelbrust, Kalbsschulter, Schweineschwanz, gepökeltem Schweinefleisch, Weißkohl, Zwiebeln, Karotten, Lauch, Sellerie, Kartoffeln und Chipolatas: kleine, dünne, lange Bratwürstchen (● Nordfrankreich)

homard *m* Hummer **~ à l'américaine** Hummerstücke angebraten, mit Cognac oder Armagnac flambiert, mit Schalotten, Tomaten, Knoblauch und Estragon in trockenem Weißwein gedünstet (existiert in verschiedenen Varianten) **~ à l'armoricaine** Hummerstücke mit Schalotten und Zwiebeln angebraten, mit Cognac flambiert, mit trockenem Weißwein abgelöscht, mit Tomatensauce, Madeira und roten Pfefferschoten gedünstet (● Bretagne) **~ à la crème** Hummer in Rahmsauce **~ Thermidor** Schalen mit gekochtem Hummerfleisch in Scheiben geschnitten, mit Mornay- oder Holländischer Sauce bedeckt und überbacken

hongroise **1.** pochiert, Weißweinsauce mit Paprika und gewürfelten Tomaten, überbacken (Fischgarnitur) **2.** Zwiebeln, Tomaten, Paprika, Sahne (Geflügelgarnitur)

hors saison außerhalb der Saison

hors-d'œuvre *m pl* Vorspeisen (*wörtlich:* außerhalb des Gesamtwerkes) **~ chauds** warme Vorspeisen; Zwischengerichte **~ froids** kalte Vorspeisen **~ riches** teure Delikatess-Vorspeisen wie Gänseleber, geräucherter Lachs, Pasteten, Austern, Schalen- und Muscheltiere **~ variés** verschiedene Vorspeisen, vor allem Zusammenstellung verschiedener Rohkostsalate

huile *f* Öl **~ d'arachide** Erdnussöl **~ d'olive** Olivenöl **~ d'olive vierge** kaltgepresstes Olivenöl aus erster Pressung

huîtres *f pl* Austern: sie schmecken am besten von Oktober bis März; falls Sie beim Verzehr von Meeresfrüchten Schwierigkeiten haben, lesen Sie sich bitte die Tipps auf Seite 12 durch **~ (fines) de Belon** flache, weißfleischige Austern aus Belon (● Bretagne), feinste und teuerste Sorte **~ à la florentine** überbackene Austern auf Spinat **~ à la normande** pochierte und überbackene Austern mit Krabben, Champignons und Trüffelscheiben **~ d'Arcachon** graufleischige Austern aus Arcachon (● Gironde): die heimische Austernart heißt hier *gravettes;* sie wird auch gern mit kleinen, warmen, knoblauchgewürzten Würstchen oder mit einer Scheibe Wurst gegessen; in den Austernparks von Arcachon werden auch die üblichen Austern *portugaises* und *plates* gezüchtet

(● Bordelais) **~ de Cancale (Cancalaises)** flache, weißfleischige Austern aus der Bucht von Mont-Saint-Michel **~ de claires** graufleischige Austern aus der Charente-Maritime; claires bedeutet Austernparks **~ de Marennes** flache Austern aus Marennes (● Charente-Maritime), grünfleischige und sehr gute Sorte **~ de Saint-Vaast-la-Hougue** köstliche, leicht jodhaltige Austern aus Saint-Vaast-la-Hougue (● Normandie) **~ du Bassin de Thau** gehören zu den feinsten Austern (● Languedoc) **~ marinées** marinierte Austern

huîtres *f pl* **portugaises** preiswerte, tiefe Austernart mit länglicher Schale

hure *f* **(fromage** *m* **de tête)** Schweinskopfsülze

I

île *f* **flottante** Dessert aus Biskuitmasse in Kirschwasser und Maraschino getränkt, Aprikosenmarmelade, Mandeln, Korinthen, Pistazien und Vanillecreme

ingrédient *m* Bestandteil (Zutat)

Irish-stew *m* **(ragoût de mouton à l'irlandaise)** Hammelhalsragout mit Scheiben von Kartoffeln und Zwiebeln

isard *m* **(chamois** *m* **des Pyrénées)** Name der Gemse in den Pyrenäen (*isard:* baskisch) **~ rôti** Gemse aus den Pyrenäen, meistens gebraten

Isigny kleine Stadt in Calvados, wo eine der besten Buttersorten Frankreichs hergestellt wird

italienne (à l'italienne) Makkaroni mit Butter und Reibekäse vermischt

ivoire mit Champignonköpfen, Geflügelklößchen und Geflügelrahmsauce → *sauce ivoire*

J

jalousie *f* kleines Blätterteiggebäck mit Mandel-Vanille-Creme oder Konfitürefüllung

jambon *m* Schinken **~ à l'os** Knochenschinken **~ au foin** geräucherter Schinken mit Heu und Gewürzen, im Wasser pochiert (kalt oder warm serviert) **~ au madère** Schinken in Madeirasauce (warm) **~ chaud au chablis** heißer Schinken in *Chablis* (● Burgund) **~ cru** roher Schinken **~ cuit (jambon de Paris)** gekochter Schinken **~ d'Auvergne** luftgetrockneter Schinken **~ d'York** Yorker Schinken: geräuchert, meistens pochiert serviert **~ de Bayonne** Schinken aus der Gegend von Bayonne, meistens roh, fein geräuchert, er wird in hauchdünnen Scheiben gereicht **~ de Bretagne** Schinken der Bretagne: gesalzen und geräuchert **~ de Corse** hervorragender Schinken aus Korsika **~ de montagne au poivre** Pfefferschinken aus dem Gebirge **~ de Morlaix** Schinken aus Morlaix (● Bretagne) **~ de Paris (jambon cuit)** gekochter Schinken **~ de Parme** Parmaschinken: roh **~ de Prague** Prager Schinken: mild geräuchert **~ de Westphalie** Westfälischer Schinken: roh **~ des Ardennes** Ardennenschinken: mit Wacholder geräuchert **~ des Grisons** Bündner Fleisch **~ du Morvan** luftgetrockneter Schinken aus dem Morvan mit kräftigem Geschmack **~ du pays** Landschinken, z.B. aus Lezoux (● Auvergne) **~ en croûte** gekochter Schinken, im Teigmantel gebacken **~ fumé** geräucherter Schinken **~ persillé** dicke Würfel von gekochtem Schinken mit Petersilie und Gelee **~ salé** gepökelter Schinken **~ saumoné** Lachsschinken

jambonneau *m* Eisbein (Schinkenbein) **~ de Reims** panierter Schinken aus Reims in der Champagne

jardinière *f* **de légumes** Erbsen, grüne Bohnen, Blumenkohl, Karotten, weiße Rüben in kleinen Sträußchen angerichtet

jarret *m* Haxe (süddeutsche Schreibweise für Hachse) **~ de porc rôti** gebratene Schweinshaxe **~ de veau aux petits pois** Kalbshaxe mit Erbsen

Jésu(s) *m* dicke Wurst aus Schweine- oder Rindfleisch

jésuites *m pl* mit Mandeln gefüllte Blätterteigdreiecke

jets *m pl* Sprossen **~ de bambou aux champignons** Bambussprossen mit Champignons und Sojasauce **~ de houblon à la crème** Hopfensprossen in Sahnesauce

jour *m* **de fermeture** geschlossen

Judic (à la Judic) **1.** pochiert, Lattich, mit Mornaysauce (Fischgarnitur) **2.** gedünstet, Lattich, gefüllte Tomaten, Schlosskartoffeln, Hähnchennieren und Hähnchenkämme, *sauce demi-glace* mit Madeira (Rinderfilet- und Geflügelgarnitur)

julienne (en julienne) Gemüse, Champignons, Trüffeln oder Schalen von Zitrusfrüchten, in sehr dünne Streifen geschnitten

jus *m* **(au jus)** ungebundener Saft (mit dem Fleisch- oder Bratensaft) **~ de viande** Bratensaft

K

kaki *m* **(plaqueminier** *m***)** Kakipflaume: süßes, birnen- und aprikosenartiges Aroma (in der Provence angebaut)

kari *m* **(cari, curry, cury)** Currypulver

kiwi *m* Kiwi

Kleber Artischockenböden mit Gänseleberpüree gefüllt, Trüffelsauce (Garnitur für kleine Fleischstücke)

kouglof *m* **(kougelhof, gougelhof, kugelhof)** Napfkuchen in Kranzform mit Rosinen und Mandeln (● Elsass)

kouing-aman(n) *m* lauwarm zu essender Butterkuchen aus Hefeteig mit karamelisiertem Zucker (● Bretagne)

kumquat *m* süßsäuerliche, kleine Orangenart

L

lactaire *m* **délicieux** Edelreizker (Pilz)

lactaire *m* **sanguin** Blutreizker (Pilz)

laitance *f* Fischmilch (am feinsten vom Karpfen) **~ de carpe** Karpfenmilch

laitue *f* **(laitue pommée)** Kopfsalat (Lattich) **~ au lard** Kopfsalat mit Speck gedünstet **~ braisée** gedünsteter Kopfsalat mit Speck, Karotten und Zwiebeln **~ romaine (chicon)** römischer Salat Romana (Sommerendivie)

lamproie *f* Neunauge (Lamprete; Wanderfisch) **~ aux oignons** Neunauge in Rotwein gedünstet und mit kleinen gebratenen Zwiebeln garniert

landaise (à la landaise) mit Schinken aus Bayonne, Gänsefett, Steinpilzen oder Feigendrosseln

langouste *f* Languste (mit langen Fühlern, ohne Scheren) **~ à la hollandaise** Languste mit Holländischer Sauce **~ à la nage** Languste in Fischsud gekocht (● Bretagne) **~ bretonne** rotfarbige und beste Languste **~ en**

bellevue (~ à la parisienne) Langustenschwanzscheiben, auf der Schale mit Gelee überglänzt, dazu reiche Gemüsebeilage, halbierte gekochte Eier, Trüffeln und Mayonnaise

langoustines *f pl* Hummerkrabben, Kaisergranaten, Kaiserkrebse, Kaiserhummer (kleine Hummerart) **~ en salade** Hummerkrabbensalat **~ grillées** gegrillte Hummerkrabben

Langres *m* Kuhmilchkäse mit kräftigem Geschmack (● Champagne)

langue *f* Zunge **~ de bœuf** Ochsenzunge (Rinderzunge) **~ au gratin** überbackene Ochsenzunge (● Auvergne) **~ braisée** geschmorte Ochsenzunge **~ sauce madère** Ochsenzunge in Madeirasauce **~ de mouton** Hammelzunge **~ de porc** Schweinezunge **~ de veau à l'écarlate** gepökelte Kalbszunge

languedocienne (à la languedocienne) Auberginen, Steinpilze, geschmolzene Tomaten, Petersilie und Bratensaft (Fleisch- und Geflügelgarnitur)

lapin *m* Kaninchen **~ à la provençale** geschmortes Kaninchen mit Speckstreifen, Knoblauch, kleinen Zwiebeln und Tomaten **~ aux pruneaux** Kaninchenragout in Rotwein mit getrockneten Backpflaumen (● Picardie) **~ chasseur** Kaninchen in Wein-Pilz-Sauce **~ de garenne sauté chasseur** Wildkaninchen in Stücken angebraten, mit Tomaten und Champignons, in Weißwein und braunem Fond fertiggedünstet **~ domestique (~ de clapier)** Hauskaninchen **~ en gibelotte** Kaninchenfrikassee in Weißwein **~ en saupiquet** Wildkaninchenragout in angesäuertem Wein mit Leber, Blut und Zwiebeln **~ rôti au four** Kaninchen mit Thymian und Speckstreifen, im Rohr gebacken **~ sauté chasseur** Kaninchenragout mit Tomaten und Champignons, in Weißwein und braunem Fond gedünstet

lard *m* **(au lard)** Speck (mit Speckwürfeln) **~ fumé** geräucherter Speck **~ gras** fetter Speck **~ maigre (~ de poitrine)** magerer Speck (Bauchspeck)

lardon *m* Speckstückchen; Speckstreifen

lasagne *f* **au basilic** breite Bandnudeln mit Basilikum

lavaret *m* **du lac (lavaret du Bourget)** Bodenrenke (forellenähnlicher Fisch aus Gebirgsseen; *Lac du Bourget*)
léger, légère leicht (Gewicht); leicht verdaulich
légumes *m pl* Gemüse; Beilage **~ et salades** Gemüse und Salate **~ secs (légumineux)** Hülsenfrüchte (Bohnen, Erbsen, Linsen usw.)
légumier *m* tiefe Gemüseschüssel
lentilles *f pl* **vertes du Puy** die beste französische Linsenart
lépiote *f* **élevée (coulemelle** *f***)** Parasolpilz (Schirmpilz; sehr guter Pilz)
levraut *m* junger Hase
lewerknepfle *m* Kalbsleberknödel (● Elsass)
libre-service *m* Selbstbedienung
lié, liée gebunden (Saucen oder Suppen)
lieu *m* **jaune (merluche** *f*, **merlan** *m* **jaune)** Pollack (im Handel: Seelachs; Schellfischart)
lieu *m* **noir (colin** *m* **noir, merlan** *m* **noir)** Köhler (Seehecht)
lièvre *m* Hase **~ à l'angoumoise** Wildhase mit Schalotten, Rotwein und Cognac (● Poitou-Charentes) **~ en chabessal** Hase mit Rotwein und Gewürzen mariniert, mit Schweine- und Kalbfleisch, Schalotten, Brotkrumen, Ei u.a. gefüllt, mit Speckstreifen bardiert und geschmort (● Limousin, Périgord, Quercy) **~ en saupiquet** Hasenragout mit Leber, Blut, Zwiebeln in angesäuertem Wein geschmort **~ farci périgourdine** gebratener Hase, mit Trüffeln gefüllt
limande *f* Rotzunge (Kliesche, Gliesche: Schollenart; Plattfisch) **~ à la florentine (~ aux épinards)** Rotzunge mit Spinat und Milch-Käse-Sauce im Rohr überbacken **~ sole** echte Rotzunge (● Limande)
limandelle *f* **(mère** *f* **de sole, cardine** *f***)** Flügelbutt (Seezungenart)
lime *f*, **limette** *f* kleine, aromatische Zitronensorte mit grüner Schale
limousine (à la limousine) Rotkohlstreifen mit Schmalz und etwas Brühe geschmort, mit Pilzen, geriebenen Äpfeln und Maronen

Livarot *m* **(Lisieux** *m***)** aromatischer Weichkäse aus Kuhmilch (● Normandie)

loche *f* Schmerle (Bartgrundel; kleiner, karpfenartiger Süßwasserfisch)

lompe *m* Seehase (Lumpfisch, Meerhase, Seebulle: sein Rogen liefert einen Kaviarersatz)

longe *f* **de mouton** Hammelnierenstück

longe *f* **de porc** Schweinerückenstück **~ rôtie au cidre** Schweinerückenstück in Apfelweinsauce gebraten (● Bretagne) **~ rôtie à la broche** Schweinerückenstück am Spieß gebraten

longe *f* **de veau** Kalbsnierenstück **~ rôtie** gebratenes Kalbsnierenstück

longeoles *f pl* **au fenouil** Savoyer Fenchelwurst mit Kartoffeln gekocht

lorraine (à la lorraine) auf lothringische Art: mit Kartoffelklößchen, gedünstetem Rotkraut und Sauerkraut (Fleisch- und Geflügelgarnitur)

lotte *f* **(lote) de rivière** Aalraupe (Aalquappe, Aalrutte; schmackhafter Süßwasserfisch)

lotte *f* **de mer (baudroie** *f***, marache** *f***)** Seeteufel (Krötenfisch; sehr feiner Seefisch) **~ à l'armoricaine** gebratener Seeteufel mit Schalotten, Knoblauch, Tomaten, Weißwein und Cognac

loubine *f* **(bar** *m***)** Wolfsbarsch (geschätzter Seefisch)

Louisiane gebratene Bananenscheiben, gebackene Maiskroketten, Reis (Geflügelgarnitur)

loup de mer *m* **(bar)** Seebarsch (Seewolf; wohlschmeckendes Fleisch) **~ en croûte** Seebarsch im Teigmantel **~ flambé au fenouil** Wolfsbarsch mit Fenchel gefüllt und mit Anislikör *(pastis)* flambiert **~ grillé au fenouil en papillote** gegrillter Seebarsch in Alufolie mit Fenchel

lourd, lourde **1.** schwer vom Gewicht **2.** schwer verdaulich

Lucullus Trüffeln und Geflügelfüllung (Geflügelgarnitur)

lyonnaise (à la lyonnaise) auf Lyoner Art: mit Zwiebeln zubereitetes Gericht

M

macaron *m* Makrone: kleines, rundes Gebäck aus feingehackten Mandeln, Zucker und Eiweiß

macaroni *m pl* Makkaroni **~ à l'italienne** Makkaroni mit Butter und Reibkäse vermischt **~ à la milanaise** Makkaroni mit Butter und Käse, mit Tomatensauce und Schinken, Pökelzunge, Champignons, Trüffeln in feinen Streifen **~ à la napolitaine** Makkaroni mit Butter, Käse, Tomatensauce und Würfeln aus frischen Tomaten vermischt **~ à la sicilienne** Makkaroni mit Butter, Käse und gerösteter Hühnerleber

macédoine *f* gemischtes, kleingewürfeltes Gemüse oder Obst

macéré, macérée eingelegt, gebeizt, mariniert und eingeweicht

mâche *f* **(doucette** *f***)** Feldsalat (Rapunzel)

macreuse *f* hinterer Teil der Rinderschulter

madeleines *f pl* **de Commercy** kleines Sandgebäck in Muschelform (● Spezialität von Commercy in Lothringen)

magrets *m pl* **de canard (aiguillettes** *f pl* **de canard)** Entenbrustfilets, wie Steaks zubereitet **~ aux baies de cassis et aux poires** Entenbrust mit schwarzen Johannisbeeren und Birnen

maigre mager; fettfrei

Maintenon (à la Maintenon) Klößchen, Artischockenböden (Geflügelgarnitur)

maïs *m* Mais; Maiskolben

maison *f* **(de la maison)** Hausspezialität

maître d'hôtel 1. gegrillt, mit Kräuterbutter 2. Oberkellner

mancelle Törtchen mit Wildfarce, Maronenpüree mit Sellerie (Wildgarnitur)

mandarine *f* Mandarine

mangue *f* Mango

manouils *m pl* Kutteln mit Schinken, Kräutern und Knoblauch (● Languedoc)

manqué *m* luftiger Biskuitkuchen mit verschiedenen Aromen wie Zitrone, Ananas, Creme, eventuell karamellisiert

maquereau *m* Makrele (Nord- und Ostsee, Mittelmeer) **~ au vin blanc** pochierte Makrele mit Weißwein bedeckt

~ **fumé** Bückling ~ **Rosalie** Makrelenfilets in Nussöl gebraten, bedeckt mit gehackten Zwiebeln, Schalotten, Champignons, Knoblauch, in Nussöl gebraten

marache *f* **(baudroie** *f*, **lotte** *f* **de mer)** Seeteufel (Krötenfisch; Seefisch)

maraîchère (à la maraîchère) Schwarzwurzelstückchen in Rahmsauce, Karotten, Zwiebelchen, Artischockenböden, Rosenkohl in Butter und Schlosskartoffeln (Fleischgarnitur)

marcassin *m* Frischling (junges Wildschwein) ~ **à la broche** Frischling am Spieß gebraten

marchand de vin (à la marchand de vin) in Rotweinsauce mit Schalotten, Zwiebeln, Knoblauch, Zitronensaft, Petersilie

marché *m* Markt ~ **de poissons** Fischmarkt

marée *f pl* **du jour** Tagesfang von Fischen, Krustentieren, Muscheln und anderen Meeresfrüchten

Marengo geschmorte Champignons, Tomaten, Spiegeleier, dazu Röstbrotscheiben (Geflügelgarnitur)

Marennes *f pl* flache, grünfleischige Austern aus Marennes (Charente-Maritime), sehr gute Sorte

Marie-Jeanne Törtchen mit Champignonpüree gefüllt, mit Trüffelscheiben belegt, Nusskartoffeln (Fleischgarnitur)

Marignan *m* Hefekuchen aus *Savarin*-Teig, mit Creme gefüllt

Marigny Törtchen, abwechselnd mit Prinzessbohnen und grünen Erbsen gefüllt, Schmelzkartoffeln (Fleischgarnitur)

marinade *f* **(en marinade)** Marinade (in Beize eingelegt)

mariné, marinée mariniert (gebeizt, eingelegt)

marinière pochiert, Weißweinsauce, Muscheln, Krabben, Kräuter und Schalotten (Fischgarnitur)

marjolaine *f* Majoran

marmite *f* **dieppoise** Fischeintopf mit Kartoffeln und Gemüse

Maroilles *m* Kuhmilchkäse, streng im Geschmack (● Flandern und Artois)

marron *m* Marone (Esskastanie, Edelkastanie)

Masséna (à la Masséna) Artischockenböden mit Béarnaise gefüllt und pochiertes Rindermark (Fleischgarnitur)

massepain *m* Marzipan (geriebene Mandeln, Bittermandeln und Zucker)

matafan *m* Eierpfannkuchen mit Branntwein (● Savoie)

matelote *f* **(pouchouse** *f***)** Fischragout von verschiedenen Sorten Fisch **~ alsacienne** Fischragout mit Aal, Hecht, Karpfen, Barsch, Schalotten, Weißwein, Butter und Petersilie (● Elsass) **~ angevine** Aalragout nach Art des Anjou in Rotwein mit Zwiebeln, Kräutern und Champignons **~ au beaujolais** Fischragout aus Karpfen, Schleie, Aal und Hecht in *Beaujolais*-Wein mit Zwiebeln, Maischwämmen und gerösteten Weißbrotscheiben (● Lyonnais) **~ bourguignonne (pochouse bourguignonne)** Fischragout in Weißwein und Mehlbutter mit Karpfen, Schleie, Aalraupe, Zwiebelchen, Champignons und gebackenen Weißbrotscheiben **~ champenoise** Ragout aus Aal, Hecht und Karpfen, in Rotwein aus Bouzy oder Cumières gekocht (● Champagne) **~ d'anguilles de la Bidassoa** Ragout von *Bidassoa*-Aalen in Rotwein, mit Champignons (● Südwestfrankreich)

mauviette *f* fette Lerche, wie Drosseln (*grives*) zubereitet

médaillons *m pl* runde oder ovale Scheiben Fleisch vom Kalb, Filetspitze des Rindes, Geflügel, Fisch, Krustentiere **~ de chevreuil aux cerises** Rehmedaillons in Pfeffersauce, Kirschen in Rotwein gedünstet als Garnitur **~ de porc en pâte feuilletée** Scheiben von Schweinefilet in Blätterteig **~ de saumon** Lachsscheiben **~ de veau strasbourgeoise** Scheiben von Kalbsfilet mit Spiegelei, Leberpastete und Strohkartoffeln

mélangé, mélangée gemischt

melon *m* Melone **~ au porto** Melone in Portwein **~ brodé (~ sucrin)** Netzmelone (sehr aromatisch) **~ cantaloup** Cantaloup-Melone (Zuckermelone; beste Melone) **~ d'eau (pastèque)** Wassermelone (leicht süßlicher Geschmack) **~ de Cavaillon** *Cavaillon*-Melone (sehr aromatisch) **~ garni de jambon saumoné** Melone mit Lachsschinken **~ glacé** geeiste Melone **~ nature** Melone natur (im eigenen Saft)

mélisse *f* Zitronenmelisse

menthe *f* Minze

menu *m* Menü (Speisenfolge); Speisekarte **~ à prix fixe** Menü zu einem festen Preis **~ conseillé** empfohlenes Menü **~ du jour** Tagesmenü **~ et carte des vins** Speise- und Weinkarte **~ gastronomique** anspruchsvolles Menü mit mehr als vier Gängen für Feinschmecker **~ léger pour automobilistes** leichtes Menü für Autofahrer **~ pour enfants** Menü für Kinder **~ touristique** preiswertes Menü für Touristen

merguez *f* scharfe, rote, mit Paprika gewürzte, dünne Brat- oder Grillwurst

meringue *f* Baiser (Meringue) **~ glacée** Eisbaiser (Eismeringue)

merlan *m* Merlan (Weißling, Wittling; Atlantik, Mittelmeer) **~ Bercy** Merlan in Weißwein mit Schalotten und Petersilie (● Paris und Ile-de-France) **~ Colbert** Merlan ohne Mittelgräte, paniert und gebacken, mit Kräuterbutter serviert

merles *m pl* **rôtis à la sauge** Amseln mit Salbeiblättern gefüllt, mit Speck umwickelt, am Spießchen gebraten, mit Weinbrand aus Korsika flambiert (● Korsika)

merlu *m* **(colin** *m***)** Seehecht (Meerhecht; Atlantik, Mittelmeer) **~ à la koskera** baskisches Fischgericht aus Seehecht, frischen Erbsen, Spargelspitzen und mit kleinen, neuen Kartoffeln

merluche *f* **(morue** *f* **séchée)** ungesalzener, luftgetrockneter Stockfisch

merluchon *m* **(colinot** *m***)** kleiner Seehecht (Atlantik, Mittelmeer)

mérou *m* Zackenbarsch (Atlantik, Mittelmeer)

mesclun *m* Mischung aus verschiedenenfarbigen Salaten: Feldsalat, Kerbel, Löwenzahn, Rauke, mit Croûtons und Speckwürfeln serviert (● Côte d'Azur)
mets *m* Gericht (Speise)
Metternich *m* Rotkohl, Äpfel mit Johannisbeergelee (Wildgarnitur)
meunière (à la meunière) Fisch und Fischmilch in Mehl gewendet und in Butter gebraten, mit Zitronensaft, Petersilie und brauner Butter serviert
meurette (en meurette) Eintopf aus Süßwasserfischen, in Rotwein geschmort, mit Speckstückchen, Croûtons und Zwiebeln, auch für Kalbfleisch, Huhn, Eier
miel *m* Honig
mignardises *fpl* feines Kleingebäck (Naschwerk)
mijoter ganz langsames Dünsten bei mäßigem Feuer
millas *m* **(milliasse) des Landes** Maismehlkuchen mit Milch, Eigelb und Eiweiß (● Landes)
mille-feuille *m* Blätterteigkuchen mit gekochter Eiercreme gefüllt
Mimolette *f* orangefarbiger, kugeliger Hartkäse aus pasteurisierter Kuhmilch (● Nordfrankreich)
mince dünn; fein (für Scheibe, Schicht)
minute (à la minute) auf Bestellung frisch zubereitet; schnell zubereitet
mique *f* Hefekloß mit Pökelfleisch, Kochwurst, Möhren, Sellerie, Porree und Rüben (● Aquitaine) **~ du Périgord** Maisbreikuchen (● Périgord)
Mirabeau (à la Mirabeau) Sardellenfilets, Estragonblätter, Oliven, Sardellenbutter (Fisch- und gegrillte Rindfleischgarnitur)
mirabelle *f* Mirabelle
mixed-grill *m* Gemischtes vom Grill
mode (à la mode de) nach Art von
moelle *f* Knochenmark, meistens vom Rind
mojettes *fpl* weiße, flache und zarte Bohnen (Vendée und Charentes) **~ à la crème** weiße, flache Bohnen mit Kräutern, in Rahmsauce gedünstet (● Pays de la Loire)
moka *m* Mokkatorte

mollusques *m pl* Weichtiere: Austern, Muscheln, Schnecken, Tintenfische

Mont-Blanc *m* Kastanienpüree mit Schlagsahne

Morbier *m* milder, aromatischer Kuhmilchkäse mit einem horizontal verlaufenden grauen Streifen (Pflanzenkohleschicht; ● Franche-Comté)

morceau *m* **de gâteau** ein Stück Kuchen

morille *f* Morchel (vorzüglicher Speisepilz)

Mornay pochiert, mit Mornaysauce (Käsesauce) überbacken (Fischgarnitur)

morue *f* Stockfisch: ungesalzener, luftgetrockneter Kabeljau **~ à la bourgeoise** Stockfisch in Milch pochiert, mit Zwiebelscheiben in Butter gedünstet, mit gerösteten Brotkrumen überstreut, mit Kartoffeln und Sauerkraut serviert **~ à la bourguignonne** pochierter Stockfisch mit Zwiebeln, Petersilie und Schnittlauch (● Burgund) **~ à la lyonnaise** Stockfisch mit Zwiebeln in Butter geröstet und gebratene Kartoffelscheiben mit Petersilie (● Lyonnais) **~ à la provençale** geschmorter Stockfisch mit Zwiebeln, Tomaten, Knoblauch, schwarzen Oliven und Kapern (● Provence) **~ biscayenne** Stockfisch aus der Biskaya-Bucht, im Rohr in Öl gebraten, in Schichten mit Tomaten, Pfefferschoten bzw. Paprikaschoten und Knoblauch belegt (● Baskenland) **~ fraîche (cabillaud)** frischer Kabeljau **~ noire (églefin)** Schellfisch (schmackhafter als Kabeljau) **~ Parmentier** gebratener Stockfisch mit Kartoffeln **~ salée (morue verte)** eingesalzener Stockfisch **~ séchée (merluche)** ungesalzener, luftgetrockneter Stockfisch

mostèle *f* **(mostelle)** Mustelus (Seequappe; dorschähnlicher Mittelmeerfisch)

mouclade *f* Zuchtmuscheln in Weißweinsud mit Schalotten, Zwiebeln, Petersilie und Sahnesauce (● Poitou-Charentes)

mouflon *m* Mufflon

moulé, moulée eine Masse oder einen Teig in einer Form gebacken und gestürzt

moules *f pl* Miesmuscheln (Pfahlmuscheln) **~ à la bordelaise** Miesmuscheln mit einer Sauce aus Weißwein,

Schalotten, gehackter Petersilie, Brotkrumen, Tomatenmark in einer Schale gereicht (● Bordelais) **~ à la bretonne** vorgekochte Miesmuscheln mit Thymian, Zwiebeln, Knoblauch, Petersilie und Semmelbröseln überbacken **~ à la catalane** Miesmuscheln in einer Tomaten-Paprika-Sauce gedämpft (● Languedoc-Roussillon) **~ à la picarde** Miesmuscheln mit einer Sauce aus Zwiebeln, Schalotten, Petersilie, Weißwein und Crème fraîche (● Picardie) **~ à la poulette** vorgekochte Miesmuscheln in einer Sauce aus Champignon-Sud, Eigelb und Zitrone **~ à la provençale** vorgekochte Miesmuscheln mit Schalotten, Zitronensaft und Semmelbröseln überbacken (● Provence) **~ au naturel** Miesmuscheln im Sud **~ du Bassin de Thau** Muscheln aus dem Thau-Becken (● Languedoc): sie sind größer als die einfachen Muscheln und haben ein köstliches Fleisch, sie werden gekocht, gebraten oder gefüllt **~ en brochette** pochierte und panierte Miesmuscheln am Spießchen mit Champignonköpfen, mit Schmelzbutter begossen **~ farcies aux épinards** Miesmuscheln mit Spinat gefüllt und überbacken **~ frites** marinierte und panierte Miesmuscheln, in der Frittüre gebacken **~ marinière** Miesmuscheln mit gehackten Schalotten und Kräutern in Weißwein gekocht und mit dem Sud serviert **~ pommes frites** Miesmuscheln mit Pommes frites (sehr verbreitet)

mourtairol *m*, **mourtayrol** **1.** Hühnersuppe mit Safran und Landbrotschnitten im Rohr gedünstet (● Auvergne) **2.** Eintopf mit Hühner- oder Rindfleisch, Gemüsen und Safran (● Roussillon)

mousse *f* mit Gelatine oder Fleischgallerte gestockte Speisen, die durch geschlagenen Rahm zart und luftig werden; dieses Mus, in kleine Förmchen gegeben, bezeichnet man als *mousseline* **~ au chocolat** Schokoladenschaumcreme **~ de volaille** Geflügelschaum **~ froide de jambon au foie gras** kalter Schinkenschaum mit Gänseleber

mousseline *f* **de poissons** Fischschaum mit Sahne in Förmchen gegeben

mousseline *f* **de saumon** warme Lachsschaumklößchen

mousseron *m* Maipilz (Mairitterling, Maischwamm, Mehlpilz)

moutarde *f* Senf **~ à l'ancienne** grobkörniger Senf **~ de Dijon** Dijoner Senf (Spezialität von Dijon) **~ douce** süßer Senf **~ forte** scharfer Senf

moutardier *m* Senftopf

mouton *m* Hammel oder Schaf

mulet *m* **(muge)** Seebarbe (Meerbarbe, Meeräsche; Mittelmeer)

Munster *m* **(Munster-Géromé)** Weichkäse aus Kuhmilch, oft mit Kümmel gegessen, sehr kräftig im Geschmack (● Elsass und Lothringen)

Murat gebraten, Kartoffeln und Artischockenböden (Fischgarnitur)

mûre *f* Maulbeere (Brombeere) **~ sauvage** Wildbrombeere

murène *f* Muräne, sehr wohlschmeckend (Mittelmeer)

Murol *m* aromatischer Weichkäse aus pasteurisierter Kuhmilch (● Auvergne)

museau *m* **de bœuf à la vinaigrette** Ochsenmaulsalat in Essig-Öl-Marinade

myrtille *f* Heidelbeere (Blaubeere)

mystère *m* Baiser mit Vanilleeis und gegrillten Haselnüssen

N

nage (à la nage) pochierte Fische oder Meereskrebstiere im Kochsud serviert

nantais (à la nantaise) **1.** Kartoffelpüree mit Erbsen und glasierten, weißen Rüben (Garnitur für gebratenes Fleisch) **2.** mit Butter aufgeschlagene Weißweinsauce (für Fische)

Nantua (à la Nantua) mit Krebsen oder Krebsschwänzen, Nantuasauce, eventuell Trüffelscheiben

napolitaine (à la napolitaine) Teigwaren mit Butter, Käse, Tomatensauce und Würfeln aus frischen Tomaten vermischt

napper Speisen mit einer gut gebundenen Sauce, mit Creme oder Gelee überziehen

nature natur, ohne Sauce, ohne Füllung

naturel (au naturel) unbearbeitet, in Wasser oder Dampf gekocht, im Sud

navarin *m* **de mouton (ragoût de mouton)** Hammelragout mit Zwiebelchen, Mohrrüben, weißen Rüben, Kartoffeln, Tomatenpüree, Knoblauch und Kräuterbündel (● Paris und Ile-de-France) **~ printanière** Hammelragout mit jungen Gemüsen, vor allem mit weißen Rüben

navet *m* weiße Rübe (Steckrübe)

nectarine *f* **(brugnon** *m***)** Nektarine (glatthäutiger Pfirsich)

nèfle *f* Mispelbeere

neige (en neige) steif geschlagenes Eiweiß

nem *m* **(rouleau** *m* **de printemps)** Frühlingsrolle

Nesselrode Maronenpüree, Wildrahmsauce (Wildgarnitur)

Neufchâtel *m* **(Cœur de Bray** *m***)** weicher Kuhmilchkäse mit erfrischendem Aroma, leicht gesalzen (● Normandie)

niçoise (à la niçoise) **1.** gebraten, fein gehackte Tomaten, Knoblauch, Kapern, Zitrone (Fischgarnitur) **2.** geschmolzene, kleine Tomaten mit Knoblauch, Estragon, grünen Bohnen, Schlosskartoffeln (Geflügelgarnitur)

nids *m pl* Nester **~ d'hirondelle** Schwalbennester für Suppen **~ de pommes de terre** Nester (Körbchen) aus Strohkartoffeln für Beilagen

Niolo *m* Schafs- oder Ziegenkäse aus Korsika

noisette *f* Haselnuss

noisettes *f pl* kleine, runde Fleischscheiben aus dem Kotelett von Lamm, Hammel, Hirsch, Kalb oder Rind **~ au gratin** überbackene Kalbsnüsschen **~ d'agneau au basilic** Lammnüsschen mit Basilikumsauce (● Franche-Comté) **~ de biche duchesse d'Uzès** gebratene Hirschkuhnüsschen mit Pfeffersauce, Maronenpüree und Kartoffelkroketten **~ de chevreuil Nesselrode** gebratene Rehnüsschen mit Pfeffersauce und Maronenpüree **~ de porc** kleine, dicke Scheiben aus der Lende und der Nuss (Schweinenüsschen) **~ de veau** kleine, dicke Scheiben aus der Lende und der Nuss

noix *f* **1.** Nuss (Eckstück, Kugel) aus dem hinteren Oberschenkel, vor allem des Kalbs oder Schweins, für Braten oder Schnitzel **2.** Walnuss **~ de porc** Schweinenuss **~ de veau bourgeoise** gespickte Kalbsnuss, gedünstet mit Karotten, Zwiebeln und Erbsen **~ du Brésil (châtaigne d'Amérique)** Paranuss (Brasilnuss) **~ pâtissière** Oberschale (Kalbsnuss)

nonat *m* **(nonnat)** Neuling (Fischbrut im Mittelmeer)

nonnette *f* runder Lebkuchen (Hauptproduktion in Dijon und Reims) **~ de pain d'épices** gefüllte Pfefferkuchen

noque *f* Nocken, kleine Klößchen aus Mehl, Eiern, Butter und Muskatnuss (Suppeneinlage im ● Elsass)

normande (à la normande) **1.** pochiert, Weißweinsauce, Austern, Muscheln, Krabben, Champignons (Fischgarnitur) **2.** gedämpfte Äpfel (Wildgarnitur) **3.** mit Calvados und Sahne (bei Fischgerichten)

note *f* Rechnung (nur im Hotel)

nouilles *f pl* Nudeln **~ à l'alsacienne** Nudeln mit Butter und Semmelbröseln **~ au jambon** Nudeln mit Schinken in Streifen **~ fraîches (nouilles maison) au beurre** Hausmachernudeln in Butter geschwenkt **~ vertes** Grundteig der Nudeln, mit Spinatpüree gefärbt, etwas breiter geschnitten

nous vous proposons cette semaine wir empfehlen Ihnen diese Woche

nouveau, nouvel, nouvelle neu; jung; vom Jahr

O

oblade *f* Oblada (Fisch aus dem Ostatlantik und Mittelmeer)

odeur *f* Duft (Geruch)

œuf *m* **à la coque** in der Schale weichgekochtes Ei (3 Minuten)

œufs *m pl* Eier **~ à la neige** „Schnee-Eier": Klößchen aus Eiweiß, Zucker und Vanille, in Milch pochiert, mit kalter Vanillesauce serviert **~ à la russe** russische Eier mit gemischtem Gemüse und Mayonnaise **~ à la tripe** hartgekochte Eier in Scheiben mit Béchamelsauce und Zwiebeln (● Poitou-Charentes)

œufs *m pl* **au (sur le) plat** Spiegeleier **~ au jambon** Spiegeleier mit Schinken **~ au lard maigre** Spiegeleier mit magerem Speck **~ Bercy** Spiegeleier mit Chipolata und Tomatensauce **~ Florentine** Spiegeleier auf Spinat **~ Metternich** Spiegeleier mit Champignons und Käse überbacken **~ savoyarde** Spiegeleier Savoyer Art: mit Kartoffeln und geriebenem Käse, darüber Eier und Crème fraîche

œufs *m pl* **au gratin (~ gratinés)** Eier mit einer Käse-Sahne-Sauce überbacken

œufs *m pl* **brouillés** Rühreier **~ à l'espagnole** Rühreier mit Paprikaschoten, Tomaten und gerösteten Zwiebeln **~ à la périgourdine** Rühreier mit Trüffeln (● Périgord) **~ à la portugaise** Rühreier mit gebratenen Tomaten und Tomatensauce **~ Archiduchesse** Rühreier mit Schinken und Champignons **~ Argenteuil** Rühreier mit Spargelspitzen **~ Aumale** Rühreier mit Kalbsnieren und Tomaten gebraten **~ aux cèpes** Rühreier mit Steinpilzen **~ aux foies de volaille** Rühreier mit gerösteter Geflügelleber **~ aux pointes d'asperges (~ Argenteuil)** Rühreier mit Spargelspitzen **~ aux truffes** Rühreier mit angedünsteten Trüffelscheibchen und Sahne **~ Bercy** Rühreier mit gebratenen Würstchen und Tomatensauce **~ Carême** Rühreier mit Trüffelscheiben und Champignons **~ grand Mère** Rühreier mit gekochtem Schinken **~ princesse** Rühreier mit Geflügelfleisch und kleingeschnittenen, grünen Spargelspitzen

œufs *m pl* **de caille** Wachteleier (meistens aus Japan)

œufs *m pl* **durs** hartgekochte Eier (7–8 Minuten) **~ à la portugaise** hartgekochte Eier mit Tomaten und Tomatensauce **~ à la tripe** hartgekochte Eier in Scheiben mit Zwiebelsauce (● Lyonnais) **~ en gelée (~ en aspic)** Eier in Aspik **~ hongroise** hartgekochte Eier mit Paprikasauce, Zwiebelringen und sautierten Tomaten **~ mayonnaise** hartgekochte Eier mit Mayonnaise **~ poulette** hartgekochte Eier mit deutscher Sauce, Eigelb, Sahne, Champignons und Zitronensaft

œufs *m pl* **en cocotte** Eier in Förmchen aus Metall, Porzellan oder Steingut, im Wasserbad pochiert **~ à la Diane** Eier in Förmchen mit Wildpüree und Trüffelscheibchen **~ à la reine** Eier in Förmchen mit Hühnerpüree und Geflügelrahmsauce **~ Colbert** Eier in Förmchen mit Hühnerhaschee und Sauce aus Bratensaft, Zitronensaft, Madeira, Petersilie und Estragon **~ florentine** Eier in

Förmchen mit Spinat, geriebenem Käse, mit Mornaysauce gratiniert **~ Jeannette** Eier in Förmchen mit Hühnerfleisch und Spargelspitzen **~ Lucullus** Eier in Förmchen mit Gänseleber, Trüffelscheibchen und Madeirasauce **~ Ninon** Eier in Förmchen mit geröstetem Kalbshirn **~ Périgueux** Eier in Förmchen auf feinen Scheiben Gänseleber, umkränzt mit Trüffelsauce **~ Valentine** Eier in Förmchen mit Tomaten und Champignons **~ Zingara** Eier in Förmchen mit Schinken, Champignons und Madeirasauce

œufs *m pl* **en gelée (~ en aspic)** Eier in Aspik

œufs *m pl* **et farinages** Eier und Teigwaren

œufs *m pl* **farcis** gefüllte Eier **~ aux anchois** hartgekochte Eier mit Sardellen gefüllt **~ aux fines herbes** Eier mit Kräutermayonnaise gefüllt, mit Oliven, Tomaten und Salat angerichtet (● Rhônetal und Dauphiné)

œufs *m pl* **frits** auf beiden Seiten im Fett schwimmend gebackene Eier mit weichem Eigelb **~ à l'américaine** frittierte Eier mit gegrillten Tomaten und Speck **~ andalouse** frittierte Eier mit Auberginenscheiben und Tomatensauce **~ bordelaise** frittierte Eier mit Pilzen **~ provençale** frittierte Eier mit gebratenen Tomaten und Auberginenscheiben

œufs *m pl* **gratinés (~ au gratin)** mit einer Käse-Sahne-Sauce überbackene Eier **~ à la portugaise** gratinierte Eier mit Oliven und in kleine Würfel geschnittenen Tomaten

œufs *m pl* **miroir (~ au plat, ~ sur le plat)** Spiegeleier, meistens im Pfännchen serviert **~ à la crème** Spiegeleier mit Sahne überbacken **~ au bacon** Spiegeleier mit Speck

œufs *m pl* **mollets** wachsweiche Eier: das Eigelb weich, das Eiweiß fest (6 Minuten) **~ à la dauphinoise** wachsweiche Eier, in Ei und Weißbrotkrumen paniert, in heißem Fett ausgebacken, mit frittierter Petersilie und Tomatensauce serviert **~ à la milanaise** wachsweiche Eier auf Makkaroni auf Mailänder Art: Schinken, Pökelzunge, Champignons mit Mornaysauce und Parmesan bestreut und gratiniert **~ Berlioz** wachsweiche Eier auf Haschee von Wildfleisch und Champignons, garniert mit Wildjus

œufs *m pl* **moulés** gestürzte Eier in Förmchen, im Wasserbad pochiert **~ à la périgourdine** gestürzte Eier in Förmchen, mit Trüffelscheibchen dekoriert, auf Tarteletts, gefüllt mit Trüffelpüree und mit Madeirasauce nappiert **~ Cherville** gestürzte Eier in Förmchen, mit Mornaysauce nappiert, mit geriebenem Käse bestreut und gratiniert

œufs *m pl* **pochés** verlorene Eier: ohne Schale in Essig pochierte Eier **~ à l'auvergnate** verlorene Eier auf Kohl, zwischen Speckscheiben und Wurst angerichtet (● Auvergne) **~ à la bourguignonne** verlorene Eier auf Toast mit Rotweinsauce und Kräutern (● Burgund) **~ Amélie** verlorene Eier mit Mischgemüse, Champignons und Sahnesauce **~ Belle Hélène** verlorene Eier mit Hühnerhaschee, Spargelspitzen und Geflügelrahmsauce **~ Cardinal** verlorene Eier mit Hummerragout, Béchamelsauce mit Fischbrühe, Trüffelessenz und Hummerbutter, darauf eine Trüffelscheibe **~ en meurette** verlorene Eier in Burgundersauce mit Speckstreifen, kleinen Zwiebeln und Pilzen **~ Florentine** verlorene Eier auf Spinat, überbacken **~ Mornay** verlorene Eier mit Käsesauce und Parmesan überbacken **~ Rossini** verlorene Eier mit Gänseleber, Trüffelscheiben und Madeirasauce

oie *f* Gans **~ à l'alsacienne** mit Wurst gefüllte, gebratene Gans, mit Sauerkraut serviert (● Elsass) **~ à la strasbourgeoise** gebratene Gans, mit Äpfeln gefüllt, mit Sauerkraut und Kastanien serviert **~ farcie aux pruneaux** Gans mit Backpflaumen gefüllt, wobei die Backpflaumen ihrerseits eine Füllung enthalten, die aus einem Gemisch von Schinken, Zwiebeln und Oliven besteht, oft mit Edelkastanien gereicht (● Südwestfrankreich) **~ sauvage** Wildgans (das Fleisch junger Vögel ist am besten)

oignon *m* Zwiebel

oiseau *m* **sans tête (paupiette** *f***)** gefüllte Roulade vom Kalb, Rind, auch Hammel

oison *m* Jungmastgans **~ farci à la fermière** gebratene Jungmastgans, mit Weißbrot, Geflügelleber, Speck, Ei und säuerlichen Äpfeln gefüllt

olives *f pl* **farcies** gefüllte Oliven ~ **noires** schwarze Oliven ~ **vertes** grüne Oliven

omble *m* **chevalier** Ritter (Saibling), vorzüglich schmeckender Lachsfisch in Alpenseen

ombre *m* Äsche (Äschling, Mailing; in alpinen Flüssen)

ombre bleu Blaufelchen (Renke), sehr wohlschmeckend

ombre de mer (ombrine) Meeräsche (Mittelmeer, Atlantik)

omelette *f* Omelette (Eierpfannkuchen) ~ **à l'espagnole** Omelette mit Zwiebeln und Tomaten ~ **à la jurassienne** Omelette mit mageren Speckwürfeln, Schnittlauch und einer Füllung aus gekochtem Sauerampfer (● Franche-Comté) ~ **à la Poulard (de la Mère Poulard)** mit Butter zubereitetes Omelette: zuerst das Eigelb in die Pfanne, dann Salz, Pfeffer, 1 Löffel geschlagene Sahne, zum Schluss das Eiweiß hinzufügen (● Normandie) ~ **Agnès Sorel** Omelette mit Champignons und Hühnerpüree gefüllt, serviert mit runden Scheiben Pökelzunge darauf ~ **Argenteuil** Omelette mit Spargelspitzen ~ **au fromage** Omelette mit Käse ~ **au jambon** Omelette mit Schinken ~ **au potiron** Kürbisomelette mit *Genever* flambiert (● Flandern und Artois) ~ **au saucisson** Omelette mit kleingeschnittenen, angebratenen Wurststücken ~ **aux cèpes** Omelette mit Steinpilzen ~ **aux champignons (des bois)** Omelette mit gedünsteten Champignons (Waldpilzen) ~ **aux croûtons et au lard** Omelette mit Speck und gerösteten Würfeln Landbrot ~ **aux foies de volaille** Omelette mit Geflügelleber ~ **aux griottes** Omelette mit Sauerkirschen ~ **aux herbes** Omelette mit grünen Blättern vom Salat, Spinat, Mangold, Sellerie u.a. (● Rhônetal und Dauphiné) ~ **aux morilles** Omelette mit Morcheln (● Savoie) ~ **aux pointes d'asperges** Omelette mit Spargelspitzen ~ **aux pommes de terre** Omelette mit Kartoffeln ~ **aux rognons de veau** Omelette mit Kalbsnieren ~ **aux truffes** Omelette mit Trüffeln (● Südwestfrankreich) ~ **bohémienne** Omelette mit gehacktem Schinken ~ **bonne femme** Omelette mit Speck, Zwiebeln und Champignons ~ **bourguignonne** Omelette, gefüllt mit gehackten, gedünsteten Schnecken, in

Schneckenbutter und Petersilie ~ **chasseur** Omelette mit Hühnerleber, Champignons und Jägersauce ~ **Cluny** Omelette, gefüllt mit Wildpüree, umgossen mit Tomatensauce ~ **flambée au rhum** flambiertes süßes Rumomelette ~ **forestière** Omelette mit Pilzen ~ **lyonnaise** überbackenes Omelette, gefüllt mit Geflügelfleisch in Würfeln, Trüffeln und Champignons, in Zwiebelsauce, mit Schweizerkäse (● Lyonnais) ~ **nature** Omelette ohne Füllung; ohne Garnitur ~ **normande** entweder ein Omelette mit Champignons, Austern und Krabben oder ein Omelette mit Äpfeln und Calvados (● Normandie) ~ **norvégienne** Eis auf Biskuitboden und mit Baisermasse überbacken ~ **Parmentier** Omelette mit Kartoffeln ~ **paysanne** Omelette mit Speck- und Kartoffelwürfeln ~ **savoyarde** Omelette Savoyer Art: mit in Butter geschwenktem Lauch, angebratenen Kartoffelwürfeln, gepökeltem Schweinefleisch in Streifen, *Gruyère* in Sahne ~ **soufflée** Auflaufomelette (Schaumomelette) ~ **surprise** Überraschungsomelette: Eis auf Biskuitboden angerichtet, mit Eischnee bedeckt, schnell im Ofen gebacken

onglet *m* Nierenzapfen (innerer Bauchlappen des Rindes) ~ **à l'échalote** Nierenzapfen (langes, schmackhaftes Fleisch) mit Schalotten gegrillt

opéra pochiert, Weißweinsauce, Spargelspitzen und Trüffeln (Fischgarnitur)

orange *f* Orange (Apfelsine) ~ **amère** Bitterorange (Pomeranze) ~ **givrée** Orangeneis in der Fruchtschale

ordinaire einfach (gewöhnlich, alltäglich)

oreilles *f pl* **de porc** Schweinsohren ~ **à la berrichonne** Eintopf aus Feuerbohnen, in dem Schweinsohren und Schwarte mitgekocht werden (Berry)

origan *m* **(marjolaine** *f***)** Oregano (wilder Majoran)

Orly Fisch oder Fischfilets paniert, frittiert und mit Tomatensauce serviert

oronge *f* **vraie (anamite des césars)** Kaiserschwamm (Kaiserling), geschätzter Speisepilz

ortolans *m pl* Fettammern (sehr geschätztes Federwild) ~ **à la landaise** gebratene Fettammern, gefüllt mit Gänseleber und mit abgezogenen Trauben serviert (● Südwest-

frankreich) ~ **bonne femme** Fettammern mit Speckwürfeln und Zwiebeln in einer feuerfesten Form gebraten, mit Cognac flambiert und mit Wildfond abgelöscht
os *m* **à moelle** Markknochen
oseille *f* Sauerampfer
ossobuco *m* **(rouelle** *f* **de veau) à la milanaise** Kalbsbeinscheibe mit Tomaten-Weißwein-Sauce
oursin *m* **(châtaigne** *f* **de mer)** Seeigel, als Leckerbissen geschätzt ~ **breton** dicker, grünfarbiger Seeigel aus der Bretagne

P

pageot *m* **(pageau)** rote Meerbrasse; der echten Goldbrasse ähnlich (Mittelmeer)
pagre *m* Sackbrasse, nicht so fein wie Goldbrasse (Seefisch)
pagure *m* **(Bernard-l'(h)ermite** *m***)** Einsiedlerkrebs, feines Fleisch
paillettes *f pl* **au fromage** kleine Käsestangen
paillettes aux anchois kleine Sardellenstangen
pain *m* Brot ~ **au levain** Sauerteigbrot ~ **au son** Kleiebrot in verschiedenen Formen ~ **aux six céréales** Sechskornbort ~ **bis** Graubrot (Mischbrot) ~ **blanc** Weißbrot ~ **brioché** leicht gesüßtes Brot ~ **complet** Vollkornbrot: Krume kompakter als bei der *baguette*, aber weniger kompakt als beim deutschen Vollkornbrot, in verschiedenen Formen ~ **d'épice(s)** Lebkuchen ~ **de campagne** Landbrot von eher runder Form, Krume weniger hell als bei der *baguette*, Kruste mit Mehl bestreut ~ **de foie de porc** Schweineleberkäse ~ **de Gênes** Genueser Brot: ein mit Mandeln oder Marzipan angereicherter Biskuit ~ **de gruau (viennoise** *f***)** Schrotbrot in verschiedenen Formen und von unterschiedlichem Gewicht (in der Auvergne: *tabatière*) ~ **de mie** Toastbrot ~ **de seigle** Roggenbrot mit dunkelbrauner Kruste ~ **(en) épi** Brotstange, einer Ähre ähnlich ~ **long (~ parisien, parisienne** *f*, **restaurant)** Brot ebenso lang wie die *baguette*, aber dicker mit mehr Krume ~ **perdu** in Milch mit Vanillezucker eingeweichte Scheiben Rosinenbrot, gebacken mit geschlagenen Eiern und mit Farinzucker bestreut (● Flandern und Artois)

paire *f* Paar

palais *m* **de bœuf au curry** Rindergaumen in Currysauce gedünstet, mit Reis serviert

paleron *m* Mittelbug (Schulterstück) vom Rind

palette *f* **1.** Schaufelstück (Schulterspitz), oberer Teil der Rinder- oder Hammelschulter **2.** oberer Teil der vorderen Schweinskeule ~ **de porc au vin blanc** Schulterstück vom Schwein in Weißwein (● Elsass) ~ **aux choux** Schulterstück vom Schwein mit Kohl

palmier *m* **1.** Palme (Palmblatt) → *cœur de palmier* **2.** Schweinsohr: Blätterteiggebäck

palombe *f* **(pigeon** *m* **ramier)** Ringeltaube (● Südwestfrankreich)

palombes *f pl* **à l'armagnac** Ringeltauben mit Armagnac flambiert, gebraten in Weinblättern (● Südwestfrankreich)

palourde *f* **(clovisse** *f***)** Teppichmuschel, gehört zu den besten der kleinen Schalentiere

pamplemousse *m/f* **glacé(e)** eisgekühlte Grapefruithälfte

panaché, panachée buntfarbig; vermischt

panais *m* Pastinake (süßliches Wurzelgemüse)

pané, panée Bratgut, durch geschlagenes Ei oder flüssige Butter gezogen und in Paniermehl gewälzt

pannequets *m pl* Palatschinken, Pfannkuchen ~ **à la confiture** Palatschinken (Eierkuchen), mit Konfitüre bestrichen, ein- oder zweimal gefaltet ~ **au foie de veau** Pfannkuchen, mit Kalbsleberpüree gefüllt

panzarotti *m pl* kleine Krapfen aus Reis oder Kartoffeln (● Korsika)

papaye *f* Papaya (aus Mittelamerika stammende Frucht)

papillote (en papillote) in Alufolie oder Pergament gegart

paprika *m* rotes Paprikapulver, süß oder feurig

par personne pro Person

parfait *m* feine Eiscreme, mit Spirituosen oder Fruchtpüree aromatisiert, mit ungesüßter Schlagsahne unterzogen, in eine hohe Form gefüllt und gefroren

parfait *m* **de foie gras** Gänseleberparfait: kaltes Mus aus frischer Gänseleber (die feinste Art mit allerbesten Zutaten)

parfums *m pl* Geschmacksrichtungen von Eiscreme

Paris-Brest *m* Kranz aus Brandteig, darüber Mandelstifte, das Innere mit dickflüssiger Vanille- und Pralinécreme garniert

parisienne (à la parisienne) **1.** mit Madeirasauce und Nusskartoffeln, Artischockenböden mit Champignons, Pökelzunge und Trüffeln gefüllt (für kurzgebratenes Fleisch) **2.** mit Weißweinsauce, Champignon- und Trüffelscheiben sowie Krebsen (Fischgarnitur)

pascade *f* Pfannkuchen mit Speck und Zwiebeln in Nussöl gebacken

paste *f* Maismehlbrei als Zutat zu verschiedenen Fleischgerichten, besonders zu Ragout (● Südwestfrankreich)

pastèque *f* **(melon** *m* **d'eau)** Wassermelone

pastis *m* **gascon** Kuchen aus Blätterteig, mit Butter und Vanillezucker bestrichen und mit in Armagnac getränkten Apfelscheiben belegt (● Aquitaine)

pastis *m* **landais** lockeres Gebäck aus geschlagenen Eiern, Zucker, Butter, Armagnac, Orangenblüten und Backpflaumen (● Südwestfrankreich)

patate *f* **(patate douce)** Batate (Süßkartoffel)

pâte *f* Teig; Paste **~ d'amandes (massepain)** Marzipan

pâté *m* Pastete **~ chaud** warme Pastete **~ d'alouettes** Lerchenpastete **~ d'anguilles** Aalpastete (● Pays de la Loire) **~ de bécasses** Schnepfenpastete **~ de brochet** kalte Hechtpastete (● Elsass) **~ de cailles** Wachtelpastete **~ de campagne** Bauernpastete aus der Terrine **~ de canard** Entenpastete **~ de cèpes à la limousine** Steinpilzpastete mit Schinken in Blätterteig (● Limousin) **~ de faisan** Fasanenpastete **~ de foie gras** Gänseleberpastete **~ de foie gras truffé** getrüffelte Gänseleberpastete **~ de gibier** Wildpastete (● Pays de la Loire) **~ de lapin** Kaninchenpastete (● Dauphiné und Savoie) **~ de lièvre** Hasenpastete (● Dauphiné und Savoie) **~ de merles** Amselpastete (● Korsika) **~ de perdreaux** Rebhuhnpastete (● Dauphiné und Savoie) **~ de tête de porc (hure)** Schweinskopfsülze **~ en croûte** Pastete in einer Teighülle **~ maison** hausgemachte Pastete

patelle *f* **(lapa** *f***)** Napfschnecke (Schlüsselschnecke; Atlantik)

pâtes *f pl* **(alimentaires)** Nudeln; Teigwaren **~ aux tomates fraîches** Nudeln mit frischem Tomatenpüree

pâtisserie *f* Backwerk (Gebäck, Kuchen); Konditorei **~ fine** feines Gebäck **~ maison** Gebäck (Kuchen) nach Art des Hauses

paupiette *f* Fleisch-, Fisch- oder Gemüseroulade **~ de bœuf napolitaine** gefüllte Rinderroulade mit Spaghetti in Tomatensauce **~ de veau (oiseau sans tête)** gefüllte Kalbsroulade

pavé *m* **de bœuf au Roquefort** dickes Stück Rindfleisch, gegrillt und mit Roquefortkäse zubereitet

paysanne (à la paysanne) **1.** gedünstete Karotten, Knollensellerie, weiße Rüben, Zwiebeln, Räucherspeck und Kartoffelwürfel (Geflügelgarnitur) **2.** Zwiebeln, Räucherspeck, Haselnusskartoffeln (Wildgarnitur)

pêche *f* Pfirsich **~ Cardinal** pochierter Pfirsich mit Himbeerpüree **~ Melba** halbierter Pfirsich auf Vanilleeis, mit Himbeersauce überzogen, mit Mandelsplittern bestreut **~ pochée au vin rouge et glace vanille** Pfirsich in Rotwein pochiert, mit Vanilleeis serviert

peigne *m* **(pétoncle** *f***)** Kammmuschel (ähnelt der Jakobsmuschel, aber etwas kleiner)

pela *f* **(tartiflette** *f***)** mit *Reblochon* gratinierte, geröstete Kartoffeln (● Savoie)

perche *f* Barsch (feinster Süßwasserfisch)

perdreau *m* junges Rebhuhn **~ à la catalane** Rebhuhn mit bitteren Orangen gedünstet (● Bordelais und französische Pyrenäen) **~ à la vigneronne** junges Rebhuhn, mit Speck umwickelt, gebraten und mit Weintrauben garniert **~ en chartreuse (~ aux choux)** junges Rebhuhn mit Kohl und Wurst (● Lyonnais)

perdrix *f* **en chartreuse (~ aux choux)** geschmortes Rebhuhn mit magerem Speck auf Weißkraut

Périgord gedünstetes Geflügel mit Trüffelscheiben zwischen Haut und Brust, dazu Geflügelrahmsauce (Geflügelgarnitur)

périgourdine (à la périgourdine) mit Trüffeln, eventuell auch mit Gänseleber (Wildgarnitur)

persil *m* Petersilie

persillade *f* feingehackte Petersilie mit Knoblauch als Würzmischung

persillé, persillée **1.** Gericht mit Petersilie oder mit Petersilie bestreut **2.** mit feinen Fettadern durchzogenes Rindfleisch

petit, petite klein

petit-beurre *m* Butterkeks

petit déjeuner *m* Frühstück → *déjeuner*

petit pain *m* längliches Brötchen (Semmel)

petit pâté *m* **à la reine** Blätterteigpastetchen mit Hühnerhaschee und Trüffeln gefüllt

petit salé *m* **de Murat (Cantal) aux choux** gepökeltes Schweinefleisch mit Kohl (● Auvergne)

petit soufflé *m* **au fromage et jambon** kleiner Käseauflauf mit Schinken

Petit-Suisse *m* milder Frischkäse in Röllchen (● Normandie)

petite bouchée *f* **Saint-Hubert** Blätterteigpastetchen, mit Wildragout gefüllt

petite marmite *f* kleiner Suppentopf mit Bouillon, Erbsen, Huhn, Rindfleisch, Lauch, Karotten, weißen Rüben

petite morue *f* Dorsch (frischer Kabeljau)

petite roussette *f* kleiner Hundshai (Katzenhai; Mittelmeerfisch)

petits farcis *m pl* Auberginen, Zucchini, Zwiebeln, Tomaten, grüne Paprikaschoten, mit Fleisch gefüllt (● Provence)

petits fours *m pl* kleines Feingebäck verschiedener Arten und Formen, mit oder ohne Füllung

petits gâteaux *m pl* Teegebäck

petits oignons *m pl* **marinés** marinierte Perlzwiebeln

petits pâtés *m pl* **de Béziers** kleine Teigtaschen aus Blätterteig, Mürbeteig oder Hefeteig, gefüllt mit Meeresfrüchten (● Languedoc-Roussillon)

petits pâtés *m pl* **de Pézenas** kleine Pastetchen mit einer Füllung aus Hammelfleisch und Nierenfett, gewürzt mit Zitronenschale und Farinzucker (● Languedoc)

petits *m pl* **pois** grüne Erbsen **~ à l'anglaise** frische Erbsen in Salzwasser gekocht, in heißer Butter geschwenkt **~ à la française** frische Erbsen mit Kopfsalatstreifen, in

Butter gedünstet, mit Zitronensaft abgeschmeckt **~ à la Saint-Mandé** grüne Erbsen, grüne Bohnen und Macairekartoffeln (● Paris und Ile-de-France) **~ bonne femme** frische Erbsen, mit Zwiebeln und Speck gedünstet **~ gourmands (pois mange-tout)** Zuckererbsen

pétoncle *f* **(peigne** *m***)** Kammmuschel (ähnelt der Jakobsmuschel, aber etwas kleiner)

pibales *f* **à la basquaise** Aalbrut mit roten, scharfen Pfefferschoten, in Olivenöl gebraten (● Baskenland)

piccalilli *m* Piccalilli: in einer Essig-Senf-Sauce eingelegtes Gemüse

piccata *f* **de veau italienne** gebratene Kalbsschnitzelchen vom Filet mit Erbsenreis

pickles *m pl* Essiggemüse

pièce *f* Stück

pièce de bœuf Soubise Rinderschmorfleisch mit Zwiebelsauce

pieds *m pl* **de mouton** Hammelfüße **~ à la sauce poulette** Hammelfüße mit einer Sauce aus Champignon-Sud, Eigelb und Zitronensaft (● Paris und Ile-de-France) **~ frits** frittierte Hammelfüße

pieds *m pl* **de porc (pieds de cochon)** Schweinsfüße (● Lothringen) **~ à la Sainte-Ménehould** im Sud gekochte Schweinsfüße, paniert und in Fett goldgelb gebraten **~ farcis** gefüllte Schweinsfüße **~ panés** panierte Schweinsfüße

pieds *m pl* **de veau** Kalbsfüße **~ sauce poulette** Kalbsfüße mit Béchamel mit Champignon-Sud, Eigelb und Zitronensaft (● Midi-Pyrénées) **~ vinaigrette** Kalbsfüße mit Essigkräutersauce

pieds *m pl* **paquets** Hammel- oder Lammrouladen mit gepökeltem, mit Zwiebeln, Knoblauch und Petersilie gewürztem Schweinefleisch gefüllt und mit Hammel- oder Lammfüßen in einer Wein-Tomatensauce gekocht (Spezialität von ● Marseille)

piémontaise (à la piémontaise) Tomatenrisotto (Wildgarnitur)

pigeon *m* Taube **~ à la crapaudine** panierte Taube, gegrillt (● Paris und Ile-de-France) **~ aux petits poix** geschmorte Taube mit grünen Erbsen

pigeonneau *m* junge Taube **~ farci sauce Chambertin** mit einer Farce aus Schweinelende, Hühnerleber und Champignons gefüllte Taube mit einer *Chambertin*-Rotweinsauce (● Burgund)

pignon *m* Pinienkern

pilaf *m* **aux fruits de mer** Meeresfrüchte mit Reis, Zwiebeln, Butter und Brühe gekocht

piment *m* **de la Jamaique** Piment (Nelkenpfeffer)

piment doux (poivron *m***)** Paprikaschote (Gemüsepaprika)

pimprenelle *f* Pimpinelle (Pimpernell)

pintade *f* Perlhuhn (mit leichtem Wildgeschmack) **~ à l'américaine** gegrilltes Perlhuhn, vom Rücken aus geöffnet, mit gebratenen Speckscheiben und Tomaten garniert

pintadeau *m* junges Perlhuhn

pipérade *f* **(piperade) basquaise** Eiergericht mit Bayonner Schinken, Tomaten, Zwiebeln, Paprikagemüse, Knoblauch, Thymian, und Lorbeerblatt (● Baskenland)

pissaladière *f* Brotteig oder Mürbeteig, bedeckt mit Zwiebeln, schwarzen Oliven, Sardellenfilets, eventuell Tomaten (● Provence)

pissenlit *m* **(dent-de-lion** *f***)** Löwenzahn

pistache *f* Pistazie

pistache de mouton Hammelragout mit weißen Bohnen und Knoblauch

pistou *m* Basilikumsauce mit Knoblauch, Petersilie, Schnittlauch, Estragon und Olivenöl

Pithiviers *m* Blätterteigtorte aus Pithiviers mit Mandelcreme gefüllt (● Pays de la Loire)

pizza *f* Pizza **~ al tonno** Pizza mit Thunfisch, Tomaten, Oliven, Oregano **~ Bologna** Pizza mit Salami, Schinken, Sardellen, Champignons, Paprika, Oliven **~ capricciosa** Pizza mit Schinken, Champignons, Artischocken **~ centese** Pizza mit Thunfisch, Zwiebeln, Kapern **~ contadina** Pizza mit Salami, Champignons, Zwiebeln **~ des quatre saisons** Pizza mit Sardellen, Ei, Tomaten, Artischocken, Zwiebeln, Paprika, Oliven, Kapern, Oregano

~ **du pêcheur** Pizza mit Muscheln, Garnelen, Kalmaren, Tomaten ~ **Margherita** Pizza mit Käse, Tomaten, Oregano ~ **Montanara** Pizza mit Schinken, Champignons, Zwiebeln ~ **Napoli** Pizza mit Sardellen, Tomaten, Kapern, Oliven ~ **Pugliese** Pizza mit Sardellen, Zwiebeln, Kapern ~ **Regina** Pizza mit Tomaten, Champignons, Käse

place *f* Platz im Restaurant; Stelle

plat *m* **de côtes** **1.** Schälrippe (Hochrippe) vom Rind **2.** Rippenbrust vom Schwein

plat *m* Gericht ~ **conseillé** empfohlenes Gericht ~ **conventionné** Gericht zu einem festen Preis der unteren Preisklasse ~ **de régime** Diätkost ~ **de résistance (plat principal)** Hauptgericht ~ **du jour garni** Tagesgericht mit Beilage ~ **froid** kaltes Gericht

plateau *m* Servierplatte ~ **de fruits de mer** große Platte mit verschiedenen Meeresfrüchten: Austern, verschiedenen Muschelarten, Seekrebsen, Garnelen, Hummerkrabben, Seeigeln, Seeschnecken u.a. ~ **de fromages au choix** Käseauswahl vom Brett

pleurote *m* Austernpilz (Seitling)

plie *f* **(carrelet** *m***)** Goldbutt (Glattbutt, Scholle; wohlschmeckender Meeresfisch)

plombière *f* Fürst-Pückler-Eis

poché, pochée pochiert: in aufwallendem Wasser oder Brühe gegart

pochouse *f* **(matelote** *f***)** Matrosengericht: Fischgericht von verschiedenen Süßwasserfischen, in Wein gekocht ~ **bourguignonne** Fischragout in Weißwein mit Karpfen, Schleie, Hecht, Barsch und Aalraupe (● Burgund)

poêlé, poêlée in der Pfanne gebraten

poids *m* Gewicht

pointe *f* **de culotte** Hüftspitze vom Rind ~ **de grumeau** Brustbein (Brustspitze, Brustkern) vom Rind

pointes *f pl* **d'asperges au beurre fondu** Spargelspitzen mit zerlassener Butter

poire *f* Birne ~ **belle dijonnaise** Birne in Rotwein mit Crème de Cassis und gebrannten Mandeln (● Burgund) ~ **belle Hélène** halbe Birne auf Vanilleeis, mit warmer

Schokoladensauce überzogen ~ **Bourdaloue** halbe Birne pochiert, mit Mandelcreme und gestoßenen Makronen bestreut, mit Zucker und Butter überglänzt **~s à la beaujolaise** pochierte Birnen in einem Sirup aus *Beaujolais*-Wein, Zucker, Zimt, Gewürznelken, Orangen- und Zitronenscheiben und Pfefferkörnern (● Lyonnais) **~s bourguignonne** in Rotwein gedämpfte Birnen (● Burgund)

poireau *m* Porree (Lauch) **~x à la béchamel** Lauch in Butter gedünstet und mit Milchsauce übergossen **~x à la savoyarde** Lauch mit Semmelbröseln und geriebenem Käse (● Savoie)

pois *m pl* Erbsen ~ **cassés** getrocknete grüne Erbsen ~ **chiches** Kichererbsen ~ **mange-tout (pois gourmands)** Zuckererbsen

poisson *m* Fisch ~ **d'eau douce** Süßwasserfisch ~ **de mer** Meerfisch (Seefisch) ~ **de rivière** Flussfisch

poissons et crustacés Fische und Krustentiere

poitrine *f* Brust von Schlachttieren ~ **d'agneau vert-pré** Lammbrust, mit Strohkartoffeln und Brunnenkresse serviert ~ **d'oie fumée** geräucherte Gänsebrust

poitrine *f* **de bœuf** Ochsenbrust ~ **braisée** geschmorte Ochsenbrust ~ **salée** gepökelte Rinderbrust (● Elsass)

poitrine *f* **de mouton** Hammelbrust ~ **farcie à l'ariégeoise** Hammelbrust, gefüllt mit Schinken, Eiern, Knoblauch und anderen Gewürzen, zusammen mit Gemüse gekocht, dazu werden gefüllter Kohl und Kartoffeln serviert (● französische Pyrenäen)

poitrine *f* **de veau** Kalbsbrust ~ **farcie** Kalbsbrust mit einer Füllung aus Brotkrume, Zwiebeln, Kastanien und Kräutern, in Weißwein geschmort, mit Kohl und Kastanien serviert (● Auvergne)

poivre *m* Pfeffer **~ blanc** weißer Pfeffer **~ concassé** gestoßener Pfeffer **~ d'âne** milder Ziegenkäse mit Rosmarin und Bohnenkraut (● Provence) **~ de Cayenne** Cayennepfeffer **~ en grains** ganze Pfefferkörner **~ gris** grauer Pfeffer **~ noir** schwarzer Pfeffer **~ vert** grüner Pfeffer

poivrier, poivrière Pfefferstreuer

poivron *m* **(piment** *m* **doux)** Paprikaschote (Gemüsepaprika); Paprikapulver heißt: *Paprika* **~ rouge** rote Paprikaschote **~ vert** grüne Paprikaschote

Pojarski *m* gehacktes Kalb- oder Geflügelfleisch zu Koteletts, geformt, paniert und gebraten

polenta *f* **1.** Maisbrei in Italien **2.** Kastanienmehl auf Korsika **3.** mit Fleischbrühe aufgekochter Maisgrieß, mit geriebenem *Beaufort*-Käse in abwechselnden Schichten gratiniert (● Savoie)

polonaise *f* **(à la polonaise)** mit hartgekochtem, gehacktem Eigelb, gehackter Petersilie, geröstetem Paniermehl bestreut und mit schäumender Butter übergossen, insbesondere für Blumenkohl und Spargel

pomelo *m* süße Grapefruitsorte (zwischen Pampelmuse und Orange gekreuzt)

pomme *f* Apfel

pommes *f pl* **(de terre)*** Kartoffeln (bei Kartoffelgerichten wird *de terre* weggelassen); *in Frankreich zählt die Kartoffel zum Gemüse und ist auf der Speisekarte stets unter dieser Rubrik zu finden **~ à l'anglaise (- nature)** Kartoffeln auf englische Art: Salzkartoffeln **~ à la Bernoise** Berner Rösti: mit Speck und in heißer Butter geröstet **~ allumettes** Streichholzkartoffeln: rohe Kartoffeln in Streichholzform geschnitten, in Fett schwimmend gebacken **~ alsacienne** Kartoffeln auf elsässische Art: in Butter gebraten mit Zwiebeln, Speckwürfeln und gehackten Kräutern serviert **~ Anna** Annakartoffeln: rohe Kartoffelscheiben in Stopfenform geschichtet, mit Butterstückchen im Rohr knusprig gebraten **~ au four** gewaschene Kartoffeln in der Schale im Rohr gebacken **~ au lard** Speckkartoffeln: Zwiebeln und Speck in Butter gebräunt, mit olivenförmigen Kartoffeln langsam gekocht

pommes Berny *Berny*-Kartoffeln (Mandelbällchen): Kroketten aus Herzoginkartoffelmasse mit Mandelsplittern paniert und in Fett schwimmend gebacken, manchmal mit Trüffeln **~ berrichonne** rohe Kartoffeln in Olivenform geschnitten, in Bouillon mit Speckwürfeln, Zwiebeln und Kräutern gedünstet **~ bonne femme** Äpfel ohne Kernhaus mit Butter und Zucker gefüllt, im Rohr gebacken **~ bouillon (~ au bouillon)** Bouillonkartoffeln: rohe Kartoffeln in große Würfel geschnitten, mit Sellerie, Lauch und Karotten sowie Fleischbrühe im Rohr gegart **~ boulangère** Bäckerinkartoffeln: rohe Kartoffeln in dicke, runde Scheiben geschnitten, mit angeschwitzten Zwiebeln vermischt, mit Fleischbrühe aufgefüllt, im Rohr gegart **~ Byron** Byronkartoffeln: zerdrückte, vorgekochte Kartoffeln, fladenförmig in der Pfanne gebraten, mit Rahm übergossen und mit geriebenem Käse im Rohr überbacken **~ château (~ rissolées)** Schlosskartoffeln: rohe Kartoffeln in halbmondähnliche Form geschnitten, blanchiert und in Butter gebraten **~ chatouillard** Spankartoffeln: lange, schmale Bänder von rohen Kartoffeln geschnitten, in Fett schwimmend gebacken **~ cocotte** rohe Kartoffeln zu großen Oliven geformt, blanchiert und gebraten **~ croquettes** Kartoffelkroketten (Kartoffelkrusteln): trockenes Kartoffelpüree mit Eigelb zu Kügelchen oder Röllchen geformt, paniert und in Fett schwimmend gebacken **~ dauphine** Kronprinzessinkartoffeln: aus Kartoffelmasse und Brandteig mit einem Esslöffel in Klößchen geformt und in der Frittüre gebacken (● Dauphiné und Savoie) **~ dauphinoise (gratin dauphinois)** Kartoffeln auf dauphiner Art: Kartoffelauflauf mit Milch oder Sahne, geschlagenem Ei und im Allgemeinen mit Käse überbacken **~ de terre en salade** Kartoffelsalat **~ duchesse** Herzoginkartoffeln: Kartoffelkrustelmasse in bestimmte Formen auf ein Blech gespritzt, mit Ei bestrichen und überbacken **~ en robe des champs** Pellkartoffeln in der Schale gekocht **~ fines herbes (aux fines herbes)** Kräuterkartoffeln: Pellkartoffeln in eine weiße Sauce mit gehackten Kräutern (Petersilie, Kerbel, Schnittlauch) und etwas Zwiebel geben **~ fondantes** Schmelzkartoffeln: möweneigroße, rohe

Kartoffeln mit Fleischbrühe und Butter zugedeckt gekocht ~ **gaufrettes** Waffelkartoffeln: mit dem Hobel rohe Kartoffeln waffelförmig geschnitten und in Fett schwimmend gebacken ~ **gratin (au gratin)** Kartoffeln auf dauphiner Art: Kartoffelauflauf mit Milch oder Sahne, geschlagenem Ei und Käse im Rohr überbacken ~ **hongroise (à la hongroise)** Kartoffeln auf ungarische Art: rohe Kartoffelscheiben mit Zwiebelscheiben, Kümmel, Paprika und Tomaten in Bouillon mit süßer Sahne gedünstet ~ **Lorette** Lorettekartoffeln: Herzoginkartoffelmasse mit Brandteig und geriebenem Käse vermischt, zu kleinen Zigarren geformt und schwimmend im Fett gebacken ~ **lyonnaise** Kartoffeln auf Lyoner Art: Bratkartoffeln mit Zwiebeln und mit gehackter Petersilie bestreut ~ **Macaire** Kartoffelmasse aus gekochten Kartoffeln mit angeschwitzten Zwiebeln und Speck fladenförmig in der Pfanne gebraten ~ **maître d'hôtel** Haushofmeisterkartoffeln: vorgekochte Kartoffeln in Scheiben geschnitten, mit Milch, Butter und Muskatnuss weitergekocht, mit gehackter Petersilie bestreut ~ **Mont-Dore** Kartoffelpüree mit Emmentaler Käse und geschlagenem Ei vermischt, mit geriebenem Käse bestreut und im Rohr überbacken ~ **mousseline** Kartoffelschnee: Kartoffelpüree mit Rahm vermischt ~ **nature** Salzkartoffeln ~ **noisettes** Nusskartoffeln: von rohen Kartoffeln in der Größe einer Haselnuss ausgestochen, blanchiert und in Butter geröstet ~ **normande** Kartoffeln auf normannische Art: rohe Kartoffelscheiben mit Zwiebeln und Lauch gekocht, mit Mehl bestäubt, mit Milch aufgegossen, mit geriebenem Käse überbacken ~ **nouvelles** neue Kartoffeln ~ **paille** Strohkartoffeln: wie kurze Nudelstreifen geschnitten und in Fett schwimmend gebacken ~ **parisienne** Pariser Kartoffeln: wie Nusskartoffeln in Butter gebraten, mit geschmolzenem Fleischextrakt überglänzt ~ **paysanne** Kartoffeln nach Bäuerinart: rohe Kartoffeln in dicke Scheiben geschnitten und in Brühe mit Speckwürfeln gedünstet ~ **persillées** Petesilienkartoffeln: Salzkartoffeln mit Butter und gehackter Petersilie ~ **Pont-Neuf** rohe und dicke Kartoffelstäbchen in Fett schwimmend gebacken

pommes portugaise Kartoffeln auf portugiesische Art: rohe Kartoffelwürfel und Tomatensauce mit Knoblauch und Zwiebeln gedünstet **~ provençale** Kartoffeln auf provenzalische Art: rohe Kartoffelscheiben in Olivenöl mit gehacktem Knoblauch gebraten **~ rissolées** knusprig gebratene Röstkartoffeln **~ rôties sous la cendre** Kartoffeln in der Schale in der Feuerasche gegart **~ sarladaise** wie Annakartoffeln mit rohen Trüffelscheiben **~ sautées** Bratkartoffeln **~ savoyarde** Kartoffeln auf Savoyer Art: Kartoffelauflauf mit Milch oder Sahne, geschlagenem Ei und Käse im Rohr überbacken, mit Bouillon gefüllt **~ soufflées** aufgeblähte Kartoffeln (Polsterkartoffeln): rohe Kartoffeln, in dicke Scheiben geschnitten, zweimal in tiefem Fett gebacken, damit sie aufgehen **~ vapeur** Dampfkartoffeln

Pont-l'Evêque *m* cremiger Kuhmilchkäse, je nach Reife von mild bis kräftig-würzig (● Normandie)

porc *m* **froid** kaltes Schweinefleisch

porcelet *m* **farci** gefülltes Spanferkel (● Lothringen)

Port-Salut *m* halbfester Kuhmilchkäse, cremig und mild im Geschmack (● Loire)

porterhouse-steak *m* dicke Scheibe Fleisch aus dem Roastbeef mit Knochen und Filet für 5–6 Personen, etwa 800 g **~ à l'américaine** gegrilltes Porterhousesteak mit Speck und gerösteten Tomaten

portugaise (à la portugaise) gefüllte Tomaten und Schlosskartoffeln (Fleischgarnitur)

portugaises *f pl* längliche Austernsorte mit kräftigem Geschmack

pot-au-feu *m* Gemüseeintopf: geschmortes Rindfleisch mit Sellerie, Lauch, Karotten, Zwiebeln, Knoblauch, weißen Rüben und Gewürzen **~ de homard breton** Hummereintopf mit Garnelen, Kammuscheln, Austern und Miesmuscheln in Sud (● Bretagne)

pot *m* **de crème à la vanille** Töpfchen mit Vanillepudding

pot *m* **de crème au chocolat** Töpfchen mit Schokoladenpudding

potage *m* Suppe: meistens aus Gemüsepüree oder Hülsenfruchtpüree; wird vor allem abends serviert **~ Ambassadeur** Erbsenpüreesuppe mit Sauerampfer, Kopfsalat, Reis und Kerbel **~ au cerfeuil** Kerbelsuppe (● Elsass) **~ aux abattis d'oie** Gänsekleinsuppe (● Elsass) **~ aux légumes** Gemüsesuppe **~ aux marrons** Maronenpüreesuppe mit gerösteten Weißbrotwürfeln **~ aux poireaux** Lauchsuppe (● Elsass) **~ Bressane** Kürbispüreesuppe mit Fadennudeln **~ clair** klare Suppe **~ Compiègne** weiße Bohnenpüreesuppe mit Sauerampfer und Kerbel **~ Conti** Linsenpüreesuppe mit gerösteten Weißbrotscheiben **~ Crécy** Karotten- und Kartoffelpüreesuppe **~ Dubarry** Blumenkohlpüreesuppe mit Kerbel und gerösteten Weißbrotwürfeln **~ Faubonne** weiße Bohnenpüreesuppe mit Gemüse in Streifen und Kerbel **~ Fontanges** grüne Erbsenpüreesuppe mit Sauerampfer und Kerbel **~ Freneuse** Püreesuppe von weißen Rüben und Kartoffeln **~ Longchamp** Erbsenpüreesuppe mit Fadennudeln **~ parisien** Püreesuppe von Lauch und Kartoffeln mit gerösteten Weißbrotwürfeln und Kerbel **~ Parmentier** Kartoffelpüreesuppe **~ Saint-Germain (~ aux pois cassés)** Püree aus getrockneten Erbsen mit gerösteten Weißbrotscheiben (● Paris und Ile-de-France)

potages et soupes Suppen (auf der Speisekarte)

potée *f* deftige Suppe in irdenem Topf mit verschiedenem Fleisch und Gemüsen, in Brühe gekocht, auch Fischeintopf **~ auvergnate** Kohl, Karotten, weiße Rüben, Zwiebeln, Lauch, Sellerie, weiße Bohnen, Kartoffeln, Knoblauch, Kräuter, Schweinskopf, magerer Speck, Suppenfleisch, Cervelatwurst und geröstete Brotscheiben (● Auvergne) **~ bourguignonne** Eintopf aus Schweineschulter, Schweinshachse, Speck, Weißkraut, Karotten, weißen Rüben, Zwiebeln, Lauch und Kartoffeln (● Burgund) **~ bretonne** Eintopf mit Kohl, Schweinefleisch, geräucherter Wurst, Karotten und Kartoffeln (● Bretagne) **~ champenoise** Eintopf mit gesalzenem Schweinefleisch und Schweinshachse (● Champagne) **~ comtoise** Eintopfgericht aus verschiedenen Gemüsesorten, Speck, geräuchertem Bauchspeck, gepökeltem Schweinefleisch und einer *saucisse de Morteau* (● Franche-Comté) **~ lorraine** Fleischtopf mit Speck, Schweinefleisch und verschiedenen

ESSEN WIE GOTT IN FRANKREICH

Gemüsen, wobei die Brühe als Suppe getrennt serviert wird (● Lothringen)

potiron *m* **(citrouille** *f***)** Kürbis

potjevleisch *m* Pastete (ohne Teig) aus Kalb- und Kaninchenfleisch und Speck (● Nordfrankreich)

pouding *m* **de semoule** Grießpudding

poularde *f* **de Bresse à la broche** junges, vollfleischiges Masthuhn am Spieß (● Lyonnais)

poularde *f* **demi-deuil** Poularde „in Halbtrauer“: die Bezeichnung bezieht sich auf die schwarzen Trüffeln, mit denen die Poularde zwischen Haut und Fleisch gespickt wird sowie auf die in Scheiben geschnittenen Trüffeln in der Sauce (● Lyonnais)

poule *f* Suppenhuhn **~ au pot** Huhn gekocht, als Eintopf serviert: in den Pyrenäen handelt es sich dabei um ein zartes Huhn, gefüllt mit Geflügelleber, magerem Bayonner Schinken, Kräutern, Muskatnuss und Armagnac (● Südwestfrankreich) **~ aux pois chiches** Suppenhuhn mit Kichererbsen sowie Reis, Lauch, Karotten und Safran (● Languedoc-Roussillon)

poules *f pl* **faisanes à la choucroute** getrüffelte Fasanenhennen mit Sauerkraut

poulet *m* junges Masthuhn (Hähnchen) **~ à la basquaise** Huhn auf baskische Art: das Huhn wird mit Tomaten, grünen Pfefferschoten und Schinkenröllchen gebacken **~ à la comtoise** angebratene Hähnchenstücke werden in Bouillon und Weißwein mit Zwiebeln gedünstet, Sauce mit Eigelb und Sahne gebunden, mit Morcheln als Beilage (● Franche-Comté) **~ à la morvandelle** Hähnchen nach Art des Morvan mit Schinken, Zwiebeln und Kartoffeln **~ au verjus** Hähnchen mit Sauce aus dem Most grüner Trauben (● Auvergne) **~ aux écrevisses** Hähnchen mit Flusskrebsen (● Languedoc) **~ aux morilles** Hähnchen mit Morcheln **~ de Bresse au sel** Hähnchen aus der Bresse mit Trüffelscheiben unter der Haut, in

einer Kruste aus Meersalz im Ofen gegart; das Geflügel schmeckt besonders gut durch das im Salz enthaltene Jod, das Fleisch ist saftig, erst am Tisch wird das Hähnchen aus dem Salzblock herausgenommen **~ de Bresse en vessie** Hähnchen aus der Bresse in einer Schweinsblase mit einer Füllung aus Hackfleisch gekocht, die Schweinsblase wird vorher in einem Sud aus Madeirawein mit Wasser und Gemüse pochiert **~ de grain** mit Korn gemästetes Hähnchen **~ du Berry en barbouille** Hähnchen aus dem Berry, flambiert in Stücken, mit einer Sauce aus Rotwein, dem aufgefangenen Blut, der Leber, Sahne und Eigelb **~ en fricassée** Hühnerfrikassee **~ en pie** Hähnchen in Teig (● Paris und Ile-de-France) **~ fermier** Farmhähnchen **~ franc-comtois** Hähnchenstücke angebraten, mit Zwiebeln gedünstet in Bouillon und Weißwein, Sauce mit Eigelb und Sahne gebunden, Morcheln als Beilage (● Franche-Comté) **~ grillé à la lyonnaise** gegrilltes Hähnchen mit einer Zwiebel-Senf-Sauce (● Lyonnais) **~ reine** vollfleischiges Brathähnchen **~ sauté à la poitevine** zerlegtes Hähnchen mit Champignons geschmort (● Poitou) **~ sauté chasseur** Hähnchenragout in Tomaten-Weißwein-Sauce mit Champignons **~ sauté niçoise** geschmortes Hähnchen in Weißwein, Tomaten, Oliven, Artischockenböden, Petersilie (● Provence) **~ vallée d'Auge** in Butter geschmortes zerlegtes Hähnchen mit Calvados flambiert und mit Sahnesauce (● Normandie)

poulpe *m* kleiner Tintenfisch **~s à la niçoise** kleine Tintenfische in Tomatensauce **~s à la vinaigrette** kleine Tintenfische in Stücken in Essigkräutersauce **~s en potée** Ragout aus kleinen Tintenfischen in Stücken, geschmort mit Zwiebeln, Tomaten und Knoblauch

pour deux personnes für zwei Personen

pour groupes: choisir le même menu bei Gruppen: ein einheitliches Menü wählen

pousses *f pl* **de bambou** Bambussprossen

poussin *m* **grillé** Küken vom Rost

praires *f pl* **farcies** warzige Venusmuscheln mit Schalotten, Butter, Petersilie und Brotstückchen belegt, im Ofen gebacken; fein im Geschmack (● Bretagne)

pré-salé *m* darunter versteht man sowohl die gezüchteten und gemästeten Schafe und Lämmer, die auf den Salzwiesen der Küste am Ärmelkanal oder am Atlantik weiden, als auch ihr berühmtes Fleisch, das einen besonderen Geschmack hat; erwähnenswert ist auch das Hammelfleisch aus der Gegend von Sisteron (● Alpes de Haute-Provence)
préparation 35 minutes Zubereitungsdauer 35 Minuten
préparé à votre table am Tisch zubereitet
prêt, prête fertig; bereit
primeurs *f pl* Frühgemüse; Frühobst
princesse (à la princesse) **1.** pochiert, Milch-Käse-Sauce, Spargelspitzen (Fischgarnitur) **2.** Spargelspitzen in Geflügelrahmsauce (Geflügelgarnitur)
printanière (à la printanière) „auf Frühlingsart": mit verschiedenen Gemüsen wie olivenförmigen Karotten, grünen Erbsen, weißen Rüben, auch Spargelspitzen (Fleisch- und Geflügelgarnitur)
prix boissons et service compris Getränke und Bedienung im Preis inbegriffen
prix fixe *m* Festpreis **~ nets** Nettopreise (Bedienung und Abgaben extra berechnet) **~ par personne** Preis pro Person **~ selon grosseur** Preis nach Größe (z.B. Hummer, Languste) **~ selon saison** Preis nach Saison **~ tout compris** unsere Preise schließen Bedienungsgeld und Mehrwertsteuer ein
profiteroles *f pl* **au chocolat** warme Schokoladenwindbeutel
promotion *f* **(en promotion)** Sonderangebot (als Sonderangebot)
provençale gefüllte Champignonköpfe, überbackene Tomatenhälften, bedeckt mit einer Mischung aus gehackter Petersilie, Paniermehl und Knoblauch (Fleischgarnitur)
prune *f* Pflaume
pruneau *m* Backpflaume (Dörrpflaume)
pur beurre *m* mit reiner Butter zubereitet
purée *f* Püree (Brei); auch dicke Suppe: *potage purée* **~ aux pois cassés (~ Saint-Germain)** Püree aus getrockneten Erbsen mit gerösteten Brotwürfeln **~ de chou-fleur** Blumenkohl- und Kartoffelpüree **~ de courgettes**

Zucchinipüree mit Zwiebeln und Knoblauch **~ de marrons (~ de châtaignes)** Kastanienpüree **~ de pommes de terre** Kartoffelpüree **~ Marie-Louise** Karotten- und Kartoffelpüree **~ Soubise** Zwiebelpüree mit Milchsauce gebunden

Pyrénées Hartkäse aus Kuhmilch in einem zylinderförmigen Laib von 4–6 kg mit einem milden, haselnussartigen Geschmack (● Pyrenäen)

Q

quartier *m* Viertel, Teil vom Gemüse oder Obst; bei Schlachttieren die Keule mit einem Teil des Rückens

quartiers *m pl* **d'artichauts à la paysanne** Artischockenviertel mit Speck und kleinen Zwiebeln gedünstet

quasi *m* Teil des Mittelschwanzstückes beim Rind oder der Keule beim Kalb

quasi de veau Schwanzstück vom Kalb **~ à la Montsoreau** Schwanzstück vom Kalb mit Speckstreifen, Karotten, Zwiebeln, in Weißwein geschmort und mit Zwiebelpüree serviert (● Pays de la Loire) **~ en cocotte** Kalbsbraten aus dem Schwanzstück oder aus der Nuss mit Zwiebeln, Champignons und Rotwein

quatre épices *f pl* Gewürzmischung aus weißem Pfeffer, Gewürznelken, Ingwer und Muskatnuss

quatre-quarts *m* runder, flacher Kuchen aus Mehl, Butter, Zucker und Eiern zu jeweils gleichen Gewichtsanteilen (● Bretagne)

quenelles *f pl* pochierte Klößchen aus Fleisch, Geflügel, Fisch, Wild, Krustentier oder Rindermark

quenelles de brochet Hechtklößchen (● Franche-Comté) **~ à la lyonnaise** Hechtklößchen mit Eiern, Mehl, Butter, Milch und Muskatnuss (● Lyonnais) **~ Nantua** Hechtklößchen in Rahmsauce aus Süßwasserkrebsen

quenelles de foie Leberklößchen (● Elsass) **~ de veau** Kalbsleberklößchen

quenelles de merlan Soubise Merlanklößchen mit Zwiebelsauce

quenelles de volaille Geflügelfleischklößchen

quetsche *f* Zwetschge

queue *f* **de bœuf** Ochsenschwanz ~ **en hochepot** Ochsenschwanz mit Kohlkopf, Zwiebeln, Karotten, weißen Rüben, Schweinsohr gekocht, dazu gebratene Würstchen

queues *fpl* **d'écrevisses frites** marinierte Krebsschwänze, paniert und schwimmend im Fett gebacken

queues *fpl* **de langoustines en brochette** Hummerkrabbenschwänze auf Spießchen

quiche *f* Quiche ~ **lorraine** heiß oder lauwarm servierter Speckkuchen mit Eiern, Crème fraîche, Räucherspeckwürfeln und geriebenem Käse (● Lothringen) ~ **marseillaise** Torte mit Zucchini, Auberginen und Paprikaschoten belegt ~ **tourangelle** Torte mit Eiern, Sahne, Grieben, Schweinemett aus Tours (● Pays de la Loire)

R

râble *m* Hasen- oder Kaninchenrücken ~ **de lapin à la moutarde** Kaninchenrücken mit Senfsauce

râble *m* **de lièvre** Hasenrücken ~ **à la crème** Hasenrücken in Rahmsauce (● Lyonnais) ~ **à la Diane** gebratener Hasenrücken in Pfeffersauce mit ungesüßter Schlagsahne und Maronenpüree ~ **à la Piron** marinierter Hasenrücken, gebraten, mit Tresterbranntwein flambiert, mit hellen und blauen Trauben serviert (● Burgund) ~ **aux nouilles à l'alsacienne** Hasenrücken und hausgemachte Nudeln mit Semmelbröseln und Butter (● Elsass)

rabot(t)e *f* **(chausson** *m*, **douillon** *m***)** Apfel- oder Birnentasche aus Blätterteig ~ **picarde** Apfel in Blätterteig (● Picardie)

raclette *f* Käsegericht aus geschmolzenem Raclette-Käse mit Pellkartoffeln, Zwiebeln, Essiggürkchen und eventuell anderen Beilagen wie rohem Schinken, Speckstückchen und Champignons (● Savoie)

radis *m* **au beurre** Radieschen mit Butter ~ **noir** schwarzer Rettich (Radi)

ragoût *m* Ragout, würfelige Stücke aus Fleisch, Fisch, Geflügel, Wild, Gemüse, angeschwitzt, angebräunt, mit Mehl bestreut und in der Brühe langsam geschmort oder mit weißer Sauce ~ **de mouton à l'anglaise** Hammelragout mit Karotten, weißen Rüben und glasierten Zwiebelchen ~ **de porc** Schweinefleischragout ~ **de veau aux**

anchois Kalbsragout mit Sardellen (Umgebung von ● Nizza)

raie *f* Rochen **~ au beurre noir** pochierter Rochen mit Kapern, frittierter Petersilie und stark gebräunter Butter **~ sauce aux câpres** pochierter Rochen mit Kapernsauce übergossen

raifort *m* Meerrettich

raisin *m* Weintraube **~ blanc** helle Traube **~ de Corinthe** Korinthe **~ de Smyrne** Sultanine **~ noir** blaue Traube **~ sec** Rosine

ramequins *m pl* **(petites quiches** *f pl***) au fromage** Käsetörtchen

ramier *m* **(pigeon-ramier** *m*, **palombe** *f***)** Ringeltaube

râpé, râpée geraspelt (gerieben)

rascasse *f* Drachenkopf **~ brune** brauner Drachenkopf **~ du nord** großer Rotbarsch (Nordatlantik) **~ farcie** Drachenkopf, gefüllt mit der Leber des Fisches (● Provence) **~ rouge** großer, roter Drachenkopf

ratatouille *f* ein sehr beliebtes Gemüseschmorgericht aus Auberginen, Zucchini, Tomaten, Paprikaschoten, vielen Kräutern, Knoblauch und Olivenöl (● Provence)

ravioli *m pl* **(ravioles** *f pl***)** pochierte Nudeltaschen, gefüllt mit gehacktem Spinat, Frischkäse, Fleisch, Pilzen usw. (● Nizza, Korsika, Savoie) **~ à la niçoise** Nudeltaschen mit Fleischfarce und Spinat gefüllt **~ al sugo** Nudeltaschen mit Tomatensauce serviert **~ aux épinards** Nudeltaschen mit Spinatpüree gefüllt

Reblochon *m* Kuhmilchkäse mit würzigem, nussartigem Geschmack (● Savoie)

régal *m* Festmahl (Schmaus); Genuss **~ de miss tortue** *hier:* Salat auf der Speisekarte

régence pochiert, Fischklößchen, Krabben, Austern, Champignons (Fischgarnitur)

régime *m* Diät (Schonkost)

reine (à la reine) nach Königinart: mit Kalbsbries, Champignons, eventuell Trüffeln und Geflügelrahmsauce

reine-claude *f* Reineclaude (Reneklode; goldgelbe Pflaumenart)

reinette *f* Reinette (Apfelsorte)

relais *m* ursprünglich Poststation, heute meistens Landgasthaus, in dem man auch gut essen kann **~ gastronomique** verspricht ausgewählte Speisen, aber auch gehobene Preise **~ routier** Gaststätte für Fernfahrer zu bürgerlichen Preisen

religieuse *f* **au café** zwei mit Buttercreme gefüllte Windbeutel übereinander, mit Kaffeeglasur überzogen

religieuse *f* **au chocolat** zwei mit Buttercreme gefüllte Windbeutel übereinander, mit Schokoladenglasur überzogen

rémoulade *f* → *sauce rémoulade*

renaissance **1.** junge Karotten, weiße Rüben, junge grüne Erbsen, Prinzessbohnen, grüne Spargelspitzen Blumenkohlröschen mit holländischer Sauce, neue Kartoffeln (Fleischgarnitur) **2.** Artischockenböden, Spargelspitzen, Geflügelrahmsauce (Geflügelgarnitur)

renne *m* Rentier

renversé, renversée gestürzt (Pudding)

repas *m* Mahlzeit **~ chaud à toute heure** durchgehend warmes Essen **~ rapide** schnelle Küche

restaurant *m* **en plein air** Restaurant im Freien **~ libre-service** Selbstbedienungsrestaurant

restoroute *m* Autobahnraststätte

réveillon *m* Festessen zum Heiligen Abend oder zu Silvester

rhubarbe *f* Rhabarber

Riceys-Cendré *m* **(Cendré des Riceys** *m***)** Käse aus entrahmter Kuhmilch, meistens mit einer Kruste aus Rebholzasche (● Champagne)

Richelieu (à la Richelieu) mit gefüllten Champignonköpfen und Tomaten gedünsteter Kopfsalat, Schlosskartoffeln und Bratensaft (Fleisch- und Geflügelgarnitur)
rillettes *f pl* **1.** scharf gewürzte Schweinefleischpastete, mit Schmalz bedeckt im Töpfchen als Vorspeise (● Pays de la Loire) **2.** Fleischpastete aus verschiedenen Fleischsorten, auch aus Geflügel und Wild (● Südwestfrankreich) **~ d'Angers** aus Schweinefleisch und frischem, fettem Schweinespeck hergestellt **~ de Tours** aus magerem und fettem Schweinefleisch **~ du Mans** Paste aus feingehacktem, eingemachtem Gänse- und Schweinefleisch im Töpfchen (● Pays de la Loire)
rince-doigts *m* Fingerschale
ris d'agneau *m* Lammbries
ris de veau *m* Kalbsbries (Thymusdrüse), zählt wegen seiner Zartheit und seines Wohlgeschmacks zu den Delikatessen **~ Clamart** Kalbsbries mit grünen Erbsen **~ financière** Kalbsbries mit Madeirasauce braisiert und mit Champignons, Oliven und Trüffelscheiben garniert **~ vigneronne** Kalbsbries mit Weintrauben gedünstet
risi-pisi *m* Gericht von grünen Erbsen mit Reis
risotto *m* in Öl geschwitzter, ausgequollener Reis mit Fleisch und Champignons und geriebenem Parmesan **~ à la milanaise** Risotto mit Pökelzunge, Champignons, Trüffeln, Schinken in feinen Streifen und mit geriebenem Parmesan und Tomatensauce **~ à la piémontaise** Risotto mit Safran, geriebenem Käse und dünnen Scheibchen Trüffeln
rissoles *f pl* halbmondförmige Blätterteigpastetchen mit Farce oder Fleisch, Champignonpüree, Meeresfrüchten und Gemüse gefüllt, schwimmend im Fett gebacken **~ à la reine** Blätterteigpastetchen mit Geflügelhaschee und Milchsauce gefüllt, schwimmend im Fett gebacken **~ aux pruneaux** **1.** Blätterteigtaschen nach Savoyer Art, gefüllt mit Backpflaumen **2.** halbmondförmiger Kuchen mit gekochten Backpflaumen gefüllt und mit Rum aromatisiert (● Aquitaine)
riz *m* Reis **~ à la gaducha** baskisches Reisgericht mit Zwiebeln, Tomaten, Oliven und Wurst sowie den nach spa-

nischer Art stark gewürzten Chorizo-Würstchen und/oder Räucherspeck **~ au gras** Reis in fetter Brühe gekocht, bis er ganz trocken ist **~ au lait** Milchreis **~ au safran** Safranreis **~ aux champignons** Reis mit Champignons **~ Condé** Reis in Milch gekocht mit Butter und Eigelb **~ créole** Reis in kochendem Wasser weich gekocht **~ pilaf (~ pilaw)** Reis in Brühe mit Butter und Zwiebeln gekocht (lässt sich streuen)

Rocamadour *m* scharfer Ziegenkäse aus Kuh- und Ziegenmilch (● Quercy)

rognonnade *f* Kalbsnierenstück mit der Niere gebraten

rognons *m pl* Nieren vom Rind, Kalb, Schwein, Hammel oder Lamm **~ de bœuf** Rindernieren **~ de mouton en brochette** Hammelnieren am Spießchen **~ de porc au madère** Schweinenieren in Madeirasauce

rognons *m pl* **de veau** Kalbsnieren **~ à la bordelaise** Kalbsnieren in Bordeaux-Rotweinsauce mit Steinpilzen, Rindermark und Petersilie (● Aquitaine) **~ chasseur** Kalbsnieren, schnell gebraten, mit Weißweinsauce und Champignons **~ en brochette** Kalbsnieren am Spießchen **~ flambés (~ Robert)** flambierte Kalbsnieren mit Cognac und Rahmsauce **~ vert-pré** gegrillte Kalbsnieren, Kräuterbutter, Brunnenkresse und Strohkartoffeln

Rollot *m* weicher Käse aus Kuhmilch, meistens herzförmig (● Picardie)

romaine (à la romaine) Törtchen mit winzigen Grießnocken gefüllt, mit Käse bestreut und überbacken, Spinat mit gehackten Sardellen vermischt

romaine *f* **(laitue romaine** *f*, **chicon** *m*) römischer Salat (Sommerendivie)

Romanoff *m* **(Romanov)** mit gratinierten, gefüllten Gurken, Herzoginkartoffeln, Pilzen und Selleriewürfeln (Garnitur zu Braten) → *fraises Romanoff*

romarin *m* Rosmarin

romsteck *m* **(rumsteck** *m*, **rumpsteak** *m*) Rumpfstück aus dem hinteren Teil des Rinderrückens

ronde *f* **des fromages** große Käseauswahl

Roquefort *m* zylinderförmig, einer der feinsten französischen Käse; seine blaugeäderte Masse ist aus Schafsmilch hergestellt und in den Felshöhlen von Roquefort verfeinert; er ist würzig und pikant im Geschmack (● Aveyron, Rouergue)

rosbif *m* **(contre-filet, faux-filet)** flaches Roastbeef, ohne die Rindslende zwischen der letzten Rippe und der Keule

rosette *f* getrocknete Dauerwurst aus Schweinefleisch, auch in der Pfanne im Backofen gebraten (● Lyoner Spezialität)

Rossini (à la Rossini) mit Gänseleberscheiben und Trüffelscheiben → *Tournedos Rossini*

rôti *m* Braten; auch in der Pfanne oder im Backofen gebraten **~ de bœuf** Rinderbraten **~ de bouquetin** Steinbockbraten

rôti *m* **de porc** Schweinebraten **~ à la sauge** Schweinebraten mit Salbei **~ aux marrons** Schweinebraten mit Esskastanien (● Korsika) **~ aux pruneaux** Schweinebraten mit Backpflaumen

rôti *m* **de sanglier** Wildschweinbraten in einer Wein- und Maronen-Sauce serviert (● Korsika) **~ mariné** marinierter Wildschweinbraten

rôti *m* **de veau froid** kalter Kalbsbraten

rôti *m* **de viande marinée** Sauerbraten

rôtis et grillades Gebratenes und Grillgerichte auf der Speisekarte

rôtisserie *f* Grillrestaurant

rouelle *f* Beinscheibe beim Kalb oder Schwein; runde Scheibe von Lamm, Gemüse oder Fisch

rouelle *f* **de veau** Beinscheibe vom Kalb **~ à la cocotte** geschmorte Kalbskeulenschnitte **~ aux pruneaux** Beinscheibe vom Kalb mit Karotten, Zwiebeln, Dörrpflaumen, Wein und Cognac (● Poitou-Charentes) **~ dans son jus (osso-bucco** *m***)** Beinscheibe vom Kalb, natur gebraten

rouget *m* **(rouget-barbet** *m***)** Rotbarbe (Meerbarbe), sehr schmackhafter Mittelmeerfisch, dagegen größere Rotbarben aus dem Atlantik weniger) **~ à l'italienne** pochierte Rotbarbe mit Tomaten, Semmelbröseln, Champignonscheiben und einer Sauce aus Weißwein, Schinken, Champignons und Tomatenmark **~ à la catalane** gebratene Rotbarbe auf katalonische Art mit gedünsteten Tomaten, Knoblauch, Petersilie, Reis, Paprikaschoten, Fenchel, mit Reibbrot bestreut und im Backofen überbacken (● Roussillon) **~ en papillote** Rotbarbe in Alufolie gebraten **~ grenobloise** gebratene Rotbarbe mit Zitronensaft, Kapern und Petersilie **~ niçoise** gebratene Rotbarbe mit Tomaten, Sardellenfilets, Oliven und Sardellenbutter überbacken

rouille *f* Pfeffersauce aus Paprika, Chilischote und Knoblauch mit Olivenöl und Brösel verrührt, mit Tobasco gewürzt (zu *bouillabaisse* gereicht)

roulade *f* **de bœuf (paupiette** *f* **de bœuf)** Rinderroulade

rouleau *m* **de printemps (nem** *m***)** Frühlingsrolle

roussette *f* **(saumonette** *f*, **chien de mer** *m***)** Hundshai (Seehase: Haiart; Ostatlantik und Mittelmeer)

routiers *m pl* **(relais routier** *m***)** Fernfahrerrestaurant

royale (à la royale) mit Eierstich → *consommé (à la) royale*

russule *f* **charbonnière** Täubling (Pilz)

S

sabayon *m* **(chaudeau** *m***)** Weinschaum (Sabayon, Chaudeau), warm oder kalt serviert, oft mit Schlagsahne vermischt

sablé *m* Sandgebäck

sabodet *m* Kochwurst aus Schweinefleisch, Schweineschwarte und Schweinekopf, wird warm gegessen (● Lyonnais)

sacristain *m* spiralförmige Blätterteigstange mit gehackten Mandeln und Zucker bestreut

safran *m* Safran (unerlässlich als Gewürz für die *Bouillabaisse* und Fischsuppe)

saignant englisch (halbdurch) für Kurzgebratenes

Saint-Albray *m* Weichkäse aus Kuhmilch mit orangefarbener Rinde aus Edelschimmel (Béarn)

Saint-Émilion *m* **au chocolat** Schokoladentorte mit Mandelmakronen (● Aquitaine)

Saint-Florentin *m* Kuhmilchkäse, der in Geschmack und Zubereitung an Munster erinnert (● Burgund)

Saint-Honoré *m* **(gâteau Saint-Honoré)** Boden aus Mürbe- oder Blätterteig, darauf ein Kranz aus mit Zucker glasierten Windbeutelchen; das Innere wird mit gekochter Eiercreme, die mit geschlagenem Eiweiß unterzogen ist, gefüllt (● Paris und Ile-de-France)

Saint-Hubert Champignonköpfe mit Wildfarce gefüllt, Pfeffersauce (Wildgarnitur)

Saint-Marcellin *m* Kuhmilchkäse mit angenehmem, leicht säuerlichem Geschmack (● Isère)

Saint-Nectaire *m* halbfester Schnittkäse aus Kuhmilch mit Haselnussgeschmack (● Auvergne)

Saint-Paulin *m* weicher Kuhmilchkäse mit mildem, leicht würzigem Geschmack (● Bretagne)

Saint-Pierre *m* Petersfisch (Meeresfisch; gehört zur *Bouillabaisse*)

saison *f* Jahreszeit

salade *f* Salat **~ acidulée** saurer Apfel, gefüllt mit grob gehackter Banane und Bleichsellerie, mit frischer Sahne und Zitronensaft übergossen **~ Aïda** Artischockenböden, grüne Paprikaschoten, Tomaten, krause Endivie in feinen Streifen und hartgekochtes Eigelb in Essigkräutersauce mit Senf **~ Alma** Bleichsellerie, Kopfsalatherzen, Grapefruit und Mayonnaise, mit kleinen gehackten Essiggurken, Kapern, Sardellenpaste, Kräutern, garniert mit Walnüssen **~ alsacienne** Elsässer Salat: Kartoffeln, Sardellen, Gewürzgurke, Kapern, Silberzwiebeln, Pökelzunge, gekochter Schinken, gekochtes Suppenfleisch **~ américaine** Tomaten- und Kartoffelscheiben, Staudensellerie in Streifen, Zwiebelringe, hartgekochte Eier, Kerbel, Estragon in Essig-Öl-Marinade **~ andalouse** körnig gekochter Reis, grüne Paprikaschoten in Streifen, geschälte Tomatenviertel, gehackte Zwiebeln, Petersilie und Knoblauch in Essig-Öl-Marinade **~ Annette** Kartoffelscheiben, Bleichsellerie in Scheiben, entbartete Muscheln mit Mayonnaise gebunden

salade Argenteuil gekochte Erbsen, Prinzessbohnen, Karottenwürfel, Blumenkohlröschen mit leichter Mayonnaise gebunden, mit Spargelspitzen und Scheiben von hartgekochten Eiern belegt ~ **au Roquefort** Kopfsalat in Streifen, Birnen in Würfeln, vermischt mit einer Sauce aus zerdrücktem Blauschimmelkäse aus Schafsmilch *(Roquefort),* frischer Sahne, Cognac, Pfeffer und Zitronensaft ~ **Béatrice** gekochte Kartoffeln, Hühnerbrust, Trüffeln in Streifen mit leichter Mayonnaise gebunden, mit Spargelspitzen garniert ~ **Biarritz** Knollensellerie und grüne Paprikaschoten in Würfeln auf Salatblättern angerichtet, mit Mayonnaise überzogen ~ **bretonne** pochierte Austern, Hummerkrabben, Kopfsalat, Kartoffelwürfel mit leichter Mayonnaise gebunden ~ **Carmen** Würfel von gerösteten, geschälten, roten Paprikaschoten und Hühnerfleisch, Erbsen und Reis in Essigkräutersauce mit Estragon ~ **composée** gemischter Salat ~ **créole** körnig gekochter Reis mit leichter Mayonnaise gebunden, mit Tomatenscheiben und Schnittlauch angerichtet ~ **cressonnière** Kartoffeln und hartgekochte Eier in Scheiben geschnitten, mit Brunnenkresse vermischt in Essig-Öl-Marinade ~ **dauphinoise** Salat aus krauser Endivie, Feldsalat und Chicorée mit Nussöl und Walnusskernen (● Dauphiné) ~ **de betteraves rouges** Salat aus roten Beeten ~ **de céleri en branches** Bleichselleriesalat ~ **de céleri-rave** Knollenselleriesalat ~ **de cervelas** Wurstsalat ~ **de champignons** Salat aus Pilzen oder Champignons ~ **de chou blanc** Weißkohlsalat ~ **de chou-fleur** Blumenkohlsalat ~ **de chou rouge** Rotkrautsalat ~ **de choucroute** Sauerkrautsalat ~ **de cœurs d'artichauts** Salat aus Artischockenherzen ~ **de cœurs de laitue** Salat aus Kopfsalatherzen ~ **de cœurs de palmier** Salat aus Palmenherzen ~ **de concombres** Gurkensalat ~ **de crudités** Rohkostsalat ~ **de harengs saurs** Matjesfiletsalat mit Senf, Öl, kleinen Essiggürkchen, serviert mit warmen Kartoffeln und roten Beeten (● Flandern) ~ **de haricots blancs** Salat aus weißen Bohnen ~ **de haricots verts** Salat aus grünen Bohnen ~ **de laitue** Kopfsalat ~ **de laitue aux œufs durs** Kopfsalat mit hartgekochten Eiern in Essig-Öl-Marinade **~ de légumes** Artischockenböden, Kopfsalatherzen, gemischtes Gemüse, Blumenkohl, Kartoffeln mit Mayonnaise gebunden, mit gehackter Petersilie bestreut **~ de légumes à la parisienne** Pariser Salat: verschiedene Gemüse in Essig-Öl-Marinade, mit gewürfeltem Hummerfleisch serviert **~ de lentilles** Linsensalat **~ de mâche (~ de doucette)** Feldsalat **~ de mesclun** Kopfsalat mit Löwenzahn, Feldsalat, Kerbel, Pimpernelle, Rauke mit Weißbrotwürfeln und eventuell Ziegenkäse (● Côte d'Azur) **~ de museau de bœuf** Ochsenmaulsalat **~ de piments doux (~ de poivrons)** Paprikaschotensalat (Gemüsepaprikasalat) **~ de pissenlits** Löwenzahnsalat **~ de pointes d'asperges** Spargelspitzensalat **~ de poivrons (~ de piments doux)** Paprikaschotensalat (Gemüsepaprikasalat) **~ de pommes de terre** Kartoffelsalat **~ de raifort** Meerrettichsalat **~ de tomates** Tomatensalat **~ de volaille** Geflügelsalat **~ Delmonico** kleine Würfel von Äpfeln und gekochtem Knollensellerie in Chantillymayonnaise **~ Doria** rund oder oval ausgestochene Salatgurken in Chantillymayonnaise, mit gehacktem Kerbel und Estragon bestreut **~ du pêcheur** Garnelen, Muscheln, Thunfisch, Paprikaschoten, schwarze Oliven in Essigkräutersauce (● Bretagne) **~ espagnole** mit grünen Bohnen, Tomatenvierteln, roten und grünen Paprikaschoten in Streifen, Zwiebelringen in Essig-Öl-Marinade **~ fécampoise** Salat aus Kartoffeln, Bücklingen und Eiern (● Normandie) **~ Florida** entweder Orangenfilets auf Salatherzen in Rahmsauce mit Zitronensaft oder gewürfelten Ananas, Pampelmuse und Bananen, mit Rahmsauce gebunden, mit gehackten Walnüssen bestreut **~ Francillon** Kartoffelscheiben, gekochte Muscheln in Essig-Öl-Marinade, eventuell mit Trüffelscheiben garniert **~ frisée** krause Endivie **~ Garibaldi** Äpfel, Bleichsellerie und rote Paprikaschoten in Streifen auf Salatblättern angerichtet, mit Mayonnaise überzogen **~ italienne** Streifen von Salami, gebratenem Kalbfleisch, Tomaten, Gewürzgurken, Äpfeln und gekochtem Knollensellerie mit Mayonnaise gebunden

salade jockey-club grüne Spargelspitzen, Trüffelscheiben, mit Chantillymayonnaise gebunden, mit Spargelspitzen garniert **~ Lackmé** rote Paprikaschoten, geschälte Tomatenwürfel, gekochter Reis, gehackte Zwiebeln in Essig-Öl-Marinade mit Curry **~ Lorette** rote Rüben und Bleichsellerie in Streifen, Feldsalat in Essig-Öl-Marinade **~ lyonnaise** Hammelfuß, Geflügelleber, marinierte Heringe, hartgekochte Eier und Kartoffeln **~ Marianne** gekochter Knollensellerie, grüne Paprikaschoten, Pökelzunge, Trüffeln in Scheiben, mit Mayonnaise gebunden, mit Tomaten- und Trüffelscheiben garniert **~ Miami** Mandarinenspalten mit geschälten Tomatenscheiben auf Salatblättern; Sauce aus Zitronensaft, Öl, Salz und einer Prise Zucker **~ mimosa** gewürfelte Kopfsalatherzen, Orangenspalten, Bananenscheiben, Trauben, hartgekochtes, gehacktes Eigelb, Zitronensaft mit dicker Sahne angemacht **~ Mirabeau** Würfel von Tomaten und gekochten Kartoffeln, Gurkenscheiben, Sardellenfilets, Essig-Öl-Marinade mit Senf **~ niçoise** der echte Nizza-Salat besteht aus frischen Saubohnen, Tomatenvierteln, kleinen Artischocken, Salatgurke, grünen und roten Paprikaschoten, Zwiebeln, Basilikum, hartgekochten Eiern, Sardellenfilets, Kopfsalatblätter, schwarzen Oliven, Olivenöl, eventuell auch Thunfisch **~ opéra** Hühnerbrust, Pökelzunge, Bleichsellerie und Trüffeln in Streifen, Spargelspitzen mit Mayonnaise gebunden **~ Orlov** Artischockenböden und Zuckermelone in Würfeln mit Essig-Öl-Marinade **~ panachée (~ variée)** gemischter Salat **~ Parmentier** gewürfelte Kartoffeln, noch warm mit leichter Mayonnaise gebunden, mit gehacktem Kerbel bestreut **~ poitevine** *Poitou*-Salat: mit Reis, Champignons, Tomaten, Estragon und feingehackten Zwiebeln **~ Rachel** Kartoffeln, Trüffeln, Artischockenböden, Staudensellerie in Streifen, grüne Spargelspitzen mit leichter Mayonnaise gebunden **~ russe** gewürfelte Karotten, weiße Rüben, Kartoffeln, grüne Bohnen, Erbsen mit Mayonnaise gebunden **~ sicilienne** gekochter Knollensellerie, Artischockenböden, Tomaten, Reinetteäpfel in Würfeln mit leichter Mayonnaise gebunden **~ variée (~ panachée)** gemischter Salat **~ verte** grüner

Salat **~ Waldorf** Reinetteäpfel, Knollensellerie in Streifen mit leichter Mayonnaise gebunden, mit gehobelten Walnüssen bestreut

salades *f pl* **composées** gemischte Salate

salades ou légumes Salate oder Gemüse

salaison *f* Pökelfleisch; luftgetrocknete Wurst oder Schinken

salami *m* **pur porc** luftgetrocknete Dauerwurst aus rohem Schweinefleisch

salé gesalzenes oder gepökeltes Fleisch

salière *f* Salzstreuer

salmis *m* Ragout von gebratenem Wildgeflügel oder Geflügel

salon *m* **de thé** Teestube: hier gibt es Kaffee, Tee, Kakao, Kuchen und Torten, aber üblicherweise keine alkoholischen Getränke

salpicon *m* in kleine Würfel geschnittener Fisch, Fleisch, Krustentiere, Gemüse oder Obst, meistens mit Sauce gebunden

salsifis *m pl* **(~ noirs)** Schwarzwurzeln **~ frits** Schwarzwurzeln in Backteig getaucht und in der Frittüre gebacken

sang (au sang) Blut (mit einer Sauce daraus)

sandre *m/f* Zander (Süßwasserfisch)

sandwiches *m pl* belegte Brote

sanglier *m* Wildschwein

sanguin *m* **(lactaire délicieux** *m***)** Edelreizker (schmackhafter, festfleischiger Pilz)

sarcelle *f* **braisée au porto** Knäkente (kleine Wildente) in Portwein geschmort

sardines *f pl* Sardinen **~ à l'antiboise** entgrätete Sardinen, paniert, in Öl gebraten, mit Tomaten und Knoblauch **~ à la basquaise** entgrätete Sardinen in Öl gebraten, Béarner Sauce mit Kapern dazu **~ à la toulonnaise** entgrätete und pochierte Sardinen mit Muscheln in Weißweinsauce **~ farcies au vert** Sardinen mit Spinatfüllung (● Provence-Alpes-Côte-d'Azur) **~ grillées** Sardinen vom Rost

sarrasin *m* **(blé noir** *m***)** Buchweizen

sarriette *f* Bohnenkraut (Pfefferkraut)

ESSEN WIE GOTT IN FRANKREICH

sauce *f* Sauce (Soße), etwa 200 Saucen haben heute eine praktische Bedeutung; die Hauptsaucen lassen sich alle von fünf Grundsaucen ableiten: *béchamel, velouté, demi-glace, hollandaise* und *mayonnaise*) **~ allemande** deutsche Sauce: eine Verbesserung der weißen Grundsauce *velouté,* mit Eigelb und Sahne gebunden **~ américaine** amerikanische Sauce: Tomatensauce mit Hummerbutter **~ aneth (~ à l'aneth)** Dillsauce **~ aurore** Aurorasauce: Béchamelsauce mit Tomatenpüree **~ béarnaise** Béarner Sauce: Weißweinreduktion, Estragon, Schalotten, Essig, Pfefferkörner eingekocht, mit Eigelb gebunden, worauf die flüssige, geklärte Butter langsam untergeschlagen wird **~ Béchamel** Milchsauce: aus Butter, Mehl, Milch, mit Muskatnuss gewürzt und mit Sahne verfeinert **~ Bercy** Bercysauce: mit Schalotten, Fischfond, Weißwein und Butter hergestellt **~ bigarade** Orangensauce: Zucker, Essig und Bratensaft des zubereiteten Geflügels eingekocht, mit Orangen- und Zitronensaft und *demi-glace* vollendet **~ bordelaise** Bordeauxsauce: Rotwein, Schalotten, Pfefferkörner eingekocht, mit *demi-glace* vollendet **~ bourguignonne** Burgundersauce: Burgunderwein mit Schalotten, Champignons, Kräutern und Gewürzen eingekocht, mit Mehl gebunden **~ Byron** Rotweinsauce mit Trüffelscheiben **~ câpres (~ aux câpres)** Kapernsauce: mit Eigelb gebundenes *velouté* und Kapern **~ cardinal** Béchamelsauce mit Fischbrühe, Trüffelessenz und Hummerbutter **~ champignons (~ aux champignons)** Champignonsauce **~ Chantilly (~ mousseline)** Schaumsauce: Holländische Sauce oder Mayonnaise mit Zitronensaft und Schlagsahne vermischt **~ charcutière** Essiggurkensauce: Zwiebeln, Senf, Weißwein und mit Essiggurken in Streifen **~ chasseur** Jägersauce: Schalotten, Champignons, Weißwein, Kraftbrühe, gehackte Tomaten und Estragonblätter **~ chaud-froid** Sülzsauce: *velouté* mit Aspik **~ Choron** Béarner Sauce mit Tomatenmark vermischt **~ crème** Rahmsahnesauce: Béchamel mit Rahm **~ crevettes (~ aux crevettes)** Garnelen- oder Joinvillesauce: weiße Fischgrundsauce mit Garnelenbutter aufgeschlagen, Garnelenschwänze hinzugefügt **~ Cum-**

berland Cumberlandsauce: Orangen- und Zitronenschalen in Streifen, Schalotten, Johannisbeergelee, Portwein, Orangen- und Zitronensaft, Senf und Gewürze **~ curry (~ au curry)** Currysauce: *velouté* mit Curry und Sahne **~ demi-glace** Grundsauce für viele braune Saucen: Rotwein, Schalotten, Kräuter, Fleischextrakt, Tomaten oder Tomatenmark **~ diable** Teufelsauce: Weißweinreduktion, Tomatensauce und Beigabe von *demi-glace* **~ Diane** Dianasauce: Pfeffersauce mit ungesüßter Schlagsahne **~ dieppoise** Sauce Diepper Art: Fischvelouté mit Muscheln-oder Austernfond, Muscheln und Garnelen hinzugefügt **~ Dugléré** Fischvelouté mit Beigabe von geschmälzten Tomaten **~ estragon (~ à l'estragon)** Estragonsauce: Geflügelrahmsauce mit Butter aufgeschlagen, mit blanchierten, gehackten Estragonblättern und Zitronensaft **~ financière** *demi-glace* mit Trüffelessenz und feinen Kräutern **~ fines herbes (~ aux fines herbes)** Kräutersauce: Weißweinsauce mit feingehackten Kräutern, Estragon, Kerbel, Schnittlauch **~ fleurette** Holländische Sauce mit Sahne verrührt **~ Foyot** Béarner Sauce mit Fleischextrakt vermischt **~ grand veneur** Wildrahmsauce: Pfeffersauce mit Wildextrakt verkocht und Beigabe von süßer Sahne und Johannisbeergelee **~ gribiche** Mayonnaise mit Essig, gehackten Essiggurken, Kapern, Petersilie, Estragon, Kerbel und hartgekochten Eiern **~ hollandaise** Holländische Sauce: Weißwein, Weinessig, Eigelb, zerlassene Butter, Zitronensaft **~ italienne** Italienische Sauce: Weißweinreduktion, Schinken, Champignons, Tomatenmark **~ ivoire** Kalbsvelouté mit Sahne und Fleischextrakt **~ Joinville (~ aux crevettes)** Joinville- oder Garnelensauce: weiße Fischgrundsauce mit Garnelenbutter **~ lyonnaise** Lyoner Sauce: braune Zwiebelsauce mit Weißwein und Tomatenpüree **~ madère** Madeirasauce: *demi-glace* mit Madeira gewürzt **~ maltaise** Malteser Sauce: Holländische Sauce mit Saft von Blutorangen und Orangenschalenstreifen **~ marchand de vin** Weinhändler Sauce: Schalotten mit Rotwein fast reduziert, eingekocht mit *demi-glace,* mit Butter aufgeschlagen **~ marinière** Muschelsauce, leicht gebunden

sauce mayonnaise Senf, Eigelb mit Öl dick verarbeitet, Essig oder Zitronensaft hinzugefügt **~ menthe (~ à la menthe)** Minzsauce: gehackte Pfefferminzblätter und Weinessig, etwas gesüßt **~ Mornay** Mornaysauce (Käsesauce): Béchamel mit Eigelb gebunden, mit geriebenem Käse vermischt **~ mousseline (~ Chantilly)** Schaumsauce: Holländische Sauce oder Mayonnaise mit Zitronensaft und Schlagsahne vermischt **~ moutarde** Senfsauce: weiße Rahm- oder Holländische Sauce mit Senf verrührt **~ Nantua** Nantuasauce: Béchamel mit Krebsbutter und Krebsschwänzen **~ normande** Normannische Sauce: Fischvelouté, Champignons und Muschelfond mit Eigelb und Schlagsahne gebunden **~ Périgueux** Périgorder Sauce (Trüffelsauce): Madeirasauce mit Trüffelessenz und mit dünnen Trüffelscheiben **~ piquante** pikante Sauce: Reduktion von Schalotten, Weißwein, Essig und *demi-glace* verkocht, mit gehackten Essiggurken, Petersilie, Kerbel und Estragon garniert **~ poivrade** Pfeffersauce: Reduktion von Schalotten, Essig und Pfefferkörnern, Beigabe von demi-glace **~ porto (~ au porto)** Portweinsauce: Schalotten mit Thymian in Portwein gedünstet, mit Kalbsjus aufgefüllt, gebunden, mit Zitronen- und Orangensaft abgeschmeckt **~ portugaise** Portugiesische Sauce: Zwiebeln, Tomatenwürfeln, Knoblauch und Fleischextrakt **~ poulette** Béchamel mit Champignon-Sud, Eigelb und Zitronensaft **~ raifort (~ au raifort)** Meerrettichsauce: Béchamel mit geriebenem Meerrettich **~ ravigote** Essigkräutersauce: Essig- und Öl-Sauce mit feinen Kräutern **~ rémoulade** Mayonnaise mit Senf und Sardellenessenz gewürzt, mit gehackten Kapern und Essiggurken **~ riche (~ diplomate)** Diplomatensauce: Fischvelouté mit Trüffelessenz, Hummerbutter und Trüffelwürfeln garniert **~ Robert** Robertsauce: Zwiebeln und Weißwein reduziert, mit *demi-glace* verkocht, mit Senf gewürzt **~ rouennaise** Rouener Sauce: Bordeauxsauce mit Beigabe von Entenleberpüree **~ rouille** zu *bouillabaisse:* Paprika, Chilischote, Knoblauch, mit Olivenöl und Bröseln verrührt, mit Tabasco gewürzt **~ Soubise** weiße Zwiebelsauce: Zwiebelpüree mit Béchamel und Sahne **~ suprême**

Geflügelrahmsauce **~ tartare** Tatarensauce: Mayonnaise mit feingehacktem Estragon, Schnittlauch, Petersilie, Essiggurken, Kapern und Beigabe von hartgekochtem Eigelb **~ tomate** Tomatensauce **~ velouté** weiße Grundsauce: weiße Brühe von frischen Kalbsknochen, mit Geflügelhälsen und Suppenkräutern gekocht, mit einer weißen Mehlschwitze gebunden **~ verte (~ Vincent)** Mayonnaise mit einem Püree von Kräutern vermischt **~ Villeroi** Deutsche Sauce mit Trüffel- und Schinkenextrakt **~ vin blanc (~ au vin blanc)** Weißweinsauce **~ vinaigrette** Essigkräutersauce: Mischung von Wein- oder Kräuteressig, Öl, gehacktem Kerbel, Petersilie, Schnittlauch und Kapern **~ Zingara** Zigeunersauce: *demi-glace* mit Tomatenpüree, Madeirawein, Schinkenstreifen, Champignons, Trüffeln und Pökelzunge

saucière *f* Saucenschüssel

saucisses *f pl* Würstchen **~ de Francfort** Frankfurter Würstchen: pochiert **~ de Strasbourg** Straßburger Würstchen: pochiert **~ de Toulouse** Toulouser Würstchen: gebraten **~ de Vienne** Wiener Würstchen: pochiert

saucisson *m* Wurst; Schnittwurst **~ à l'ail** geräucherte Knoblauchwurst **~ de Lyon (petit Jésus)** luftgetrocknete Schweinswurst **~ en brioche (- brioché)** Schweinswurst in Briocheteig (● Lyonnais) **~ sec pur porc et beurre** luftgetrocknete Schweinswurst und Butter

sauge *f* Salbei

saumon *m* Lachs (Salm; Wanderfisch) **~ d'Ecosse fumé, raifort à la crème** schottischer Räucherlachs mit Sahnemeerrettich **~ frais canadien** frischer Lachs aus Kanada **~ fumé, crème de raifort** geräucherter Lachs mit Sahnemeerrettich **~ mariné maison** hausgebeizter Lachs **~ poché, sauce hollandaise** pochierter Lachs mit Holländischer Sauce

saumonette *f* **(roussette** *f*, **chien de mer** *m***)** Katzenhai (Seehase: Haiart; Ostatlantik und Mittelmeer)

saupiquet *m* Schinken in Rotweinrahmsauce (● Burgund)

sauté *m* in Fett gebratene Stücke von Kalb-, Lamm-, Rind-, Hammel-, Geflügel- oder Wildfleisch **~ d'agneau forestière** Lammragout mit Morcheln

sauté *m* **de veau** Kalbsragout **~ à l'indienne** Kalbsragout mit Curry **~ aux fines herbes** Kalbsragout mit Kräutern **~ chasseur** Kalbsragout mit Weißwein, Tomatenmark und Steinpilzen **~ Marengo** Kalbsragout mit Tomaten, Zwiebeln und Champignons in Weißweinsauce mit gerösteten Weißbrotscheiben **~ printanier** Kalbsragout mit jungen Gemüsen

savarin *m* **au rhum** Napfkuchen (Savarin) in Rumsirup getränkt

scarole *f* **(escarole** *f*, **chicorée frisée** *f***)** krause Endivie

seiche *f* **(sèche)** Sepia (Tintenfischart)

seigle *m* Roggen

sel *m* Salz **~ de céleri** Selleriesalz

self-service *m* **(libre-service** *m***)** Sebstbedienung

selle *f* **d'agneau** Lammrücken **~ à la broche** Lammrücken am Spieß gebraten **~ aux griottes** Lammrücken mit Sauerkirschen **~ en croûte** Lammrücken im Teigmantel

selle *f* **de chevreuil** Rehrücken **~ aux chanterelles** gebratener Rehrücken mit Pfifferlingen **~ Metternich** gebratener Rehrücken in Pfeffersauce, mit Blut gebunden, mit Äpfeln garniert, mit Johannisbeergelee gefüllt, Maronen und Rotkohl als Beilage **~ Windsor** gebratener Rehrücken mit gedünstetem Bleichsellerie, Pfeffersauce und Maronen

selle *f* **de mouton** Hammelrücken (Hammelsattel)

selle *f* **de porc truffée** Schweinerücken mit Trüffeln

selle *f* **de veau** Kalbsrücken **~ orientale** Kalbsrücken (Kalbsrückensattel), überbacken mit Béchamel und Käse, Sellerie und Reis als Beilage **~ prince Orloff** Kalbsrücken, braisiert, in Scheiben geschnitten, Champignonpüree, Gänseleber, mit Mornaysauce überzogen und überbacken

Selles-sur-Cher *m* Ziegenkäse auf Holzkohlenasche gereift (Berry)

selon je nach **~ arrivage** *m* je nach Lieferung **~ grosseur** *f* je nach Größe **~ poids** *m* je nach Gewicht **~ saison** *f* je nach Jahreszeit

semoule *f* Grieß

serveur, serveuse Kellner, Kellnerin

service *m* Bedienung **~ ... % en sus** zusätzlich ... % Bedienung **~ à toute heure** Essen zu jeder Tageszeit **~ compris** Bedienung inbegriffen **~ et taxes compris (S.T.C.)** Bedienung und Abgaben inbegriffen **~ et taxes non compris** Bedienung und Abgaben nicht inbegriffen **~ non compris** Bedienung nicht inbegriffen

snack-(bar) *m* Schnellgaststätte, Imbiss-Bar

servir auftragen (bedienen, servieren)

socca *f* riesiger Pfannkuchen aus Kichererbsenmehl und Olivenöl (ist in der Altstadt von Nizza zu Hause)

soja *m* **(soya** *m***)** Soja (Sojabohne)

sole *f* Seezunge **~ Aiglon** pochierte Seezunge in Weißweinsauce mit Champignon- und Zwiebelpüree und mit Blätterteighalbmonden garniert **~ Alexandra** pochierte Seezunge in Fischcremesauce und Trüffelscheiben, mit Blätterteighalbmonden garniert **~ Bercy** pochierte Seezunge mit Schalotten in Weißwein und mit Kräutersauce überbacken **~ bordelaise** pochierte Seezunge mit Schalotten in Rotwein und mit Rotwein-Schalotten-Sauce **~ normande** pochierte Seezunge in Sahnesauce mit Krabben, Krebsen und Austern (● Normandie)

sommelier *m* Weinkellner

sorbet *m* leicht gefrorenes Eis aus stark gesüßtem Fruchtsaft, mit Eiweiß hergestellt, mit Likör oder Branntwein aromatisiert; statt Fruchtsaft kann auch Weißwein, Portwein, Sherry, Madeira usw. verwendet werden; der Sorbet enthält weder Milch noch Eigelb und wird meistens in Champagnergläsern serviert **~ au cassis** Halbgefrorenes mit schwarzen Johannisbeeren **~ aux fraises** Erdbeersorbet **~ aux pêches** Pfirsichsorbet

soufflé *m* Auflauf mit geschlagenem Eiweiß, süß oder gesalzen und purierten Zutaten **~ à la liqueur de votre choix** Auflauf, abgeschmeckt mit dem Likör Ihrer Wahl

~ **au Grand Marnier** Orangenauflauf mit Vanille und Orangenlikör ~ **au jambon** Schinkenauflauf

soupe *f* Suppe (in Frankreich meistens nur am Abend) ~ **à l'ail** Knoblauchsuppe mit Salbei, Olivenöl, gerösteten Weißbrotscheiben, mit Schweizer Käse oder Parmesan bestreut und gratiniert ~ **à l'ail à la provençale (aïgo boulido)** Knoblauchsuppe mit Gewürznelken und Kräutern, Pariser Brot in Scheiben geschnitten, in Olivenöl getränkt und mit Suppe begossen (● Provence) ~ **à l'oignon gratinée (~ à l'oignon parisienne)** mit Käse überbackene Zwiebelsuppe ~ **à l'oseille (~ Germiny)** Sauerampfersuppe ~ **agriculteur** Gemüsesuppe mit magerem Speck und gerösteten Weißbrotscheiben ~ **aïgo-saou** Fisch- und Knoblauchsuppe: Fischstückchen mit Kartoffel-, Zwiebel- und Tomatenscheiben, Sellerie und Petersilie (● Provence) ~ **alsacienne** Sauerkrautsuppe: grob gehacktes Sauerkraut mit Zwiebeln, Gänseschmalz, Kartoffeln und gerösteten Weißbrotscheiben (● Elsass) ~ **ardennaise** Suppe aus Chicoreeherzen, Kartoffeln, Lauch und gerösteten Weißbrotscheiben (● Ardennen) ~ **au Cantal** Suppe aus Cantalkäse, Knoblauch, Fleischbrühe, Sahne und Schwarzbrotscheiben (● Auvergne) ~ **au cresson (~ cressonnière)** Kressesuppe mit Kartoffeln und Kerbel ~ **au pistou** dicke Gemüsesuppe mit Basilikum, Knoblauch, Speck, Olivenöl, Parmesankäse (● Provence) ~ **au potiron** Kürbissuppe mit Milch, Kartoffeln, etwas Zucker, Butter, mit Landbrotscheiben serviert (● Dauphiné und Savoyen) ~ **au vin** Rotweinsuppe mit Karotten, weißen Rübchen, Lauch, Zwiebeln und Rotwein (● Burgund) ~ **auvergnate (potée auvergnate)** bäuerliche Schweinssuppe: Schweinskopf, Kalbshachse, Karotten, weiße Rüben, Kohl, Lauch, Linsen, serviert über Mischbrotscheiben (● Auvergne) ~ **aux cerises** Suppe aus Mehlschwitze, lauwarmem Wasser, entsteinten Kirschen, Zucker, Kirschwasser, serviert mit gerösteten Brotwürfeln (● Franche-Comté) ~ **aux choux** Kohlsuppe ~ **aux poireaux** Lauchsuppe ~ **bonne femme** Lauch- und Kartoffelsuppe: mit Brustspeck gekocht und gerösteten Brotscheiben serviert ~ **bretonne** Suppe aus weißen Bohnen, Zwiebeln, Tomaten, Lorbeerblatt, Milch, Butter, Weißbrotscheiben (● Bretagne) ~ **bûcheronne** Suppe aus weißen Rüben, Kohlrabi, Kartoffeln, Speck, weißen Bohnen und gerösteten Weißbrotscheiben ~ **cultivateur** Suppe aus zerkleinerten Gemüsen, magerem Speck und gerösteten Weißbrotscheiben ~ **dauphinoise** Suppe aus Zwiebeln, Lauch, Karotten, weißen Bohnen, Tomaten; vor dem Servieren: Sauerampfer, frische Sahne und geröstete Weißbrotscheiben hinzugefügt (● Dauphiné) ~ **de châtaignes** Kastaniensuppe mit Sellerie, Milch, Thymian und Rosmarin (● Limousin) ~ **de légumes** Gemüsesuppe ~ **de moules** Miesmuschelsuppe ~ **de poissons** passierte Fischsuppe mit Knoblauchmayonnaise und roten Paprikaschoten *(rouille)*, ziemlich scharf ~ **de poissons à la biarrotte** Fischsuppe nach Biarritzer Art: mit Gänseschmalz, Sauerampfer und Kopfsalat ~ **de poissons à la sétoise** Fischsuppe aus Krustentieren, Tomaten, Zwiebeln, Knoblauch, roten Paprikaschoten, Weißwein, Eigelb, und Fadennudeln (● Umgebung von Sète, Languedoc) ~ **fermière** Suppe aus Karotten, Kohlrüben, magerem Speck, Zwiebeln, Lauch in Scheiben, Weißkohl in Streifen, serviert über gerösteten Brotscheiben ~ **franc-comtoise** Suppe aus Kartoffeln, weißen Rüben, Sauerampfer, Kopfsalat, Fadennudeln und Kerbel (● Franche-Comté) ~ **ménagère** Suppe aus Karotten, weißen Rüben, Lauch, Kartoffeln, Kohl, Sellerie, gepökeltem Brustspeck ~ **menestra** Minestrone (Italien): Karotten, weiße Rüben, Lauch, Weißkohl, fetter Bruststpeck, Räucherspeck, Tomaten, Knoblauch, grüne Erbsen, grüne Bohnen, Reis oder Spaghetti, Basilikum und Kerbel, serviert mit geriebenem Parmesankäse ~ **paysanne** Suppe aus zerkleinertem Gemüse mit grünen Bohnenkernen und Kerbel ~ **savoyarde** Suppe aus fettem Speck, Lauch, Zwiebeln, Sellerie, gerösteten und überbackenen Weißbrotscheiben mit Käse (● Savoie)

souper *m* Abendessen (Nachtmahl); zu Abend essen

soupirs *m pl* **de nonne (pets** *m pl* **de nonne, beignets** *m pl* **soufflés)** kleine Brandteigkrapfen (● Franche-Comté)

sous-noix *f* Unterschale (unter der Nuss bei Schlachttieren)

Souvaroff (Souvarov) mit Gänseleber- und Trüffelwürfeln gefüllt (Geflügel- und Wildgarnitur)

soya *m* **(soja)** Soja (Sojabohnen)

spaghetti *m pl* Spaghetti **~ à la bolognaise** Spaghetti mit gehacktem Rindfleisch, Butter und geriebenem Parmesan **~ à la napolitaine** Spaghetti mit Butter, Käse, Tomatensauce und frischen Tomatenwürfeln **~ à la provençale** Spaghetti mit Tomatenpüree, Thymian und geriebenem Käse **~ aux fruits de mer** Spaghetti mit Muscheln, Krabben, Weißwein und Rahmsauce

spéciales *f pl* sehr gute Austernsorten, 18 bis 24 Monate gezüchtet (unter den besten im Geschmack)

spécialités *f pl* **de la maison** Spezialitäten des Hauses **~ de saison** Spezialitäten der Saison

sprat *m* Sprotte (verwandt mit Heringsfisch, aber kleiner) frittiert oder geräuchert

steak *m* **(bifteck)** Steak (Beefsteak) **~ au poivre concassé** Steak mit geschrotetem Pfeffer **~ de cerf avec poire garnie d'airelles** Hirschsteak mit Birnen und Preiselbeeren gefüllt **~ de porc** Schweinesteak **~ de renne à la suédoise** Rentiersteak in Weißweinsauce, serviert mit Morcheln **~ de veau Napoléon** Kalbssteak auf Reis, mit Leberpastete überbacken, dazu Pfifferlinge in Madeirasauce, Tomaten und Trüffeln **~ grillé** gegrilltes Steak **~ haché (hamburger)** Hamburger (Hacksteak mit gehackten Zwiebeln) **~ morvandiau** Beefsteak mit einer Sauce aus Schalotten, Dijoner Senf und Weißwein (● Burgund) **~ tartare (bifteck tartare)** Tatar: gehacktes, rohes Rinderfilet mit Zwiebeln, Eigelb, Kapern und Gewürzen (kalt)

stoc(c)aficada *f* Stockfischragout mit Tomaten, Knoblauch, Gewürzen, Zwiebeln, Anchovis und schwarzen Oliven geschmort (● Provence-Alpes-Côte-d'Azur)

stuf(f)atu *m* Nudelauflauf mit verschiedenen Fleischsorten: Rind, Lamm oder Zicklein, Wildkaninchen oder Wildtaube, Zwiebeln, Knoblauch, Tomaten, Rotwein, Käse und Kräutern (● Korsika)

subrics *m pl* **de cervelle à l'italienne** gebratene Kalbshirnplätzchen mit Tomatensauce

sucrin *m* **(melon brodé** *m***)** Netzmelone (sehr aromatisch)
suggestions *f pl* **rapides** Schnellgerichte
supions *m pl* kleine Tintenfische **~ à la provençale** kleine Tintenfische, in Stücken in Tomatensauce, Knoblauch und Petersilie geschmort **~ à la sétoise** kleine Tintenfische nach der Art von Sète mit Tomatencoulis zubereitet, mit Reis serviert
supplément *m* **(en supplément)** Zuschlag (wird extra berechnet) **~ pour changement de garniture** geänderte Beilage wird zusätzlich berechnet **~ pour changement de viande** geänderter Fleischgang wird zusätzlich berechnet
suprême *m* das feinste Stück eines Tieres, z.B. Filet vom Fisch, vor allem Seezunge, Geflügelbrust oder Wild
suprêmes *m pl* **de gélinotte** Haselhuhnbrüstchen
sur commande auf Bestellung
surlonge *f* Halsgrat (Rind)

T

table *f* Tisch; Esstisch
tablier *m* **de sapeur** Pionierschürze: panierte, gegrillte Kutteln mit Béchamelsauce im Ofen überbacken (● Lyonnais)
talmouses *f pl* **au fromage** Tortenringe mit Blätterteig ausgelegt, mit Eierstich gefüllt, mit geriebenem Käse und Paprika vermischt und im Ofen gebacken
tanche *f* Schleie (Schleiche, Schleierkarpfen), schmackhafter Süßwasserfisch **~ au lard** Schleie mit Specksauce
tapenade *f* **(tapanade** *f***)** Püree aus Kapern, Sardellenfilets, schwarzen Oliven, Olivenöl, Senf und Zitronensaft (● Provence)
tapioca *m* Sago
Tartare *m* Weichkäse aus Kuhmilch mit Kräutern (● Périgord)
tarte *f* Kuchen; Torte **~ à l'alsacienne** Tortenboden mit Äpfeln und Birnen, mit Eiern, Milch, Sahne, Zucker, Zimt übergossen und überbacken (● Elsass) **~ à l'oignon** Zwiebelkuchen mit

ESSEN WIE GOTT IN FRANKREICH

Sahne, Eiern und Räucherspeck (● Elsass) ~ **au citron** Zitronentorte mit Zucker, Eiern, Sahne, Saft und Schale einer Zitrone (● Provence) ~ **au fromage blanc** Quarktorte (● Elsass) ~ **aux framboises** Himbeertorte (● Auvergne) ~ **aux girolles (- aux chanterelles)** Pfifferlingtorte (● Limousin) ~ **aux mirabelles ou aux quetsches** Mirabellen- oder Zwetschgentorte (● Lothringen) ~ **aux myrtilles** Heidelbeerkuchen (● Elsass und Auvergne) ~ **aux pignons** Pinienkernkuchen mit Dörrobst, Aprikosenkonfitüre und Orangen (● Provence-Alpes-Côte-d'Azur) ~ **aux poires Belle Angevine** Kuchen mit Belle-Angevine-Birnen (Rotweinbirnen) ~ **aux pommes** Apfelkuchen ~ **aux quetsches** Zwetschgentorte ~ **aux raisins** Traubenkuchen mit gemahlenen Mandeln oder Haselnüssen und Eiweiß (● Elsass) ~ **flambée** (flammekueche) Flamm(en)kuchen: dünner Weißbrotteig, der mit einer Schicht aus Zwiebeln, Sahne oder Crème fraîche und Speck überbacken wird (● Elsass) ~ **normande** normannischer Apfelkuchen mit zerlassenem Apfelgelee bestrichen (● Normandie) ~ **saumuroise** Mandelkuchen mit *Grand Marnier* (● Pays de la Loire) ~ **(des demoiselles) Tatin** ein mit karamelisierten, verzuckerten Bratäpfeln gestürzter, flacher Kuchen (● Pays de la Loire)

tartes *f pl* **aux herbes** Blätterteig- und Mürbeteigtaschen mit Füllung aus *Brocciu*-Käse, gemischt mit Spinat oder Mangold und mit Zwiebeln und Kräutern (● Korsika)

tartelette *f* Törtchen ~ **aux fraises** Erdbeertörtchen ~ **aux mirabelles** Mirabellentörtchen ~ **Châtillon** Törtchen mit Pilzen gefüllt

tartiflette *f* **(pela** *f***)** mit *Reblochon* gratinierte, geröstete Kartoffeln (● Savoie)

taverne *f* eine Kneipe, in der hauptsächlich Wein getrunken wird; oft gibt es auch einige warme Gerichte (diese Bezeichnung ist in Belgien häufig zu finden)

tea room *m* Teestube: hier gibt es Kaffee, Tee, Kakao, Kuchen und Torten, aber üblicherweise keine alkoholischen Getränke

tendre zart (weich, mürbe)

tendron *m* Brustknorpel (Mittelbrust) vom Kalb oder Rind

tendrons *m pl* **de veau braisés** geschmorte Kalbsbrustknorpeln

terrine *f* Pastete aus Fleisch, Fisch, Leber, Geflügel, auch Gemüse in feuerfester Schüssel aus Porzellan oder Steingut im Wasserbad im Ofen gegart **~ de foie de porc** Schweineleberpastete im Topf **~ de foie volaille** Geflügelleberpastete im Topf **~ de ris de veau** Kalbsbriespastete im Topf **~ de volaille** Geflügelpastete im Topf **~ du chef (~ maison)** Fleischpastete im Topf nach Art des Hauses

tête *f* **de porc farcie** gefüllter Schweinskopf

tête *f* **de veau** Kalbskopf **~ en tortue** gekochter, in Stücke geschnittener Kalbskopf, Kalbshirn, Kalbfleischklößchen und Kalbszunge mit Madeira und Kräutern, mit Champignonköpfen, Croûtons, hartgekochten Eiern, Oliven, Pfeffergürkchen und Trüffelscheiben garniert **~ frite** panierter Kalbskopf in der Frittüre schwimmend gebacken, mit Tartarsauce serviert **~ Orly** in Bierteig gehüllte und in Fett schwimmend gebackene Kalbskopfstücke, mit Tomatensauce gereicht **~ ravigote** Kalbskopf mit Essigkräutersauce und hartgekochten Eiern (● Paris und Ile-de-France) **~ vinaigrette** gekochter Kalbskopf mit Essigkräutersauce

thon *m* Thunfisch **~ à l'italienne** Thunfisch mit Zitronensaft, Öl und Aromaten mariniert, mit Zwiebeln, Schalotten und Champignons in Öl gebraten, mit Weißwein und Fischsud begossen, mit Mehlbutter gebunden **~ à la basquaise** geschmorte Thunfischscheiben mit Bayonner Schinken, roten Paprikaschoten, Schalotten, Champignons, Tomaten und Weißwein (● baskische Spezialität) **~ à la provençale** Thunfisch mit Zitronensaft, Öl und Aromaten mariniert, mit Tomaten und Zwiebeln, Knoblauch, Weißwein und Kapern gedünstet (● Provence)

thym *m* Thymian

tian *m* Gratingericht, abwechselnd mit Zucchini, Tomaten, Zwiebeln, auch Kartoffeln belegt, Olivenöl und Kräutern der Provence (● Provence, auch mit Variationen)

tiède lauwarm

timbale *f* **d'escargots aux lardons et à l'estragon** Schneckenpastete in Estragonsauce mit Speckstreifen

timbale *f* **de homard au porto** Füllpastete mit Hummer und Portwein

tioro *m* **(ttoro) basque** baskische Fischsuppe, die sich durch andere Fischarten von der *bouillabaisse* unterscheidet; die Fischstücke werden vorher in Öl angebraten

toast *m* **au fromage** warme Käseschnitte **~ au jambon** warme Schinkenschnitte

tomates *f pl* Tomaten **~ à l'antiboise** Tomaten nach der Art von Antibes: gefüllte Tomaten mit Thunfisch, Eiern, Sardellen, Kapern, Kräutern und Mayonnaise **~ concassées** geschmolzene Tomaten, geschält, in Würfeln, ohne Kerne **~ en salade** Tomatensalat **~ farcies** Tomaten mit Fleischfarce gefüllt **~ provençale** halbierte Tomaten mit Brösel bestreut, leicht mit Öl angefeuchtet, mit gehacktem Knoblauch im Rohr überbacken

Tom(m)e *f* **de Savoie** runder Kuhmilchkäse mit harter, grauer Rinde, oft mit gelblich-rötlichem Schimmel, hellgelbem, weichem Teig mit mildem Geschmack (● Savoie)

topinambour *m* Topinambur (Erdbirne)

tôt-fait *m* **à la mirabelle** heiß servierter Kuchen aus Eiern, Zucker, Mehl, Milch und Mirabellenschnaps (● Lothringen)

Toucy *m* zylindrischer Ziegenkäse mit sahniger Farbe, sehr fein im Geschmack (● Loire)

tourin *m* **(tourain)** Topfgericht aus gespicktem Rindfleisch, fettem Huhn und Hackfleisch, in ein Kohlblatt gewickelt, oft als Suppe gereicht (● Périgord) **~ blanchi** Suppe mit Knoblauch, Zwiebeln, Gänseschmalz und Eiern, mit Landbrot angedickt (● Périgord) **~ bordelais** Zwiebelsuppe, manchmal mit Knoblauch, mit Eigelb gebunden, über feine Scheiben von altbackenem Brot gegossen (● Bordelais)

tournedos *m* kleine, runde, dicke Lendenschnitte aus dem Kopf des Rinderfilets, die etwa 100 g wiegt und 4 cm dick ist, meistens auf einer Röstbrotscheibe **~ à la bergère** Rinderfiletscheibe mit Speck, Pilzen und glasierten Zwiebelchen **~ à la périgourdine** Rinderfiletscheibe auf Croûtons gesetzt, mit Trüffelscheibchen garniert, Madeirasauce (● Périgord) **~ au poivre vert** Rinderfiletscheibe in grünem Madagaskarpfeffer mit frischer Sahne **~ Clamart** Rinderfiletscheibe und Artischockenböden, gefüllt mit Erbsen **~ Henri IV** Rinderfiletscheibe und Artischockenböden, gefüllt mit Nusskartoffeln, Béarner Sauce dazu **~ Rossini** Rinderfiletscheibe auf geröstetes Weißbrot gesetzt, mit einer Scheibe Gänseleber und Trüffeln belegt, Madeirasauce dazu (● Paris und Ile-de-France)

tourte *f* überdeckte Torte aus Blätter- oder Mürbeteig, gefüllt mit Fleisch, Fisch, Gemüse oder Obst **~ à la viande** gedeckte Blätterteigtorte mit Fleischfüllung (● Auvergne) **~ au roquefort** überdeckte Torte aus Blätterteig mit einer Füllung aus Roquefort, Quark, Eiern und Crème fraîche **~ au vin blanc** Blätterteigtorte mit Füllung aus in Weißwein mariniertem Kalb- und Schweinefleisch (● Elsass) **~ aux épinards** gedeckte Spinat-Blätterteigtorte **~ de saumon** überdeckte Torte mit Lachsfüllung (● Auvergne) **~ de truffes** überdeckte Torte mit Trüffel- und Gänseleberfüllung (● Limousin, Périgord, Quercy) **~ lorraine** überdeckte Torte mit Schweine- und Kalbfleisch, Zwiebeln, Petersilie, Knoblauch, Weißwein, geschlagenem Eigelb und Sahne (● Lothringen) **~ lyonnaise** überdeckte Torte mit einer Füllung aus Wurst, Käse und Zwiebeln (● Lyonnais) **~ tourangelle** überdeckte Torte mit einer Füllung aus *Rillettes* und einem Eier-Sahne-Guss (● Pays de la Loire)

tourteau *m* **poitevin (tourteau fromagé)** Mürbeteigkuchen, der in einer gewölbten Form mit Frischkäse gebacken wird, bis die Oberfläche eine dunkle Kruste hat (● Poitou)

tourtous *m pl* **farcis** gerollte Buchweizenpfannkuchen mit einer Füllung aus Steinpilzen, rohem Schinken, Hühnerfleisch, Walnüssen und Knoblauch, mit geriebenem *Cantal*-Käse bestreut und gratiniert (● Limousin)

tous nos poissons sont garnis alle unsere Fischgerichte werden mit Beilagen serviert

tous nos poissons sont garnis de pommes vapeur alle Fischgerichte werden mit Dampfkartoffeln serviert

tous nos prix sont nets Nettopreise

tout compris alles inbegriffen

toutes nos viandes sont garnies alle unsere Fleischgerichte werden mit Beilagen serviert

train *m* **de côtes** Hochrippe von der 6. bis 12. Rippe des Rindes

traiteur *m* Feinkosthändler; Partyservice

tranche *f* Scheibe; Schnitte **~ grasse** vorderer Teil des Rinderoberschenkels (Oberschale)

trénels *m pl* Hammelinnereien farciert mit Schinken, Knoblauch, Petersilie und Ei

tripeaux *m pl* gefüllte Hammelfüße (● Auvergne)

triperie *f* Innereien; Kaldaunengeschäft

tripes *f pl* **(gras-double** *m***)** Kutteln (Kaldaune), kommen aus dem ersten und zweiten Magen des Rindes, sehr beliebt in Frankreich **~ à la lyonnaise** Kutteln mit Zwiebeln in Butter gebraten, mit Petersilie bestreut (● Lyonnais) **~ à la mode de Caen** berühmtes Kuttelgericht: Kutteln mit Kalbsfüßen, Karotten, Tomaten, Zwiebeln und Kräuterbündel in eine feuerfeste Steingutschüssel gefüllt, mit Rinderfettscheiben bedeckt, mit Calvados, Apfel- oder Weißwein angegossen, zugedeckt, im Ofen etwa 10 Stunden gedünstet (● Normandie) **~ à la paloise** Kutteln in Weißwein, Gänsefett mit Bayonner Schinken und Armagnac, scharf gewürzt (Gegend von ● Pau)

Triple-crème *m* **aromatisé** weicher, milder Frischkäse mit Kräutern wie Fenchel, Rosmarin, Schnittlauch usw. (● Ile-de-France und Normandie)

tripous *m pl* **(tripoux)** Gericht aus Hammelfüßen und Innereien vom Kalb, mit Kräutern gefüllt (● Auvergne)

tripotcha *f* baskische, gewürzte Kaldaunenwurst; in einigen Gegenden auch Blutwurst mit Kalbfleisch

trompette *f* **des morts** Totentrompete (Herbsttrompete), geschätzter Speisepilz aus der Familie der Pfifferlinge

truffade *f* Kartoffelscheiben mit Speck und Tomaten in Streifen und in Olivenöl gebraten

truffé getrüffelt

truffes *f pl* Trüffeln, die kostbarste und begehrteste Pilzart, wächst in der Nähe von Eichenwurzeln; sowohl die schwarze *Périgord*-Trüffel als auch die weiße *Piémont*-Trüffel sind

wegen ihres Dufts und Geschmacks berühmt **~ à la crème** gedünstete Trüffeln in Scheiben geschnitten, mit Cognac mariniert, mit kochendem Süßrahm übergossen, mit Béchamel gebunden **~ au porto** gedünstete Trüffeln in Portwein, mit Sahne und Kalbsjus fertiggegart **~ sous la cendre** Trüffeln in Cognac kurz mariniert, mit dünnen Speckscheiben umwickelt, in gebuttertes Pergamentpapier gehüllt und in glühender Asche gebacken (● Limousin, Périgord, Quercy)

truite *f* Forelle (lachsartiger Süßwasserfisch) **~ à la crème** Forelle im Ofen gegart, kurz vor dem Servieren mit frischer Sahne, Zitronensaft und Kräutern übergossen **~ à la mode du Morvan** Forelle mit Champignons, Paniermehl, Petersilie und etwas Essig (● Auvergne) **~ arc-en-ciel** Regenbogenforelle **~ au bleu** Forelle blau **~ au riesling** Forelle in Riesling geschmort **~ aux amandes** Forelle mit Mandeln gebraten und Butter-Sahne-Sauce (● Limousin, Périgord, Quercy und Elsass) **~ aux champignons** Forelle mit Champignons (● Lothringen) **~ aux pignons** Forelle mit Piniennüssen (● Languedoc) **~ d'élevage** Zuchtforelle **~ des lacs** Seeforelle **~ en gelée** Forelle in Aspik **~ fumée** geräucherte Forelle **~ grenobloise** Forelle Grenobler Art: mit Kapern, Zitronenstückchen und Croûtons, übergossen mit brauner Butter **~ meunière** Forelle „Müllerin", in Mehl gewendet, in Butter gebraten, mit Zitronensaft und Petersilie **~ saumonée** Lachsforelle

tuiles *f pl* **aux amandes** Mandelziegel: Plätzchen mit Mandeln und Vanille

turban *m* **de riz aux champignons** Reisrand mit Champignons

turbot *m* Steinbutt **~ braisé** gedünsteter Steinbutt **~ grillé** Steinbutt vom Rost **~ poché** pochierter Steinbutt

turbotin *m* junger Steinbutt
T.V.A. (taxe sur la valeur ajoutée) Mehrwertsteuer

V

vacherin *m* **glacé au cassis** Eistorte mit schwarzen Johannisbeeren: halbgefrorene Torte aus Meringue, Eiscreme, Früchten und Johannisbeerlikör

Valençay *m* weicher Ziegenmilchkäse mit nussigem Geschmack (● Touraine)

vallée d'Auge Geflügelstücke mit Calvados flambiert, in Apfelwein *(Cidre)* gekocht, mit Rahmsauce und Äpfeln (● Normandie)

vanille *f* Vanille

vapeur *f* **(à la vapeur)** gedämpft, im Wasserbad gegartes Gemüse, Fleisch oder Fisch

varié verschiedenartig

veau *m* Kalbfleisch vom Milchkalb bis 1 Jahr ~ **Marengo (sauté de veau Marengo)** Kalbsragout mit Tomaten, Zwiebeln, Champignons in Weißweinsauce mit gerösteten Brotwürfeln

velouté *m* Samtsuppe: helle, cremige Suppe, mit Eigelb und Sahne gebunden, mit Einlagen aus Gemüse, Fleisch, Fisch oder Schalentieren ~ **Balzac** Gerstenvelouté mit Sellerie und Lauch in Streifen ~ **Carmen** Tomatenvelouté mit Reis, Tomatenwürfeln und grünem Paprika in Streifen ~ **Comtesse** Spargelvelouté und Sauerampfer in dünnen Streifen ~ **d'épinards (~ Florentine)** Spinatvelouté ~ **Darblay** Kartoffelvelouté mit Karotten und Lauch in Streifen, Schnittlauch als Einlage ~ **Dartois** Weißbohnenvelouté mit Karotten und Lauch in Streifen ~ **Derby** Reisvelouté mit Zwiebelgeschmack und mit Curry gewürzt ~ **Doria** Gurkenvelouté mit ausgestochener Gurke, Reis als Einlage ~ **Germinal** Hühnervelouté mit Estragonessig, Kräuterbutter: als Einlage Hopfensprossen, Spargelköpfe und Kerbel ~ **Jeannette** Schwarzwurzelvelouté mit Geflügelwürfeln garniert ~ **Marie-Louise** Geflügelvelouté mit Gerstenschleim und mit Gemüse in Streifen garniert ~ **Saint-Hubert** Velouté mit Wildbretgeschmack, garniert mit Wildbret- und Trüffelwürfeln

venaison *f* Wildbret (Fleisch vom Haarwild)

ventre *m* **de porc** Schweinebauch
verjus *m* Saft von noch nicht reifen Weintrauben
vermicelle *m* Fadennudel
verre *m* Glas (Trinkglas)
vert-pré **1.** Brunnenkresse, Strohkartoffeln und Kräuterbutter zu gegrilltem, dunklem Fleisch **2.** in Butter geschwenkte grüne Bohnen, grüne Erbsen und grüne Spargelspitzen zu hellem Fleisch und Geflügel
veuillez consulter notre carte des vins informieren Sie sich bitte anhand unserer Weinkarte
viande *f* Fleisch; Fleischgericht ~ **de porc fumée** geräuchertes Schweinefleisch ~ **froide** kalter Braten ~ **hachée** Hackfleisch ~ **séchée** (luft)getrocknetes Fleisch
vichyssoise *f* kalte Kartoffel-Lauch-Suppe mit Sahne und Schnittlauch, warm im Winter
viennoise Kalbsschnitzel, Geflügelbrust, Fischfilets, paniert und in Fett gebacken, mit Zitronenscheibe serviert
vigneronne glasierte Weintrauben, Wildrahmsauce (Wildgarnitur)
vinaigre *m* Essig ~ **de vin** Weinessig
vinaigres *m pl* **aromatisés** Kräuteressig
vinaigrette *f* Essigkräutersauce → *sauce vinaigrette*
violet *m* kleine, grün bis violette Artischocke (● Provence)
vive *f* Stacheldrache *(queise)*, Küstenfisch mit feinem, festem Fleisch
vivier *m* **à l'eau de mer** Meerwasserbassin
vol-au-vent *m* hohe, runde, mit delikatem Ragout gefüllte Blätterteigpastete ~ **de ris de veau** große Kalbsbriespastete für mehrere Personen
volaille *f* Geflügel; Geflügelgerichte ~ **de Bresse à la broche** Masthähnchen am Spieß aus der Bresse ~ **et gibier** Wild und Geflügel (umgekehrte Reihenfolge wie im Deutschen)
volonté (à volonté) so viel man mag; nach Belieben

W–Z

Walewska pochiert, Hummer- und Trüffelscheiben, mit Käsesauce überbacken (Fischgarnitur)

yaourt *m*, **yog(h)ourt** *m* Joghurt

yerbilhou *m* baskischer Name für Maismehlbrei

zéphir *m* Schaumpudding; leichtes, auf der Zunge zergehendes Gericht aus feiner Farce und Schlagsahne; mit Geflügel, Wild, Fisch oder Krustentieren warm oder kalt zubereitet

zeste *m* sehr dünner Streifen aus der Schale einer Zitrusfrucht

zinc *m* Theke (Schanktisch), hier wird alles ausgeschenkt: Kaffee, Bier, Aperitif, Wein, auch glasweise (ideal für einen Plausch mit dem Wirt oder anderen Gästen)

Hinweise zur Benutzung:

1. Die im Verzeichnis der Speisen **fett** gedruckten Stichwörter werden in der Wiederholung durch eine Tilde ~ ersetzt.
2. Beim Aufsuchen eines Begriffs ist zu beachten, dass *à la* („nach Art von“) oft weggelassen wird und sich die alphabetische Anordnung nach dem Zusatzbegriff richtet.
3. Verkürzungen sind in der gastronomischen Sprache gängig; Beispiel: *lapin normande.* Hier ist *normande* die Verkürzung von *à la normande,* also weiblich, obwohl *lapin* männlich ist.
4. Varianten eines Begriffs (in der Schreibweise oder im Ausdruck) sind in Klammern angegeben.
5. Folgende Abkürzungen wurden verwendet: *m* = *masculin* (männlich), *f* = *féminin* (weiblich), *pl* = *pluriel* (Mehrzahl)

A

Aal anguille *f*
Aalragout matelote *f* d'anguilles
abbestellen décommander
Abendessen dîner *m*
ändern changer
Änderung changement *m*
alkoholfreies Getränk boisson *f* sans alcool
alles inbegriffen tout compris
anmachen (Salat) assaisonner (la salade)
Apfel pomme *f*
Apfelbranntwein calvados *m* (*umgangsspr.* calva)
Apfelkuchen tarte *f* aux pommes
Apfelsaft jus *m* de pomme
Apfelsine orange *f*
Apfelwein cidre *m*
Appetithäppchen amuse-gueule *m*
Aprikose abricot *m*
Artischocke artichaut *m*
Aschenbecher cendrier *m*
Aubergine aubergine *f*
auf Vorbestellung sur commande *f*
Auflauf im Ofen gratin *m*
Aufpreis (mit ~), Aufschlag (en) supplément *m*
Aufschnitt charcuterie *f*
Augenblick, einen ~ un instant *m*
ausgezeichnet excellent, excellente
Auster huître *f*
Auswahl choix *m*, assortiment *m*
Avocado avocat *m*

B

Backpflaumen pruneaux *m pl*
Bäckerinkartoffeln pommes *f pl* boulangère
Baiser meringue *f*
Bayerische Creme crème *f* bavaroise
Beanstandung réclamation *f*
bedienen servir
Bedienung (nicht) inbegriffen service (non) compris

Bedienung und Abgaben inbegriffen service et taxes compris (S.T.C.)
Bedienungsgeld service *m*
Beefsteak bifteck *m,* steak *m*
Beilage (nach Wunsch) garniture *f* (au choix)
belegtes Brot sandwich *m*
benötigen, brauchen avoir besoin de
Beschwerde réclamation *f*
besetzt occupé, occupée
Besitzer, Besitzerin propriétaire *m, f*
Besteck couvert *m*
bestellen commander
Bestellung/die ~ aufnehmen commande *f*/ prendre la commande
besten Dank merci beaucoup
bezahlen/ich möchte ~ payer / je voudrais payer
Bier bière *f*
Bier mit Limonade panaché *m*
Bier vom Fass bière *f* (à la) pression
Birne poire *f*
bitte (Sie-Form) s'il vous plaît
bitte sehr je vous en prie
bitter amer, amère
Blaubeere myrtille *f*
Blumenkohl chou-fleur *m*
Blutwurst boudin (noir) *m*
Bockbier bière *f* forte
Bohnen haricots *m pl*
Braten rôti *m*
Brathähnchen poulet *m* rôti
Bratkartoffeln pommes *f pl* sautées
Bratwurst saucisse *f* rôtie
bringen apporter, servir
Brötchen petit pain *m*
Brot pain *m*
Brotscheibe tranche *f* de pain
Büffet buffet *m*
bürgerliche Küche cuisine *f* bourgeoise
Butter beurre *m*

C

Champignons (Zuchtchampignons) champignons *m pl* de Paris
Chicoree endive *f*
Chinakohl chou *m* de Chine, chou chinois
Cocktail(empfang) cocktail *m*

D

Damentoilette toilettes/lavabos/pour dames
Dampfkartoffeln pommes *f pl* vapeur
danach après
danke sehr merci bien
Dauerwurst saucisson *m* sec
Dessertwein vin *m* de dessert
deutsches Bier bière *f* allemande
Diabetiker diabétique
Diät régime *m*
Diätkost plats *m pl* de régime
dick (dem Durchmesser nach) épais, épaisse
dick (dem Umfang nach) gros, grosse
dünn mince
dunkles Bier bière *f* brune
durchgebraten bien cuit, bien cuite
Durst soif *f*
Dutzend, pro ~ douzaine *f*, à la douzaine

E

Ei/Eier œuf *m* / des œufs *m pl*
Eier in Aspik œufs *m pl* en gelée
ein bisschen mehr un peu plus
ein bisschen weniger un peu moins
einladen inviter
einschenken verser à boire, servir à boire
Eintopf pot-au-feu *m*
Eis glace *f*
Eis, gemischt glace *f* panachée
Eisbein jambonneau *m*, jarret *m* de porc
eisgekühlt glacé, glacée
Eiskaffee café *m* liégeois
Eiskübel seau *m* à glace

Eiswürfel glaçon *m*
empfehlen recommander, conseiller
Empfehlung recommandation *f*, suggestion *f*
empfohlene Gerichte plats *m pl* conseillés, plats recommandés
Endivie (gekräuselt) chicorée *f*
englisch (Fleisch) saignant, saignante
Ente canard *m*
Entenbrustfilet magret *m* de canard, aiguillette *f* de canard
Entenpastete pâté *m* de canard
Ententerrine terrine *f* de canard
Entenstopfleber foie *m* gras de canard
Entschuldigung excusez-moi, pardon
Erbsen petits pois *m pl*
Erdbeere fraise *f*
Erdbeereis glace *f* à la fraise
Erdbeertorte tarte *f* aux fraises
Erfrischung rafraîchissement *m*
essen/ich esse/wir essen manger/je mange/nous mangeons
Essen (Mahlzeit) repas *m*
Essen (Speisen) mets *m*, plat *m*
Essenszeiten heures *f pl* des repas
Essig vinaigre *m*
Essiggürkchen cornichons *m pl* au vinaigre
Esskastanien marrons *m pl*
extra (noch dazu) en plus
extra berechnet en supplément
Extrateller assiette *f* supplémentaire

F

fad fade
falsches Filet faux-filet *m*
Fasan faisan *m*
fast durch (Fleisch) à point
Feige figue *f*
fein fin, fine
Feldhase, Hase lièvre *m*
Feldsalat mâche *f*, doucette *f*
Fenchel fenouil *m*

F

fertig prêt, prête
Festpreismenü menu *m* à prix fixe
fett gras, grasse
Filetstück filet *m*
Filterkaffee (mit Filteraufsatz) café *m* filtre
Fingerschale rince-doigts *m*, finger-bowl *m*
Fisch poisson *m*
Fischbesteck couvert *m* à poisson
Fischgabel fourchette *f* à poisson
Fischmesser couteau *m* à poisson
Fischsuppe soupe *f* de poisson
flambiert flambé, flambée
Flasche bouteille *f*
Flasche Rotwein/Roséwein/Weißwein bouteille *f* de vin rouge/de rosé/de vin blanc
Flaschenbier bière *f* en bouteille
Fleisch; Fleischgerichte viande *f*; viandes *f pl*
Flusskrebs écrevisse *f*
Forelle blau truite *f* au bleu
Forelle geräuchert truite *f* fumée
Forelle mit gerösteten Mandeln truite *f* aux amandes
Forelle Müllerin truite *f* meunière
Frankfurter Würstchen saucisses *f pl* de Francfort
freier Tisch table *f* libre
Frikadelle boulette *f*, fricadelle *f*
Frikassee fricassée *f*
frisch frais, fraîche
frisch gepresster Orangensaft/Zitronensaft orange *f* pressée/citron *m* pressé
Frischkäse fromage *m* frais
Fruchtsaft jus *m* de fruits
Fruchtsalat salade *f* de fruits, macédoine *f* de fruits
Frühstück petit déjeuner *m*
Frühstücksraum salle *f* des petits déjeuners
Füllung farce *f*
Fürst-Pückler-Eis glace *f* plombière

G

Gabel fourchette *f*
Gänseleberpastete foie *m* gras (d'oie)
Gang, Speise plat *m*
gar (Speise); ganz durch (gebraten) cuit, à point; bien cuit
Garderobe vestiaire *m*
Garnelen crevettes *f pl*
Gast client *m*, cliente *f*; convive *m, f*
gebacken (im Fettbad) frit, frite
Gebäck pâtisseries *f pl*, (petits) gâteaux *m pl*
gebraten (am Spieß) rôti à la broche
gebraten (im Ofen/vom Grill) rôti, rôtie (au four/sur le gril)
gebraten (in der Pfanne) frit, frite (dans la poêle)
gedämpft cuit, cuite à la vapeur
Gedeck couvert *m*
gedünstet cuit, cuite à l'étuvée
Geflügel, Geflügelgerichte volaille *f*
gefüllt farci, farcie
gegrillt grillé, grillée
gehackt haché, hachée
gekocht cuit, cuite; bouilli, bouillie
gekochter Schinken jambon *m* cuit, jambon blanc, jambon de Paris
gemischter Salat salade *f* composée
gemischter Vorspeisenteller hors-d'œuvre *m pl* variés
Gemüse légumes *m pl*
Gemüsesuppe potage *m* aux légumes
genug assez
gepfeffert poivré, poivrée
geräucherter Schinken jambon *m* fumé
Gericht (Speise), Gang plat *m*
geriebener Käse fromage *m* râpé
Geruch odeur *f*
gesalzen salé, salée
geschlossen fermé, fermée
Geschmack goût *m*
geschmort en daube; braisé, braisée

gestatten Sie? vous permettez?
gesüßt sucré, sucrée
Getränk boisson *f*
Getränk im Preis (nicht) inbegriffen boisson *f* (non) comprise
Getränkekarte carte *f* des boissons
getrüffelte Gänseleberpastete foie gras *m* truffé
gewürzt assaisonné, assaisonnée; épicé, épicée
Glas Wasser/Milch verre *m* d'eau/de lait
Grapefruit pamplemousse *m*
gratinieren (faire) gratiner
Graubrot pain *m* bis
Grillhähnchen poulet *m* grillé
grüne Bohnen haricots *m pl* verts
grüne Bohnenkerne flageolets *m pl*
grüner Blattsalat salade *f* verte
Gurke concombre *m*
Gurkensalat salade *f* de concombres
gut durch (Fleisch) bien cuit, bien cuite
gut schmecken avoir bon goût, être bon

H

Hacksteak steak *m* haché
Hähnchen poulet *m*
Hälfte moitié *f*
halb demi, demie
halb durch (Fleisch) saignant, saignante
halbe Flasche demi-bouteille *f*
halbes Dutzend demi-douzaine *f*
halb roh (Fleisch) bleu
halbtrocken demi-sec
Hammel, Hammelfleisch mouton *m*
Hammelkeule gigot *m* de mouton
Hammelkotelett côte *f* de mouton
hartgekochte Eier œufs *m pl* durs
Hartwurst saucisson *m* sec
Hauptgericht plat *m* principal, plat *m* de résistance
Haxe jarret *m*
Hechtklößchen quenelles *f pl* de brochet
heiß chaud, chaude

heiße Schokolade chocolat *m* chaud
helles Bier bière *f* blonde
Herrentoilette toilettes *f pl* / lavabos *m pl* pour messieurs
Holzkohlenfeuer feu *m* au charbon de bois
Honig miel *m*
Huhn, Suppenhuhn poule *f*
Hummer homard *m*
Hummerkrabbe langoustine *f*

I/J

im Fettbad gebacken frit, frite
im Ofen gebacken cuit au four
Imbiss casse-croûte *m*
inbegriffen compris, comprise
Irrtum erreur *f*
Jakobsmuschel coquille *f* Saint-Jacques
Joghurt yaourt *m*, yog(h)ourt *m*

K

Kännchen Kaffee cafetière *f* de café
Kännchen Milch petit pot *m* de lait
Käse fromage *m*
Käsefondue fondue *f* au fromage
Käsekuchen, Käsetorte tarte *f* au fromage
Käseplatte plateau *m* de fromage
Kaffee café *m*
Kaffee mit Milch café *m* crème, café *m* au lait
Kaffee mit Schlagsahne café *m* à la chantilly
Kaffeelöffel cuiller *f* à café
Kaffeetasse tasse *f* à café
Kalb, Kalbfleisch veau *m*, (viande *f* de) veau
Kalbsbraten rôti *m* de veau, veau *m* rôti
Kalbsfrikassee blanquette *f* de veau
Kalbsgeschnetzeltes émincé *f* de veau
Kalbshaxe jarret *m* de veau
Kalbskotelett côte *f* de veau
Kalbsleber foie *m* de veau
Kalbsmedaillons médaillons *m pl* de veau
Kalbsrouladen paupiettes *f pl* de veau
Kalbszunge langue *f* de veau

Kaldaunen, Kutteln (Gekröse der Schlachttiere) tripes *f pl*
kalt froid, froide
kalte Gerichte plats *m pl* froids
kalte Platte assiette *f* anglaise
kalte Vorspeisen hors-d'œuvre *m pl* froids
kalter Braten viande *f* froide
kaltes Wasser eau *f* froide
Kamillentee camomille *f*, infusion *f* de camomille
Kaninchen lapin *m*
Kaninchenpastete pâté *m* de lapin
Karaffe carafe *f*
Karotte carotte *f*
Karte, Speisekarte carte *f*
Kartoffelauflauf gratin *m* de pommes de terre
Kartoffeln pommes *f pl* de terre
Kartoffelpüree, Kartoffelbrei purée *f* (de pommes de terre)
Kartoffelsalat salade *f* de pommes de terre
Kasse caisse *f*
Kaviar caviar *m*
Kekse petits gâteaux *m pl*, gâteaux *m pl* secs
Kellner, Kellnerin serveur *m*, serveuse *f*
Kinderermäßigung réduction *f* pour enfants
Kindermenü menu *m* pour enfants
Kinderteller demi-portion *f*
Kirsche cerise *f*
klare Ochsenschwanzsuppe oxtail *m* clair
kleines Bier bock *m*; nicht ganz 1/4 Liter (nur Maßbezeichnung, keine Biersorte)
Kleingeld monnaie *f*
Kneipe bistro(t) *m*
Knoblauch ail *m*
Koch, Köchin cuisinier *m*, cuisinière *f*
kochen, die Küche führen cuisiner, faire la cuisine
Königinpastetchen bouchée *f* à la reine
köstlich, lecker délicieux, délicieuse
koffeinfreier Kaffee café *m* décaféiné
Kohl chou *m*

kohlensäurefreies (Mineral)wasser eau *f* (minérale) non gazeuse
kohlensäurehaltiges (Mineral)wasser eau *f* (minérale) gazeuse
Kohlrabi chou-rave *m*
Kompott compote *f*
Kondensmilch lait *m* concentré, lait condensé
Kopfsalat laitue *f*
Korkgeschmack goût *m* de bouchon
kostenlos gratuit, gratuite
Kotelett côtelette *f*
Krabbe (groß) crabe *m*
Krabben, Garnelen (klein) crevettes *f pl*
Kräuter, mit feingehackten ~n fines herbes *f pl,* aux fines herbes *f pl*
Kräuterbutter beurre *m* maître d'hôtel
Kräutertee infusion *f,* tisane *f*
Kraftbrühe consommé *m*
Kraut chou *m*
Krebs écrevisse *f*
Kresse cresson *m*
Kroketten croquettes *f pl*
Krustentiere crustacés *m pl*
Kuchen gâteau *m,* pâtisserie *f*
Küche cuisine *f*
Küchenchef chef *m* de cuisine
kühl frais, fraîche

L

Lachs saumon *m*
Lachsforelle truite *f* saumonée
Lachsschinken jambon *m* saumoné
Lamm, Lammfleisch agneau *m*
Lammbraten rôti *m* d'agneau, agneau *m* rôti
Lammkeule gigot *m* d'agneau
Lammschulter épaule *f* d'agneau
Landbrot pain *m* de campagne
Landschinken jambon *m* du pays
Languste langouste *f*
Lauch poireau *m*

lauwarm tiède
Leber foie *m*
Leberpastete pâté *m* de foie
leer vide
leicht léger, légère
leicht verdaulich léger, facile à digérer
Lende filet *m*
Linsen lentilles *f pl*
Löffel cuiller *f*, cuillère *f*
Lokal restaurant *m*, salle de café *f*

M

mager maigre
Makrele maquereau *m*
Mandarine mandarine *f*
Mangold bette *f*, blette *f*
mariniert mariné, marinée
Marone marron *m*, châtaigne *f*
Mayonnaise mayonnaise *f*
medium, halb durch (Garstufe beim Fleisch) saignant
Meeresfrüchte fruits *m pl* de mer
Meerrettich raifort *m*
mehr plus
Melone melon *m*
Menü zum festen Preis menu *m* à prix fixe
Messer couteau *m*
Miesmuscheln moules *f pl*
Milch lait *m*
Milchkaffee (mit geschäumter Milch) café *m* au lait (café *m* crème)
Mineralwasser eau *f* minérale
Mineralwasser mit/ohne Kohlensäure eau *f* minérale (non) gazeuse
Mischbrot pain *m* bis
Mischgemüse macédoine *f* de légumes
mit Aufpreis avec supplément
Mittagessen déjeuner *m*
Möhre carotte *f*
Morchel morille *f*
mürbe tendre

N

nach Belieben (man nimmt so viel man mag) à discrétion
nach Wahl au choix
nachbestellen commander en supplément
Nachspeise, Nachtisch dessert *m*, entremets *m*
natur (ohne Sauce oder Zutaten) nature
nehmen/ich nehme/wir nehmen prendre/je prends/ nous prenons
neue Kartoffeln pommes *f pl* nouvelles
Nudeln nouilles *f pl*

O

Ober garçon *m*, serveur *m*
Oberkellner maître d'hôtel *m*
Obst fruits *m pl*
Obstkuchen, Obsttorte tarte *f* aux fruits
Obstsalat salade *f* de fruits
Ochsenmaulsalat salade *f* de museau de bœuf
Öl huile *f*
offener Wein im Krug vin *m* en pichet
ohne Salz sans sel
Oliven olives *f pl*
Omelette mit Kräutern omelette *f* aux fines herbes
Omelette mit Schinken omelette *f* au jambon
Orangenlimonade orangeade *f*
Orangensaft jus *m* d'orange
Orangensaft frisch gepresst orange *f* pressée

P/Q

Pampelmuse pamplemousse *m/f*, grapefruit *m*
paniert pané, panée
Paprikagemüse, Paprikaschote poivron *m*, piment *m* doux
Pastete pâté *m*
Pellkartoffeln pommes *f pl* en robe des champs
Perlwein vin *m* pétillant
Petersilie persil *m*
Pfeffer poivre *m*
Pfefferminztee infusion *f* de menthe
Pfeffermühle moulin *m* à poivre

Pfeffersteak steak *m* au poivre
Pfefferstreuer poivrière *f*
Pfifferling chanterelle *f*, girol(l)e *f*
Pfirsich pêche *f*
Pilze (alle Arten) champignons *m pl*
Platte plat *m*
pochiert poché, pochée
pochierte Eier œufs *m pl* pochés
Porree poireau *m*
Portion portion *f*
Preis prix *m*
Preis nach Größe prix *m* selon grosseur
probieren goûter
Pudding flan *m*, crème *f*
Pute dinde *f*

Q

Quark fromage *m* blanc
Quittung reçu *m*

R

Radieschen radis (roses) *m pl*
Rechnung (für Hotel) note *f*
Rechnung (für Restaurant) addition *f*
Rechnungsfehler erreur *f* de calcul
Rehrücken selle *f* de chevreuil
reif mûr, mûre
Reis riz *m*
Remouladensauce sauce *f* rémoulade
reservieren réserver, retenir
reservierter Tisch table *f* réservée
Restaurantmanager directeur *m* de restaurant
Rind, Rindfleisch bœuf *m*, (viande *f* de) bœuf
Rinderbraten rôti *m* de bœuf
Rindsgulasch goulache *f* de bœuf
Rindskotelett côte *f* de bœuf
Roastbeef rosbif *m*
Röstkartoffeln pommes *f pl* rissolées
Roggenbrot pain *m* de seigle
roh cru, crue
roher Schinken jambon *m* cru
Rohkost crudités *f pl*

Rosenkohl choux *m pl* de Bruxelles
Roséwein (vin) rosé *m*
rote Rübe betterave *f* rouge
Rotkohl chou *m* rouge
Rotwein vin *m* rouge
Roulade roulade *f*, paupiette *f*
Rühreier œufs *m pl* brouillés
Ruhetag jour *m* de repos
Rumpsteak rumsteak *m*
russische Eier œufs *m pl* à la russe

S

Saft jus *m*
saftig juteux, juteuse
Sahne crème *f*
Salat salade *f*
Salatgurke concombre *f*
Salatteller assiette *f* à salade
Salz sel *m*
Salzkartoffeln pommes *f pl* nature
Salzstreuer salière *f*
Sauce sauce *f*
Sauerkraut choucroute *f*
Schafskäse fromage *m* de brebis
Schalentiere coquillages *m pl*
scharf épicé, épicée; relevé, relevée
Scheibe tranche *f*
Schellfisch églefin, aiglefin, aigrefin *m;* morue noire *f*
Schinken jambon *m* (de Paris)
Schlagsahne crème *f* Chantilly, crème *f* fouettée
schmeckt es? c'est bon?
Schmorbraten bœuf *m* braisé, daube *f* de bœuf
Schnecken, Weinbergschnecken escargots *m pl*
Schnitzel escalope *f*
Schokoladenschaumcreme mousse *f* au chocolat
Scholle plie *f*, carrelet *m*
Schonkost régime *m*
Schorle vin *m* et eau de Seltz
Schüssel plat *m*
schwacher Tee thé *m* pas fort

S

Schwarzbrot pain *m* noir, pain *m* bis
schwarzer Kaffee café *m* noir, café *m* nature
schwarzer Tee thé *m* noir
Schwarzwurzel salsifis *m*
Schwein porc *m*
Schweinebraten rôti *m* de porc
Schweinefleisch porc *m*, viande *f* de porc
Schweinekamm échine *f* de porc
Schweinekotelett côte *f* de porc, côtelette *f* de porc
Schweinshaxe jarret *m* de porc
Schweinskopfsülze fromage *m* de tête
Schweizer Käse gruyère *m*
Seebarsch, Seewolf bar *m*, loup de mer *m*
Seeteufel baudroie *f*, lotte *f*
Seezunge sole *f*
Selbstbedienungsrestaurant self-service *m*
Sellerie, Stangensellerie céleri *m* en branches
Sellerie, Wurzelsellerie céleri-rave *m*
Semmel petit pain *m*
Senf moutarde *f*
servieren servir
Serviette serviette *f*
Sherry xérès *m*
sofort tout de suite
Spargel asperge *f*
Speise (Gericht) mets *m*, plat *m*
Speisekarte carte *f*, menu *m*
Speise- und Weinkarte carte *f* des vins et des mets
Speisesaal salle *f* de restaurant
Spezialität des Hauses spécialité *f* maison
Spiegeleier œufs *m pl* miroir, œufs au plat, œufs sur le plat
Spießchen brochette *f*
Spinat épinards *m pl*
Sprudel eau *f* gazeuse
Stammgast habitué *m*, habituée *f*
starker Tee thé *m* fort
starkes Bier bière *f* forte
statt à la place de ..., au lieu de ...
Steak steak *m*, bifteck *m*

Steinbutt turbot *m*
stilles Wasser eau *f* plate
Straßburger Würstchen saucisses *f pl* de Strasbourg
Streichholz allumette *f*
Stück morceau *m*
Sülze fromage *m* de tête
süß (mit Zucker zubereitet) sucré, sucrée
süß (von Natur) doux, douce
Süßspeise entremets *m*
Suppe potage *m*, soupe *f*
Suppenteller assiette *f* creuse, assiette *f* à potage
süßer Wein vin *m* doux

T/U

Tafelwein vin *m* de table
Tagesgericht plat *m* du jour
Tagesgericht mit Beilagen plat *m* du jour garni
Tageskarte carte *f* du jour
Tagesmenü menu *m* du jour
Tasse Kaffee tasse *f* de café
Tasse Tee tasse *f* de thé
Tee (ohne alles) thé *m* nature
Tee mit Milch/mit Zitrone thé *m* au lait/thé *m* citron
Teller assiette *f*
Tisch table *f*
Tischwein vin *m* ordinaire
Toast toast *m*
Törtchen tartelette *f*
Toiletten toilettes *f pl*
Tomatensaft jus *m* de tomate
Tomatensalat salade *f* de tomates
Tomatensauce sauce *f* tomate
Torte tarte *f*
Traube, Weintraube raisin *m*
Traubensaft jus *m* de raisin
trinken (ich trinke, wir trinken) boire (je bois, nous buvons)
Trinkgeld pourboire *m*
Trinkstrohhalm chalumeau *m*, paille *f*
trocken (Wein) sec

Trüffel truffe *f*
Truthahn dindon *m*
überbacken gratiner; gratiné, gratinée

V

Vanilleeis glace *f* à la vanille
vegetarisches Restaurant restaurant *m* végétarien
versalzen trop saler, trop salé
Verzehr consommation *f*
viel beaucoup
viel zu viel beaucoup trop
viel zu wenig beaucoup trop peu
Vollkornbrot pain *m* complet
vom Holzfeuer au feu de bois
Vorspeise hors-d'œuvre *m*
vorzüglich excellent, excellente

W

Wachsbohne haricot *m* jaune, haricot *m* beurre
Wachtel caille *f*
wählen choisir
Waffel gaufre *f*, gaufrette *f*
Wahl choix *m*
Waldschnepfe bécasse *f*
Walnuss noix *f*
warm chaud, chaude
warme Vorspeisen entrées *f pl*, hors-d'œuvre *m pl* chauds
Wasser eau *f*
Wasserglas verre *m* à eau
Wassermelone pastèque *f*, melon *m* d'eau
Wechselgeld monnaie *f*
wegnehmen enlever
weich (Fleisch) tendre
weiches Ei (Dreiminutenei) œuf *m* à la coque
Wein vin *m*
Wein der hiesigen Gegend vin *m* du pays
Wein von besonderer Qualität vin *m* fin
Weinbergschnecken escargots *m pl* (de Bourgogne)
Weinglas verre *m* à vin
Weinkarte carte *f* des vins

Weinkellner sommelier *m*
Weinschaumcreme sabayon *m*
Weintraube raisin *m*
Weißbrot pain *m* blanc
weiße Bohne haricot *m* blanc
weiße Rübe navet *m*
Weißkohl, Weißkraut chou *m* blanc
Weißwein vin *m* blanc
wenig (ein wenig) (un) peu (de)
weniger moins (de)
Wiener Schnitzel escalope *f* viennoise
wie viel combien (de)
Windbeutel (mit Schlagsahne) chou *m* (à la crème)
Wirsingkohl chou *m* frisé, chou *m* de Milan
Wirt, Wirtin patron *m*, patronne *f*
wünschen (sich wünschen) désirer
Würfelzucker sucre *m* en morceaux
würzen assaisonner
Wurst saucisse *f*
Wurstwaren charcuterie *f*

Z

zäh (Fleisch) dur, dure; coriace
Zahnstocher cure-dents *m*
zerlegen (Fleisch) découper
Ziegenkäse fromage *m* de chèvre
Zitrone citron *m*
Zitronensaft (frisch gepresst) jus *m* de citron
zu dick/zu dünn trop gros, trop épais/trop mince
zu empfehlen à recommander
zu fad/zu scharf trop fade/trop épicé; trop relevé
zu viel/zu wenig trop/trop peu
Zubereitung préparation *f*
Zucchini courgette *f*
Zucker sucre *m*
zuerst d'abord
zum Schluss pour finir
zum Wohl! à votre santé
zur Auswahl au choix
zusätzlich en sus, en plus

zusätzliches Gedeck couvert *m* supplémentaire
Zuschlag supplément *m*
Zwieback biscotte *f*
Zwiebel oignon *m*
Zwiebelkuchen tarte *f* à l'oignon
Zwiebelsuppe soupe *f* à l'oignon

Kapitel D

Trinken wie Gott in Frankreich

D1. Alkoholische und nichtalkoholische Getränke

A.O.C. (A.C.)	*Appellation d'origine contrôlée (Appellation contrôlée):* kontrollierte Herkunftsbezeichnung, höchste Stufe der französischen Weinklassifikation
A.O.V.D.Q.S.	*Appellation d'origine Vin délimité de qualité supérieure:* zweithöchste Rangstufe in der französischen Weinklassifikation
Abymes	*Vin de Savoie* aus der Gegend um Apremont
Aiguebelle	gelber und grüner Kräuterlikör aus Gewürzen und Blütenhonig aus der Abtei Notre-Dame d'Aiguebelle im Rhônetal
Airelle	Preiselbeere, Preiselbeerbranntwein
Ajaccio	fruchtige, körperreiche Rotweine, kräftige Rosé- und feine Weißweine aus der Gegend um Ajaccio (Korsika)
Alcools blancs	Obstwässer, Obstbrände
Alizé Pastis	Anislikör, als Aperitif mit Wasser verdünnt getrunken
Aloxe-Corton	Weinbaugemeinde in der Côte de Beaune (Burgund): körperreiche Rotweine und spritzige Weißweine

Alsace, Vin d'Alsace	Herkunftsbezeichnung für Weine aus dem Elsass, mit dem Namen der Rebsorte: z.B. *Riesling, Gewürztraminer, Pinot blanc, Tokay Pinot gris* u.a. (Weißweine), *Pinot noir* (Rosé- und Rotweine)
Ambassadeur	Markenaperitif auf Weinbasis
Amer Picon	Bitter-Aperitif auf Orangen-, Chinin- und Enzianbasis
Americano	Aperitif auf der Basis von Campari und Vermouth
Anisés	Anisliköre, als Aperitif mit Wasser verdünnt getrunken
Anisette	Aperitif auf Anisbasis
Anjou	Weinbaugebiet an der Loire, in der Gegend um Angers, bekannt für seine Roséweine, erzeugt auch frische Weißweine (auch Schaumweine) und fruchtige Rotweine
Apéritifs	appetitanregende Getränke, die vor dem Essen getrunken werden
Appellation d'origine contrôlée	Kontrollierte Herkunftsbezeichnung, abgekürzt *A.O.C.* oder nur *A.C.*, höchste Qualitätsstufe französischer Weine
Apremont	*Vin de Savoie* aus der Gegend um Apremont
Arbois	trockene, kräftige Weiß-, blumig-fruchtige Rot- und Roséweine *(vin gris d'Arbois)*, Schaumweine, Gelbweine *(vins jaunes)* und Strohweine *(vins de paille)* aus dem Gebiet um Arbois
Armagnac	Weinbrand aus der gleichnamigen Provinz (Departement Gers), der in Eichenfässern aus der Gascogne reift

Auxey-Duresses	Weinbaugemeinde in der Côte de Beaune (Burgund): harmonische Rot- und geschmeidige Weißweine.
Avèze	Enzianlikör aus der Auvergne, wird als Aperitif oder als Digestif getrunken
Ayse (Ayze)	weißer Perl- oder Schaumwein aus Savoyen
Badoit	kalziumreiches Mineralwasser mit geringer Kohlensäure aus dem Zentralmassiv
Bandol	kräftige Rot- und Rosé-, wenig Weißweine aus der Umgebung von Bandol im Departement Var
Banyuls	Likörwein aus dem Gebiet um Banyuls an der Grenze zu Spanien
Barsac	lieblich-edelsüßer Weißwein aus dem Bordelais
Bartissol	Markenaperitif auf der Basis von Likörweinen aus dem Languedoc-Roussillon
Béarn	Rot- und Weißweine *(Vins de Béarn)* aus der gleichnamigen Provinz im Südwesten Frankreichs, die Roséweine heißen *Rosé de Béarn*
Beaujolais	süffiger Rotwein aus dem gleichnamigen Gebiet nördlich von Lyon
Beaujolais Primeur	besonders süffige, fruchtige junge Rotweine, die für schnellen Konsum bereitet werden
Beaujolais Supérieur, Beaujolais-Villages	*Beaujolais*-Weine mit höheren Qualitätsanforderungen
Beaujolais-Cru	Spitzenlage im Beaujolais

TRINKEN WIE GOTT IN FRANKREICH

Beaune	vollmundige Rot- und einige Weißweine aus dem Gebiet um Beaune, Côte-d'Or (Burgund)
Bellet	rare frische Rosé-, gehaltvolle Rot- und aromatische Weißweine aus dem Gebiet von Bellet, oberhalb von Nizza
Bénédictine	Kräuterlikör aus Fécamp (Seine-Maritime)
Bergerac	Rot-, Rosé- und trockene sowie lieblich-edelsüße Weißweine aus dem Gebiet der Dordogne
Bière, Bière (à la) pression	Bier, Bier vom Fass
Bière blonde, ~ brune	helles Bier, dunkles Bier
Bière en boîte, ~ en bouteille	Dosenbier, Flaschenbier
Bière forte	Bockbier, Starkbier
Blagny	feine Rotweine aus der gleichnamigen Weinbaugemeinde in der Côte de Beaune (Burgund)
Blanc de Blancs	Weißwein nur aus hellen Trauben, beim Champagne nur aus der Traubensorte Chardonnay
Blanc de Noirs	Weißwein aus dunklen Trauben, z.B. *Pinot noir*
Blanquette de Limoux	renommierter Schaumwein aus der Gegend von Limoux, Departement Aude
Bock	kleines Bier (nicht ganz 1/4 Liter)
Boisson	Getränk
Boisson lactée	Milchmischgetränk
Boissons chaudes, ~ froides	heiße Getränke, kalte Getränke

Bonnezeaux	edelsüßer Weißwein aus dem Gebiet der Coteaux du Layon
Bordeaux	Rot-, Rosé- und Weißweine aus dem Bordelais
Bordeaux Clairet	fruchtige helle Rotweine aus dem Bordelais
Bordeaux Supérieur	lieblich-edelsüße Weißweine bzw. Rotweine mit höheren Qualitätsanforderungen aus dem Bordelais
Bourgogne	mit dem Zusatz der Traubensorte: *Aligoté* = recht trockener Weißwein aus Burgund; *Chardonnay* = Weißwein aus der Edelsorte von Burgund; *Pinot noir* = Rotwein aus der typischen Rotweintraube von Burgund, in Deutschland als „Blauer Spätburgunder" bekannt
Bourgogne Aligoté-Bouzeron	gehaltvoller Weißwein aus der Traubensorte *Aligoté* aus dem Ort Bouzeron im Süden Burgunds
Bourgogne Grand Ordinaire	Weine aus Burgund, für die die Anforderungen weniger streng sind als für Bourgogne
Bourgogne Passetoutgrains *(mit unterschiedlichen Schreibweisen)*	jung zu trinkende, frische, fruchtige Rotweine (seltener auch Roséweine) aus den Rebsorten *Gamay* und *Pinot noir*
Bourgueil	fruchtige Rot- und Roséweine aus der westlichen Touraine
Bouteille de vin rouge (de rosé, de vin blanc)	Flasche Rotwein (Roséwein, Weißwein)
Bouzy Rouge	ausgezeichneter Rotwein aus dem Ort Bouzy (Champagne)

Brou (Brou de noix, liqueur de noix)	Nusslikör
Brouilly	frischer, jung zu trinkender *Beaujolais-Cru*
Brûlot Savoyard	traditioneller Savoyer Digestif
Bugey	fruchtige Rot-, Rosé- und Weißweine sowie Schaumweine aus dem Gebiet gleichen Namens im Departement Ain
Buzet	Rot-, Rosé- und Weißweine aus der Gegend um Buzet-sur-Baïse (Lot-et-Garonne)
Byrrh	Markenaperitif auf der Basis von Wein und pflanzlicher Substanzen
Cabardès *(oder* Côtes du Cabardès et de l'Orbiel*)*	fruchtige Rotweine, einige Rosé- und wenig Weißweine aus der Umgebung von Carcassonne, Departement Aude
Cabernet d'Anjou	fruchtiger, halbtrockener bis lieblicher Roséwein aus der Gegend um Angers
Cabernet de Saumur	Roséwein aus dem Gebiet um Saumur
Cadillac	lieblich-edelsüßer Weißwein vom rechten Ufer der Garonne (Bordelais)
Café	Kaffee
Café à la chantilly	Kaffee mit Schlagsahne
Café au lait (café crème)	Milchkaffee (Kaffee mit schäumender Milch in der Tasse)
Café décaféiné	koffeinfreier Kaffee
Café filtre	Filterkaffee
Café liégeois	Eiskaffee
Café noir (nature)	schwarzer Kaffee

Café viennois	Wiener Kaffee
Cafetière de café	Kännchen Kaffee
Cahors	kräftiger, farbintensiver Rotwein aus der Umgebung von Cahors, aus dem Tal des Lot
Calvados 	ausgezeichneter Apfelbranntwein, familiär *calva* genannt, aus der Normandie und einigen angrenzenden Gebieten, wobei der aus dem Pays d'Auge den besten Ruf genießt
Camomille	Kamillentee
Canon-Fronsac	Rotweine aus der Umgebung von Fronsac, im Bordelais
Cantagas	Tresterbranntwein aus der Provence
Cartagène (du Languedoc)	Aperitif auf Weinbasis aus dem Languedoc
Carte des boissons	Getränkekarte
Carte des vins	Weinkarte
Casanis	Anislikör, als Aperitif mit Wasser verdünnt getrunken
Cassis	**1.** vor allem trockene und fruchtige Weißweine sowie einige Rot- und Roséweine aus der Gemeinde Cassis, östlich von Marseille **2.** abgekürzte Form für *Crème de Cassis* = Johannisbeerlikör
Cédratine	in Korsika hergestellter Likör auf der Basis der Zedratfrucht (einer süßen, wohlschmeckenden Zitronenart)

Cérons	lieblich-edelsüßer Weißwein aus dem Bordelais
Chablis	weltbekannte Weißweine aus dem zu Burgund gehörenden Departement Yonne, von *Petit Chablis* über *Chablis, Chablis Premier Cru* zu *Chablis Grand Cru* immer erlesener werdend
Chabrot (Chabrol)	im Südwesten Frankreichs gängiger Brauch, dass die Einheimischen ihre Suppe mit einem Schuss Wein verbessern
Chambolle-Musigny	Weinbaugemeinde in der Côte de Nuits (Burgund): elegante Rot-, wenige Weißweine
Champagne	Herkunftsbezeichnung für Schaumweine aus der Champagne, die aus Trauben des Gebiets nach dem Verfahren der 2. Gärung in der Flasche hergestellt werden
Champagne brut	herber Champagner, mit nur geringem Zuckergehalt
Champagne demi-sec	lieblicher Champagner, wird gern zum Dessert getrunken
Champagne millésimé	Jahrgangschampagner (aus Weinen eines Jahrgangs)
Champagne rosé	seltener Champagner, aus Rot- (15 bis 20 %) und Weißwein der Champagne
Champagne sec	ein schon eher halbtrockener Champagner
Chartreuse	Kräuterlikör auf Weinbrandbasis aus Voiron (Isère), der milde gelbe mit 40, der herbe grüne mit 55 Vol.-%
Chassagne-Montrachet	Weinbaugemeinde in der Côte de Beaune (Burgund): körperreiche Rotweine und spritzige Weißweine

Château-Chalon	seltene, goldfarbene Weine *(vins jaunes)* aus dem Gebiet um Château-Chalon (Jura)
Château-Grillet	seltener feiner, bukettreicher Weißwein aus dem Gebiet südlich von Condrieu im Departement Loire
Châteaumeillant	leichte Rot- und Roséweine aus der Umgebung der Stadt gleichen Namens im Departement Cher
Châteuneuf-du-Pape	der bekannteste Wein (vorwiegend kräftige, vollmundige Rotweine, einige wenige delikate Weißweine) aus dem Gebiet der südlichen Côtes du Rhône, aus der Umgebung des gleichnamigen Ortes
Châtillon-en-Diois	frische, bukettreiche Rot- und Rosé- sowie einige nervige Weißweine aus der Gegend um Die (Drôme)
Chénas	fruchtiger, körperreicher *Beaujolais-Cru*
Cheverny	leichte, fruchtige Rot-, Rosé- und Weißweine aus der Gegend um Cheverny, im Loiregebiet
Chignin	leicht perlende Weißweine sowie Rotweine aus der Gegend von Chignin in der Nähe von Chambéry
Chignin-Bergeron	Weißwein aus der Traubensorte *Roussanne* (lokal *Bergeron* genannt) aus der Gegend von Chignin
Chinon	frische, fruchtige Rot- und seltene trockene Weißweine aus der Gegend um Chinon im Loiregebiet
Chiroubles	fruchtiger, jung zu trinkender *Beaujolais-Cru*
Chocolat chaud, ~ glacé	heiße Schokolade, Eisschokolade

Chorey-lès-Beaune	Weinbaugemeinde in der Côte de Beaune (Burgund)
Cidre	Apfelwein, der als *Cidre doux* (lieblich) oder *Cidre brut* (herb) hergestellt wird
Cidre bouché	milder, moussierender Apfelwein in Schaumweinflaschen mit Sektverschluss
Citron pressé	frisch gepresster Zitronensaft
Clacquesin	Likör auf der Basis von Kiefernextrakten
Clairet	besonders im Bordelais gebräuchliche Bezeichnung für helle Rotweine
Clairette	trockener Weißwein aus der Traubensorte *Clairette*
Cognac	weltberühmter Weinbrand aus einem großen Weinbaugebiet rund um die Stadt Cognac
Coing, Eau-de-vie de coing	Quitte, Quittenschnaps
Cointreau	Likör auf der Basis süßer Orangen und Bitterorangen, der in Saint-Barthélémy d'Anjou, nahe Angers, hergestellt wird
Collioure	trockene, kräftige Rot- und Roséweine aus der Umgebung von Collioure in der Nähe der Grenze zu Spanien
Condrieu	fruchtiger, seltener Weißwein aus der Gegend von Vienne (Rhône)
Contrex	Mineralwasser ohne Kohlensäure aus den Vogesen (Contrexéville) mit hohem Mineralgehalt
Corbières	vollmundige Rot- und einige Rosé- und Weißweine aus einem großen Anbaubereich zwischen Carcassonne und Mittelmeer

Cornas	kräftiger Rotwein aus dem gleichnamigen Ort in der Ardèche
Costières de Nîmes	kräftige Rot-, fruchtige Rosé- und wenige Weißweine aus der Gegend um Nîmes (Gard)
Côte Chalonnaise	Rot- und Weißweine aus dem im Süden Burgunds gelegenen Bereich westlich von Chalon-sur-Saône
Côte de Beaune	südlich der Côte de Nuits (Burgund) gelegener Bereich, erzeugt Rot- und Weißweine von Weltruf
Côte de Brouilly	fruchtiger, vollmundiger *Beaujolais-Cru*
Côte de Nuits	Bereich südlich von Dijon (Burgund), erzeugt Rotweine von Weltruf
Côte Roannaise	Rosé- und Rotweine aus der Gegend um Roanne (Loire)
Côte Rôtie	feine Rotweine aus der Gegend von Vienne im Departement Rhône
Coteaux Champenois	„stille" Rot-, Weiß- und Roséweine aus der Champagne
Coteaux d'Aix-en-Provence	kräftige Rosé-, gehaltvolle Rot- und einige wenige frische Weißweine aus der Gegend von Aix-en-Provence
Coteaux d'Ancenis	Weinbaugebiet um Ancenis (Loire-Atlantique und Maine-et-Loire)
Coteaux de Die	Weißwein aus der Gegend um Die (Drôme)
Coteaux de l'Aubance	fruchtige, edelsüße Weißweine aus einem kleinen Anbaugebiet im Anjou (Loire)
Coteaux de Pierrevert	Weinbaugebiet im Departement Alpes-de-Haute-Provence
Coteaux de Saumur	milde Weißweine aus dem Gebiet um Saumur (Loire)

TRINKEN WIE GOTT IN FRANKREICH

Coteaux du Giennois	Weinbaugebiet um Gien, in den Departements Loiret und Nièvre
Coteaux du Languedoc	Weinanbaugebiet zwischen Nîmes und Narbonne, in den drei Departements Gard, Hérault und Aude
Coteaux du Layon *und* **Coteaux du Layon-Villages**	geschätzte halbtrockene bis likörartige Weißweine aus dem Tal des Layon südlich von Angers
Coteaux du Loir	Weinbaugebiet nördlich von Tours
Coteaux du Lyonnais	frische Rot- und fruchtige Weißweine aus dem Gebiet nördlich von Lyon
Coteaux du Tricastin	fruchtige Rotweine (kaum Rosé- oder Weißweine) aus dem Gebiet südlich von Montélimar (Drôme)
Coteaux du Vendômois	Weinbaugebiet um Vendôme (Loir-et-Cher)
Coteaux Varois	süffige Rot- und Roséweine und fruchtige Weißweine aus der Umgebung von Brignoles, im Departement Var
Côtes d'Auvergne	Weinbaugebiet in der Umgebung von Clermont-Ferrand
Côtes de Bergerac	Rot- und Roséweine sowie lieblich-edelsüße Weißweine aus dem Gebiet der Dordogne
Côtes de Blaye	trockene bis milde Weißweine der Gegend von Blaye, am rechten Ufer der Gironde (Bordelais)
Côtes de Bordeaux-Saint-Macaire	lieblich-edelsüßer Weißwein aus dem Bordelais, aus einem kleinen Gebiet innerhalb des Bereichs Entre-Deux-Mers

TRINKEN WIE GOTT IN FRANKREICH

Côtes de Bourg	volle Rot- und trockene bis milde Weißweine der Gegend um Bourg-sur-Gironde nördlich von Bordeaux
Côtes de Castillon	angenehme Rotweine vom rechten Ufer der Gironde im Bordelais
Côtes de Duras	kräftige Rot- und nervige Weißweine aus dem Norden des Departements Lot-et-Garonne
Côtes de Francs	Rot- und Weißweine aus dem Gebiet um Francs, im Osten des Departements Gironde (Bordelais)
Côtes de la Malepère	kräftige, fruchtige Rot- und Roséweine aus der Gegend von Carcassonne (Aude)
Côtes de Millau	Weinbaugebiet in der Gegend von Millau (Aveyron)
Côtes de Montravel	liebliche, elegante Weißweine aus dem Gebiet der Dordogne
Côtes de Provence	bekannteste Weinbezeichnung der Provence, zumeist Rosé-, aber auch Rot- und Weißweine
Côtes de Saint-Mont	kräftige Rot-, fruchtige Rosé- und nervige Weißweine aus dem Gebiet um Saint-Mont, in den Departements Gers und Landes
Côtes de Toul	Roséweine (vins gris), Rot- und Weißweine aus der Gegend von Toul (Lothringen)
Côtes du Brulhois	Rot- und Roséweine, die den Bordeaux-Weinen ähneln, aus der Umgebung von Layrac, in den Departements Lot-et-Garonne, Gers und Tarn-et-Garonne
Côtes du Forez	lebhafte Rot- und Roséweine aus dem Gebiet nördlich von Montbrison (Loire)

Côtes du Frontonnais	leichte, fruchtige Rot- und frische Roséweine aus der Gegend von Fronton, in den Departements Haute-Garonne und Tarn-et-Garonne
Côtes du Jura	trockene Weiß-, fruchtige Rot- und Roséweine, Schaumweine, Gelbweine *(vins jaunes)* und Strohweine *(vins de paille)* aus dem Jura
Côtes du Lubéron	Weinanbaugebiet im Tal der Durance im Departement Vaucluse
Côtes du Marmandais	Rot- und Weißweine aus dem Westen des Departements Lot-et-Garonne
Côtes du Rhône	Herkunftsbezeichnung für die im Rhônetal zwischen Vienne und Avignon erzeugten Weine: kraftvolle Rotweine sowie relativ seltene frische Rosé- und Weißweine
Côtes du Roussillon	vorwiegend kräftige Rot-, wenige fruchtige Rosé- und leichte Weißweine aus dem Gebiet zwischen Perpignan und Collioure
Côtes du Ventoux	fruchtige Rot-, Rosé und Weißweine aus der Gegend des Mont Ventoux (Vaucluse)
Côtes du Vivarais	frische, fruchtige Rot-, Rosé- und Weißweine aus den Departements Ardèche und Gard
Cour-Cheverny	Weißweine aus der Gegend um Cheverny (Loir-et-Cher)
Crémant	Schaumwein, der nach dem Verfahren der klassischen Flaschengärung gewonnen wird, mit Herkunftsbezeichnung: z.B. *Alsace, Bourgogne, Loire*
Crème de cassis (Cassis de Dijon)	Likör aus schwarzen Johannisbeeren

TRINKEN WIE GOTT IN FRANKREICH

Crépy	trockener, frischer, fruchtiger, leicht perlender Weißwein, vom Südufer des Genfer Sees
Crozes-Hermitage	volle, elegante Rot- und trockene, frische Weißweine aus dem Gebiet um Tain-l'Hermitage (Drôme)
Cru	„Gewächs", Spitzenlage
Dauré	Markenaperitif auf der Basis von Likörweinen aus dem Languedoc-Roussillon
Demi-bouteille	halbe Flasche
Diabolo menthe	Limonade mit Pfefferminzsirup
Digestif	Spirituose, die man nach dem Essen zu sich nimmt, um die Verdauung zu erleichtern
Dubonnet	Markenaperitif aus Wein, Alkohol und pflanzlichen Würzstoffen
Eau	Wasser
Eau minérale gazeuse, ~ non gazeuse (= plate)	Mineralwasser mit Kohlensäure, ~ ohne Kohlensäure
Eau de myrte	Myrtenlikör, der durch Maischegärung der Beeren der korsischen Myrte bereitet wird
Eau de noix	Nussschnaps
Eau de Seltz	Sodawasser
Eau-de-vie	Branntwein
Eau fraîche, ~ froide	kühles Wasser, kaltes ~
Eau-de-vie de cidre de Bretagne, de Normandie, du Maine	Apfelbrand aus der Bretagne, aus der Normandie, aus den Departements Mayenne und Sarthe

Eau-de-vie de gentiane	Enzianbranntwein
Eau-de-vie de marc du Jura	Tresterbranntwein aus dem Jura
Eau-de-vie de mirabelle, ~ de myrtille	Mirabellenschnaps, Heidelbeerschnaps
Eau-de-vie du Languedoc	verschiedene Branntweine aus den drei Departements Gard, Hérault und Aude
Edelzwicker	süffiger Wein aus dem Elsass aus verschiedenen Rebsorten
Eglantine	Hagebutte, Hagebuttenschnaps
Entraygues-et-du-Fel	frische Weißweine und kernige Rot- und Roséweine aus der Gegend von Entraygues-sur-Truyère, nördlich von Rodez (Aveyron)
Entre-Deux-Mers	fruchtig-frische Weißweine aus einem zwischen den Flüssen Garonne und Dordogne gelegenen Anbaugebiet im Bordelais
Estaing	Rot-, Rosé- und Weißweine aus dem gleichnamigen Ort nördlich von Rodez (Aveyron)
Évian	Mineralwasser ohne Kohlensäure aus den französischen Alpen (Évian, Haute-Savoie)
Faugères	vollmundige Rot- und angenehme Roséweine aus der Gegend von Béziers (Hérault)
Fiefs Vendéens	Rot-, Rosé- und Weißweine aus der Vendée (Brem-sur-Mer, Mareuil-sur-Lay, Pissotte und Vix)
Fine	Branntwein mit Herkunftsbezeichnung (z.B. *de Bourgogne, de Champagne, du Languedoc*)

Fine Champagne	Cognac aus den besten Lagen
Fitou	gehaltvolle Rotweine aus der Gegend von Narbonne (Aude)
Fixin	Weinbaugemeinde in der Côte de Nuits (Burgund): solide Rotweine und nur wenige Weißweine
Fleurie	samtiger, harmonischer *Beaujolais-Cru*
Floc de Gascogne	heller und roséfarbener Likörwein aus Traubensaft und Armagnac
Framboise	Himbeere, Himbeergeist
Fronsac	Rotweine aus der Umgebung von Fronsac, im Bordelais
Gaillac	kräftige Rot-, fruchtige Rosé- und angenehme Weißweine aus dem Umkreis von Gaillac am Tarn
Gaillac doux	seltene, liebliche, bukettreiche Weißweine aus dem Gebiet Gaillac
Gaillac mousseux	Schaumwein (Weiß- oder Roséwein) aus dem Gebiet Gaillac, nach dem Verfahren der klassischen Flaschengärung oder einer hier überlieferten ländlichen Methode hergestellt
Gaillac perlé	leichter, fruchtiger Weißwein aus dem Gebiet Gaillac, der auf der Hefe gelagert wird, so dass im Wein noch eine kleine Menge Kohlensäure vorhanden ist, die sein leichtes Perlen bewirkt
Gaillac Premières Côtes	trockene Weißweine aus bestimmten Gemeinden des Gebiets von Gaillac
Gamay	dunkle Traubensorte, die einzige der *Beaujolais*-Weine, die aber auch anderenorts angebaut wird
Génépi des Alpes	Kräuterlikör aus dem Alpenraum

Genièvre	Genever, ein mit Wacholderbeeren gewürzter Kornbranntwein
Gentiane	Enzianlikör, aus den Wurzeln des hohen gelben Enzians gewonnen, pur oder mit Wasser verdünnt als Aperitif getrunken
Gevrey-Chambertin	Weinbaugemeinde in der Côte de Nuits (Burgund): solide, elegante Rotweine
Gewürztraminer	vollmundiger, fruchtiger Weißwein aus dem Elsass
Gigondas	harmonische Rot- und nur wenige Rosé- und Weißweine aus dem gleichnamigen Ort im Departement Vaucluse
Grand crème	ein *Café crème* in einer größeren Tasse
Grand Cru	Spitzenlage
Grand Marnier	Likör auf der Basis von Bitterorangen, Zucker und Cognac

Grand Roussillon	Likörwein aus dem Roussillon
Graves	körperreiche Rot- und gehaltvolle Weißweine aus dem Bordelais
Graves de Vayres	angenehme Rot- und Weißweine aus dem Bordelais
Graves Supérieures	lieblich-edelsüßer Weißwein aus dem Gebiet der Graves (Bordelais)
Grenadine	Granatapfelsirup

Gros Plant (du Pays Nantais)	lebhafter, betont trockener Weißwein aus der Rebsorte *Gros Plant* aus dem Pays Nantais
Guignolet	Kirschlikör
Haut-Médoc	kraftvolle Rotweine aus dem südlichen Médoc (Bordelais)
Haut-Montravel	liebliche, elegante Weißweine aus dem Gebiet der Dordogne
Haut-Poitou	Rot-, Rosé- und Weißweine aus einem Rebgebiet in den Departements Deux-Sèvres und Vienne
Hermitage (Ermitage)	vollmundige, kräftige Rot- und feine, bukettreiche Weißweine aus dem Gebiet um Tain-l'Hermitage (Drôme)
Hydromel	Honigwein (Met) aus der Bretagne
Hypocras	Gewürzwein: Wein mit Honig, Zimt, Nelken, Sternanis und Vanilleschote
Infusion (~ de camomille, ~ de cynorhodons, ~ de menthe, ~ de verveine)	Kräutertee (Kamillen-, Hagebutten-, Pfefferminz-, Eisenkrauttee)
Irouléguy	Rot-, Rosé- und wenige Weißweine aus dem Baskenland
Izarra	Kräuterlikör (gelb: mild, grün: stark) aus dem Baskenland
Jasnières	trockene bis liebliche Weißweine aus dem Gebiet Coteaux du Loir, nördlich der Touraine
Juliénas	solider *Beaujolais-Cru* mit fruchtigem Bukett
Jurançon	liebliche, aber auch trockene Weißweine aus den Pyrénées-Atlantiques

Jus	Saft
Jus de fruits	Fruchtsaft
Jus de raisin	Traubensaft
Kir	Aperitif aus einem Teil *Crème de Cassis* und 3 bis 5 Teilen *Bourgogne Aligoté,* benannt nach seinem Erfinder, dem Geistlichen Kir, Bürgermeister und Abgeordneter von Dijon
Kirsch	Kirschwasser
L'Étoile	Stadt im Jura, deren Weinbaugebiet Weißweine, Schaumweine, Gelbweine *(vins jaunes)* und Strohweine *(vins de paille)* hervorbringt
La Clape	Rot-, Rosé- und Weißweine aus dem Bereich der Coteaux du Languedoc, in der Nähe von Narbonne
Ladoix-Serrigny	Weinbaugemeinde in der Côte de Beaune (Burgund): aromatische Rot- und wenige solide Weißweine
Lait (petit pot de ~)	Milch (ein Kännchen ~)
Lait chaud, ~ froid	heiße Milch, kalte ~
Lait concentré (condensé, en boîte)	Kondensmilch, Dosenmilch
Lait écrémé	Magermilch
Lait fraise	Milch mit Erdbeersirup
Lalande-de-Pomerol	Rotweine aus einem Gebiet nördlich von Pomerol (Bordelais)

Les Baux-de-Provence	Rot-, Rosé- und Weißweine aus der Umgebung von Les Baux-de-Provence
Lillet	Aperitif aus Weißwein aus dem Bordelais, Fruchtlikör und Chinarinde
Limonade gazeuse	Brauselimonade
Liqueur	Likör
Liqueur d'angélique	Engelwurzlikör
Liqueur de noix (Brou)	Nusslikör
Liqueur de sapin	Tannenlikör aus dem Jura, der mit Tannenknospen zubereitet wird und in einer Holzflasche in den Handel kommt
Lirac	kräftige Rot-, bukettreiche Rosé- und aromatische Weißweine aus der Umgebung von Lirac, im südlichen Bereich der Côtes du Rhône
Listrac	körperreiche Rotweine aus der Gemeinde gleichen Namens im Haut-Médoc (Bordelais)
Loupiac	lieblich-edelsüßer Weißwein aus dem Bordelais
Lussac-Saint-Emilion	kräftige Rotweine aus der Gegend von Saint-Emilion (Bordelais)
Mâcon	Rot-, Rosé- und Weißweine aus dem Gebiet um Mâcon im Süden Burgunds
Macvin du Jura	milder, samtiger Likörwein aus Traubensaft und Tresterbranntwein aus dem Jura
Madiran	gerbstoffreiche, farbintensive Rotweine aus der Gegend von Pau und Tarbes

Maranges	Weinbaugemeinde in der Côte de Beaune (Burgund)
Marc	Tresterbranntwein, oft mit der zusätzlichen Bezeichnung der Traubensorte oder der Herkunft (z. B. Auvergne, Bourgogne, Champagne, Savoie)
Marcillac	Rot- und Roséweine mit charakteristischer Note, aus der Gegend von Marcillac-Vallon, nördlich von Rodez (Aveyron)
Margaux	ausgezeichnete Rotweine aus der gleichnamigen Gemeinde im Haut-Médoc (Bordelais)
Marie Brizard	Likör mit Anisaroma von der Firma gleichen Namens, die eine Reihe anderer Liköre anbietet
Marin	*Vin de Savoie:* Weiß- und Rotweine aus der Gegend um Thonon-les-Bains
Marsannay	Weinbaugemeinde in der Côte de Nuits (Burgund): gefällige Rot-, fruchtige Rosé- und volle Weißweine
Maury	gehaltvoller Likörwein aus der Gegend von Maury (Roussillon)
Médoc	berühmte Rotweine, aus einem großen Anbaugebiet im Bordelais, am linken Ufer der Garonne und der Gironde
Ménetou-Salon	trockene Weiß-, harmonische Rot- und fruchtige Roséweine aus der Gegend von Sancerre
Mercurey	kräftige Rot- und feine, würzige Weißweine aus der Gegend von Mercurey im Chalonnais (Burgund)
Meursault	Weinbaugemeinde in der Côte de Beaune (Burgund), bekannt für ihre bukettreichen Weißweine

Minervois	Rot-, Rosé und Weißweine aus einem großen Anbaugebiet zwischen Béziers und Carcassonne
Mirabelle de Lorraine	Lothringer Mirabellenbranntwein, Spezialität der Region
Monbazillac	lieblich-edelsüßer Weißwein aus dem Gebiet der Dordogne
Mondeuse	rote Savoyer Traubensorte, die im Allgemeinen auf dem Etikett genannt wird
Montagne-Saint-Emilion	kräftige Rotweine aus der Gegend von Saint-Emilion (Bordelais)
Montagny	frische, ausgewogene Weißweine aus der Gegend um Montagny im Chalonnais (Burgund)
Monthélie	Weinbaugemeinde in der Côte de Beaune (Burgund): ausgezeichnete Rot- und einige Weißweine
Montlouis-sur-Loire	fruchtige Weißweine (trocken oder lieblich) und Schaumweine aus der Stadt gleichen Namens etwas flussaufwärts von Tours
Montravel	trockene, fruchtige Weißweine aus dem Gebiet der Dordogne
Morey-Saint-Denis	Weinbaugemeinde in der Côte de Nuits (Burgund): ausgeglichene, farbintensive Rotweine
Morgon	körperreicher, robuster *Beaujolais-Cru*
Moselle (Vin de la Moselle)	frische, helle Roséweine *(vins gris)*, Rot- und Weißweine aus der Gegend von Contz-les-Bains, nahe der Grenze zu Luxemburg, und aus der Gegend von Metz
Moulin-à-Vent	kräftiger, rassiger *Beaujolais-Cru*

Moulis	fruchtige Rotweine aus der Gemeinde gleichen Namens im Haut-Médoc (Bordelais)
Mousseux (vin mousseux)	Qualitätsschaumwein, meist mit Herkunftsangabe (z. B. *Mousseux de Savoie, Touraine Mousseux*)
Mûre	Brombeere, Brombeerbranntwein
Muscadet	trockener Weißwein aus einer lokal *Muscadet* genannten Rebsorte aus dem Pays Nantais, der zumeist ohne Filtern „von der Hefe" *(sur lie)* auf Flaschen gefüllt wird, was ihm Frische, Feinheit und ein leichtes Perlen verleiht; der bekannteste ist der *Muscadet de Sèvre-et-Maine*
Muscat d'Alsace	weicher, aromatischer Weißwein aus der Muskatellertraube aus dem Elsass
Muscat de Beaumes-de-Venise	gilt als einer der besten süßen Muskatellerweine Frankreichs, aus Beaumes-de-Venise unweit von Avignon, kann als Apéritif und zum Dessert getrunken werden; andere bekannte Likörweine: z. B. *Muscat de Frontignan, de Mireval, de Rivesaltes*
Myrtille	Heidelbeere, Heidelbeerbranntwein,
Napoléon Petit Caporal	französischer Vermouth aus Béziers, hergestellt aus Wein, Bergkräutern und pflanzlichen Würzstoffen
Noilly Prat	Vermouth aus Marseillan, zwischen Béziers und Sète (Hérault), der in Eichenfässern reift, die in der Sonne lagern
Nuits-Saint-Georges	Weinbaugemeinde in der Côte de Nuits (Burgund): kräftige Rot- und wenige, feine Weißweine
Orange pressée	frisch gepresster Orangensaft
Orangeade	Orangenlimonade

Orléanais (Vins de l'Orléanais)	Rot-, Rosé- und Weißweine aus dem Loirebogen bei Orléans
Pacherenc-du-Vic-Bilh	milde bis edelsüße, goldfarbene Weißweine aus der Gegend von Pau und Tarbes
Palette	vollmundige Rot-, kräftige Rosé- und harmonische Weißweine aus einem kleinen Anbaugebiet in der Nähe von Aix-en-Provence
Panaché	Bier mit Limonade
Pastis	Aperitif auf Anisbasis, wird mit Wasser verdünnt getrunken, meist nur unter dem Namen des Herstellers bekannt, z.B. *Berger, Pernod, Ricard*
Patrimonio	vollmundige, rubinfarbene Rotweine, angenehme Rosé- und aromatische Weißweine aus der Gegend um Patrimonio (Korsika)
Pauillac	körperreiche Rotweine aus der Gemeinde gleichen Namens im Haut-Médoc (Bordelais)
Pécharmant	kräftige Rotweine aus dem Gebiet der Dordogne
Pêcher Mignon	Pfirsichaperitif
Pernand-Vergelesses	Weinbaugemeinde in der Côte de Beaune (Burgund): Rot- und Weißweine
Perrier	kohlensäurehaltiges Mineralwasser
Pessac-Léognan	Rot- und Weißweine aus einem Anbaubereich im Bordelais
Pétillant (vin pétillant)	Perlwein, nach der Methode der klassischen Flaschengärung hergestellt, jedoch mit geringerem Druck
Petit Chablis	trockener, schwach aromatischer Weißwein aus der *Chablis*-Familie

Picon	Aperitif aus Alkohol, Zucker, Orangenschalen, Enzian und Chinin
Picpoul de Pinet	Weißwein aus der Umgebung von Pinet (Hérault)
Pineau des Charentes (blanc *oder* **rosé)**	Likörwein aus Traubensaft der Charentes und Cognac, als Aperitif oder als Dessertwein zu trinken
Pinot blanc	helle Traubensorte (Weißburgunder), in einigen Weinbauregionen Frankreichs angebaut, im Elsass auch *Klevner* genannt
Pinot d'Alsace (~ Auxerrois, ~ Blanc Auxerrois)	angenehmer, feinfruchtiger Weißwein aus dem Elsass, aus den Rebsorten Weißburgunder und *Auxerrois*
Pinot noir	dunkle Traubensorte (Spätburgunder), die z. B. die berühmten Burgunder-Rotweine hervorbringt; im Elsass die einzige Rotweintraube
Poire	Birne, Birnenbranntwein
Poiré	Birnenwein, Birnenschnaps (Bretagne, Normandie und Maine)
Pomerol	edle, runde Rotweine mit ausgeprägtem Bukett aus dem Bordelais
Pommard	Weinbaugemeinde in der Côte de Beaune (Burgund): ausgezeichnete solide Spitzen-Rotweine
Pommeau	Aperitif aus Apfelsaft und Calvados
Pontarlier Anis	Aperitif aus der Franche-Comté, auf der Basis von Ysop und Anis, dem man drei bis fünf Teile Wasser zugibt
Pouilly-Fuissé, Pouilly-Loché, Pouilly-Vinzelles	ausgezeichnete Weißweine aus dem Gebiet des Mâconnais (Burgund)

Pouilly-Fumé	feiner Weißwein aus der Sauvignon-Traube aus Pouilly-sur-Loire
Pouilly-sur-Loire	trockener, leichter Weißwein aus der *Chasselas*-Traube aus dem gleichnamigen Ort an der Loire
Premières Côtes de Blaye	Rotweine vom rechten Ufer der Gironde im Bordelais
Premières Côtes de Bordeaux	kräftige Rot- und lieblich-edelsüße Weißweine vom rechten Ufer der Garonne im Bordelais
Primeur (vin [de] primeur)	Jungwein, der schon bald nach der Ernte getrunken werden kann, z.B. *Beaujolais Primeur*
Prune	Pflaume, Pflaumenschnaps
Prunelle	Schlehe, Schlehenlikör, Schlehenschnaps
Puisseguin-Saint-Emilion	kräftige Rotweine aus der Gegend von Saint-Emilion (Bordelais)
Puligny-Montrachet	Weinbaugemeinde in der Côte de Beaune (Burgund): berühmte feine Weißweine
Quarts-de-Chaume	edelsüßer Weißwein aus dem Weiler Chaume in der Gemeinde Rochefort-sur-Loire
Quatourze	Unterbereich der Coteaux du Languedoc, in der Nähe von Narbonne
Quetsche	Zwetschge, Zwetschgenwasser
Quincy	aromatische Weißweine aus dem Tal des Cher, zwischen Vierzon und Bourges
Rappu	Likörwein aus der Gegend um Patrimonio (Korsika)
Ratafia	Aperitif, Likörwein aus Tresterbranntwein und Traubensaft, bekannt in Burgund und in der Champagne

Régnié	harmonischer, angenehmer *Beaujolais-Cru*
Reuilly	fruchtige Weiß-, kräftige Rot- und halbtrockene Roséweine aus der Gegend von Bourges
Rhum *(sprich: „rom")*	Rum, weiß oder braun, aus den Antillen (Guadeloupe, Martinique)
Riesling	charaktervoller Weißwein mit dezenter Säure, gilt als König der Elsässer Weine
Ripaille	Weißwein aus der Nähe von Thonon-les-Bains
Rivesaltes	helle, bernsteinfarbene und dunkle, kräftige Likörweine aus den Departements Pyrénées-Orientales und Aude
Rosé	Roséwein
Rosé d'Anjou	leichte Roséweine, zwischen trocken und lieblich (auch als Perlweine), aus der Gegend um Angers
Rosé de Béarn	der bekannteste Wein aus der Provinz Béarn im Südwesten Frankreichs
Rosé de Loire	süffige Roséweine aus den Anbaubereichen Anjou und Saumur
Rosé des Riceys	einer der bekanntesten Roséweine Frankreichs, aus dem Ort Les Riceys im Departement Aube (Champagne)
Rosette	lieblich-edelsüßer Weißwein aus dem Gebiet der Dordogne
Roussette de Savoie	trockene, angenehme, bukettreiche Weißweine aus der Traubensorte *Altesse*, lokal *Roussette* genannt

Rully	harmonische Rot- und fruchtige Weißweine aus dem gleichnamigen Ort im Chalonnais (Burgund)
Saint-Amour	fruchtiger, leichter *Beaujolais-Cru*
Saint-Aubain	Weinbaugemeinde in der Côte de Beaune (Burgund): Rot- und Weißweine
Saint-Chinian	vollmundige Rot- und frische Roséweine aus einem Bereich westlich von Béziers (Hérault)
Saint-Émilion	ausgezeichnete, samtige Rotweine aus der Gegend um Saint-Emilion im Bordelais
Saint-Estèphe	körperreiche Rotweine aus der Gemeinde gleichen Namens im Haut-Médoc (Bordelais)
Saint-Georges-Saint-Emilion	kräftige Rotweine aus der Gegend von Saint-Emilion (Bordelais)
Saint-Joseph	samtige, bukettreiche Rot- und wenige leichte, fruchtige Weißweine aus dem Gebiet Côtes du Rhône
Saint-Julien	körperreiche Rotweine aus der Gemeinde gleichen Namens im Haut-Médoc (Bordelais)
Saint-Nicolas-de-Bourgueil	frische, fruchtige Rot- und Roséweine aus der westlichen Touraine
Saint-Péray	Weißweine mit angenehmem Bukett sowie Schaumweine aus der Gemeinde gleichen Namens aus dem Gebiet Côtes du Rhône
Saint-Pourçain	Weiß-, Rosé- und Rotweine aus der Umgebung von Saint-Pourçain-sur-Sioule (Allier)
Saint-Raphaël	Aperitif aus Wein, Chininrinde, Bitterorangen und pflanzlichen Aromastoffen

Saint-Romain	Weinbaugemeinde in der Côte de Beaune (Burgund): fruchtige Rot- und Weißweine
Saint-Véran	elegante, fruchtige Weißweine aus dem Mâconnais (Burgund)
Sainte-Croix-du-Mont, Sainte-Foy-Bordeaux	lieblich-edelsüße Weißweine aus dem Bordelais
Salers	Enzianlikör aus der Auvergne, pur oder mit Wasser verdünnt als Aperitif getrunken
Sancerre	ausgezeichnete Weißweine sowie Rot- und Roséweine aus der Umgebung von Sancerre
Santenay	Weinbaugemeinde in der Côte de Beaune (Burgund): solide Rot- und wenige kräftige Weißweine
Saumur	aromatische Rot- und fruchtige Weißweine sowie Weiß- und Roséschaumweine aus dem Gebiet um Saumur (Loire)
Saumur-Champigny	fruchtige Rotweine aus dem Saumurois (Loire)
Saussignac	lieblich-edelsüßer Weißwein aus dem Bordelais
Sauternes	einer der edelsten Süßweine aus dem Bordelais
Sauvignon de Saint-Bris	aromatische Weißweine aus Saint-Bris-le-Vineux im Departement Yonne (Burgund)
Savennières	kraftvolle Weißweine aus der Gegend von Angers (trocken bis lieblich)
Savigny	Weinbaugemeinde in der Côte de Beaune (Burgund): feine, fruchtige Rotweine
Sélection de grains nobles	Auslese (Beerenauslese): außergewöhnliche Weine aus überreifen Trauben

Seyssel	trockener, frischer Weißwein, auch als Schaumwein, aus dem Gebiet um Seyssel in den Departements Ain und Haute-Savoie
Sorbier	Eberesche, Ebereschenbranntwein
Sureau	Holunder, Holunderbranntwein
Suze	Enzianlikör, pur oder mit Wasser verdünnt als Aperitif getrunken
Sylvaner	frischer, süffiger Weißwein aus dem Elsass
Tasse de café, ~ de thé	Tasse Kaffee, Tasse Tee
Tavel	einer der bekanntesten französischen Roséweine aus der Gegend von Tavel (Gard), im südlichen Bereich der Côtes du Rhône
Thé à la menthe	Tee mit frischem Minzblatt
Thé au lait, Thé citron	Tee mit Milch, Tee mit Zitrone
Thé noir	schwarzer Tee
Thouarsais (Vins du Thouarsais)	Rot-, Rosé- und Weißweine aus dem Gebiet um Thouars (Deux-Sèvres)
Tilleul	Lindenblütentee
Tisane	Kräutertee
Tokay Pinot gris	süffiger Grauburgunder aus dem Elsass
Touraine	fruchtige Rot- und Rosé- sowie trockene Weißweine (auch Schaumweine) aus der Gegend um Tours

TRINKEN WIE GOTT IN FRANKREICH

Trou normand	ein inmitten einer reichhaltigen Mahlzeit genossener Calvados, der die Verdauung fördern und Platz für die Fortsetzung schaffen soll
Tursan	Weiß-, Rosé- und Rotweine aus den Landes
V.D.Q.S.	*Vin délimité de qualité supérieure:* zweithöchste Rangstufe in der französischen Weinklassifikation (heute ersetzt durch *A.O.V.D.Q.S.: Appellation d'origine Vin délimité de qualité supérieure*)
V.S.O.P.	*Very Superior Old Pale:* Altersbezeichnung bei bestimmten Spirituosen (z. B. Cognac), die mindestens fünf Jahre im Fass gereift sind
Vabé	Markenaperitif aus Likörweinen aus dem Languedoc-Roussillon
Vacqueyras	runde Rot- und wenige Rosé- und Weißweine aus dem Ort gleichen Namens im südlichen Bereich der Côtes du Rhône
Valençay	leichte, fruchtige Rot- und Rosé sowie trockene Weißweine aus dem Südosten der Touraine
Vendange tardive	Spätlese, meist recht kräftige, aromatische Weine
Vermouth	mit Wermut und anderen Kräutern aromatisierter Wein (Wermutwein)
Verre d'eau (de lait)	Glas Wasser (Milch)
Verveine	Eisenkrauttee
Verveine du Velay	Kräuterlikör auf der Basis von Branntwein, Cognac, Zucker und Kräutern der Auvergne, der milde gelbe mit 43, der herbe grüne mit 55 Vol.-%

Vichy Saint-Yorre	mineralhaltiges Quellwasser mit leichter Kohlensäure aus der Auvergne
Vieille Prune	Pflaumenbranntwein, z. B. aus dem Elsass oder dem Südwesten
Villages	bezeichnet als Zusatz bei den Namen größerer Anbaugebiete einen ausgewählten kleineren Bereich mit höheren Qualitätsanforderungen
Vin blanc	Weißwein
Vin chaud	Glühwein
Vin de dessert	Dessertwein
Vin de liqueur	edelsüßer Wein, der aus überreifen Trauben bereitet wird
Vin de paille	Strohwein: seltener, edelsüßer Wein aus dem Jura, dessen Trauben vor dem Keltern getrocknet wurden
Vin de Pays	Landwein: Tafelwein mit Herkunftsangabe, dritthöchste Stufe in der französischen Weinklassifikation
Vin de Table	Tafelwein: im Allgemeinen Verschnitte verschiedenen Ursprungs
Vin doux naturel	Likörwein, der seinen hohen Zuckergehalt durch Unterbrechung der Gärung erhält
Vin du pays	Wein aus der hiesigen Gegend
Vin en pichet	offener Wein im Krug
Vin gris	frischer Roséwein mit sehr heller Farbe
Vin jaune	seltener, aromatischer und kräftiger Wein aus dem Jura, hergestellt nach dem Sherryverfahren
Vin mousseux	Schaumwein
Vin rosé, ~ rouge	Roséwein, Rotwein

Vittel	Mineralwasser ohne Kohlensäure aus den Vogesen
Vitteloise	mit Kohlensäure versetztes Quellwasser
Volnay	Weinbaugemeinde in der Côte de Beaune (Burgund), bekannt für ihre Rotweine
Volvic	Mineralwasser ohne Kohlensäure aus der Auvergne
Vosne-Romanée	Weinbaugemeinde in der Côte de Nuits, in der mit die großartigsten Rotweine Burgunds produziert werden
Vougeot	kleine Weinbaugemeinde in der Côte de Nuits (Burgund) mit großem Ruf (Clos Vougeot)
Vouvray	aromatische Weißweine (trocken oder lieblich) und Schaumweine aus der gleichnamigen Stadt östlich von Tours
Xérès	französische Bezeichnung für Sherry

Carte des Vins

Vins blancs

Alsace
Riesling *Viticulteurs réunis de Bennwihr*
Tokay Pinot gris *Cave de Cleebourg*
Gewürztraminer Vendange tardive *Richard Schmitt, Riquewihr*

Bordeaux
Bordeaux Sauvignon *Château Du Barry, Preignac*
Entre-Deux-Mers *Château Merlot, Blanquefort*

Bourgogne
Chablis *Domaine Jean Rousseau, Chitry-le-Fort*
Rully *Michel Frères, Rully*
Saint-Véran *Les Vignerons d'Igé*

Loire
Muscadet de Sèvre-et-Maine sur lie *Laurent Frères, Clermont-sur-Loire*
Sancerre *Georges Laporte, Crézancy-en-Sancerre*

Autres régions
Gaillac *Celliers de la reine Margot, Rabastens*
Vin de Savoie Apremont *Michel Cavallot, Les Marches*
Côtes du Jura *Les Vignerons réunis d'Arbois*

Vins rosés

Alsace
Pinot noir *Cave vinicole à Hunawihr*

Bordeaux
Bordeaux Rosé *Paul de Parigny, Lormont*

Bourgogne
Marsannay Rosé *Jean Amyot, Marsannay-la-Côte*

Loire
Cabernet d'Anjou *Léon Testet, Liré*

Vallée du Rhône
Tavel Rosé *Domaine des Oliviers, Orange*

Vins rouges

Bordeaux
Bordeaux supérieur *Château La Motte, Loupes*
Côtes de Bourg *Château Mirabeau, Prignac*
Médoc *Château Latour, Cantenac*
Saint-Emilion *Château La Rose, Saint-Laurent*

Bourgogne
Bourgogne Passetoutgrains *Les Vignerons réunis, Buxy*
Bourgogne Pinot noir *Luc Dumoulin, Beaune*
Gevrey-Chambertin *Domaine Joseph Rivet et Fils, Gevrey-Chambertin*

Loire
Chinon *Clos de la Chapelle, Chinon*
Touraine Gamay *Cave coopérative de Francueil*

Vallée du Rhône
Côtes du Ventoux *Vignerons de Beaumes-de-Venise*
Côtes du Rhône *Maurice Bartholdi, Belleville*
Vacqueyras *Jean Vacheron, Vacqueyras*
Châteauneuf-du-Pape *Philippe Leroy, Châteauneuf-du-Pape*

Autres régions
Bandol *Les Vignerons de la Cadiérenne, La Cadière d'Azur*
Beaujolais-Villages *François Laurier, La Chapelle de Guinchay*
Saint-Chinian *Les Vignerons Catalans, Perpignan*
Vin de Corse *Calvi Domaine Cagnano, Vescovato*

Les Champagnes

Canard-Duchêne *Patrimoine Brut*
Moët & Chandon *Brut Impérial*
Veuve Clicquot Ponsardin *Brut*
Herbert Beaufort *Bouzy Grand Cru Extra Brut*

Vins servis en carafe

Blanc	Réserve du Patron	1/4 l	1/2 l
Rosé	Réserve du Patron	1/4 l	1/2 l
Rouge	Réserve du Patron	1/4 l	1/2 l

acidité Säure
âcre herb
ambré bernsteinfarben
amer bitter
ample intensiv, gehaltvoll
âpre streng, rauh, schroff
aromatique aromatisch
astringent gerbstoffreich, adstringierend
bouchonné korkig, mit Kork(en)geschmack
bouquet Bukett
bouqueté bukettreich, blumig
brillant glänzend, glanzhell
capiteux alkoholreich, kräftig, wuchtig
chaleureux herzhaft, gehaltvoll
charnu körperreich, füllig
charpenté gehaltvoll, gut strukturiert
complet vollkommen, vollendet
corps Körper
corsé füllig, kräftig
coulant süffig
court kurz (im Abgang)
délicat zart, köstlich
distingué ausdrucksvoll, elegant
doux süß, lieblich
dur hart
élégant fein, elegant
épicé würzig
équilibré ausgeglichen, ausgewogen
étoffé gehaltvoll, stoffig
fade schal
ferme fest, kräftig
fin fein, zart
frais frisch
franc ansprechend
friand süffig, frisch
fruité fruchtig
généreux großzügig

gouleyant süffig
goût de bouchon Kork(en)geschmack
goût de moisi Schimmelgeschmack
goût de terroir erdig; auch: lagetypischer Geschmack
gras ölig
harmonieux harmonisch, ausgewogen
honnête ordentlich, gefällig
léger leicht
limpide klar, glanzhell
liquoreux likörartig, edelsüß
mâche Biss
maigre mager
moelleux likörartig, samtig
mûr ausgereift
nerveux nervig
nez Duft des Weins
onctueux gehaltvoll, weich, ölig, mild
parfum Duft
pétillant spritzig
petit klein
plat ausdruckslos
plein voll
puissant kräftig, mächtig
racé edel
robe Farbe, Robe
rond rund
sec trocken, herb
souple elegant, geschmeidig
soyeux seidig, samtig
structure Struktur, Rückgrat
suave schmeichelnd, lieblich
tanin (tannin) Gerbstoff
tendre weich, zart
velouté samtig
vert grün, säurereich
vif lebhaft, lebendig

alkoholreich capiteux
ansprechend franc
aromatisch aromatique
ausdruckslos plat
ausdrucksvoll distingué
ausgeglichen équilibré
ausgereift mûr
bernsteinfarben ambré
Biss mâche
bitter amer
Bukett bouquet
bukettreich, blumig bouqueté
Duft parfum
Duft des Weins nez
edel racé
elegant élégant, souple
erdig; auch: lagetypischer Geschmack goût de terroir
Farbe robe
fein fin
fest, kräftig ferme
frisch frais
fruchtig fruité
füllig, kräftig corsé
gehaltvoll charpenté
Gerbstoff tanin (tannin)
gerbstoffreich, adstringierend astringent
glänzend, glanzhell brillant
großzügig généreux
grün, säurereich vert
harmonisch harmonieux
hart dur
herb âcre
herzhaft chaleureux
intensiv ample
klar, glanzhell limpide
klein petit
Kork(en)geschmack goût de bouchon
korkig, mit Kork(en)geschmack bouchonné
Körper corps

körperreich, füllig charnu
köstlich, zart délicat
kräftig, mächtig puissant
kurz (im Abgang) court
lebhaft, lebendig vif
leicht léger
likörartig, edelsüß liquoreux
likörartig, samtig moelleux
mager maigre
nervig nerveux
ölig gras
ordentlich honnête
rund rond
samtig velouté
Säure acidité
schal fade
Schimmelgeschmack goût de moisi
schmeichelnd, lieblich suave
seidig, samtig soyeux
spritzig pétillant
stoffig étoffé
streng, rauh, schroff âpre
Struktur, Rückgrat structure
süffig coulant, friand, gouleyant
süß, lieblich doux
trocken, herb sec
voll plein
vollkommen, vollendet complet
weich, ölig, mild onctueux
würzig épicé
zart, weich tendre

D4. Klassifizierung der französischen Weine

Das europäische Weinrecht kennt zwei Kategorien von Weinen: 1. Qualitätsweine, 2. Land- und Tafelweine.

Während die deutschen Weine durch ein „Prädikat" eine Qualitätsstaffelung kennen (Kabinett, Spätlese …), unterliegen die französischen Qualitätsweine bestimmten Produktionsbedingungen in Bezug auf das Anbaugebiet, die Rebsorten, den Mindestalkoholgehalt, den Maximalertrag pro Hektar, die Anbaumethoden und den Rebschnitt, die Weinbereitung; zusätzlich erfolgt eine Analyse sowie eine Verkostung.

Das entscheidende Kriterium für die Einstufung der französischen Qualitätsweine ist die territoriale Festlegung: je kleiner das Gebiet, um so strenger sind die Anforderungen, um so geringer ist die Produktion.

Die *Vins de Pays* unterliegen ähnlichen, jedoch weniger strengen Bestimmungen. Das Gebiet ihrer Herkunft, das genau festgelegt ist, wird auf den Etiketten angegeben. Dabei handelt es sich entweder um eine Region (z.B. Loiretal: *Vin de Pays du Jardin de la France*) oder um ein Departement (z.B. *Vin de Pays de l'Hérault*) oder um eine „Zone", d.h. um ein Gebiet (Bezirk, Tal, Gemeinde usw.), das kleiner ist als ein Departement *(Vin de Pays des Sables du Golfe du Lion)*.

Die *Vins de Table* sind Verschnitte aus mehreren Regionen Frankreichs (*Vin de Table français* oder *Vin de Table de France*) und kommen im Allgemeinen als Markenweine in den Handel.

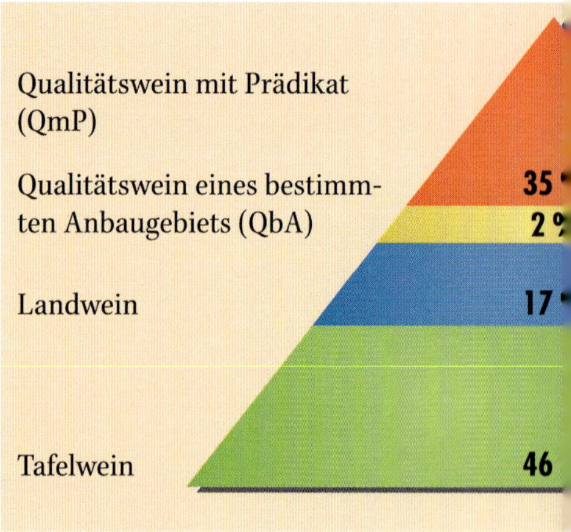

Wie lese ich ein Weinetikett?

Da man einen Wein vor dem Kauf leider nicht immer verkosten kann, ist eine Möglichkeit auf Nummer sicher zu gehen, das Etikett richtig auszulegen.

Appelation d'Origine Contrôlée (Kontrollierte Herkunftsbezeichnung)✻

Bezeichnung eines Landes, einer Region oder einer Ortschaft, auf die ein Wein Anspruch erheben darf, der ganz bestimmten und strengen Erzeugungsbestimmungen genügt: geographische Begrenzung, Rebsorten, Ertrag, Alkoholgehalt, Anbau- und Weinbereitungsmethoden. Die Erzeugungsbedingungen sind in einem „Kontrollerlass“ festgelegt. Bevor die Weine Anrecht auf die Herkunftsbezeichnung bekommen, unterliegen sie einem „Zulassungsverfahren“ (offizielle Kostprobe).

Angabe des Alkoholgehalts✻

Mis en bouteille au château (*oder:* dans les chais)✻

Der Wein wurde auf dem Erzeugergut oder – je nachdem – im Anbaugebiet auf Verantwortung des Winzers, des Erzeugers oder des Weinhändlers in Flaschen abgefüllt.

Die Angabe „Grand Vin“ allein ist verboten. Ihr muss die allgemeinste kontrollierte Herkunftsbezeichnung folgen, auf die das Erzeugnis unter Berücksichtigung seiner Produktionsbedingungen Anspruch erheben kann.

Jahrgang

Der Wein muss gänzlich aus der Weinernte des aufgeführten Jahres erzeugt worden sein.

Name des Schlosses, des Gewächses, des Weinguts oder der Marke

In der Flasche enthaltene Weinmenge✻

Kenn-Nummer (Los)✻

✻ = diese Angaben *müssen* auf dem Etikett stehen

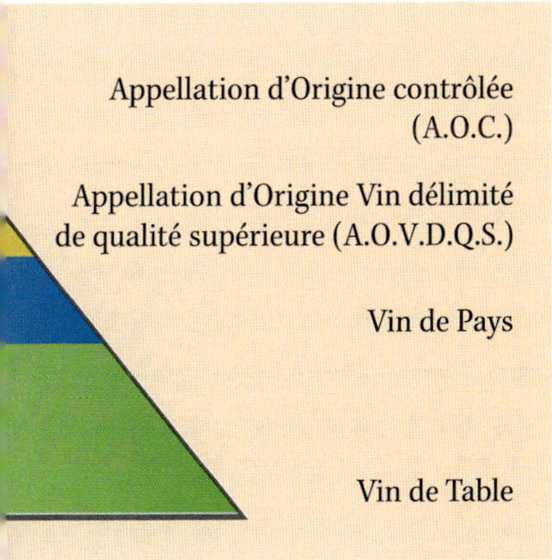

DIE MEISTEN WEINE werden relativ jung getrunken, nämlich innerhalb von 3 bis 4 Jahren nach der Ernte. Die Qualität großer Weine wird von vielen Kriterien bestimmt. Dazu gehören auch die klimatischen Bedingungen, die im Verlauf des Erntejahres herrschten. Eine regionale Jahrgangsbewertung kann nur summarisch sein und kennt von Ort zu Ort, von Wein zu Wein zahlreiche Varianten. Der Jahrgang ist also nur eine zusätzliche Eigenschaft, die bei der Auswahl eines Weines mithelfen soll.

Jahrgangsübersicht

	1987	*1988*	*1989*	*1990*
Alsace (weiß)	☆☆	☆☆☆☆	☆☆☆☆	☆☆☆☆
Beaujolais				
Bordeaux (rot)	☆☆	☆☆☆☆	★	★
Bordeaux (weiß)	☆☆☆	☆☆☆	☆☆☆	☆☆☆
Bordeaux edelsüß	☆	★	★	★
Burgund (rot)	☆☆☆	☆☆☆☆	☆☆☆	☆☆☆☆
Burgund (weiß)	☆☆	☆☆☆	☆☆☆☆	☆☆☆
Côtes-du-Rhône (rot)	☆	☆☆☆	★	☆☆☆☆
Jura (weiß)	☆☆	☆☆☆	☆☆☆☆	☆☆☆☆
Languedoc-Roussillon (rot)	☆☆	★	☆☆☆☆	☆☆☆☆
Loire (rot)	☆☆	☆☆☆☆	★	☆☆☆☆
Loire (weiß)	☆☆	☆☆☆	☆☆☆☆	☆☆☆☆
Provence (rot)	☆☆☆	☆☆☆☆	☆☆☆☆	☆☆☆☆
Sancerre (weiß)	☆☆☆	☆☆☆☆	☆☆☆☆	☆☆☆☆
Savoie (weiß)	☆☆	☆☆☆	☆☆☆	☆☆☆
Südwesten (rot)	☆☆☆	☆☆☆☆	☆☆☆	☆☆☆

★ *Außergewöhnlich gutes Jahr* ☆☆☆☆ *Sehr gutes Jahr*

Jahrgangs-Champagner sind eher selten: Champagner kommt trinkreif in den Handel und sollte daher auch nicht mehr lange lagern. *Beaujolais*-Weine werden jung getrunken; nur die *Crus* können durch einige Jahre Lagerung gewinnen. *Primeur*-Weine sollten innerhalb eines Jahres nach der Ernte getrunken werden.

1991	1992	1993	1994	1995	1996	1997	1998
☆☆☆	☆☆☆	☆☆☆☆	☆☆☆	☆☆☆	☆☆☆	☆☆☆	☆☆☆
	☆☆☆	☆☆☆	☆☆☆	☆☆☆☆	☆☆	☆☆☆☆	☆☆☆
☆☆	☆☆	☆☆	☆☆☆☆	☆☆☆☆	☆☆☆☆	☆☆☆	☆☆☆
☆☆	☆☆☆	☆☆☆	☆☆☆☆	☆☆☆	☆☆☆☆	☆☆☆	☆☆☆
☆	☆☆	☆☆	☆☆☆	☆☆☆	☆☆☆☆	☆☆☆☆	☆☆☆☆
☆☆	☆☆☆	☆☆☆	☆☆☆	☆☆☆☆	★	☆☆	☆☆☆
☆☆☆	☆☆☆	☆☆	☆☆☆	☆☆☆	★	☆☆☆☆	☆☆☆
☆☆	☆	☆☆	☆☆☆	☆☆☆☆	☆☆☆	☆☆	☆☆☆☆
☆☆☆	☆☆	☆☆	☆☆☆	☆☆☆	☆☆☆	☆☆☆	☆☆
☆☆☆☆	☆☆	☆☆☆	☆☆☆	☆☆☆	☆☆	☆☆	★
☆	☆☆	☆☆	☆☆☆	☆☆☆☆	☆☆☆☆	☆☆☆☆	☆☆☆
☆	☆☆☆	☆☆☆	☆☆☆	☆☆☆☆	☆☆☆☆	☆☆☆☆	☆☆☆
☆☆☆	☆☆	☆☆☆	☆☆☆	☆☆☆☆	☆☆☆☆	☆☆☆	☆☆☆☆
☆☆☆	☆☆☆	☆☆	☆☆☆	☆☆☆☆	☆☆☆☆	☆☆☆☆	☆☆
☆☆☆	☆☆☆	☆☆	☆☆	☆☆☆	☆☆☆	☆☆	☆☆
☆☆☆	☆☆☆	☆☆☆	☆☆☆☆	☆☆☆	☆☆☆☆	☆☆☆	☆☆☆

☆☆☆ *Gutes Jahr* ☆☆ *Durchschnittliches Jahr* ☆ *Schwaches Jahr*

D5. Temperatur der Weine

Die richtige Temperatur bringt den Wein am besten zur Geltung. Im Allgemeinen werden Weißweine zu kühl serviert, rote oft zu warm. Nachfolgende Empfehlungen geben die Serviertemperatur der Weine an. Sobald der Wein eingeschenkt ist, steigt seine Temperatur schnell um 3 bis 4° oder mehr. Im Sommer darf die Serviertemperatur um 2 oder 3° niedriger liegen als im Winter.

	°C
	20
	19
	18
	17
Kräftige Rotweine: *Bordeaux, Burgund,*	16
Fleurie, Juliénas, Côtes du Rhône, Bourgueil, Saumur	15
	14
	13
Leichte, fruchtige Rotweine: *Beaujolais, Bergerac, Loire,*	12
Mâcon, Vins Primeurs, Vins de Pays (rot)	11
Trockene Rosés: *Béarn, Loire, Provence*	10
	9
Edelsüße Weißweine: *Sauternes, Barsac,* Spätlesen	8
Likörweine *(Vins doux naturels): Banyuls, Pineau des Charentes,*	7
Muscat de Beaumes-de-Venise	6
	5
	4

°C

20

19

18 Große Rotweine: *Bordeaux, Burgunder*

17

16 Große trockene Weißweine: *Côte-d'Or, Chablis (Crus),*

15 *Alsace Grand Cru, Condrieu, Hermitage*

14

13

12 Trockene Weißweine: *Bordeaux, Burgund, Chablis,*

11 *Côtes du Rhône, Mâcon, Loire, Provence, Corse*

10 Halbtrockene und liebliche Weißweine: *Bordeaux moelleux,*

9 *Coteaux du Layon*

8 *Champagne, Crémants, Vins Mousseux*

7

6

5

4

D6. Welcher Wein zu welchem Essen?

HARMONIE SOLLTE DER Leitgedanke sein: der Wein sollte sowohl zum Gericht als auch zum nachfolgenden Wein passen. Also: zu einem leichten Gericht ein leichter Wein mit mildem, zartem Bukett, zu einem stark gewürzten Gericht mit ausgeprägtem Geschmack einen vollmundigen Wein mit kräftigem Bukett.

Wenn innerhalb einer Speisenfolge mehrere Weine serviert werden sollen, gelten folgende Empfehlungen:

- leichter Wein vor schwerem,
- spritziger vor ruhigem,
- junger vor altem,
- trockener vor süßem,
- weißer vor rotem,
- bescheidene vor großen Weinen.

Ausnahmen: Ein weißer Dessertwein kann sehr wohl auf einen Rotwein folgen. Und ein trockener Champagner *(Brut)* kann innerhalb einer Speisenfolge zu allen Gerichten serviert werden.

DIE NACHSTEHENDEN VORSCHLÄGE sind eine Auswahl und keineswegs obligatorisch.

APERITIF

Als Aperitif eignen sich

- trockene oder sehr trockene Schaumweine (*Champagne, Crémant, Vin mousseux sec* oder *brut*),
- trockene spritzige Weißweine mit geringem Alkoholgehalt, mit lebhafter Säure und zartem Bukett (z.B. *Chablis, Mâcon-Villages, Muscadet de Sèvre et Maine sur lie*),
- gut gekühlte weiße Süßweine (z.B. *Sauternes, Coteaux du Layon, Banyuls*),
- fertige Aperitifs (wie *Vermouth*, z.B. *Napoléon Petit Caporal, Noilly Prat*), Bitter, z.B. *Byrrh, Campari*, oder Aperitifs mit Anisgeschmack, z.B. *Pernod, Ricard* u.a., oder selbst komponierte Aperitifs, z.B. *Kir.*

VORSPEISEN

Zu kalten Vorspeisen (Pasteten, Aufschnitt, Rohkost, Meeresfrüchte) eignen sich leichte, trockene Weißweine:

Bordeaux	Bourgogne	Andere Gebiete
Bordeaux, Entre-Deux-Mers, Graves	Bourgogne Aligoté, Mâcon, Petit Chablis	Alsace Pinot blanc, Jurançon, Muscadet, Picpoul de Pinet

Oder: *Cassis, Gaillac, Pouilly-sur-Loire, Sauvignon de Touraine*

Wenn Gänseleberpastete als Eingangsgericht serviert wird, bevorzugt man lieblich-edelsüße Weißweine:

Bordeaux	Loiretal	Andere Gebiete
Barsac, Cadillac, Sauternes	Coteaux de Saumur, Coteaux du Layon, Vouvray	Banyuls, Château-Chalon, Muscat de Beaumes-de-Venise

Oder: *L'Etoile, Maury, Monbazillac, Muscat du Cap Corse*

Zu warmen Vorspeisen werden solide, vollmundige Weißweine oder auch leichte, junge, fruchtige Rosé- und Rotweine empfohlen:

Bordeaux	Bourgogne	Andere Gebiete
WEISS Bordeaux blanc, Côtes de Blaye, Graves de Vayres	**WEISS** Chablis, Montrachet, Pouilly-Fuissé, Saint-Véran	**WEISS** Tokay Pinot gris (Alsace), Pouilly-Fumé (Loire), Ripaille (Savoie)

Oder: *Alsace Riesling, Châteauneuf-du-Pape, Condrieu, Crépy, Hermitage, Pouilly-sur-Loire, Quincy, Reuilly*

ROSÉ Bordeaux Rosé	**ROSÉ** Marsannay Rosé	**ROSÉ** Côtes de Provence

Oder: *Côtes de Toul, Côtes du Forez, Rosé de Loire, Touraine, Vin du Thouarsais*

ROT Bordeaux	**ROT** Beaujolais, Mâcon	**ROT** Anjou, Côte Roannaise

Oder: *Chinon, Corbières, Coteaux du Tricastin, Côtes d'Auvergne*

Suppen

Zu Suppen wird im Allgemeinen kein Wein empfohlen; dennoch kann man zu Crèmes (z.B. *Crème de volaille* = Hühnercremesuppe) oder Veloutés (z.B. *Velouté de poireaux* = Lauchvelouté) durchaus einen nicht zu trockenen, aromatischen Weißwein probieren:

Bordeaux	Bourgogne	Andere Gebiete
WEISS Bordeaux blanc, Côtes de Blaye, Graves de Vayres	**WEISS** Chablis, Montrachet, Pouilly-Fuissé, Saint-Véran	**WEISS** Tokay Pinot gris (Alsace), Pouilly-Fumé (Loire), Ripaille (Savoie)

Oder: *Crépy, Meursault, Montrachet, Pouilly-sur-Loire*

Eierspezialitäten

Zu Eierspezialitäten passen ebenfalls vollmundige, aromatische Weißweine und angenehme, fruchtige Rosé- und Rotweine:

Bordeaux	Bourgogne	Andere Gebiete
WEISS Bordeaux blanc, Côtes de Blaye, Graves de Vayres	**WEISS** Chablis, Montrachet, Pouilly-Fuissé, Saint-Véran	**WEISS** Tokay Pinot gris (Alsace), Pouilly-Fumé (Loire), Ripaille (Savoie)

Oder: *Alsace Riesling, Châteauneuf-du-Pape, Condrieu, Crépy, Hermitage, Pouilly-sur-Loire, Quincy, Reuilly*

ROSÉ Bordeaux Rosé	**ROSÉ** Marsannay Rosé	**ROSÉ** Côtes de Provence, Rosé de Loire

Oder: *Côtes de Toul, Côtes du Forez, Touraine, Vin du Thouarsais*

ROT Côtes de Bourg, Montagne-Saint-Emilion	**ROT** Bourgogne Pinot noir, Juliénas, Moulin-à-Vent	**ROT** Bandol, Faugères, Madiran, Minervois, Vin de Corse

Oder: *Bergerac, Bourgueil , Côtes de Provence, Lirac, Ménetou-Salon, Saumur*

Fischgerichte

Fischgerichte vertragen sich gut mit leichten, trockenen Weißweinen, harmonischen Roséweinen sowie jungen, leichten, fruchtigen Rotweinen:

Bordeaux	Bourgogne	Andere Gebiete
WEISS Bordeaux, Entre-Deux-Mers, Graves	**WEISS** Bourgogne Aligoté, Mâcon, Petit Chablis	**WEISS** Alsace Pinot blanc, Gaillac, Muscadet, Saint-Péray

Oder: *Bergerac, Coteaux du Lyonnais, Jurançon, Pouilly-sur-Loire, Vin de Savoie*

ROSÉ Bordeaux Clairet	**ROSÉ** Marsannay Rosé	**ROSÉ** Alsace Pinot noir, Coteaux d'Aix-en-Provence, Rosé des Riceys

Oder: *Bandol, Rosé de Béarn, Tavel, Vin de Corse*

ROT Bordeaux	**ROT** Beaujolais, Mâcon, Mercurey	**ROT** Anjou, Chinon, Côtes du Vivarais

Oder: *Corbières, Côte Roannaise, Côtes d'Auvergne, Touraine*

Fleischgerichte

Zu hellem Fleisch (Geflügel, Kalb, Schwein) passen dezente Weiß- und Rosé- sowie leichte Rotweine:

Bordeaux	Bourgogne	Andere Gebiete
WEISS Bordeaux, Entre-Deux-Mers, Graves	**WEISS** Bourgogne Aligoté, Mâcon, Petit Chablis	**WEISS** Alsace Pinot blanc, Gaillac, Muscadet, Saint-Péray

Oder: *Bergerac, Coteaux du Lyonnais, Jurançon, Pouilly-sur-Loire, Vin de Savoie*

ROSÉ Bordeaux Rosé	**ROSÉ** Marsannay Rosé	**ROSÉ** Côtes de Provence, Rosé de Loire

Oder: *Côtes de Toul, Côtes du Forez, Touraine, Vin du Thouarsais*

ROT Côtes de Bourg, Montagne-Saint-Emilion	**ROT** Bourgogne Pinot noir, Juliénas, Moulin-à-Vent	**ROT** Bandol, Faugères, Madiran, Minervois, Vin de Corse

Oder: *Bergerac, Bourgueil , Côtes de Provence, Lirac, Ménetou-Salon, Saumur*

Zu dunklem Fleisch (Rind, Lamm, Hammel) passen sowohl leichte als auch kräftige Rotweine am besten:

Bordeaux	Bourgogne	Andere Gebiete
Canon-Fronsac, Graves, Haut-Médoc, Margaux, Saint-Emilion, Saint-Julien	Beaune, Gevrey-Chambertin, Nuits-Saint-Georges, Santenay, Pommard, Vougeot	Cahors, Châteauneuf-du-Pape, Collioure, Corbières, Côtes du Rhône, Saumur-Champigny

Oder: *Arbois, Bouzy Rouge, Buzet, Côtes du Roussillon, Crozes-Hermitage, Fitou, Pécharmant*

Wildgerichte verlangen nach Rotwein, vorzugsweise aus Burgund oder aus dem Bordelais. Leichtere Rotweine passen besser zu Federwild:

Bordeaux	Bourgogne	Andere Gebiete
Canon-Fronsac, Haut-Médoc, Saint-Emilion	Beaune, Gevrey-Chambertin, Nuits-Saint-Georges	Côtes du Rhône, Saint-Chinian, Saumur-Champigny

Oder: *Arbois, Bouzy Rouge, Buzet, Crozes-Hermitage, Fitou, Pécharmant*

Kräftige Rotweine passen besser zu Haarwild:

Bordeaux	Bourgogne	Andere Gebiete
Graves, Margaux, Saint-Julien	Pommard, Santenay, Vougeot	Cahors, Châteauneuf-du-Pape, Hermitage, Lirac

Oder: *Corbières, Côtes du Roussillon, Fitou, Madiran, Vin de Corse*

Käse

Im Allgemeinen harmonieren Käse und Wein aus der gleichen Gegend gut miteinander. Milde Käsesorten (z.B. *Brie, Camembert, Carré de l'Est, Chaource, Comté, Coulommiers, Morbier, Neufchâtel, Pyrénées, Reblochon, Saint-Nectaire, Saint-Paulin, Tomme de Savoie*) vertragen sich am besten mit jungen, trockenen, leichten und fruchtigen Weiß- und Rotweinen:

Bordeaux	Bourgogne	Andere Gebiete
WEISS Bordeaux, Entre-Deux-Mers, Graves	**WEISS** Bourgogne Aligoté, Mâcon, Petit Chablis	**WEISS** Alsace Pinot blanc, Gaillac, Muscadet, Saint-Péray

Oder: *Bergerac, Coteaux du Lyonnais, Jurançon, Pouilly-sur-Loire, Vin de Savoie*

ROT Bordeaux	**ROT** Beaujolais, Mâcon, Mercurey	**ROT** Anjou, Chinon, Côtes du Vivarais

Oder: *Corbières, Côte Roannaise, Côtes d'Auvergne, Touraine*

Kräftige Käsesorten (z.B. *Cantal, Livarot, Maroilles, Munster, Pont-l'Evêque, reifer Camembert*) verlangen nach ausdrucksvollen Rotweinen; auch charaktervolle Weißweine kommen in Frage.

Bordeaux	Bourgogne	Andere Gebiete
ROT Canon-Fronsac, Haut-Médoc, Saint-Emilion	**ROT** Beaune, Gevrey-Chambertin, Nuits-Saint-Georges	**ROT** Buzet, Crozes-Hermitage, Fitou, Saumur-Champigny

Oder: *Arbois, Collioure, Coteaux Champenois, Côtes de Duras, Côtes du Rhône, Gaillac, Saint-Chinian*

WEISS Côtes de Blaye, Graves de Vayres	**WEISS** Chablis, Meursault, Montrachet	**WEISS** Gaillac, Hermitage, Jurançon sec, Pouilly-sur-Loire

Oder: *Alsace Muscat, Riesling oder Gewürztraminer, Châteauneuf-du-Pape, Costières de Nîmes, Pouilly-Fumé*

Zu Ziegenkäse (z.B. *Chabichou, Crottin de Chavignol, Sainte-Maure*) werden trockene, leichte, fruchtige Weiß-, Rosé- und Rotweine empfohlen:

Bordeaux	Bourgogne	Andere Gebiete
WEISS Bordeaux, Entre-Deux-Mers, Graves	**WEISS** Bourgogne Aligoté, Mâcon, Petit Chablis	**WEISS** Alsace Pinot blanc, Jurançon, Muscadet, Picpoul de Pinet

Oder: *Cassis, Gaillac, Pouilly-sur-Loire, Sauvignon de Touraine*

ROSÉ Bordeaux Rosé	**ROSÉ** Marsannay Rosé	**ROSÉ** Côtes de Provence

Oder: *Côtes de Toul, Côtes du Forez, Rosé de Loire, Touraine, Vin du Thouarsais*

ROT Bordeaux	**ROT** Beaujolais, Mâcon, Mercurey	**ROT** Anjou, Chinon, Côtes du Vivarais

Oder: *Corbières, Côte Roannaise, Côtes d'Auvergne, Touraine*

Blauschimmelkäse (z.B. *Roquefort, Bleu de Bresse, Bleu d'Auvergne, Fourme d'Ambert*) harmonieren sehr gut mit lieblichen Weißweinen und mit gehaltvollen Rotweinen:

Bordeaux	Loiretal	Andere Gebiete
WEISS Barsac, Cadillac, Sauternes	**WEISS** Coteaux de Saumur, Coteaux du Layon, Vouvray	**WEISS** Banyuls, Château-Chalon, Muscat de Beaumes-de-Venise

Oder: *L'Etoile, Maury, Monbazillac, Muscat du Cap Corse*

Bordeaux	Bourgogne	Andere Gebiete
Canon-Fronsac, Graves, Haut-Médoc, Margaux, Saint-Emilion, Saint-Julien	Beaune, Gevrey-Chambertin, Nuits-Saint-Georges, Santenay, Pommard, Vougeot	Cahors, Châteauneuf-du-Pape, Collioure, Corbières, Côtes du Rhône, Saumur-Champigny

Oder: *Arbois, Bouzy Rouge, Buzet, Côtes du Roussillon, Crozes-Hermitage, Fitou, Pécharmant*

Dessert

Zum Dessert passen ebenfalls liebliche Weißweine. Desserts auf Schokoladenbasis vertragen sich gut mit Cognac, Armagnac oder einem Orangenlikör (z.B. *Cointreau, Grand Marnier*). Zu Obsttorten passt am besten ein Obstbrand aus der gleichen Obstsorte wie der Kuchen.

Die französischen Weinbaugebiete

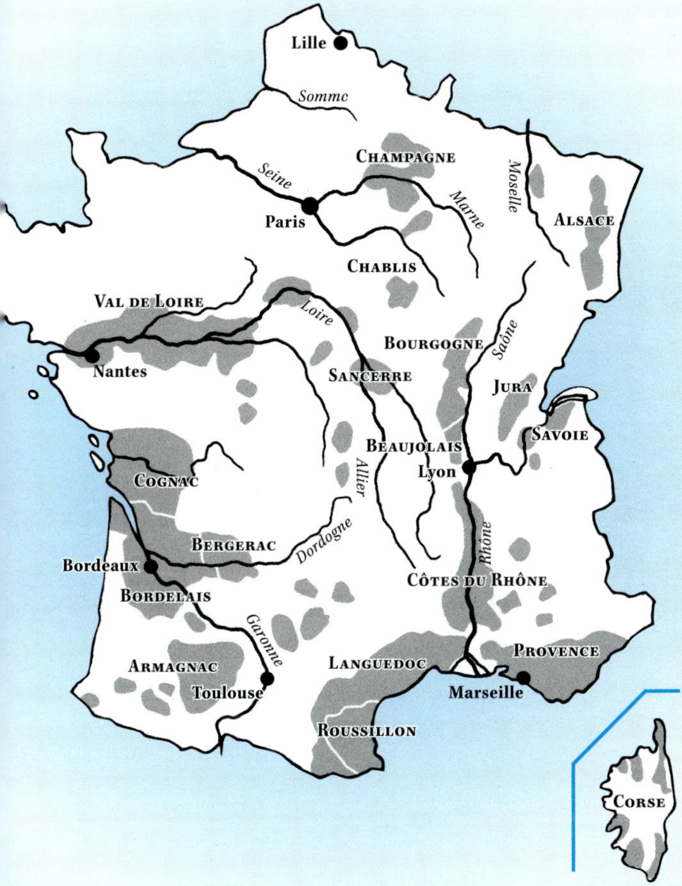

Kapitel E

Nie sprachlos in Frankreich

AUF DER SUCHE NACH EINEM RESTAURANT

Können Sie uns ein gutes Restaurant empfehlen?	Pouvez-vous nous recommander un bon restaurant?
Sicher, ich kenne ein gutes und nicht zu teures.	Certainement, j'en connais un bon et pas trop cher.
Gehen Sie in dieses Lokal.	Allez dans ce restaurant.
Da isst man sehr gut. Die Küche ist einheimisch/international.	On y mange très bien. La cuisine est régionale/internationale.

IM RESTAURANT VOR DER BESTELLUNG

Guten Morgen!/Guten Tag!	Bonjour, monsieur/madame/mademoiselle!
Guten Abend!	Bonsoir!
Für wie viele Personen, bitte?	Combien de personnes êtes-vous, s'il vous plaît?
Wir sind ...	Nous sommes ...
Folgen Sie mir bitte.	Veuillez me suivre.
Können wir einen Tisch am Fenster haben?	Pourrions-nous avoir une table près de la fenêtre?
Ja, am Fenster sind noch vier freie Plätze.	Oui, près de la fenêtre, il y a encore quatre places.
Haben Sie noch einen freien Tisch für zwei Personen auf der Terrasse?	Avez-vous encore une table de libre pour deux personnes sur la terrasse?
Dieser Tisch hier ist noch frei.	Cette table ici est encore libre.
Leider nicht, es ist alles besetzt.	Malheureusement pas, tout est occupé.
Wo ist die Herrentoilette/die Damentoilette?	Où sont les toilettes pour messieurs/pour dames?

dort/geradeaus/oben/ unten/links/rechts	là/tout droit/en haut/ en bas/à gauche/à droite
Wo ist das Telefon? – Es ist da hinten.	Où est le téléphone? – C'est par là./C'est là-bas.
Ich möchte für heute Abend 8 Uhr einen Tisch für ... Personen reservieren.	Je voudrais réserver pour ce soir à 8 heures une table pour ... personnes.
Auf welchen Namen, bitte?	A quel nom, s'il vous plaît?
Das geht in Ordnung, ich habe es notiert.	Entendu, monsieur / madame, j'ai pris note.
Ich habe einen Tisch reserviert. Mein Name ist ...	J'ai réservé une table. Mon nom est ...

DIE BESTELLUNG

Herr Ober, bitte!	Monsieur, s'il vous plaît! (*besser als* garçon)
Fräulein, bitte!	Mademoiselle/Madame, s'il vous plaît!
Bedienen Sie hier?	Servez-vous ici?
Nein, mein Kollege/meine Kollegin bedient Sie.	Non, mon collègue/ma collègue vous sert.
Geben Sie mir bitte die Speisekarte/Tageskarte/ Weinkarte/Getränkekarte.	Donnez-moi la carte/la carte du jour/la carte des vins/la carte des boissons, s'il vous plaît.
Bitte schön!	Voici, monsieur/madame/ mademoiselle!
Haben Sie schon gewählt?	Avez-vous déjà choisi?
Nein, noch nicht, einen kleinen Augenblick bitte.	Non, pas encore, un petit instant, je vous prie.
Wir sind soweit. Wir möchten gern bestellen.	Ça y est. Pouvez-vous prendre notre commande?

Die Herrschaften wünschen?	Ces messieurs-dames désirent?
Ich möchte nur eine Kleinigkeit.	Je ne veux pas grand-chose.
Wo sind die Spezialitäten des Hauses?	Où sont les spécialités de la maison?
Was können Sie uns heute empfehlen?	Qu'est-ce que vous pouvez nous recommander aujourd'hui?
Darf ich Ihnen unser(e)(n) ... empfehlen?	Puis-je vous conseiller notre ...?
Essen Sie gern Fisch?	Aimez-vous le poisson?
Danke, ich mag keinen Fisch.	Merci, je n'aime pas le poisson.
Was ist das Tagesgericht?	Quel est le plat du jour?
Wir haben es eilig.	Nous sommes pressés.
Ich möchte etwas, was sehr schnell geht.	Je voudrais quelque chose qui aille vite.
Ich nehme das hier.	Je prends ceci.
Gibt es ein Kindermenü?	Y a-t-il un menu pour enfants?
Haben Sie auch Diätkost?	Avez-vous aussi des aliments de régime?
Können Sie uns ... bringen?	Pouvez-vous nous apporter ...?
Ich bedauere, das haben wir heute nicht.	Je regrette, monsieur / madame, il n'y en a plus.
Ich möchte/ich nehme das Menü zu ...	Je voudrais / je prends le menu à ...
Ich esse nach der Karte.	Je vais manger à la carte.
Wie heißt dieses Gericht?	Comment s'appelle ce plat?
Ich hätte gern zunächst ... und danach ...	Je voudrais ... pour commencer et ensuite ...

Kann ich statt Suppe Austern haben?	Puis-je avoir des huîtres à la place du potage?
Sicher, aber mit einem Zuschlag von ...	Certainement, mais avec un supplément de ...
Haben Sie gebratenen Fisch?	Avez-vous du poisson frit?
Ja, wir haben welchen.	Oui, nous en avons.
Wir haben auch gegrillten oder gekochten Fisch.	Nous avons aussi du poisson grillé ou au court-bouillon.
Wie möchten Sie Ihr Steak?	Comment aimez-vous votre steak?
innen fast roh, außen braun	bleu
halb durch, englisch	saignant
fast durch, rosa im Kern	à point
gut durch, durchgebraten	bien cuit

DIE AUSWAHL DER GETRÄNKE

Was wollen Sie trinken?	Que voulez-vous boire?
Welchen Wein können Sie mir/uns hierzu empfehlen?	Quel vin pouvez-vous me/ nous recommander avec ce plat?
Möchten Sie einen Aperitif?	Prenez-vous un apéritif?
Gerne, können wir ... haben?	Volontiers. Pouvez-vous nous servir ...?
Kann ich ... haben?	Puis-je avoir ...? Pouvez-vous me servir ...?
eine andere Flasche .../ eine halbe Flasche .../ einen Viertelliter Wein	une autre bouteille de .../ une demi-bouteille de .../ un quart de vin
ein Glas Rotwein/Rosé/ Weißwein	un verre de vin rouge/rosé/ blanc

einen Flaschenwein/ einen Markenwein/ einen Spitzenwein	un vin bouché/ un vin de marque/ un grand cru
einen leichten Wein/ einen Landwein	un vin léger/ un vin de pays
einen trockenen/süßen/ moussierenden Wein	un vin sec/doux/pétillant
einen Wein aus der Gegend	un vin du pays/un vin de la région
einen offenen Wein/ Wein im Krug	un vin en carafe/ un vin en pichet
Wie heißt dieser Wein?	Comment s'appelle ce vin?
Bringen Sie uns noch eine Flasche von diesem Wein.	Apportez-nous une autre bouteille de ce vin, s'il vous plaît.
Haben Sie etwas Trockenes/ Süßes/Spritziges?	Avez-vous quelque chose de sec/de doux/de pétillant?
Zum Fisch trinken wir Weißwein, zum Braten Rotwein.	Pour le poisson, nous boirons du vin blanc, pour le rôti, du vin rouge.
Der Wein dürfte etwas kühler sein.	Le vin devrait être un peu plus frais
Der Rotwein ist nicht temperiert genug.	Le vin rouge n'est pas assez chambré.
Wünschen Sie noch etwas Wein?	Désirez-vous encore un peu de vin?
Ja, bitte./Nein, danke.	Oui, s'il vous plaît./Non, merci.
Ich trinke auf Ihr Wohl.	Je bois à votre santé.
Prost!/Auf Ihr Wohl!	A votre santé!/A la vôtre!
Prost!/Auf dein Wohl!	A ta santé!/A la tienne!

Wollen Sie bitte den Wein probieren?	Voulez-vous goûter le vin, monsieur/madame?
Schenken Sie bitte ein!	Veuillez verser à boire!
Wic finden Sie diesen Wein?	Comment trouvez-vous ce vin?
Ausgezeichnet. Er schmeckt wirklich sehr gut.	Excellent. Il est vraiment très bon.
Er schmeckt nicht schlecht.	Il n'est pas mauvais.
Er ist nach meinem Geschmack.	Il est à mon goût.
Er hat Fass-/Korkgeschmack, glaube ich.	Il sent le fût/le bouchon, je crois.

WÄHREND DES ESSENS

Darf ich Ihnen noch etwas Fleisch geben?	Puis-je vous donner encore un peu de viande?
Nur ein kleines Stück.	Seulement un petit morceau.
Nichts mehr, danke.	Cela suffit, merci.
Wünschen Sie etwas anderes?	Désirez-vous autre chose?
Kann ich etwas mehr Sauce haben?	Puis-je avoir un peu plus de sauce?
Ist es recht so?	Comme ceci, monsieur/madame?
Könnten Sie mir/uns noch etwas Brot bringen?	Pourriez-vous me/nous rapporter un peu de pain?
Kann ich noch etwas Roggenbrot haben?	Puis-je encore avoir un peu de pain de seigle?
Darf ich Sie um Senf bitten?	Puis-je vous demander de la moutarde?
Reichen Sie mir/uns bitte das Salz/den Pfeffer!	Passez-moi/nous le sel/le poivre, s'il vous plaît!

Was gibt es als Beilage/ Gemüse?	Qu'est-ce qu'il y a comme garniture/légumes?
Ich ziehe ... vor.	Je préfère ...
Darf ich Ihnen jetzt den Nachtisch bringen?	Puis-je vous apporter le dessert maintenant?
Möchten Sie Käse?	Désirez-vous du fromage?
Hat es Ihnen geschmeckt?	Ça vous a plu, monsieur/ madame?
Danke, es hat mir sehr gut geschmeckt.	Merci, c'était très bon.
Das Essen war ausgezeichnet.	Le repas était excellent.
Möchten Sie noch etwas?	Désirez-vous encore quelque chose?
Ja, rufen Sie mir ein Taxi.	Oui, appelez-moi un taxi.

ZAHLEN BITTE!

Herr Ober/Fräulein, bitte zahlen!	Monsieur/Mademoiselle/ Madame, l'addition, s'il vous plaît!
Kann ich bitte die Rechnung haben?	Puis-je avoir l'addition, s'il vous plaît?
Sofort.	Tout de suite.
Verzeihung, haben Sie gerufen?	Pardon, avez-vous appelé?
Ja, ich möchte zahlen.	Oui, je voudrais payer.
Wie viel macht das?	Combien ça fait?
Ich zahle alles zusammen.	C'est moi qui invite.
Wir zahlen getrennt.	Nous payons séparément.
Was kostet der Wein?	Combien coûte le vin?
Ist die Bedienung inbegriffen?	Le service est-il compris?

Ja, alles ist inbegriffen.	Oui, tout est compris.
Haben Sie sich nicht geirrt?	N'y a-t-il pas une erreur?
Entschuldigung, ich habe mich geirrt.	Excusez, je me suis trompé(e).
Nein, es stimmt.	Non, c'est juste.
Behalten Sie das Wechselgeld.	Gardez la monnaie.
Das ist für Sie.	C'est pour vous.
Vielen Dank.	Merci beaucoup, monsieur/madame/mademoiselle.

BESCHWERDEN

Warum dauert es so lange?	Pourquoi est-ce que ça dure si longtemps?
Wir warten schon mehr als eine halbe Stunde.	Ça fait déjà plus d'une demi-heure que nous attendons.
Haben Sie uns nicht vergessen?	Est-ce que vous ne nous avez pas oubliés?
Kann ich ein anderes Glas haben? Dieses ist nicht sauber.	Puis-je avoir un autre verre? Celui-ci n'est pas propre.
Mein Mann/Meine Frau hat kein Messer/keine Gabel/keinen Löffel.	Mon mari/ma femme n'a pas de couteau/de fourchette/de cuillère
Der Salat fehlt.	Il manque la salade.
Wir haben eine Portion Pommes frites mehr bestellt.	Nous avons commandé une portion de pommes frites en plus.
Sie müssen sich geirrt haben.	Vous avez dû vous tromper.
Das habe ich nicht bestellt.	Je n'ai pas commandé cela.
Ich wollte ...	J'ai demandé .../Je voulais ...

Kann ich meine Bestellung noch ändern?	Puis-je encore changer ma commande?
Das scheint mir nicht mehr frisch.	Cela ne me paraît plus frais.
Wollen Sie bitte den Oberkellner/ den Weinkellner/ den Geschäftsführer/ den Chef/die Chefin rufen.	Veuillez appeler le maître d'hôtel/ le sommelier/ le gérant/ le patron/la patronne.
Ich möchte den Chef sprechen.	Je voudrais parler au patron.
Ich habe eine Beschwerde.	J'ai une réclamation.
Nehmen Sie die Suppe zurück.	Reprenez le potage.
Sie ist versalzen.	Il est trop salé.
Es schmeckt mir nicht.	Ce n'est pas à mon goût.
Das Fleisch ist nicht gar genug.	La viande n'est pas assez cuite.
Das Gemüse ist nicht warm genug.	Les légumes ne sont pas assez chauds.
Der Wein hat etwas Korkgeschmack.	Le vin a un petit goût de bouchon.
Der Kaffee ist kalt.	Le café est froid.

SONSTIGES

Das ist zu fett/zu mager.	C'est trop gras/trop maigre.
zu dünn/zu dick	trop mince/trop gros (trop épais)
zu wenig/zu viel/viel zu viel	trop peu/trop/beaucoup trop
zu hart/zu weich	trop dur/trop mou
zu fad/zu scharf	trop fade/trop relevé (trop épicé)

Das ist gesalzen/gepfeffert.	C'est salé/poivré.
süß/bitter	sucré/amer
kalt/warm, heiß/lauwarm	froid/chaud/tiède
leicht/schwer	léger/lourd
roh/halbroh	cru/à moitié cru
gekocht/gebraten	cuit/rôti
in Fett gebacken	frit
gewürzt	assaisonné
saftig	juteux

Ez. Im Hotel

Für die Einstufung der Hotels in Frankreich nach Sternen ist das staatliche Fremdenverkehrsbüro *(Commissariat Général au Tourisme)* verantwortlich; es richtet sich nach dem Komfort des Hotels.

Man unterscheidet fünf Kategorien:

☆☆☆☆ L	*Luxushotel*
☆☆☆☆	*Hotel mit größtem Komfort*
☆☆☆	*Hotel mit großem Komfort*
☆☆	*Hotel mit gutem Komfort*
☆	*Hotel mit durchschnittlichem Komfort*

Die wichtigsten Hotelketten sind: *Frantel, Gril Campanile, Ibis, Mercure, Novotel* und *Sofitel.* Empfehlenswert und preisgünstig ist die Gruppe der *Logis de France,* vor allem in touristischen Gebieten. Noch preisgünstiger sind die *Auberges Rurales.* Diese beiden Gruppen entsprechen meistens der 1- bis 2-Sterne-Kategorie und werden oft als Familienbetrieb geführt. Wenn die Hotels, die mit einem Stern versehen sind, zusätzlich die Bezeichnung *N.N.* tragen, bedeutet das „Neue Normen" (*nouvelles normes*) und besagt, dass das Hotel neu oder renoviert ist.

Falls Sie ein Zimmer reserviert haben, sollten Sie vor 19.00 Uhr, besser vor 18.00 Uhr, im Hotel eintreffen, andernfalls kann das Zimmer nicht länger für Sie freigehalten werden. Das Zimmer ist bis 12.00 Uhr mittags zu räumen, sonst wird ein weiterer Tag berechnet. Die Zimmerpreise müssen im Empfang und im Zimmer aushängen.

Das Frühstück wird meistens extra berechnet. Viele Hotels bieten Halbpension *(demi-pension)* und Vollpension *(pension complète)* an. Des Öfteren wird für eine Hotelreservierung eine Vorauszahlung *(arrhes)* verlangt. Falls der Gast eine Stornierung vornimmt, wird diese Summe vom Hotel einbehalten. Falls jedoch das Hotel eine Fehlbuchung verschuldet, wird die hinterlegte Summe in doppelter Höhe dem Gast erstattet.

ZIMMERARTEN

Doppelzimmer	chambre pour deux personnes
Zweibettzimmer	chambre à deux lits
Zimmer mit Doppelbett	chambre à grand lit
Einbettzimmer	chambre pour une personne
Einbettzimmer	chambre à un lit
Zimmer mit Bad	chambre avec salle de bains
Zimmer mit Dusche	chambre avec douche
Zimmer mit Waschraum	chambre avec cabinet de toilette
Zimmer mit einem Kinderbett	chambre avec un lit d'enfant
Zimmer mit einem zusätzlichen Bett	chambre avec un lit supplémentaire
Zimmer mit Frühstück	chambre et petit déjeuner
Zimmer mit Blick auf das Meer	chambre avec vue sur la mer
Zimmer zum Garten	chambre donnant sur le jardin
Zimmer mit Balkon	chambre avec balcon
Zimmer mit einer Verbindungstür	chambres communicantes
angrenzende Zimmer	chambres contiguës

EMPFANG

Sie wünschen?	Vous désirez?
Haben sie ein Doppelzimmer?	Est-ce que vous auriez une chambre pour deux personnes?

Wie lange wollen Sie bleiben?	Combien de temps pensez-vous rester?
Wir haben vor, eine Nacht/ zwei Tage/einige Tage/ eine Woche/einige Zeit zu bleiben.	Nous comptons rester une nuit/deux jours/quelques jours/une semaine/quelque temps.
Ich habe nur noch ein Zimmer mit Doppelbett.	Il ne reste plus qu'une chambre à grand lit.
Wie viel kostet es?	Quel en est le prix?
Es kostet ...	Le prix est de ...
Was kostet das Zimmer mit Frühstück?	Combien coûte la chambre avec petit déjeuner?
Kann man hier im Hotel essen?	Est-ce que vous faites restaurant?
Wie viel kostet Vollpension/ Halbpension?	Combien coûte la pension complète/la demi-pension?
Es kostet ..., alles inklusive.	Elle coûte ..., tout compris.
Wo liegt das Zimmer?	Où donne la chambre?
Es liegt zum Park/zum Garten/zur Straße/zum Hof/ zum Meer.	Elle donne sur le parc/sur le jardin/sur la rue/sur la cour/sur la mer.
Kann ich es mir ansehen?	Puis-je la voir?
Sicher, der Page wird Sie begleiten.	Certainement, le page (le chasseur) va vous accompagner.
Hat das Zimmer einen Safe?	Y a-t-il un coffre-fort dans la chambre?
Alle unsere Zimmer sind mit Bad/Dusche/WC/ Selbstwahltelefon/Radio/ Fernseher ausgestattet.	Toutes nos chambres sont équipées de salle de bains/ douche/W.-C privés/téléphone direct/radio/télévision.

Unsere Zimmer sind vollklimatisiert und schallisoliert.	Nos chambres sont climatisées et insonorisées.
Das Zimmer gefällt mir/uns.	La chambre me/nous plaît.
Ich nehme es./Wir nehmen es.	Je la prends./Nous la prenons.
Wie ist Ihr Name?	Quel est votre nom?
Ich heiße ...; mein Name ist ...	Je m'appelle ...
Hier ist Ihr Zimmerschlüssel.	Voici votre clé de chambre.
Ich habe telefonisch ein Zimmer bestellt/reserviert.	J'ai retenu/réservé une chambre par téléphone.
Sind Sie Herr ... aus ...?	Vous êtes Monsieur ... de ...?
Ja, das stimmt.	Oui, c'est juste.
Hatten Sie eine angenehme Reise?	Vous avez fait bon voyage?
Ja, danke, sehr gut.	Oui, merci, très bon.
Meine Sekretärin hat für mich ein Zimmer mit Dusche reservieren lassen.	Ma sécretaire m'a fait réserver (retenir) une chambre avec douche.
Auf welchen Namen?	A quel nom?
Auf den Namen ...	Au nom de ...
Können Sie mir bitte Ihren Namen buchstabieren?	Pouvez-vous m'épeler votre nom, s'il vous plaît?
Die Magnetkarte dient als Schlüssel.	La carte magnétique sert de clé.
Welche Zimmernummer habe ich?	Quel est le numéro de ma chambre?
Es ist die zwanzig, Frau ...	C'est le vingt, Madame ...
Der Aufzug ist hinten links.	L'ascenseur est au fond à gauche.

Haben Sie noch ein Einzelzimmer mit Bad frei?	Est-ce que vous auriez encore une chambre pour une personne avec bain (de) libre.
Ja, das geht. Wir haben noch eins frei.	Oui, ça va. Il y aurait encore une possibilité.
Ich habe noch ein Zimmer im fünften Stock.	J'ai encore une chambre au cinquième.
Einverstanden, ich nehme es.	D'accord, je la prends.
Ist das Ihr Gepäck?	Ce sont vos bagages?
Ja, die Reisetasche und der schwarze Koffer.	Oui, le sac de voyage et la valise noire.
Ich lasse Ihr Gepäck auf Ihr Zimmer bringen.	Je fais monter vos bagages dans votre chambre.
Wenn Sie mir bitte folgen wollen, hier ist der Aufzug.	Si vous voulez bien me suivre, voici l'ascenseur.
So, da wären wir.	Nous y sommes.
Kann ich sonst noch etwas für Sie tun?	Est-ce que vous avez encore besoin de mes services?
Nein, danke. Alles ist in Ordnung.	Non, merci. Tout va bien.
Ich hätte gern ein anderes Zimmer, es ist zu laut.	J'aimerais bien une autre chambre, elle est trop bruyante.
Sie können das Zimmer zweiunddreißig bekommen. Es liegt zum Garten und ist sehr ruhig.	Vous pouvez avoir la chambre trente-deux. Elle donne sur le jardin et est très calme.

ANMELDEFORMULAR

In der Schweiz und in Belgien muss ein Anmeldeformular *(fiche d'étranger)* ausgefüllt werden, wenn man ein Zimmer im Hotel nehmen will. Dagegen müssen in Frankreich nur Ausländer ein Anmeldeformular ausfüllen.

Wollen Sie bitte dieses Anmeldeformular ausfüllen.	Si vous voulez bien remplir cette fiche.
Haben Sie einen Ausweis?	Avez-vous une pièce d'identité?
Hier ist mein Personalausweis/mein Pass.	Voici ma carte d'identité/mon passeport.
Lassen Sie mir Ihren Pass da, ich werde Ihr Anmeldeformular für Sie ausfüllen.	Laissez-moi votre passeport, je vais remplir la fiche pour vous.
Wie heißen Sie?	Comment vous appelez-vous?
Ich heiße ..., mein Vorname ist ...	Je m'appelle ..., mon prénom est ...
Ihr Beruf und Ihr ständiger Wohnsitz?	Votre profession et votre domicile habituel?
Ich bin ... und ich wohne in ...	Je suis ..., et j'habite (à) ...
Welche Staatsangehörigkeit haben Sie?	Quelle est votre nationalité?
Ich bin Deutscher/Deutsche.	Je suis Allemand/Allemande.
Ihr Geburtsdatum und Ihren Geburtsort, bitte?	Votre date et votre lieu de naissance, s'il vous plaît?
Ich bin am ... in ... geboren.	Je suis né(e) le ... à ...
Unterschreiben Sie hier, bitte.	Veuillez signer ici.

FRÜHSTÜCK

Ist das Frühstück im Zimmerpreis inbegriffen?	Est-ce que le petit déjeuner est compris dans le prix de la chambre?

Nein, es kostet … zusätzlich pro Person.	Non, il coûte … en sus et par personne.
Um wie viel Uhr gibt es Frühstück?	A quelle heure est le petit déjeuner?
Von halb sieben bis zehn Uhr.	De six heures et demie à dix heures.
Ab sechs Uhr.	A partir de six heures.
Zwischen sieben und halb elf.	Entre sept heures et dix heures et demie.
Kann man mir das Frühstück um acht Uhr morgen früh auf dem Zimmer servieren?	Peut-on me servir le petit déjeuner à la chambre demain matin pour huit heures?
Sicher (mein Herr), ich notiere es.	Certainement, monsieur/madame, je prends note.
Wo ist der Frühstücksraum?	Où est la salle des petits déjeuners?
Hier entlang, bitte, es ist die dritte Tür links.	Par ici, s'il vous plaît, c'est la troisième porte à gauche.
Was möchten Sie?	Que désirez-vous?
Zweimal Orangensaft, einen Milchkaffee und einen Tee.	Deux jus d'orange, un café au lait et un thé.
Tee mit Milch oder mit Zitrone?	Thé au lait ou au citron?
Mit Zitrone.	Au citron.
Ich nehme Wurst- und Käseaufschnitt. Und du?	Je prends de la charcuterie et du fromage. Et toi?
Für mich ein weichgekochtes Ei.	Pour moi, un œuf à la coque.
Welche Zimmernummer haben Sie?	Quel est votre numéro de chambre?
Es ist die (Nummer) achtzehn.	C'est le (numéro) dix-huit.

WECKEN

Um wie viel Uhr möchten Sie geweckt werden?	A quelle heure désirez-vous être réveillé(e)?
Wecken Sie mich bitte um acht Uhr.	Veuillez me réveiller à huit heures.
Danke, das ist nicht nötig.	Merci, ce n'est pas nécessaire.

ESSENSZEITEN

Wann gibt es Frühstück/ Mittagessen/Abendessen?	A quelle heure servez-vous le petit déjeuner/le déjeuner/ le dîner?
Warme Küche bis zweiundzwanzig Uhr.	Repas chauds jusqu'à vingt-deux heures.
Frühstücksbüffet im Restaurant bis zehn Uhr dreißig.	Petit déjeuner servi sous forme de buffet jusqu'à dix heures et demie.

PORTIER

Womit kann ich Ihnen helfen?	En quoi puis-je vous aider?
Den Schlüssel für Zimmer zweiundvierzig, bitte.	La clé de la chambre quarante-deux (la clé du quarante-deux), s'il vous plaît.
Geben Sie mir bitte meinen Zimmerschlüssel.	Donnez-moi la clé de ma chambre, je vous prie.
Bitte schön.	Voici, monsieur/madame.
Lassen Sie bitte mein Gepäck hinaufbringen/hinunter-bringen bringen.	Veuillez faire monter/ descendre mes bagages.
Hat jemand nach mir gefragt?	Est-ce que quelqu'un m'a demandé?
Ja, Herr Müller aus Düsseldorf bittet um einen Rückruf.	Oui, Monsieur Müller de Düsseldorf vous prie de le rappeler.

Hier ist seine Telefonnummer.	Voici son numéro de téléphone.
Wenn jemand nach mir fragt, sagen Sie, dass ich um zehn Uhr zurück sein werde.	Si quelqu'un me demande, dites que je serai de retour à dix heures.
Hat jemand eine Nachricht für mich hinterlassen?	Est-ce que quelqu'un a laissé un message pour moi?
Nein, niemand.	Non, personne.
Ist Post für mich da?	Y a-t-il du courrier pour moi?
Nein, Sie haben keine Post.	Non, vous n'avez pas de courrier.
Was kostet dieser Brief/diese Postkarte nach Deutschland?	Combien coûte cette lettre/cette carte postale pour l'Allemagne?
Haben Sie Briefmarken?	Avez-vous des timbres?
Bitte fünf Briefmarken zu ...	Cinq timbres à ..., s'il vous plaît.
Könnten Sie diese Briefe einwerfen?	Est-ce que vous pourriez poster ces lettres?
Können Sie mir eine deutsche Zeitung jeden Morgen besorgen?	Pourriez-vous me procurer chaque matin un journal allemand?
Welche Zeitung wünschen Sie?	Quel journal désirez-vous?
Als Zeitung hätte ich gerne ...	Comme journal, j'aimerais bien ...
Ich nehme auch diese Zeitschrift.	Je prends également ce magazine.
Wie viel macht das?	Ça fait combien?
Das macht alles zusammen ...	Ça fait ... en tout.

Haben Sie ein Fernsehprogramm?	Est-ce que vous avez un programme de télé?
Kann ich einen Hotelprospekt bekommen?	Puis-je avoir un prospectus de l'hôtel?
Haben Sie einen Stadtplan?	Est-ce que vous avez un plan de la ville?
Wie komme ich bitte zur Post/zur Bank?	Pour aller à la poste/à la banque, s'il vous plaît?
Wo kann ich eine Apotheke finden?	Où puis-je trouver une pharmacie?
Was gibt es Interessantes hier zu besichtigen?	Qu'est-ce qu'il y a d'intéressant à visiter ici?
Wo befindet sich die Altstadt?	Où se trouve la vieille ville?
Ich werde es Ihnen auf dem Plan zeigen.	Je vais vous montrer sur le plan.
Welchen Bus muss ich nehmen?	Quel bus dois-je prendre?
Wir möchten gern zur Ausstellung über ...	Nous voudrions aller à l'exposition sur ...
Wann beginnt das Konzert?	A quelle heure commence le concert?
Ich kann nicht gut Französisch.	Je ne parle pas bien français.
Aber doch, Sie sprechen gut.	Mais si, vous parlez bien.
Sie sind zu freundlich.	Vous êtes trop aimable.
Ich hätte gerne ein Auto gemietet.	J'aimerais bien louer une voiture.
Wie viele Kilometer sind es bis ...?	Combien de kilomètres y a-t-il jusqu'à ...?

Wo ist die nächste Tankstelle?	Où est la prochaine station-service?
Ich möchte zwei Plätze für einen Flug von Paris nach Frankfurt reservieren.	Je voudrais réserver deux places d'avion sur un vol Paris-Francfort.
Mit welcher Fluggesellschaft?	Avec quelle compagnie aérienne?
Wann möchten Sie fliegen?	Quand voulez-vous partir?
Am Freitag, dem einundzwanzigsten, gegen achtzehn Uhr.	Vendredi vingt et un, vers dix-huit heures.
Bitte reservieren Sie für den Zug nach Lyon um elf Uhr achtzehn zwei Nichtraucherplätze erster/zweiter Klasse.	Veuillez réserver dans le train pour Lyon de onze heures dix-huit deux places non-fumeurs en première/seconde classe.
Könnten Sie für mich ein Zimmer mit Dusche im Hotel Bristol in Lyon reservieren?	Est-ce que vous pourriez me faire réserver une chambre avec douche à l'hôtel Bristol à Lyon?
Ich möchte meine Post nachsenden lassen.	Je voudrais faire suivre mon courrier.
Hier ist meine Adresse.	Voici mon adresse.
Könnten Sie mir bitte ein Taxi rufen?	Voudriez-vous m'appeler un taxi?
Auf Wiedersehen und danke für alles.	Au revoir et merci pour tout.

PARKEN

Der Parkplatz ist kostenlos für unsere Gäste.	Le parking est gratuit pour nos clients.
Wo kann ich mein Auto parken?	Où puis-je garer ma voiture?

In der Tiefgarage gerade nebenan.	Dans le garage souterrain juste à côté.
Der Page wird es Ihnen zeigen.	Le page va vous montrer.
Es ist verboten auf dem Platz zu parken.	Il est défendu de stationner sur la place.
Ist die Garage die ganze Nacht geöffnet?	Est-ce que le garage est ouvert toute la nuit?

ABFAHRT

Ich reise/wir reisen morgen sehr früh ab.	Je pars/nous partons demain de bonne heure.
Machen Sie bitte meine/unsere Rechnung fertig (im Hotel sagt man *note*).	Préparez ma/notre note, s'il vous plaît.
Das geht in Ordnung. Ich habe es notiert.	C'est entendu. J'ai pris note.
Wie viel macht das?	Ça fait combien?
Das macht alles zusammen ...	Ça fait ... en tout.
Akzeptieren Sie Kreditkarten/Euroschecks/Reiseschecks?	Est-ce que vous acceptez les cartes de crédit/les euro-chèques/les chèques de voyage?
Sie haben ein Frühstück zu viel berechnet.	Vous avez compté un petit déjeuner en trop.
Das stimmt. Entschuldigen Sie bitte.	C'est vrai. Veuillez m'excuser.
Ich wünsche Ihnen eine angenehme Rückfahrt.	Je vous souhaite un bon retour.

ALLGEMEINES

Muss ich eine Anzahlung leisten?	Est-ce que je dois verser des arrhes?

Unser Hotel freut sich, Sie begrüßen zu können.	Notre hôtel est heureux de vous accueillir.
Wir wünschen Ihnen einen schönen Aufenthalt.	Nous vous souhaitons un bon séjour.
Ich möchte einen Scheck/ Reisescheck einlösen.	Je voudrais encaisser un chèque /un chèque de voyage.
Ich möchte dies in Ihrem Tresor hinterlassen.	Je voudrais déposer ceci dans votre coffre-fort.
Könnten Sie bitte diese Wertsachen aufbewahren?	Est-ce que vous pourriez garder ces objets de valeur?
Beanstandungen melden Sie bitte an der Rezeption.	En cas de réclamations, prière de vous adresser à la réception.
Ich hätte gern den Direktor/ den Geschäftsführer gesprochen.	Je voudrais bien parler au directeur/au gérant.
Können Sie mir sagen, worum es sich handelt?	Pourriez-vous me dire de quoi il s'agit?
Es tut mir Leid, aber Herr ... ist zur Zeit beschäftigt.	Je suis vraiment désolé(e), mais Monsieur ... est très occupé en ce moment.
Möchten Sie, dass wir einen Termin vereinbaren?	Voulez-vous que nous convenions d'un rendez-vous?
Passt Ihnen heute Nachmittag um sechzehn Uhr?	Est-ce que ça vous convient cet après-midi à seize heures?
Es passt mir sehr gut.	Ça me convient très bien.
Wir haben leider nichts mehr frei.	Nous regrettons, mais nous n'avons plus rien de libre.
Wir bedauern, alle unsere Zimmer sind zur Zeit belegt.	Nous regrettons, toutes nos chambres sont occupées actuellement.

Wegen der Messe sind wir ausgebucht.	A cause de la Foire, nous sommes complets.
Im Restaurant ist das Mitführen von Hunden untersagt.	Accès interdit aux chiens au restaurant.
Wäsche- und Bügelservice täglich, außer an Sonn- und Feiertagen.	Blanchissage et repassage tous les jours, sauf dimanche et jours fériés.
Könnten Sie dieses Kleid in die Reinigung geben?	Pourriez-vous me faire nettoyer cette robe?
Wann wird es fertig sein?	Quand est-ce que ce sera prêt?
Können Sie mir einen Babysitter besorgen?	Pourriez-vous me trouver une garde d'enfants?
Können Sie mir ein Stück Seife/einen Bademantel/eine Zahnbürste und Zahnpasta/einen Kamm besorgen?	Est-ce que vous pouvez me procurer une savonnette/un peignoir/une brosse à dents et du dentifrice/un peigne?
Können Sie mir sagen, wo ich einen Friseur/eine Friseuse/einen Friseurladen finde?	Pourriez-vous me dire où je peux trouver un coiffeur/une coiffeuse/un salon de coiffure?

BESCHWERDEN

Der Schalter und die Steckdose sind defekt.	L'interrupteur et la prise de courant sont défectueux.
Die Glühlampe ist durchgebrannt.	L'ampoule est grillée.
Die Klingel funktioniert nicht.	La sonnette ne fonctionne pas.
Die Heizung ist nicht in Ordnung.	Le chauffage ne marche pas bien.

Dieser Heizkörper geht nicht.	Ce radiateur ne fonctionne pas.
Das Fenster meines Zimmers klemmt.	La fenêtre de ma chambre est coincée.
Heute ist mein Zimmer nicht geputzt worden.	Aujourd'hui, ma chambre n'a pas été faite.
Ich habe kein heißes Wasser.	Je n'ai pas d'eau chaude.
Außerdem tropft der Wasserhahn.	De plus, le robinet goutte.
Der Abfluss des Waschbeckens ist verstopft.	L'écoulement du lavabo est bouché.
Die Wasserspülung funktioniert nicht.	La chasse d'eau ne fonctionne pas.
Es fehlen Handtücher.	Il manque des serviettes.
Im Schrank sind nicht genug Kleiderbügel.	Il n'y a pas assez de cintres dans l'armoire.
Das Bett ist zu hart.	Le lit est trop dur.

WENN JEMAND AN IHRE ZIMMERTÜR KLOPFT

Wer ist da?	Qui est là?
Das Zimmermädchen.	C'est la femme de chambre.
Haben Sie geklingelt?	Vous avez sonné?
Einen Augenblick, bitte. Herein!	Un instant, s'il vous plaît. Entrez!
Womit kann ich Ihnen dienen?	Est-ce que je peux vous aider?
Ja, kann ich noch eine extra Bettdecke bekommen?	Oui, puis-je avoir une couverture de plus?
Sofort, ich bringe Ihnen eine.	Tout de suite, je vous en apporte une.

E3. Hotelvokabular Deutsch–Französisch

A

abbestellen annuler
Abbestellung annulation *f*
Abfahrtszeit heure *f* de départ
Abreise départ *m*
abreisen partir
Adresse adresse *f*
Anfrage (auf ~) sur demande
ankommen arriver
Ankunftszeit heure *f* d'arrivée
Anmeldeformular fiche *f* d'étranger
anmelden (sich ~) s'inscrire
Anmeldung inscription *f*
anrufen téléphoner, appeler
Anzahlung (Hotelzimmer) arrhes *f* pl
Aufenthalt séjour *m*
aufhalten (sich ~) séjourner
Aufzug ascenseur *m*
Ausflug excursion *f*
Ausflugsmöglichkeiten possibilités *f pl* d'excursion
ausfüllen (Formular) remplir
Ausgang sortie *f*
ausgebucht complet
Auskunft renseignement *m*
Auskunft erteilen renseigner
außer Betrieb hors service
Aussicht vue *f*
ausstatten mit … équiper de …
Ausweispapiere papiers *m pl* d'identité
automatischer Weckruf réveil *m* automatique
Autovermietung location *f* de voitures

B

Babysitter baby-sitter *m*
Bad, Badezimmer salle *f* de bains
Bademantel peignoir *m*
Badewanne baignoire *f*
Balkon balcon *m*
Bank (Geldinstitut) banque *f*
Bankett banquet *m*

beabsichtigen avoir l'intention de ...
Beanstandung réclamation *f*
bedienen servir, faire le service
Bedienung service *m*
Bedingungen conditions *f pl*
beheiztes Schwimmbad piscine *f* chauffée
Behinderter/Behinderte handicapé *m* / handicapée *f*
besetzt occupé, occupée
Besichtigung visite *f*
Besichtigungsfahrt circuit *m* touristique
bestätigen confirmer
Bestätigung confirmation *f*
bestellen (Frühstück) commander le petit déjeuner
bestellen (Taxi) demander un taxi
bestellen (Zimmer) retenir une chambre
Bestellung commande *f*
Bett lit *m*
Bettdecke couverture *f*
Bettwäsche draps *m pl* de lit
bleiben rester
brauchen avoir besoin de
Briefkasten boîte *f* aux lettres
Briefmarke timbre *m* poste
Briefpapier papier *m* à lettre
Briefumschlag enveloppe *f*
bringen apporter
buchen réserver, retenir
buchstabieren épeler

D

Damentoilette toilettes *f pl* pour dames
danken (jdm) remercier quelqu'un
Dauer durée *f*
Doppelzimmer chambre *f* pour deux personnes
Durchreisegast client *m* de passage
Dusche douche *f*

E

Einbettzimmer chambre *f* à un lit
eintreffen arriver

Einzelzimmer chambre *f* pour une personne
Empfang réception *f*
Empfangschef chef *m* de réception
Empfangsdame réceptionnaire *f*
Erfrischung rafraîchissement *m*
Ermäßigung gewähren accorder une réduction
erstklassiges Hotel hôtel *m* de grande classe
Etage étage *m*

F

Fahrstuhl ascenseur *m*
Farbfernseher télé *f* couleur
faxen faxer
Faxgerät fax *m*
Fenster fenêtre *f*
Fensterladen volet *m*
Fitnessraum salle *f* de remise en forme
fragen demander
frei libre
Freibad piscine *f* de plein air
Freizeit loisirs *m pl*
Frühstück petit déjeuner *m*
Frühstücksbüffet petit déjeuner buffet
Frühstückspreis prix *m* du petit déjeuner
Frühstücksraum salle *f* des petits déjeuners
funktionieren fonctionner

G

Garage gebührenpflichtig garage *m* payant
Garage kostenlos garage *m* gratuit
Garderobe vestiaire *m*
Gardine rideau *m*
Garten jardin *m*
Gast client *m*, cliente *f*
Gasthof auberge *f*
gebührenpflichtiger Parkplatz parking *m* payant
gefallen plaire
Gepäck bagages *m pl*
geräumig vaste; spacieux, spacieuse
Glühbirne ampoule *f*

H

Haartrockner sèche-cheveux *m*
Haarwaschmittel shampooing *m*
Halbpension demi-pension *f*
Hallenbad piscine *f* couverte
Handtuch serviette *f* de toilette
Heizkörper radiateur *m*
Heizung chauffage *m*
Herrentoilette toilettes *f pl* pour messieurs
hinaufbringen (das Gepäck ~) monter les bagages
hinunterbringen (das Gepäck ~) descendre les bagages
Hochsaison haute saison *f*
holen aller chercher, venir chercher
Hoteldiener valet *m* de chambre
Hotelhalle hall *m* de l'hôtel
Hotelkette chaîne *f* hôtelière
Hotelrechnung note *f*
Hund chien *m*

I/J

im Voraus à l'avance
in Betrieb sein marcher
inbegriffen compris
inklusiv compris
Jahresurlaub fermeture *f* annuelle

K

kaltes Wasser eau *f* froide
Kasse caisse *f*
Kassierer, Kassiererin caissier *m*, caissière *f*
Kinderbett lit *m* d'enfant
Kinderermäßigung réduction *f* pour enfants
Kleiderbügel cintre *m*
Kleiderschrank (eingebauter ~) penderie *f*
Kleidung vêtements *m pl*
Klimaanlage climatisation *f*, air *m* conditionné
Klingel sonnette *f*
Koffer valise *f*
Komfort confort *m*
komfortabel confortable

Konferenz conférence *f*
Kongress congrès *m*
Konzert concert *m*
Kopfkissen oreiller *m*
kosten (Preis) coûter
kostenlos gratuit, gratuite
Kreditkarte carte *f* de crédit

L

Lampe lampe *f*
laut bruyant, bruyante
lauwarm tiède
Licht lumière *f*
Lichtschalter interrupteur *m*
Liftboy liftier *m*

M

Matratze matelas *m*
mieten louer
mit Frühstück avec petit déjeuner
Mittagessen déjeuner *m*
mögen aimer
möglich possible
Motel motel *m*

N

Nachfrage demande *f*
Nachricht hinterlassen laisser un message
Nachricht übermitteln transmettre un message
Nachsaison arrière-saison *f*
nachsenden (die Post ~) faire suivre le courrier
Nachtlokal boîte *f* de nuit
Nachtportier concierge *m* de nuit
Nachttisch table *f* de nuit
Nachttischlampe lampe *f* de chevet
Nachtwächter veilleur *m* de nuit
Name nom *m*
Notausgang sortie *f* de secours
notieren noter
Nummer numéro *m*

O/P

ohne (~ Balkon) sans balcon
Page page *m*, chasseur *m*
parken stationner
Parkmöglichkeit possibilité *f* de stationnement
Parkplatz parking *m*, parc *m* à voitures
Pass, Reisepass passeport *m*
Pauschalpreis forfait *m*
Pension pension *f* de famille
Person personne *f*
Personalausweis carte *f* d'identité
Portier concierge *m*
Post nachsenden faire suivre le courrier
Postkarte carte *f* postale
Preis prix *m*
Privatbad mit WC salle *f* de bains et W.-C. privés
Privatdusche mit WC douche *f* avec W.-C. privés
pro Nacht par nuit
pro Person par personne
Prospekt prospectus *m*

R

Radio radio *f*
Radiowecker réveil-radio *m*
reinigen nettoyer
Reinigung nettoyage *m*
Reisetasche sac *m* de voyage
reservieren réserver
Reservierung réservation *f*
Rezeption réception *f*
Rezeptionist, Rezeptionistin réceptionnaire *m/f*
ruhig calme, tranquille
ruhiges Zimmer chambre *f* calme

S

Safe coffre-fort *m*
sauber propre
Sauna sauna *m*
Scheck chèque *m*
schicken envoyer

Schlüssel clé *f*, clef *f*
schmutzig sale
Schrank armoire *f*
Schwimmbad piscine *f*
Seife savon *m*
Selbstwahltelefon téléphone *m* direct
senden envoyer
servieren servir
Spannung (elektrische ~) voltage *m*
Spezialarrangement conditions *f pl* spéciales
Spiegel miroir *m*, glace *f*
Spitzenkomfort très grand confort
Spülung chasse *f* d'eau
Staatsangehörigkeit nationalité *f*
Stadtplan plan *m* de la ville
Stammgast habitué *m*, client *m* habituel
Steckdose prise *f* de courant
Stecker fiche *f*
Stock, Stockwerk étage *m*
stören déranger
Strom (elektrischer ~) courant *m*
Südbalkon balcon *m* exposé au sud
Suite appartement *m*, suite *m*

T

Tag jour *m*, journée *f*
Tagesportier concierge *m* de jour
Tagung séminaire *m*, congrès *m*
Tagungsraum salle *f* du congrès
Tanzabend soirée *f* dansante
tanzen danser
Taxi taxi *m*
Telefon téléphone *m*
Telefonanschluss mit Direktwahl téléphone *m* direct
Telefonbuch annuaire *m* téléphonique
telefonieren téléphoner
Telefonnummer numéro *m* de téléphone
Telefonzelle cabine *f* téléphonique
Telefonzentrale standard *m* téléphonique
Telegramm télégramme *m*

teuer cher
Toilette toilettes *f pl*
Toilettenpapier papier *m* hygiènique, papier-toilette *m*
Treppe escalier *m*
Tresor coffre-fort *m*
Trinkgeld pourboire *m*
Tür porte *f*
Türschloss serrure *f*
TV-Programme chaînes *f pl* TV

U

übernachten passer la nuit
Übernachtung nuit *f*

V

Verbindungstür porte *f* commune
verfügbar disponible
Verkehrsverein syndicat *m* d'initiative
Verlängerungsschnur rallonge *f*
Verlängerungstag jour *m* supplémentaire
Verlängerungswoche semaine *f* supplémentaire
Vollpension pension *f* complète
Vorauszahlung paiement *m* d'avance
Vorhang rideau *m*
Vorname prénom *m*
Vorsaison avant-saison *f*
vorziehen préférer

W

Wäsche linge *m*
Wäscherei lingerie *f*
Wagen voiture *f*
Wandschrank placard *m*
warm chaud, chaude
warmes Wasser eau *f* chaude
Waschbecken lavabo *m*
waschen laver
Waschraum cabinet *m* de toilette
Wasser eau *f*
Wasserhahn robinet *m*
Wasserspülung chasse *f* d'eau

Wechselgeld monnaie *f*
wechseln (Geld ~) changer de l'argent
wecken réveiller
Wecker réveil *m*
weiterfahren continuer (le voyage)
Wertsachen objets *m pl* de valeur
Wirt, Wirtin patron *m*, patronne *f*
Woche semaine *f*
Wohnsitz (ständiger ~) domicile *m* habituel
Wolldecke couverture *f* de laine
wünschen, verlangen désirer

Z

zahlen payer
Zahnbürste brosse *f* à dents
Zahnpasta dentifrice *m*
Zeitraum période *f*
Zeitschrift magazine *m*
Zeitung journal *m*
Zentralheizung chauffage *m* central
Zimmer chambre *f*
Zimmer für Behinderte chambres *f pl* pour handicapés
Zimmer mit Bad und WC chambres *f pl* avec salle de bains et W.-C. privés
Zimmer mit französischem Bett chambre *f* à grand lit
Zimmer mit Frühstück chambre *f* avec petit déjeuner
Zimmer zum Garten chambre *f* sur le jardin
Zimmermädchen femme *f* de chambre
Zimmernummer numéro *m* de chambre
Zimmerpreis prix *m* de la chambre
Zimmerreinigung nettoyage *m* de la chambre
Zimmerschlüssel clé *f* de la chambre
Zufahrt accès *m*
zurück sein être de retour
zurückfahren retourner
zusätzlich en plus, en sus
Zuschlag supplément *m*
Zwischenstecker fiche *f* intermédiaire

Service du petit déjeuner à partir de 6 h 15

Veuillez m'accrocher à la porte le soir
pour commander votre petit déjeuner

Chambre no: ... Nombre de personnes: ...

A servir entre ... h et ... h

Petit déjeuner continental

Cochez les articles désirés et indiquez le nombre

☐ Café (lait ou crème)
☐ Thé (lait ou citron)
☐ Chocolat
☐ Marmelade
☐ Confiture
☐ Miel
☐ Petits pains
☐ Croissants
☐ Toasts
☐ Biscottes

Jus de fruits

☐ Orange
☐ Pomme
☐ Raisin
☐ Tomate
☐ Pamplemousse
☐ Ananas

Jus de fruits pressés

☐ Orange
☐ Citron
☐ Pamplemousse

À la carte

... Œufs à la coque
... Œufs sur le plat
... Œufs avec jambon
... Œufs avec bacon
... Œufs brouillés
... Omelette nature
... Omelette jambon
... Corn Flakes
... Porridge
... Pamplemousse Cocktail
... Yaourt lait entier
... Corbeille de fruits

Commande spéciale

Date:

Nom:

N'oubliez pas de préciser le numéro de votre chambre et l'heure du service souhaité.

Frühstück ab 6.15 Uhr

Bitte Ihre Frühstücksbestellung abends außen an die Tür hängen

Zimmer Nr.: ... Anzahl der Personen: ...

Gewünschte Uhrzeit: ... Uhr bis ... Uhr

Kontinentales Frühstück

Gewünschtes ankreuzen und Anzahl angeben

☐ Kaffee (Milch oder Sahne)
☐ Tee (Milch oder Zitrone)
☐ Schokolade
☐ Marmelade
☐ Konfitüre
☐ Honig
☐ Brötchen
☐ Croissants
☐ Toast
☐ Zwieback

Fruchtsäfte

☐ Orangensaft
☐ Apfelsaft
☐ Traubensaft
☐ Tomatensaft
☐ Grapefruitsaft
☐ Ananassaft

Frisch gepresste Säfte

☐ Orangensaft
☐ Zitronensaft
☐ Grapefruitsaft

À la carte

... Weichgekochte Eier
... Spiegeleier
... Eier mit Schinken
... Eier mit Speck
... Rühreier
... Omelette natur
... Omelette mit Schinken
... Cornflakes
... Porridge (Haferflockenbrei)
... Grapefruit-Cocktail
... Vollmilch-Joghurt
... Obstkorb

Sonderbestellung

Datum:

Name:

Vergessen Sie nicht, die Zimmernummer und die gewünschte Uhrzeit anzugeben.

E4. In Läden und Fachgeschäften

Apotheke	la pharmacie
Bäckerei	la boulangerie
Blumengeschäft	le/la fleuriste
Buchhandlung	la librairie
Delikatessengeschäft	le traiteur
Drogerie (für Haushaltswaren)	la droguerie (pour articles de ménage)
Eisdiele	le glacier
Eisenwarengeschäft	la quincaillerie
Fischgeschäft	la poissonnerie
Fleischerei, Metzgerei	la boucherie
Friseursalon	le salon de coiffure
Gemüse- und Obstgeschäft	le magasin de fruits et primeurs
Juweliergeschäft	la bijouterie
Kaufhaus	le grand magasin
Konditorei	la pâtisserie
Kurzwarengeschäft	la mercerie
Lebensmittelgeschäft	l'épicerie *f*, le magasin d'alimentation
Lederwarengeschäft	la maroquinerie
Metzgerei, Fleischerei	la boucherie
Milchgeschäft	la crèmerie
Obstgeschäft	la fruiterie
Parfümerie, Drogerie	la parfumerie
Reinigung	la teinturerie
Reinigung (chemisch)	le nettoyage à sec
Schreibwarengeschäft	la papeterie

Schuhgeschäft	le magasin de chaussures
Schweinemetzgerei	la charcuterie
Spirituosengeschäft	le magasin de spiritueux
Süßwarengeschäft	la confiserie
Tabakladen	le bureau de tabac
Waschsalon	la laverie automatique
Weinhandlung	le négociant en vins
Zeitungsgeschäft	le marchand de journaux

VON B WIE BANK BIS W WIE WARENHAUS

Bank	la banque
Baumarkt	le bricomarché
Einkaufszentrum	le centre commercial
Fachgeschäft	le magasin spécialisé
Fischmarkt	le marché aux poissons
Kaufhaus	le grand magasin
Markt	le marché
Markthalle	le marché couvert
Postamt	la poste
Selbstbedienung	le libre service, le self-service
Sparkasse	la caisse d'épargne
Supermarkt	le supermarché
Trödelmarkt	la foire à la brocante
Verbrauchermarkt	la grande surface; l'hypermarché *m*
Warenhaus	le grand magasin

Im Gegensatz zu Deutschland ist es in Frankreich nicht üblich, dass der Angerufene seinen Namen nennt. Er antwortet nur *Allô* und fordert dadurch den Anrufer auf zu sagen, wer er ist und was er möchte.

Wichtige Vorwahlnummern für Gespräche von Frankreich nach

Deutschland	00 49
Österreich	00 43
Schweiz	00 41

Wenn Sie von Deutschland nach Frankreich anrufen, ist die Vorwahl 00 33; danach wählen Sie die Nummer des jeweiligen Distrikts, jedoch ohne die Null; sie wird nur bei Gesprächen innerhalb Frankreichs benutzt (siehe Tabelle); zum Schluss wählen Sie die gewünschte Telefonnummer.

Wichtige Vorwahlnummern innerhalb von Frankreich

Ile de France *(Région parisienne)*	01
Nordwesten *(Bretagne, Haute-Normandie et Basse-Normandie, Pays de la Loire, Centre)*	02
Nordosten *(Nord, Pas-de-Calais, Picardie, Champagne-Ardenne, Bourgogne, Lorraine, Alsace, Franche-Comté)*	03
Südosten *(Auvergne, Rhône-Alpes, Provence-Alpes-Côte-d'Azur, Corse, Languedoc-Roussillon)*	04
Südwesten *(Poitou-Charentes, Limousin, Aquitaine, Midi-Pyrénées)*	05

ICH MÖCHTE ANRUFEN

Wo kann ich anrufen?	Où puis-je téléphoner?
Gibt es ein Telefon in der Nähe?	Est-ce qu'il y a un téléphone dans le voisinage?
Gerade gegenüber ist eine Telefonzelle.	Juste en face, il y a une cabine téléphonique.
Das ist ein Kartentelefon/ Münztelefon.	C'est un téléphone à télécarte/ un téléphone à monnaie.
Wo kann ich eine Telefonkarte kaufen? *(Telefonkarten sind auf Postämtern und in der Regel in Tabakläden erhältlich)*	Où est-ce que je peux acheter une télécarte?
Könnten Sie mir bitte Kleingeld geben?	Pourriez-vous me faire de la monnaie?
Welche Nummer haben Sie gewählt?	Quel numéro avez-vous appelé?
Ich wollte Reims 03-26-40-39-37 *(bitte Reihenfolge der Zahlen beachten)*	Je voulais le zéro trois/ vingt-six/quarante/ trente-neuf/trente-sept à Reims.
Wie ist die Vorwahlnummer für ...?	Quel est l'indicatif téléphonique pour ...?
Kann ich im Telefonbuch nachsehen?	Puis-je consulter l'annuaire téléphonique?
Ich muss die Nummer im Telefonbuch nachschlagen.	Je dois chercher le numéro dans l'annuaire.
Ich muss die Werkstatt anrufen.	Je dois appeler le garage.
Könnten Sie diese Nummer für mich wählen?	Pourriez-vous m'obtenir ce numéro?

Kann ich nach ... durchwählen?	Puis-je téléphoner directement à ...?
Sie können die Nummer selbst wählen.	Vous pouvez composer le numéro vous-même.
Ich möchte ein Gespräch nach ... anmelden.	Je voudrais une communication pour ...
Ich möchte ein R-Gespräch anmelden.	Je voudrais téléphoner en P.C.V.

AM TELEFON

Hallo!	Allô, j'écoute!
Hallo, hier ist Herr ... aus ...	Allô, c'est Monsieur ... de ...
Wer ist am Apparat? / Wer spricht, bitte?	Qui est à l'appareil, s'il vous plaît?
Ich möchte mit Herrn ... sprechen.	Je voudrais / j'aimerais parler à Monsieur ...
Bekommen Sie keine Antwort?	Ça ne répond pas?
Nein, es meldet sich niemand.	Non, personne ne répond.
Dann verbinden Sie mich bitte mit Frau ...	Alors, passez-moi Madame ..., s'il vous plaît.
Ich verbinde Sie.	Je vous passe la communication.
Einen Augenblick, bitte.	Un instant, s'il vous plaît.
Spreche ich mit Frau ... / Herrn ...?	Est-ce que je parle à Madame .../à Monsieur ...?
Am Apparat.	Elle-même/Lui-même à l'appareil.
Ich bedauere, Herr ... ist im Augenblick nicht da.	Je regrette, Monsieur ... est sorti pour le moment.
Wann wird er zurück sein?	Quand sera-t-il de retour?

Gegen vierzehn Uhr?	Vers quatorze heures.
Sagen Sie ihm bitte, dass er mich unter dieser Nummer bis sechzehn Uhr erreichen kann. Es ist sehr dringend.	Veuillez lui dire qu'il peut me joindre à ce numéro jusqu'à seize heures. C'est très urgent.
Herr ... ist in einer Besprechung.	Monsieur ... est en conférence.
Frau ... ist in einer Sitzung.	Madame ... est en réunion.
Würden Sie ihm/ihr etwas ausrichten?	Voudriez-vous lui laisser un message?
Sehr gerne.	Très volontiers.
Herr ... ist auf einer Geschäftsreise/in Urlaub.	Monsieur ... est en déplacement/en vacances.
Herr ... spricht gerade.	Monsieur ... est en ligne/ est en train de parler.
Möchten Sie warten?	Est-ce que vous désirez attendre?
Bleiben Sie am Apparat.	Ne quittez pas.
Ich möchte eine Nachricht hinterlassen.	Je voudrais laisser un message.
Sagen Sie ihm bitte, dass er mich zurückrufen soll.	Dites-lui de me rappeler, s'il vous plaît.
Wie ist Ihre Telefonnummer?	Quel est votre numéro de téléphone?
Ich werde später wieder anrufen.	Je rappellerai plus tard.
Danke für Ihren Anruf.	Merci de votre appel.
Auf Wiederhören!	Au revoir, Monsieur/Madame!

KEIN ERFOLG

Es meldet sich niemand.	Personne ne répond.
Ich habe mich verwählt.	Ce n'est pas le bon numéro.
Könnten Sie die Verbindung noch einmal herstellen?	Pourriez-vous rétablir la communication?
Die Verbindung mit Ihrem Gesprächspartner ist wieder hergestellt.	La communication avec votre interlocuteur est rétablie.
Die Leitung ist besetzt.	La ligne est occupée.
Wir sind unterbrochen worden.	Nous sommes coupés./ On nous a coupés.
Die Verbindung ist sehr schlecht.	La communication est très mauvaise.
Ich höre Sie sehr schlecht.	Je vous entends très mal.
Würden Sie bitte lauter/ langsamer sprechen?	Veuillez parler plus fort/ plus lentement?
Könnten Sie es bitte wiederholen?	Est-ce que vous pourriez répéter, s'il vous plaît?
Entschuldigen Sie! Ich habe mich in der Nummer geirrt.	Excusez-moi! Je me suis trompé de numéro.
Ich bekomme keine Verbindung.	Je ne peux pas obtenir la communication.
Ich kann nicht länger warten.	Je ne peux pas attendre plus longtemps.
Bitte streichen Sie meine Anmeldung.	Veuillez annuler ma demande.
Kein Anschluss unter dieser Nummer.	Il n'y a pas d'abonné à ce numéro.

ALLGEMEINES

Ich erwarte/Wir erwarten einen Anruf.	J'attends/Nous attendons un coup de téléphone.
Ein Gespräch für Sie.	Un appel pour vous.
Sie werden am Telefon verlangt.	On vous demande au téléphone.
Könnten Sie mich mit demjenigen verbinden, der für ... zuständig ist.	Pourriez-vous me passer la personne qui s'occupe de ...
Könnte ich einen Termin bekommen?	Est-ce que je pourrais avoir un rendez-vous?
Ich möchte gern ein Gespräch mit anschließender Gebührenangabe.	Je voudrais une communication avec I. D. (indication de durée), s'il vous plaît.
Das Gespräch nach ..., Kabine vier.	La communication pour ..., cabine quatre.
Was kostet ein Ortsgespräch?	Combien coûte une communication locale?
Ab wie viel Uhr beginnt der Billigtarif/der Nachttarif?	A partir de quelle heure commence le tarif réduit/ le tarif de nuit?

Die französische Post empfiehlt bei Namen wie folgt zu buchstabieren:

A	*Anatole*	G	*Gaston*	N	*Nicolas*	U	*Ursule*
B	*Berthe*	H	*Henri*	O	*Oscar*	V	*Victor*
C	*Célestin*	I	*Irma*	P	*Pierre*	W	*William*
D	*Désiré*	J	*Joseph*	Q	*Quintal*	X	*Xavier*
E	*Eugène*	K	*Kléber*	R	*Raoul*	Y	*Yvonne*
É	*Émile*	L	*Louis*	S	*Suzanne*	Z	*Zoé*
F	*François*	M	*Marcel*	T	*Thérèse*		

HÖFLICHKEITSFORMEN

Bitte.	S'il vous plaît.
Danke.	Merci.
Vielen Dank.	Merci beaucoup./Merci bien.
Ich danke dir/Ihnen.	Je te/vous remercie.
Bitte *(Antwort auf „Danke")*	Je vous en prie.
Danke, gleichfalls.	Merci, pareillement.
Gerne.	Volontiers.
Guten Morgen. / Guten Tag.	Bonjour. *(den ganzen Tag möglich)*
Guten Abend.	Bonsoir.
Gute Nacht.	Bonne nuit. *(vor dem Schlafengehen)*
Wie heißen Sie?	Comment vous appelez-vous?
Ich heiße ...	Je m'appelle ...
Mein Name ist ...	Mon nom est ...
Gestatten Sie?	Vous permettez?
Das ist sehr liebenswürdig von dir/Ihnen.	C'est très aimable à toi/à vous.
Das ist sehr nett von dir/Ihnen.	C'est très gentil à toi/à vous.
Wie geht es Ihnen?/ Wie geht's?	Comment allez-vous?/ Comment ça va?
Danke, es geht mir gut./ Es geht so.	Merci, ça va bien./Ça va.
Es könnte (nicht) besser gehen.	Ça (ne) pourrait (pas) aller mieux.
Viel Glück! / Alles Gute!	Bonne chance!
Viel Vergnügen!	Amusez-vous bien!

Mit Vergnügen!	Avec plaisir!
Gute Fahrt!	Bonne route! *(Autofahrer)*
Gute Reise!	Bon voyage!
Entschuldigen Sie!	Excusez-moi! / Pardon!
Ich bedauere sehr.	Je regrette beaucoup.
Es tut mir Leid.	Je suis désolé(e)/navré(e).
Das ist nicht meine Schuld.	Ce n'est pas ma faute.
Das ist wirklich schade.	C'est vraiment dommage.

FRAGEFORMEN

Haben Sie ...?	Avez-vous ...?
Hätten Sie ...?	Auriez-vous ...?
Könnten Sie ...?	Pourriez-vous ...?
Würden Sie ...?	Voudriez-vous ...?
Wo?/Wohin? – Woher?	Où? – D'où?
Wo kann ich ...?	Où puis-je ...?
Wo bekomme ich ...?	Où puis-je avoir ...?
Wo befindet sich ...?	Où se trouve ...?
Wie?	Comment?
Wie lange?	Combien de temps?
Wie lange dauert ...?	Combien de temps faut-il ...?
Wann? – Warum?	Quand? – Pourquoi?
Wie heißt ...?	Comment s'appelle ...?
Können Sie mir eine Auskunft geben?	Pouvez-vous me donner un renseignement?
Was heißt das auf Französisch?	Comment dit-on en français?
Was bedeutet das?	Qu'est-ce que ça veut dire?

EINLADUNGEN

Erlauben Sie mir, Sie zum Mittagessen/Abendessen einzuladen?	Me permettez-vous de vous inviter à déjeuner/à dîner?
Danke für die Einladung.	Merci de l'invitation.
Erlauben Sie mir, Ihnen Frau/Fräulein/Herrn ... vorzustellen?	Permettez-moi de vous présenter Madame/ Mademoiselle/Monsieur ...?
Angenehm/Sehr erfreut, Sie kennen zu lernen!	Enchanté(e)/Très heureux (heureuse) de faire votre connaissance!
Nehmen Sie bitte Platz.	Veuillez prendre place.
Was darf ich Ihnen anbieten?	Qu'est-ce que je peux vous offrir?
Ich hätte gern/möchte ...	J'aimerais ... / Je voudrais ...
Ich möchte lieber ...	J'aimerais mieux ...
Geben Sie mir bitte ...	Donnez-moi ..., s'il vous plaît.
Auf Ihr Wohl!	À votre santé!
Wie lange sind Sie schon hier?	Depuis combien de temps êtes-vous ici?
Wie lange bleiben Sie?	Combien de temps resterez-vous?
Wo können wir uns wiedersehen?	Où pouvons-nous nous revoir?
Wann passt es Ihnen?	Quand est-ce que ça vous convient?
Gehen wir etwas trinken?	Allons boire un verre?
Leider bin ich in Eile.	Malheureusement, je suis pressé(e).

NACH DEM WEG FRAGEN

Wie komme ich nach ...?	Pour aller à ...?
Wie lange braucht man?	On met combien de temps?
Könnten Sie mir ... zeigen?	Pourriez-vous m'indiquer ...?
Wo kann ich ... kaufen?	Où puis-je acheter ...?
Ich werde es Ihnen erklären.	Je vais vous expliquer.
Gehen Sie geradeaus.	Allez tout droit.
Nehmen Sie die dritte Straße rechts, dann die erste Straße links.	Prenez la troisième rue à droite, ensuite, la première rue à gauche.
Ich habe mich verlaufen/ verfahren.	Je me suis trompé(e) de chemin/de route.
Wo ist die nächste Bank/ das nächste Postamt?	Où est la banque la plus proche/le bureau de poste le plus proche?
Ich möchte Geld wechseln.	Je voudrais changer de l'ar-gent.
Wo ist die nächste U-Bahnstation?	Où est la prochaine station de métro?
Welche Linie muss ich nehmen, um nach ... zu kommen?	Quelle ligne est-ce que je dois prendre pour aller à ...?
Muss ich umsteigen?	Est-ce que je dois changer?
Wo ist die nächste Tankstelle?	Où est la station-service la plus proche?
Ist hier in der Nähe eine Werkstatt?	Est-ce qu'il y a un garage près d'ici?
Ich habe eine Panne.	Je suis en panne.

EINKAUFEN

Was hätten Sie gerne?	Que désirez-vous?
Ich hätte gerne ...	Je voudrais ...
Wo ist ein Geschäft für ... ?	Où y a-t-il un magasin pour ...?
Geben Sie mir ...	Donnez-moi ...
Ist es recht so?	Comme ceci?
Ja, es ist recht so.	Oui, ça va comme cela.
Was kostet das?	Ça coûte combien?
Wie viel macht das?	Combien ça fait?
Hätten Sie eine Papier- oder Plastiktüte?	Auriez-vous un sac en papier ou en plastique?
Könnten Sie mir helfen?	Pourriez-vous m'aider?
Ich möchte mir ... ansehen.	Je voudrais voir ...
Haben Sie nicht etwas Preiswerteres?	Vous n'avez rien de moins cher?
Zeigen Sie mir bitte ...	Montrez-moi ... , s'il vous plaît.
Das gefällt mir (nicht).	Ça (ne) me plaît (pas).
Es passt (nicht).	Ça (ne) va (pas).
Welche Farbe suchen Sie?	Quelle teinte cherchez-vous?
Könnten Sie mir bitte etwas anderes zeigen?	Est-ce que vous pourriez me montrer autre chose?
Es ist zu teuer.	C'est trop cher.
Haben Sie etwas Preiswerteres?	Est-ce que vous avez quelque chose de meilleur marché?
Meine Kragenweite/Meine Größe *(Kleidung)*/Meine Schuhgröße ist ...	Mon encolure/Ma taille/ Ma pointure est ...

Haben Sie etwas Größeres/ Kleineres?	Avez-vous un peu plus grand/ plus petit?
Das ist nicht genau, was ich möchte.	Ce n'est pas exactement ce qu'il me faut.
Ich überlege es mir noch mal.	Il faut que je réfléchisse encore.

ALLGEMEINES

Ich habe ... verloren.	J'ai perdu ...
Könnten Sie bitte langsamer sprechen?	Pourriez-vous parler plus lentement?
Ich verstehe Sie nicht gut.	Je ne vous comprends pas bien.
Ich möchte bitte ... mieten.	Je voudrais louer ...
Können Sie mir ... leihen?	Pouvez-vous me prêter ... ?
Bei welcher Kasse sind Sie versichert?	Quelle est votre caisse de maladie?
Was fehlt Ihnen?	Qu'est-ce qui ne va pas?
Wo tut es weh?	Où avez-vous mal?
Ich habe hier Schmerzen.	J'ai mal ici.
Ich hätte gern einen Termin.	Je voudrais prendre rendez-vous.
Ich möchte ein Telefax nach Deutschland senden.	Je voudrais envoyer un fax en Allemagne.
Welche Postleitzahl hat ...?	Quel est le code postal de ...?
Kann man hier Plätze für ... vorbestellen?	Peut-on réserver ici des places pour ...?
Ich möchte zwei Karten für ...	Je voudrais deux entrées pour ...
Um wie viel Uhr beginnt das Konzert/das Schauspiel/ die Oper?	À quelle heure commence le concert/la pièce/l'opéra?

ZAHLEN

eins	un, une
zwei	deux
drei	trois
vier	quatre
fünf	cinq
sechs	six
sieben	sept
acht	huit
neun	neuf
zehn	dix
elf	onze
zwölf	douze
dreizehn	treize
vierzehn	quatorze
fünfzehn	quinze
sechzehn	seize
siebzehn	dix-sept
achtzehn	dix-huit
neunzehn	dix-neuf
zwanzig	vingt
einundzwanzig	vingt et un
zweiundzwanzig	vingt-deux
dreiundzwanzig	vingt-trois

vierundzwanzig	vingt-quatre
fünfundzwanzig	vingt-cinq
sechsundzwanzig	vingt-six
siebenundzwanzig	vingt-sept
achtundzwanzig	vingt-huit
neunundzwanzig	vingt-neuf
dreißig	trente
einunddreißig *usw.*	trente et un
vierzig	quarante
fünfzig	cinquante
sechzig	soixante
siebzig	soixante-dix
einundsiebzig	soixante et onze
zweiundsiebzig	soixante-douze
dreiundsiebzig *usw.*	soixante-treize
achtzig	quatre-vingt(s)
einundachtzig	quatre-vingt-un
zweiundachtzig *usw.*	quatre-vingt-deux
neunzig	quatre-vingt-dix
einundneunzig	quatre-vingt-onze
zweiundneunzig *usw.*	quatre-vingt-douze
hundert	cent
tausend	mille
eine Million	un million

WOCHENTAGE

Montag	lundi
Dienstag	mardi
Mittwoch	mercredi
Donnerstag	jeudi
Freitag	vendredi
Samstag	samedi
Sonntag	dimanche

MONATE

Januar	janvier
Februar	février
März	mars
April	avril
Mai	mai
Juni	juin
Juli	juillet
August	août
September	septembre
Oktober	octobre
November	novembre
Dezember	décembre

DATUM

der 1. Oktober	le premier octobre
der 2. Mai	le deux mai
der 31. Juli	le trente et un juillet

UHRZEIT

Wie viel Uhr ist es?	Quelle heure est-il?
Es ist acht Uhr.	Il est huit heures.
Es ist halb neun.	Il est huit heures et demie.
Es ist Viertel vor neun.	Il est neuf heures moins le quart.
Es ist Viertel nach neun.	Il est neuf heures et quart.
Es ist zehn nach elf.	Il est onze heures dix.
Es ist zwölf Uhr *(mittags)*.	Il est midi.
Es ist halb eins.	Il est midi est demi.
Es ist zwölf *(nachts)*.	Il est minuit.
Um wie viel Uhr?	À quelle heure?
Um zehn vor zwölf.	À midi moins dix.
Um Punkt zehn.	À dix heures précises.
Kurz nach zehn Uhr.	Peu après dix heures.
In einer halben Stunde.	Dans une demi-heure.
In zwei Stunden.	Dans deux heures.
Gegen Mittag.	Vers midi.

Bildnachweis

Umschlagfoto: Paul Webster, © Tony Stone Bilderwelten; **Karte 2. Umschlagseite:** D. Eisenreich, M. Bleher; **S. 7:** J.-L. Barde, Maison de la France (= MDFDR); **S. 8:** J.-D. Suches, MDFDR; **S. 9:** Th. Delhemmes; **S. 10:** Comité Interprofessionnel du Vin de Champagne; **S. 13** *(oben):* SOPEXA, MDFDR; **S. 13** *(unten):* UIVB; **S. 15:** A. Doire; **S. 16** *(oben):* J. Trifelon, MDFDR; **S. 16** *(unten):* J. Lennert; **S. 17:** Camille, MDFDR; **S. 21** *(oben):* J. Funke; **S. 18** *(unten):* D. Thierry, MDFDR; **S. 19:** F. Charaffi; **S. 21:** J. Funke; **S. 25:** J. Lennert; **S. 28:** J. Lennert; **S. 30:** Moya, Coll. C.I.V.A. Colmar; **S. 32:** J. Lennert; **S. 34:** J. Lennert; **S. 35:** Moya, Coll. CIVA Colmar; **S. 37:** J.-L. Barde, MDFDR; **S. 42:** J. Trifelon, MDFDR; **S. 46:** J. Lennert; **S. 47:** J. Lennert; **S. 50:** J. Lennert; **S. 52:** J. Lennert; **S. 53:** J. Lennert; **S. 54:** A. Doire; **S. 55:** J. Lennert; **S. 57:** Guillard, MDFDR; **S. 59:** D. Thierry, MDFDR; **S. 60:** J. Lennert; **S. 61:** D. Gallon, MDFDR; **S. 64:** J. Lennert; **S. 67:** Comité Interprofessionnel du Vin de Champagne; **S. 68:** Rasmussen; **S. 70:** J. Funke; **S. 71:** Faure, MDFDR; **S. 72:** Sierfuski, MDFDR; **S. 76:** J. Lennert; **S. 78:** J. Lennert; **S. 80:** J. Lennert; **S. 82:** J. Lennert; **S. 83:** J. Lennert; **S. 84:** J. Lennert; **S. 86:** J. Lennert; **S. 88:** J. Lennert; **S. 91** *(oben):* D. Chaslerie; **S. 91** *(unten):* Th. Delhemmes; **S. 95:** Conseil Interprofessionnel des Vins du Languedoc; **S. 98:** Gratieu, MDFDR; **S. 99:** Gratieu, MDFDR; **S. 100:** J. Lennert; **S. 102:** J. Lennert; **S. 103:** J. Lennert; **S. 110:** J. Lennert; **S. 111:** D. Thierry, MDFDR; **S. 112:** N. Lejeune, MDFDR; **S. 116:** J. Lennert; **S. 117:** Scorfenski, MDFDR; **S. 120:** J. Lennert; **S. 121:** J. Lennert; **S. 126:** P. Mores, MDFDR; **S. 127:** J. Lennert; **S. 128:** G. Golmaere, MDFDR; **S. 133:** P. Mores, MDFDR; **S. 134:** J. Lennert ; **S. 135:** J. Lennert; **S. 137:** J. Lennert; **S. 138:** J. M. Gatey; **S. 139:** D. Morel; **S. 140:** J. Lennert; **S. 141:** J. Lennert; **S. 145:** J. Lennert; **S. 146:** D. Thierry, MDFDR; **S. 147** *(links):* J. Lennert; **S. 147** *(rechts):* D. Thierry, MDFDR; **S. 148:** J. Lennert; **S. 150:** SOPEXA; **S. 153:** Sierfuski, MDFDR; **S. 155:** J. Frank; **S. 156:** Sudres, MDFDR; **S. 157:** J.-D. Suches, MDFDR; **S. 161:** J.-L. Barde, MDFDR; **S. 164:** J. Lennert; **S. 165:** J. Lennert; **S. 173:** Cortet, MDFDR; **S. 175:** Côtes de Provence, SOPEXA; **S. 178:** J.-B. Bamps, **S. 188:** J. Lennert; **S. 201:** J. Lennert; **S. 208:** J. Lennert; **S. 209:** P. Maître, MDFDR; **S. 213** *(oben):* J.-B. Bamps; **S. 213** *(unten):* Union Interprofessionnelle des Vins du Beaujolais; **S. 222:** Maison de la France; **S. 224:** SOPEXA; **S. 225:** J.-B. Bamps; **S. 232:** D. Gallon, MDFDR; **S. 235:** J. Lennert; **S. 240:** J. Lennert; **S. 242:** J. Lennert; **S. 262:** J. Lennert; **S. 268:** J. Lennert; **S. 273** *(oben):* J. Lennert; **S. 273** *(unten):* Côtes de Provence, SOPEXA; **S. 277:** Camille, MDFDR; **S. 293:** Bureau National du Calvados; **S. 298:** J. Trifelon, MDFDR; **S. 299:** J. Lennert; **S. 301:** J. Lennert; **S. 323:** J. Lennert; **S. 324:** J.-P. Pérardel; **S. 326:** P. Perche, UIVB; **S. 330:** J. Lennert; **S. 331:** U. Kimmig; **S. 335:** D. Thierry, MDFDR; **S. 337:** Moya, Coll. CIVA Colmar; **S. 351:** Moya, Coll. CIVA Colmar; **S. 360:** BIVC Benoît Roumet; **Weinetikett S. 365:** Conseil Interprofessionnel du Vin de Bordeaux; **S. 369:** J.-L. Barde, MDFDR; **S. 370:** Chastel, MDFDR; **Karte S. 378/379:** H. Haisch; **S. 381:** Sierpinski, MDFDR; J.-L. Barde, MDFDR; **S. 391:** Faure, MDFDR; **S. 393:** J.-P. Pérardel; **S. 407:** Sierfuski, MDFDR; **S. 418:** D. Thierry, MDFDR; **S. 419:** D. Thierry, MDFDR

Wir haben uns bemüht, alle Inhaber von Text- und Bildrechten ausfindig zu machen. Sollten Rechteinhaber hier nicht aufgeführt sein, so wäre der Verlag für entsprechende Hinweise dankbar.